Grundlagen der Berufs- und Erwachsenenbildung

Herausgegeben von Prof. Dr. Rolf Arnold

Band 18

Erwachsenenpädagogik –
Zur Konstitution eines Faches

Festschrift für Horst Siebert
zum 60. Geburtstag

Herausgegeben von

Rolf Arnold, Wiltrud Gieseke, Ekkehard Nuissl

Schneider Verlag Hohengehren GmbH

Grundlagen der Berufs- und Erwachsenenbildung
Herausgegeben von Rolf Arnold

Gedruckt auf umweltfreundlichem Papier (chlor- und säurefrei hergestellt).

Die Deutsche Bibliothek – CIP-Einheitsaufnahme

Erwachsenenpädagogik – zur Konstitution eines Faches :
Festschrift für Horst Siebert zum 60. Geburtstag / hrsg. von Rolf Arnold ... –
Baltmannsweiler : Schneider-Verl. Hohengehren, 1999
  (Grundlagen der Berufs- und Erwachsenenbildung ; Bd. 18)
  ISBN 3-89676-185-4

© Schneider Verlag Hohengehren, 1999.
  Printed in Germany – Druck: Wilhelm Jungmann Göppingen

Für Horst Siebert

Inhaltsverzeichnis

Vorwort

Eine Festschrift zum sechzigsten Geburtstag eines Fachkollegen ist - zumal in der erziehungswissenschaftlichen Teildisziplin der Erwachsenenbildung - eher ungewöhnlich. Die Gründe, Horst Siebert eine Festschrift zum sechzigsten Geburtstag zu widmen, enthält der Titel: „Zur Konstitution eines Fachs".

Horst Siebert hat vor fast genau dreißig Jahren den Ruf auf den ersten Lehrstuhl der Erziehungswissenschaft in Deutschland angenommen, der ausschließlich der Erwachsenenbildung gewidmet war. Er befand sich damals noch an der pädagogischen Hochschule in Hannover, die heute Teil der Universität ist. Horst Siebert war damals - wie viele Fachleute in der Erwachsenenbildung - ein „Quereinsteiger" - er kam aus der Philosophie, der Germanistik, den Sprach- und Kulturwissenschaften. Mit der Erwachsenenbildung hatte er allerdings bereits in diesem Zusammenhang nicht nur geliebäugelt, sondern auch wissenschaftliche und praktische Kontexte hergestellt - einiges davon sagt er im Interview.

Horst Siebert hat in der Tat einen wesentlichen Beitrag zur Konstitution der Erwachsenenbildung in der Erziehungswissenschaft beigetragen. Er ist in den letzten dreißig Jahren nicht nur einer der quantitativ produktivsten Forscher und Autoren in der Erwachsenenbildung, sondern hat auch vielfältige Impulse in unterschiedlichsten Richtungen gegeben. So in der Lehr-Lern-Forschung in den 70er Jahren, der Dritte-Welt-Pädagogik und der ökologischen Bildung in den 80er Jahren, der Erwachsenenbildung in der ehemaligen DDR und der Konstruktivismusdebatte in den 90er Jahren. Dies sind nur einige der wichtigsten Impulse, welche er der erwachsenenpädagogischen Diskussion gab. Nicht minder bedeutsam ist die ruhige, kompetente Kontinuität, welche er zu großen Anteilen der erwachsenenpädagogischen Diskussion verlieh. Sowohl jeweils historischer Bezüge auf die eigene Geschichte der Teildisziplin als auch der Blick über den Zaun der engeren Erwachsenenbildung verbanden diesen stabilisierenden Effekt ebenso mit anregenden Bezügen wie mit Einsichten, welche Relevanz und Stand der Erwachsenenbildung realistisch einordnen halfen.

Horst Siebert hat in den ganzen dreißig Jahren den damals angenommenen Lehrstuhl nicht verlassen. Er fand und findet dort, wie er im Interview sagt, in Richtung auf Politik, Praxis und Wissenschaft Arbeitsfelder, die immer wieder interessant und herausfordernd sind, und Menschen, mit denen sich zu arbeiten und zu diskutieren lohnt. Man könnte es auch anders formulieren: Den weit ausgreifenden inhaltlichen Bezügen seiner wissenschaftlichen und praktischen Arbeit, die von der Dritten Welt bis zur Neurobiologie, von der Ökologie bis zur Hebbel`schen Dramaturgie reichen, steht die Arbeit in Hannover gegenüber, ein ruhender Pol, in dem die unterschiedlichen Aspekte konkret, sinnlich und diskursiv behandelbar sind.

An dieser Festschrift haben viele Fachkollegen und Fachkolleginnen mitgearbeitet, darunter Gesprächspartner an der Universität Hannover (wie etwa Lothar Schäffner, Hartmut Griese, Detlef Horster und Rainer Brödel), Impulsgeber früherer Jahre (wie

Joachim H. Knoll und Hans Tietgens), und Gesprächspartner zu aktuellen Arbeitsgebieten (wie Erhard Schlutz, Peter Faulstich und Ortfried Schäffter). Die Breite der Arbeits- und Einflußbereiche von Horst Siebert geben die hier versammelten Beiträge gar nicht einmal ausreichend wieder. Und doch spiegeln sie im hohen Maß die Varianz des Schaffens von Horst Siebert in Wissenschaft, Politik und Praxis.

In der *wissenschaftlichen Diskussion* der Erwachsenenbildung hat Horst Siebert in den letzten Jahren vor allem den Stein des Konstruktivismus ins Wasser geworfen. Viele der Beiträge dieses Buches drehen sich um die konstruktivistische Diskussion der Bildung Erwachsener. Dies gilt für den Auftaktbeitrag seines Mitstreiters Rolf Arnold ebenso wie für die Beiträge von Hans Tietgens, Erhard Schlutz, Peter Faulstich, Herbert Gerl, Detlef Horster, Ortfried Schäffter und Hartmut Griese. Es ist nicht überraschend, daß die Adaptation konstruktivistischer Grundgedanken in der Erziehungswissenschaft und insbesondere in der Erwachsenenbildung Aufregendes und Bestürzendes enthält. Die konstruktivistische Definition von Lernprozessen macht, konsequent zu Ende gedacht, Lehre nicht nur überflüssig, sondern unmöglich. Mit der Idee, Lehre überflüssig zu machen, haben Pädagoginnen und Pädagogen in der Vergangenheit häufig das Ziel ihrer eigenen Arbeit gesetzt, vielfach mit dem Hintergedanken, daß es ohnehin unerreichbar und daher ohne Not postulierbar sei. Die Unmöglichkeit von Lehre stellt pädagogisches Handeln gerade auch in der Erwachsenenbildung sehr viel grundsätzlicher in Frage. Allerdings - darauf verweisen nicht nur die hier versammelten Diskussionsbeiträge, sondern auch Horst Siebert in seinen eigenen Schriften - bestehen in der sogenannten „Konstruktivismusdebatte" vielfältige unterschiedliche Positionen und Ansätze. Es gibt nicht „den" Konstruktivismus, sondern ein Konglomerat von Blickweisen und Gedankengängen, die - ob radikal oder nicht - auf unterschiedlichste Weise nur eines gemeinsam haben: Das Lernen und die Lernenden konsequenter in den Blick zu nehmen. Es mag dahingestellt bleiben, inwieweit diese konstruktivistische Sichtweise von Bildung und Erziehung mit aktuellen gesellschaftlichen Veränderungen zusammenhängt, in denen Individualisierung und lebenslanges Lernen die entscheidenden Stichworte sind. Sicher ist, daß die Konstruktivismusdebatte erst in der Erwachsenenbildung am Anfang steht und viel Anregungspotential für grundsätzliche Aspekte des Lehrens und Lernens anspricht, dies in einer Weise, die Lehr-Lern-Prozesse konkreter aufbaut. Aufklärung, sagt Horst Siebert im Interview, könne nur als Selbstaufklärung, Bildung nur als Selbstbildung existieren - hier steckt auch die ethische Wurzel einer konstruktivistischen Diskussion, aus der heraus Horst Siebert den Mangel an Bildungsgesellschaft und den Überfluß an Informations- und Wissensgesellschaft kritisiert.

Hier liegt auch die Schneise, die Horst Siebert in seiner Aneignung der konstruktivistischen Perspektive durch empirische Befunde der Lehr-Lern-Forschung ebenso wie die historischen Bezüge zum Bildungsziel „Aufklärung" schlägt. Der Vernunftbegriff, sagt er, sei mit dem Begriff der „Viabilität" durchaus kompatibel, letztlich eine Viabilität zweiter Ordnung. Man mag darüber streiten, wie sich dies in Lehr-Lern-Prozessen, um die sich Horst Siebert vor allem mit seinen Hannoveraner Studien aus den 70er Jahren höchst verdient gemacht hat, konkret niederschlägt. In den einzelnen Beiträgen wird auch durchaus darum gestritten. Gehaltvoll ist der Ansatz, hier zu diskutieren, allemal.

Zur *Politik der Erwachsenenbildung* hat sich Horst Siebert in den vergangenen Jahrzehnten vielfach nicht nur geäußert, sondern auch praktische Impulse und Anregungen gegeben. Er hat an der niedersächsischen Gesetzgebung zur Erwachsenenbildung mitgewirkt, Gutachten zur Realität der niedersächsischen Erwachsenenbildung verfaßt und mitverfaßt, als Gutachter in vielfältiger Weise auf politische Handlungszusammenhänge hin gewirkt. Die Beiträge von Joachim H. Knoll, Detlef Kuhlenkamp und Josef Olbrich umreißen manche der Fragen und Probleme, die im politischen Feld der Erwachsenenbildung bestanden und bestehen und zu denen Horst Siebert sich geäußert hat. In seinen eigenen Stellungnahmen ist Horst Siebert dabei immer zurückhaltend. So wehrt er sich gegen die „Veränderungssemantik", die vielfältig Wenden apostrophiert hat, deren realer Kern gar nicht erkennbar war. Das Anmahnen einer Bildungsgesellschaft gehört dabei ebenso zu seinem bildungspolitischen Credo wie die Auffassung, daß zumindest auf einer ideologischen Ebene das Schisma von Allgemeinbildung und beruflicher Bildung überholt sei und das Pluralität und Subsidiarität Konstitutionselemente im System der Erwachsenenbildung sind. Mit diesen Positionen setzen sich die Beiträge dieses Bandes, die das Wirken von Horst Siebert im Bezug zur Politik der Erwachsenenbildung thematisieren besonders auseinander.

Mit der *Praxis der Erwachsenenbildung* hat Horst Siebert - wie viele Wissenschaftlerinnen und Wissenschaftler in diesem Feld - vielfältige Erfahrungen und Bezüge. Dies zeigt sich nicht nur darin, daß er seit Beginn seiner Tätigkeit in Hannover in zahlreichen Gremien mitarbeitet - etwa im Pädagogischen Ausschuß des Deutschen Volkshochschul-Verbandes und des Landesverbandes der Volkshochschulen Niedersachsen, in Beiräten von Bildungseinrichtungen und Initiativkreisen -, sondern auch und vor allem darin, wie Horst Siebert wissenschaftliche Arbeit versteht. Bereits in seiner ersten groß angelegten empirischen Untersuchung zu Lehr-Lern-Prozessen der Erwachsenenbildung betont er, daß wissenschaftliches Arbeiten ohne Bezug auf die Fragen und Probleme der Praxis und ohne Diskurs mit der Praxis weder sinnvoll noch legitimiert sei. Der Focus seiner wissenschaftlichen Arbeit ist die Möglichkeit, ihre Ergebnisse zu verwenden und - soweit dies geht - mit zu beeinflussen und zu gestalten. Dies gilt beispielsweise auch für die zunächst sehr wissenschaftseminente Konstruktivismus-Diskussion: Erst vor kurzem hat Horst Siebert ein knapp gehaltenes Buch veröffentlicht, in dem er die praktischen Konsequenzen einer konstruktivistischen Blick- und Arbeitsweise thematisiert und zur Diskussion mit der Praxis auffordert. Folgerichtig kritisiert Horst Siebert eine Form wissenschaftlicher Kommunikation, die „Vernebelungswissen" produziert und fordert einen intensivierten Umgang mit Folgewissen als Produkt von Wissenschaft und Praxis. Die Beiträge in diesem Buch, die sich mit den eher praktischen Aspekten der Erwachsenenbildungswissenschaft und ihren Forschungsfragen beschäftigen (Roswitha Peters, Lothar Schäffner, Christiane Schiersmann, Wiltrud Gieseke, Rainer Brödel, Gerd Doerry/ Elke Bovier, Rudolf Tippelt und Ekkehard Nuissl) konzentrieren sich auf diejenigen Aspekte, die im Wirken von Horst Siebert jeweils eine wichtige Rolle ausmachen: Professionalität und Professionalisierung der Menschen, welche Erwachsenenbildung betreiben, und Wechselprozesse zwischen Theorie und Praxis im Fortgang der Disziplin.

Der Person und der Arbeit von Horst Siebert angemessen sind die Beiträge wissenschaftlich und theoretisch orientiert, ohne unverständlich oder praxisfern zu sein. Und in allen Beiträgen scheint der enge Kontext auf, in dem Horst Siebert nicht nur als Fachkollege, sondern auch als Person faßbar ist: In einer Ethik des neugierigen Diskurses und der Abwehr von Belehrung. Die Ambivalenz gutgemeinter Ratschläge, auf die Horst Siebert am Ende seines Interview verweist, ist Substanz der in diesem Buch geführten Diskussion, in der Aufklärung nicht vollzogen und verkündet, sondern als Element von Bildung ermöglicht wird.

Die Herausgeber danken den Autorinnen und Autoren herzlich für ihre Beiträge. Ein besonderer Dank gilt an dieser Stelle Frau Dr. Ingeborg Schüßler für die redaktionelle Bearbeitung der Festschrift.

Rolf Arnold
Wiltrud Gieseke
Ekkehard Nuissl

Ein Interview mit Horst Siebert[1]

Ingeborg Schüßler: Abstrakte Daten einer Laufbahn sagen meist nur wenig über den Menschen aus. Anläßlich Ihres Geburtstages möchte ich die Gelegenheit nutzen, Sie zu fragen, wer >Horst Siebert< ist, woher er kommt und wie er wurde, was er ist?

Horst Siebert: Sie stellen die schwierigste Frage gleich am Anfang. Ich habe immer Menschen beneidet, die genau wissen, wer sie sind, wie sie sind, wo sie herkommen. Wie andere Menschen auch habe ich Stärken und Schwächen, und oft stellt sich erst sehr viel später heraus, was Stärken und was Schwächen waren, was Fortschritte und Rückschritte waren.

Was haben Sie studiert und wie ist Ihre Studienentscheidung damals zustande gekommen? Wie sind Sie schließlich zum Schwerpunkt „Erwachsenenpädagogik" gekommen, war dies von Anfang Ihres Studiums an Ihr Wunschziel?

Studiert habe ich Literaturwissenschaften, inklusive Althochdeutsch, Mittelhochdeutsch, Gotisch, ferner Altphilologie, insbesondere lateinische Sprache, und Philosophie. Für meine Studienentscheidung waren viele Faktoren maßgebend, insbesondere ein Interesse an Sprache und Literatur, das sich im Laufe der Schulzeit herausgebildet hat, aber auch eine Ermutigung durch Lehrer.

Nicht studiert habe ich Erziehungswissenschaften, geschweige denn Erwachsenenbildung. Erst als mir klar wurde, daß ich nicht im Schuldienst tätig werden wollte, habe ich begonnen, mich für das Berufsfeld Erwachsenenbildung zu interessieren. Meine Berufsperspektive nach der Promotion war eine Tätigkeit in einer Volkshochschule, und ich war 1965 dann auch Assistent beim Landesverband der Volkshochschulen in Nordrhein-Westfalen und habe u.a. im Landkreis Herford VHS-Außenstellen aufgebaut.

Ich habe mich dann auf die Leiterstelle der VHS Iserlohn, meiner Heimatstadt, beworben, wurde auch berufen und war einen Tag lang VHS-Direktor. Doch gleichzeitig ergab sich die Möglichkeit bei Prof. Knoll als Assistent zu arbeiten, und ich habe diese Assistentenstelle damals vorgezogen, gleichsam als Moratorium - ich war damals 25 Jahre alt - bevor ich im richtigen Leben „Erwachsene bilden" wollte.

Wenn Sie zurückdenken, was waren für Sie die prägendsten Erfahrungen bzw. gesellschaftspolitischen Entwicklungen auf ihrem wissenschaftlichen Weg?

---

[1] Das folgende Interview entstand auf schriftlichem Wege durch ein Hin- und Hersenden von Fragen und Antworten zwischen Ingeborg Schüßler und Horst Siebert.

Während meiner Assistentenzeit in Bochum wurde ich konfrontiert mit Themen und Aktionen der 68er Studentenbewegung, und ich bin sicherlich beeinflußt worden durch diese gesellschaftskritische, ideologiekritische Epoche, durch die Beschäftigung mit Konzepten emanzipatorischer Pädagogik. Ich habe Erwachsenenbildung wahrgenommen im Kontext der Aufklärungsphilosophie, der sozial-liberalen Demokratisierungsbemühungen in den 6oer Jahren, auch im Kontext einer Bildungstheorie, wie sie Wilhelm von Humboldt formuliert hat. Eine meiner ersten pädagogischen Veröffentlichungen gemeinsam mit Joachim Knoll befaßte sich mit der Bildungstheorie Wilhelm von Humboldts. Das war - glaube ich - 1968.

Von welchen Personen in der Wissenschaft fühlten Sie sich stark beeinflußt?

Beeinflußt wurde ich innerhalb unserer Disziplin von Joachim Knoll, bei dem ich Assistent war und dem ich viele Anregungen verdanke. Aber auch von Hans Tietgens, den ich 1965 während eines DVV-Seminars in der Heimvolkshochschule Falkenstein kennenlernte, später von Willy Strzelewicz, dessen Kollege ich hier in Hannover wurde. Generell muß ich sagen, daß ich von fast allen Kollegen und Kolleginnen unserer Disziplin gelernt habe, daß mich immer interessierte, was und wie andere denken, was sie lesen, welche Erfahrungen sie gemacht haben. Ich habe es an unserer Disziplin geschätzt, daß ich die meisten Kollegen und Kolleginnen auch persönlich kennengelernt habe, daß unsere scientific community überschaubar war. Ich habe immer gern etwas mit anderen gemeinsam publiziert.

Sie haben Ihre Habilitation über Erwachsenenbildung in der DDR geschrieben. Wie kam dieses Interesse zustande? War es nicht zum damaligen Zeitpunkt ein schwieriges Forschungsfeld? Wie sind Sie überhaupt an Daten herangekommen?

In Bochum war damals Oskar Anweiler als vergleichender Erziehungswissenschaftler tätig, und er hat eine Bibliothek und ein Archiv aufgebaut über pädagogische Literatur aus Osteuropa und auch aus der DDR. Ich begann 1966 eher zufällig mich mit diesen Zeitschriften zur Pädagogik, zur Berufsbildung, zur kulturellen Massenarbeit aus der DDR zu beschäftigen und entdeckte, daß in diesem Teil Deutschlands die Institutionalisierung der Erwachsenenbildung, vor allen Dingen der beruflichen Qualifizierung, aber auch der Volkshochschularbeit und auch der Kulturarbeit sehr viel weiter vorangeschritten war als in der damaligen BRD und daß wir Westdeutschen so gut wie nichts über diese sozialistische Erwachsenenbildung wußten. Nachdem ich ein paar Aufsätze über dieses Thema geschrieben hatte und zusammen mit Herrn Knoll Kontakte in der DDR mit Kollegen in Berlin und Leipzig aufgebaut hatte, ermunterte mich Joachim Knoll, über dieses Thema eine größere Arbeit zu schreiben, und diese Arbeit entwickelte sich dann gleichsam autopoietisch zu einer Habilitationsschrift. Diese Thematik war politisch brisant in einer Zeit, in der über die DDR fast nur in Anführungszeichen geschrieben wurde und in der es bei uns im Westen weitgehend tabu war, auch Errungenschaften der sozialistischen Bildungsarbeit zur Kenntnis zu nehmen. Das hat mir in der konservativen westdeutschen Presse viel Kritik eingetragen. Vor allen Dingen weil ich auch Schulbücher der DDR und der BRD verglichen habe und dabei zu dem Ergebnis kam, daß die Methoden der politischen Beeinflussung sich gar nicht so sehr unterschieden, sondern daß spiegelbildlich jeweils das andere System in Deutschland als das undemokratische, inhumane, rückschrittliche dargestellt wurde. Dieser Schulbuchvergleich hat dann viel Aufregung hervorgerufen, nicht zuletzt in den Schulbuchverlagen. Meine Veröffentlichungen über die berufliche Qualifizierung in der DDR fanden erstaunlicherweise besondere Aufmerksamkeit in der westdeutschen Wirtschaft.

Kritisiert wurde ich natürlich auch von marxistischen Kollegen, die genau wußten, wer über das richtige und wer über das falsche Bewußtsein verfügte. In der DDR selber sind meine Veröffentlichungen zur DDR-Erwachsenenbildung weitgehend ignoriert worden. Ein DDR-Kollege soll wegen seiner Kontakte zu uns in seiner wissenschaftlichen Karriere erheblich benachteiligt worden sein.

Sie sind relativ früh Universitätsprofessor geworden. Hatten Sie auch über andere alternative Karrierewege nachgedacht?

Sie haben recht, daß ich relativ früh, nämlich mit 30 Jahren, C4-Professor geworden bin. Das war nie mein Karriereplan, wie ich überhaupt Karriere nie geplant habe. Ich war eher eingestellt auf eine Rückkehr von der Universität Bochum in die Volkshochschulpraxis. Daß ich dann nach Hannover auf den damals ersten Lehrstuhl, der ausschließlich für Erwachsenenbildung ausgeschrieben war, berufen wurde, war ein Glücksfall. Warum ich nicht in den Schuldienst gehen wollte - das hat mehrere Gründe, die hier zu weit führen würden.

Als Sie 1970 Professor für Erwachsenenbildung an der Uni Hannover wurden, sind Sie in eine ganz junge Disziplin eingestiegen, die damals noch in den Kinderschuhen steckte. Wie hat sich Ihrer Meinung nach diese Disziplin seit damals entwickelt - sind Hoffnungen Ihrer Meinung nach enttäuscht oder erfüllt worden - läßt sich die Entwicklung gar als „Erfolgsstory" beschreiben?

Ich habe es damals als faszinierend empfunden an dem Aufbau dieser neuen Wissenschaftsdisziplin mitwirken zu können, zumal dies nicht eine rein akademische Tätigkeit war, sondern eine Tätigkeit, die in vielfältiger Weise mit Bildungspraxis und auch mit Bildungspolitik verknüpft war. So haben wir damals in Bochum den sogenannten Bochumer Plan als ein Konzept eines dritten Bildungsweges entwickelt, der eine große publizistische, auch pädagogische und bildungspolitische Aufmerksamkeit erfahren hat.

Bei der Frage, wie erfolgreich der Aufbau und die Entwicklung unserer Wissenschaftsdisziplin verlaufen sind, muß man die Rahmenbedingungen berücksichtigen. Unsere Disziplin ist eine sehr kleine Disziplin mit relativ wenig wissenschaftlichem Personal und wenig Forschungsmitteln. Nur wenige HochschullehrerInnen können sich längerfristig empirischen Forschungen widmen angesichts der hohen Belastungen, nicht nur durch Lehrverpflichtungen, sondern auch durch Aktivitäten in Verbänden, in bildungspolitischen Ausschüssen und Gremien usw. Wenn man das alles berücksichtigt, kann sich unsere Disziplin hinsichtlich der theoretischen Diskurse, aber auch der empirischen Untersuchungen und der entwicklungsorientierten Gutachten durchaus messen mit anderen Teildisziplinen der Sozialwissenschaften, aber auch mit der Erwachsenenbildungsforschung in anderen Ländern. So gesehen läßt sich die Geschichte unserer Disziplin zwar nicht unbedingt als Erfolgsstory, wie Sie es nennen, beschreiben, aber wir müssen uns mit unseren Bemühungen nicht verstecken.

Enttäuschend ist sicherlich die stagnierende Professionalisierung und die Verschlechterung der Berufschancen für Diplom-Pädagogen und Diplom-Pädagoginnen der Erwachsenenbildung. In dieser Hinsicht sind die Erwartungen der 60er Jahre nicht erfüllt worden. Eine andere Frage ist, ob uns die Theorie-Praxis-Verknüpfungen hinreichend gelungen sind, ob es uns gelungen ist, Studierende praxisbezogen auszubilden, ohne theoretische Orientierungen und Reflexionen zu vernachlässigen, ob wir das Kompetenzprofil des Diplompädagogen in der Öffentlichkeit überzeugend dargestellt haben. Aber diese Frage läßt sich nicht in einem Satz beantworten. Genau so wenig wie die Frage, ob das Profil unserer Wissenschaftsdisziplin noch den veränderten Anforderungen der Bildungspraxis und der Gesellschaft entspricht. Ich denke, daß unsere Disziplin die Verbindung von ökonomischem, gesellschaftspolitischem und pädagogischem Denken doch als Herausforderung und auch als Spannungsfeld begreift und bearbeitet.

Welche Rolle hatten die sozialen Bewegungen (Studenten-, Friedens-, Frauenbewegung etc.) in dieser Zeit für die Entwicklung dieser sozialwissenschaftlichen Disziplin gespielt?

Die neuen sozialen Bewegungen haben - wie auch die „alten" sozialen Bewegungen, die Arbeiterbewegung, die Jugendbewegung - Erwachsenenbildung in Theorie und Praxis nachhaltig beeinflußt. Mein Lernbegriff, mein Bildungsverständnis ist durch diese Initiativen und Aktivitäten insbesondere im ökologischen Bereich, aber auch im Bereich der sogenannten Dritten Welt wesentlich beeinflußt worden. Mein Blick wurde geöffnet für ein Lernen in Handlungszusammenhängen, ein Lernen in sozialen Kontexten, ein Lernen aus einem politischen Engagement heraus, auch ein Lernen, für das ein emotionales Verantwortungsgefühl eine große Rolle spielt. Dabei habe ich das Verhältnis von institutionalisierter Bildungsarbeit und von selbstinitiierten Lern- und Bildungsaktivitäten eher als komplementär und weniger als Gegensatz verstanden. Am nachhaltigsten ist die erwachsenenpädagogische Diskussion in meiner Wahrnehmung durch die ökologische Perspektive und auch durch den Blick für Geschlechterdifferenzen beeinflußt worden.

Sie haben sich ja auch sehr stark mit der Umweltbildung beschäftigt. Ist dieses Interesse allein wissenschaftlichen oder auch privaten Ursprungs?

Beides. Persönliche Kontakte mit Umweltschützern, eigene Leidenserfahrungen mit umweltbedingten Allergien, ökologische Katastrophen, die Veröffentlichungen des Club of Rome, aber auch bildungstheoretische Überlegungen.

Welche Modellversuche und Forschungsvorhaben, die Sie begleitet und geleitet haben, liegen Ihnen rückblickend besonders am Herzen, von welchen haben Sie am meisten in Ihrer wissenschaftlichen Entwicklung profitiert und warum? Welche Ihrer Forschungsarbeiten sind hingegen am meisten rezipiert worden?

Besonders am Herzen liegen mir rückblickend unsere Studien zur empirischen Lehr-Lern-Forschung Anfang der 70er Jahre, unsere Bemühungen ein Forschungsinstrument für teilnehmende Beobachtung von Seminaren zu entwickeln, die Besonderheiten des Lehrens und Lernens von Ewachsenen zu entdecken. Wir haben diese empirischen Untersuchungen dann durch kleinere Studien fortgesetzt, unter anderem auch durch Untersuchungen zum Seniorenstudium.

Die Frage, welche unserer Veröffentlichungen am meisten rezipiert worden sind, ist schwer zu beantworten. Die größte Auflage, nämlich 24.000 Exemplare, hat das Fischer-Taschenbuch über Ökologie-Lernen, das ich gemeinsam mit Gerd Michelsen geschrieben habe, erzielt. Ich vermute, daß in den 70er Jahren insbesondere meine Publikation über Curriculum-Entwicklung von der Praxis wahrgenommen worden ist. „Am Herzen" liegen mir auch ein paar Aufsätze aus den 60er Jahren über Friedrich Hebbel, seine Theorien des Komischen und des Tragischen, Hebbels Auseinandersetzung mit Hegel und der Romantik, über Hebbel und Büchner.

In den letzten Jahren haben Sie sich stark dem (radikalen) Konstruktivismus zugewandt. Was war für Sie ausschlaggebend, sich mit dieser Theorieposition so intensiv auseinanderzusetzen - wie kam Horst Siebert zum „Konstruktivismus"?

Die Frage, wie ich zum Konstruktivismus gekommen bin, ist nicht in wenigen Sätzen zu beantworten. In meiner Biographie spielen die Aufklärungsphilosophie und die neuhumanistische Bildungstheorie eine zentrale Rolle. Für mich ist Bildung immer noch ein aktuelles „Projekt", das über instrumentelles Lernen und über funktionale Qualifizierung hinaus geht. Ich habe heute den Eindruck, daß zuviel von Informations- und Wissensgesellschaft die Rede ist und zu wenig von einer möglichen Bildungsgesellschaft.

Ich empfand aber auch tiefes Unbehagen gegenüber selbsternannten Aufklärern, die andere Menschen zu emanzipieren versuchten, gegenüber Zensoren, die genau wußten, wer zu den progressiv kritischen Wissenschaftlern und wer zu den bürgerlich konservativen Wissenschaftlern gehörte. Dieses Verständnis von belehrender Aufklärung war mir immer unbehaglich. Für mich ist Aufklärung nur als Selbstaufklärung denkbar, genauso wie Bildung nur als Selbstbildung begreifbar ist.

Seit Ende der 60er Jahre habe ich mich mit Konzepten der Teilnehmerpartizipation in Seminaren beschäftigt, später auch mit dem Deutungsmusteransatz, mit dem symbolischen Interaktionismus und der Wissenssoziologie. Und in dieser Kontinuität ist der Konstruktivismus für mich durchaus anschlußfähig, wie ich auch den Vernunftbegriff nicht als eine Alternative zu dem konstruktivistischen Begriff der Viabilität verstehe, sondern als eine „Viabilität zweiter Ordnung".

Auch der Konstruktivismus wird von verschiedenen Menschen sehr unterschiedlich konstruiert. Meine Konstruktion des Konstruktivismus betont die Autonomie des Menschen, die Selbstverantwortung des Menschen, auch die Fähigkeit zur Selbstreflexion, zur Beobachtung zweiter Ordnung. So gesehen ist der Konstruktivismus für mich auch wegen der bildungstheoretischen und bildungspraktischen Implikationen von Interesse. Die Beschäftigung mit diesem Konstruktivismus liegt also in der Kontinuität meiner berufsbiographischen Entwicklung, so wie der Untertitel des Buches von Rolf Arnold und mir lautet: „von der Deutung zur Konstruktion der Wirklichkeit".

Allerdings muß ich ein paar Sätze zum „radikalen" Konstruktivismus sagen, da einige meiner Veröffentlichungen auch bei befreundeten Kollegen eine gewisse Verwirrung hervorgerufen haben. Der radikale Konstruktivismus behauptet, daß die äußere Realität uns sensorisch und kognitiv prinzipiell unzugänglich ist. Der radikale Konstruktivismus unterscheidet nicht grundsätzlich zwischen gesellschaftlichen, institutionellen, subjektiven Wirklichkeiten einerseits und Aussagen über „objektive" Realität andererseits. Der radikale Konstruktivismus unterscheidet meines Erachtens nicht hinreichend zwischen unseren Alltagserfahrungen und Alltagsbeobachtungen einerseits und wissenschaftlichen Forschungsergebnissen, z.B. der experimentellen Naturwissenschaften, andererseits. In diesen Punkten stimme ich dem radikalen Konstruktivismus - z.B. Ernst von Glasersfeld - nicht oder nur mit erheblichen Einschränkungen zu. Ich bin der Meinung, daß wir von einer gewissen Korrespondenz zwischen der äußeren Realität und unserer Wahrnehmung ausgehen müssen Ich bin ferner der Meinung, daß es sinnvoll und notwendig ist den Wahrheitsbegriff zu relativieren, insbesondere im Hinblick auf absolute Wahrheitsansprüche, die gegebenenfalls auch dogmatisch und mit Gewalt durchgesetzt werden. Das schließt aber nicht aus, daß die Suche nach Wahrheit innerhalb eines Wissenssystems sinnvoll und notwendig sein kann. Ich bin auch nicht der Meinung, daß etwa der Begriff der Viabilität den Begriff der Vernunft ersetzt. Mir scheinen Viabilität und Vernunft durchaus kompatibel zu sein.

Wie würden Sie in diesem Zusammenhang „vernünftiges Handeln" definieren? Welche Bedingungen müßten für ein solches Handeln gegeben sein und welchen Stellenwert nimmt in diesem konstruktivistischen Konzept z.B. der Faktor „Macht" ein?

„Vernünftig" ist aus konstruktivistischer Sicht ein Handeln, das nicht nur für mich, individuell viabel ist, sondern das human-, sozial-, umweltverträglich und insofern zukunftsfähig ist.

Daß die Akzeptanz und die gesellschaftliche Durchsetzung von Wirklichkeitskonstruktionen nicht nur eine epistemologische Frage ist, sondern auch eine Frage ökonomischer, politischer, kultureller „Mächte", ist in der konstruktivistischen Diskussion bisher m.E. unterschätzt worden. Wer in unserer Gesellschaft über „Definitionsmacht" verfügt, müßte m.E. mehr empirisch untersucht werden. Wie setzen Kirche, Wirtschaft, Parteien ihre Wirklichkeitskonstrukte - mit welchem Erfolg - durch?

Aber ich finde den Konstruktivismus vor allem als Kognitions- und Erkenntnistheorie anregend. Dieser Impuls geht übrigens verloren, wenn die Diskussion zu schnell auf die soziale Konstruktion von Wirklichkeit reduziert wird. In dieser Hinsicht hat der Konstruktivismus nicht allzuviel Neues zu bieten.

Hat sich in der Auseinandersetzung mit konstruktivistischen Theorien auch Ihre Arbeit bzw. Ihr erwachsenenpädagogisches Interesse verändert, wenn ja, in welchen Bereichen sehen Sie die größten Modifikationen?

Ich verstehe den Konstruktivismus auch als eine Haltung, als einen „Habitus", eine Herausforderung. Ob diese Theorie insofern mein eigenes Verhalten verändert hat, das können andere - z.B. unsere Studentinnen und Studenten - vielleicht besser beobachten als ich selber.

Kernaussagen des Konstruktivismus sind die grundsätzliche Beobachterabhängigkeit unserer Wirklichkeit, aber auch die Autopoiesis, Selbstverantwortung und Selbstreferenz menschlichen Lernens und Denkens. Wenn ich diese Thesen ernst nehme, muß ich reflexiv mit Mehrdeutigkeiten, Widersprüchlichkeiten, Vorläufigkeiten von Erkenntnissen umgehen. Ich bemühe mich, die Perspektiven anderer ernst zu nehmen, zu akzeptieren und Differenzerfahrungen wahrzunehmen. Ich versuche die Möglichkeit des Irrtums ständig einzukalkulieren. Ich versuche mich zu verabschieden von Vorstellungen der Machbarkeit, der Steuerbarkeit, auch in Hochschulseminaren. Ob dies alles eine ethische Haltung der Toleranz bekräftigt, des Interesses an Deutungen anderer und auch Andersdenkender, der Relativierung eigener Standpunkte, eine Haltung der Verantwortung nicht nur für das eigene Handeln, sondern auch für das Denken, auch eine Haltung des aufgeschlossenen lebenslangen Lernens, sei dahingestellt.

Wenn Sie rückblickend resümieren und in die Zukunft schauen, worin sehen sie die originäre Aufgabe der Erwachsenenbildung/ Weiterbildung?

Die Frage nach der originären Aufgabe der Erwachsenenbildung beinhaltet die Frage nach den Funktionen, durch die sich Erwachsenenbildung von anderen Systemen unserer Gesellschaft oder auch von sozialpädagogischen und therapeutischen Aktivitäten unterscheidet. Mit Niklas Luhmann könnte man als originäre Aufgabe von Bildungsarbeit die Förderung der Lernfähigkeit bezeichnen. Das leuchtet ein, ist mir aber zu inhaltsneutral. Lernen kann man schließlich alles Mögliche, auch Ausbeutung und Unterdrückung, Lernen ist kein Selbstzweck. Insofern ist es mir sympathischer, die Förderung von Bildungsfähigkeit - als Motivation im Sinne des Bildungsinteresses, als Kompetenz eines reflexiven Lernens und als Verfügung über metakognitive Strategien - zu betonen. Daneben erbringt Erwachsenenbildung selbstverständlich noch viele andere Leistungen und befriedigt viele Bedürfnisse, die sich durchaus nicht alle unter dem Oberbegriff des Lernens subsumieren lassen. Die Teilnahme an Seminaren - als zahlender oder bezahlter Teilnehmer - ist häufig auch motiviert durch ein Bedürfnis der Selbstdarstellung und der Selbstinszenierung, durch ein Bedürfnis andere Menschen zu überzeugen, oft sogar die Lehrenden zu überzeugen. All diese Bedürfnisse und Erwartungen sind legitim.

Für mich persönlich ist es wichtig, das Pädagogische unserer Disziplin nicht aus dem Blick zu verlieren, aber gleichzeitig pädagogische Intentionen und Mythen immer wieder selbstreflexiv zu überprüfen und zu modernisieren. So gesehen ist es weiterhin notwendig, über Begriffe wie Bildung und Vernunft nachzudenken, allerdings nicht im Stil einer normativen Didaktik. Notwendig ist es meines Erachtens weiterhin zu klären, ob und wie die institutionalisierte Erwachsenenbildung zur Beschäftigung mit epochalen Schlüsselthemen anregen kann. Schlüsselthemen, die sich aus der Umweltkrise, aus neuen Formen von Ungerechtigkeit, aus Chancen multikultureller Gesellschaften, aus der drohenden Spaltung der Gesellschaft in Modernisierungsgewinner und Modernisierungsverlierer, aus Chancen und Problemen der Globalisierung ergeben.

Der traditionelle Gegensatz zwischen Allgemeinbildung und Berufsbildung ist zweifellos überholt. Die meisten Lernaktivitäten sind multifunktional, multidimensional und polyvalent. Dennoch läßt sich der Bildungsanspruch nicht ohne weiteres in ökonomische Verwertungsinteressen auflösen. Bildung hat immer auch mit etwas Widerständigem, mit Überschußwissen, auch mit dem Eigensinn der Individuen zu tun und geht nicht in Funktionalität und ökonomisch meßbaren Leistungen auf.

Die Frage, wie sich unsere Disziplin in Zukunft entwickelt, kann ich nicht eindeutig beantworten. Ich vermute, daß sich die Disziplin weiter differenzieren wird, daß es mehrere unterschiedliche Strömungen und Spezialisierungen geben wird. Solange eine gemeinsame Diskussion und auch Verständigung über unterschiedliche Perspektiven stattfindet, kann eine solche Vielfalt durchaus wünschenswert sein.

Wie bewerten Sie derzeit den gesellschafts- und arbeitsmarktpolitischen Stand der Erwachsenenbildung/ Weiterbildung?

Vereinfacht kann man behaupten, daß die gesellschaftspolitische Bedeutung des lebenslangen Lernens zunimmt, daß die arbeitsmarktpolitische Relevanz der Weiterbildung trotz quantitativer Zuwächse eher abnimmt, aber das ist sicherlich zu undifferenziert. Jedenfalls wissen wir, daß auch durch Weiterbildung strukturelle Arbeitslosigkeit nicht beseitigt werden kann. Die Lernintensität und die Qualifikationsanforderungen der meisten Arbeitsplätze scheinen weiter zuzunehmen, gleichzeitig scheint der Ausbau der institutionalisierten Weiterbildung eine Grenze erreicht zu haben, die Bedeutung neuer Formen des selbstgesteuerten Lernens scheint zu wachsen.

Die gesellschaftliche Funktion der Erwachsenenbildung besteht weiterhin im „Coping" des sozialen Wandels und der beschleunigten Veränderungen vieler Lebensbereiche. Doch gleichzeitig scheint die gegenläufige Aufgabe der Erwachsenenbildung zuzunehmen: Erwachsenenbildung als Ort der Erinnerung, Kontinuität, Entschleunigung, Besinnung, Erwachsenenbildung als Moratorium, als Denkpause in der Hektik der Veränderungen. Aber beide Funktionen gehören sicherlich zusammen. Doch die übertriebene Veränderungssemantik ruft bei mir häufig Vermeidungsreaktionen hervor.

Mit welchen Fragestellungen müßte sich Ihrer Meinung nach die empirische Forschung in der Erwachsenenbildung/ Weiterbildung beschäftigen, welche Forschungs-

felder sind Ihrer Meinung nach noch unbearbeitet oder bedürfen breiterer Aufmerksamkeit?

Auch die Frage, welche Forschungsfelder einer größeren Aufmerksamkeit bedürfen, ist abhängig vom jeweiligen Beobachterstandpunkt. Wer sich für Ökologie interessiert, findet den Bereich Umweltbildung vernachlässigt, wer sich für Geschichte interessiert, findet die Geschichtsschreibung der Erwachsenenbildung defizitär. So gesehen gibt es keinen Bereich unserer Disziplin, der hinreichend und befriedigend untersucht wäre. Empirisch zu untersuchen sind weiterhin die Lernprozesse Erwachsener, und zwar innerhalb von institutionalisierten Veranstaltungen, aber auch außerhalb. Zu untersuchen sind weiterhin unterschiedliche Lernstile, unterschiedliche Coping-Strategien und sicherlich auch die Langzeitwirkungen von Weiterbildungsaktivitäten.

Was mich zunehmend beschäftigt, ist die Schattenseite der Wissensgesellschaft. Weiterbildung und Lernen ist so positiv definiert, daß oft vergessen wird, daß wir mehr und mehr lernen müssen mit Nichtwissen und Ungewißheit umzugehen. Darauf haben u.a. Jochen Kade und Ortfried Schäffter aufmerksam gemacht. Wir müssen untersuchen, welche Lernvermeidungs- und Lernverweigerungsstrategien funktional sind. Die ständigen Lernappelle und Lernaufforderungen sollten auf ihre psychohygienische Verträglichkeit und Zumutbarkeit hin untersucht werden. In einer Informationsgesellschaft ist es oft schwer zu entscheiden, welche Informationen eher schädlich sind oder eher zur Desorientierung beitragen. Odo Marquardt hat von einer modernen Qualifikation gesprochen, die er als „Inkompetenz-Kompensationskompetenz" bezeichnet. Hinter dieser humorvollen Bezeichnung steckt ein ernsthafter Kern. Wir finden uns zunehmend in Situationen, in denen wir mit unserer Inkompetenz fertig werden müssen, in der wir trotz Inkompetenz handlungsfähig bleiben müssen. Ein Handeln angesichts von Irrtumswahrscheinlichkeit aber muß vorsichtig sein. Die neue Delphi-Studie betont eine Schlüsselqualifikation, nämlich den Umgang mit Folgewissen. Es wird immer notwendiger, unkalkulierbare Folgen und Nebenwirkungen - wie Ulrich Beck es nennt - einzuschätzen und entsprechend vorsichtig zu handeln.

Eine Randbemerkung zum Stand der Forschung: Obwohl unsere Disziplin relativ jung ist, scheint sie doch an einer disziplinären Gedächtnisschwäche zu leiden. Ältere empirische Forschungen und Theoriediskussionen geraten oft schnell wieder in Vergessenheit. Vieles wird als neu und originell präsentiert, was lediglich neumodisch verpackt ist. Viele Befragungen würden sich erübrigen, wenn man vorhandene Untersuchungen noch einmal oder etwas genauer oder aus veränderter Perspektive lesen und reinterpretieren würde.

Glauben Sie, daß die betriebliche Weiterbildung sich mit anderen Fragestellungen und Problembereichen auseinanderzusetzen hat als die okkasionelle Erwachsenenbildung, wie sie z.B. in den Volkshochschulen geleistet wird? Wenn ja, worin sehen Sie die Differenzen, wo Übereinstimmungen?

Ich bin kein Experte für betriebliche Weiterbildung, aber sicherlich spielt der Zusammenhang von Ökonomie und Pädagogik, auch von Personal- und Organisationsentwicklung einerseits und subjektiven Lernstrategien und Lernkonzepten andererseits hier eine große Rolle. Wie überhaupt der organisationale Aspekt des Lernens und des Wissensmanagements gegenüber dem rein personalen Lernen an Bedeutung gewinnt.

Eine zentrale Frage der betrieblichen Weiterbildung ist der Transfer, d.h. die Übertragung des Gelernten in unterschiedliche und z.T. noch unbekannte Praxissituationen und auch die Bedeutung allgemeiner Kompetenzen und allgemeiner Metakognitionen für spezielle Qualifizierungen.

Ferner spielt für die Organisationsentwicklung das implizite Wissen, das sogenannte tacit knowledge, eine große Rolle, die Frage, wie dieses implizite Wissen verbalisiert und vermittelt werden kann. Diese Frage ist deshalb besonders wichtig, weil in vielen Betrieben ein Know-how-Verlust durch den vorzeitigen Ruhestand älterer Arbeitnehmer befürchtet wird. In einigen Großbetrieben werden neue Formen erprobt, um intergenerationell einen Wissens- und Erfahrungsaustausch zwischen älteren und jüngeren Arbeitnehmern zu unterstützen.

Übereinstimmungen zwischen der betrieblichen Weiterbildung und der allgemeinen Erwachsenenbildung sehe ich im Bereich der Kompetenzen, insbesondere der methodischen Kompetenzen, der Lernfähigkeiten, der emotionalen, der personalen und sozialen Kompetenzen. Diese dienen auch der Selbstvergewisserung der eigenen Identität, der Optimierung der Stärken und der Kompensation der Schwächen. Dies alles sind Lernaufgaben, die für die Persönlichkeitsentwicklung ebenso wichtig sind wie für beruflich erfolgreiches Handeln. Ansonsten werden in Zukunft vermutlich institutionelle Verbundsysteme, institutionelle Netzwerke an Bedeutung zunehmen, so daß auch dadurch der Dualismus zwischen beruflicher und allgemeiner Bildungsarbeit mehr und mehr überwunden wird.

Könnten sie Beispiele nennen, wie ein solches „Verbundsystem" aussehen könnte?

Es gibt schon vielfältige Kooperationsverträge zwischen Schulen, Volkshochschulen und Betrieben, neue Rechtsformen von Bildungseinrichtungen, „Bildung auf Bestellung", Outsourcing, regionale Netzwerke, auch Vereinbarungen zwischen den Volkshochschulen in einer Region.

Worin kennzeichnet sich Ihrer Meinung nach die Professionalität der Erwachsenenpädagogik gegenüber anderen Disziplinen wie z.B. die Psychologie, Soziologie oder Bereiche der Organisationsentwicklung?

Worin liegt für Sie die spezifische Kompetenz eines Erwachsenenpädagogen bzw. einer Erwachsenenpädagogin?

Zur Professionalität der Erwachsenenbildung liegen inzwischen viele Studien und Publikationen vor. Um es an dieser Stelle auf wenige Punkte zuzuspitzen: Professionelle ErwachsenenpädagogInnen sollten wissen, wie Erwachsene wahrnehmen, denken, lernen und wie diese Lernprozesse, die prinzipiell selbstgesteuert sind, anzuregen und zu unterstützen sind. Zweitens: ErwachsenenpädagogInnen sollten in der Lage sein, komplexe Wissensbestände didaktisch zu reduzieren und zu rekonstruieren. Anders formuliert: Zusammenhänge zwischen der Psychologik der Lernenden, der Sachlogik der Lerninhalte und der Verwendungslogik des Gerlernten herzustellen. Und drittens ist von ErwachsenenpädagogInnen eine Selbstreflexivität zu erwarten, die sich auf eigene Fähigkeiten und Grenzen, auch auf die Relevanz des eigenen Faches oder Themengebietes für unterschiedliche Zielgruppen bezieht. Insofern läßt sich „Konstruktivität" auch als Bestandteil pädagogischer Professionalität definieren. Darüber hinaus sollten Erwachsenenpädagogen und -pädagoginnen nicht nur ExpertInnen für einen Themenbereich sein, sondern sie sollten ihr Thema lebhaft „verkörpern", sie sollten anregend, vielleicht sogar begeisterungsfähig sein und Neugier wecken, und sie sollten sich interessieren für die Bedürfnisse, Erwartungen, Erfahrungen, Wirklichkeitskonstrukte der Teilnehmer und Teilnehmerinnen, mit denen sie zusammen arbeiten. Dies ist auch eine ethische Kompetenz.

Wenn Sie sich diese Kompetenzen betrachten, glauben Sie, daß zukünftige WeiterbildnerInnen bisher adäquat in ihrem Studium ausgebildet werden, wenn nein, was fehlt Ihrer Meinung nach besonders in der pädagogischen Ausbildung (sowohl hinsichtlich Makro- als auch Mikrodidaktik)?

Auch diese Antwort ist beobachtungsabhängig. Ob Studierende der Erwachsenenbildung ein angemessenes Studienangebot finden und was sie aus diesem Angebot machen, läßt sich nicht pauschal beantworten. Einerseits gibt es deutliche Unterschiede in den Studienangeboten der verschiedenen Hochschulen, andererseits gibt es unterschiedliche Studieninteressen, Motivationen, Denkstile, Studienstrategien, auch Anspruchsniveaus.

Die Auswirkungen der Individualisierung lassen sich an unseren Studierenden genauso beobachten wie an anderen Gruppen. Insofern erscheint es auch hier sinnvoll, eine gewisse Entkoppelung der Studienangebote und der universitären Lehre einerseits und der Studienaktivitäten und Kommunikationen der Studierenden andererseits vorzunehmen.

Frühere Klagen von Einrichtungen und Verbänden, das Diplomstudium sei zu wenig praxisorientiert, höre ich in dieser Form seltener. Damit ist nicht gesagt, daß der Theorie-Praxis-Bezug befriedigend gelöst ist. Wohl aber scheint sich die Einsicht durchzusetzen, daß eine wissenschaftlich theoretische Reflexion eine ebenso gute Grundlage für bildungspraktische Kompetenzen sein kann wie die Vermittlung instrumenteller Handwerkszeuge, von Moderationstechniken und anderen Tips und Tricks.

Selbstverständlich denken wir auch in unserem Institut regelmäßig über effektive Angebotsformen des Studiums nach, über Projektorientierung, über forschendes Lernen, über Handlungsforschung, über Erprobung von curricularen Entwürfen in der Praxis, über Studienberatung usw. Wünschenswert sind intensivere individuelle Formen der Studienbegleitung, wenn man so will, eines wissenschaftlichen Coaching. Aber all diese Überlegungen sind weder neu noch originell, sie erfordern jedoch alle Ressourcen und Rahmenbedingungen, nicht nur auf Seiten der Lehrenden, sondern auch auf Seiten der Studierenden, die nur selten gegeben sind.

Sie sind immer der Universität Hannover treu geblieben, sind dies vorwiegend berufliche Gründe gewesen, die Sie nicht „in die Ferne schweifen" ließen?

Ich lebe und arbeite seit 1970 hier in Hannover. Es gibt viele Gründe dafür, daß ich mich beruflich nicht mehr geographisch verändert habe. Ein Grund besteht sicherlich darin, daß ich an der Gründung, an dem Aufbau, an der Entwicklung dieses Instituts für Erwachsenenbildung hier in Hannover von Anfang an beteiligt war und mich deshalb damit identifiziere. Auch daß ich in diesem erziehungswissenschaftlichen Fachbereich immer die Unterstützung erfahren habe, die ich gewünscht habe. Erwachsenenbildung ist in diesem Fachbereich akzeptiert und anerkannt. Zum dritten habe ich in diesen drei Jahrzehnten an unserem Fachbereich immer wieder Kollegen und Kolleginnen gefunden mit denen ich gerne diskutiert und gearbeitet habe. Oft auch dann, wenn wir unterschiedlicher Meinung waren. Vielleicht kann ich die Gelegenheit hier nutzen, mich bei meinen Kolleginnen und Kollegen zu bedanken für vielfältige Anregungen, auch kritische Rückmeldungen, für ihre loyale und vertrauensvolle Zusammenarbeit.

Ich fühle mich auch deshalb in Hannover wohl, weil hier ein Zentrum der Erwachsenenbildung in Praxis, Politik und Wissenschaft ist.

Haben Sie für sich noch einen „wissenschaftlichen Wunschtraum", den Sie sich gerne verwirklichen würden, wenn Ihnen Ihre umfangreichen Alltags- und Forschungsaktivitäten dafür mehr Zeit ließen? Wenn ja, wie sieht dieser „Traum" aus?

Wenn man 60 Jahre alt wird, werden Träume nüchterner. Was ich in diesem Jahr, im Jahr 1999 in die Wege geleitet habe, ist die Gründung einer „Arbeitsstelle für neue Lernkulturen". Mir geht es darum, zusammen mit interessierten Kollegen und Kolleginnen aus den Bildungseinrichtungen zu dokumentieren, zu analysieren, wie Menschen in unterschiedlichen Milieus, in unterschiedlichen Kontexten lernen, mit ihren Herausforderungen fertig werden und ihre Lebensziele lernend realisieren. Es geht uns um eine lebensweltorientierte pädagogische „Tatsachenforschung". In diesen neuen Lernkulturen spielen die neuen Informations- und Kommunikationsmedien sicherlich eine zentrale Rolle, aber das traditionelle Wochenendseminar der Erwachsenenbildung ist keineswegs anachronistisch oder funktionslos geworden.

Vielleicht doch noch ein Satz zu einem möglichen Zukunftsprojekt. Es wäre spannend die Literatur, die belletristische Literatur aus verschiedenen Epochen auf zugrunde liegende Lernkonzepte und Erkenntnistheorien hin zu analysieren und zu interpretieren. Ich habe damit angefangen bei so unterschiedlichen Dichtern wie Walter von der Vogelweide, Hölderlin und Enzensberger.

Die für mich eindrucksvollste Beschreibung von Schulwirklichkeit aus Schülersicht hat Thomas Mann im letzten Kapitel seines Romans „Die Buddenbrocks" geliefert, indem er einen Schulalltag des Hanno Buddenbrock darstellt. Ein solches Kapitel sollte zur Pflichtlektüre aller pädagogischen Studiengänge gehören.

Mit Ihrem 60sten Geburtstag blicken Sie nun auch auf eine 35jährige Hochschulerfahrung zurück. Mich würde persönlich abschließend interessieren, welche Ratschläge, Warnungen oder auch notwendig zu beantwortende Fragen Sie, angesichts dieser Erfahrungen, jungen Erwachsenenpädagoginnen und -pädagogen mit auf ihren wissenschaftlichen Weg in die Erwachsenenbildung / Weiterbildung geben würden?

Ich hoffe, es klingt nicht zu altklug, wenn ich sage, daß ich in den letzten Jahren zunehmend die Ambivalenz von gutgemeinten Ratschlägen erlebt habe. Deshalb fällt mir im Moment nichts Besseres ein als die Empfehlung, solange wie möglich neue Erfahrungen zu machen, Erfahrungen mit unterschiedlichen Menschen, Situationen, Theorien, Büchern, offen zu bleiben für neue Fragen.

Vielleicht doch eine Empfehlung an uns: nur solche Sätze zu schreiben und nur solche Wörter zu verwenden, die man selber auch verstanden hat. Viele wissenschaftliche Berichte sind eher sprachliche Verneblungsberichte. Wenn eine Disziplin vorwiegend selbstreferentielle Selbstgespräche führt, muß sie sich nicht wundern, daß sie von der Praxis kaum zur Kenntnis genommen wird.

Ich merke gerade jetzt, daß auch ein solches Interview, für das ich mich herzlich bei Ihnen bedanke, zu mehr Antworten verleitet, als es vielleicht angemessen ist und als es mir später lieb sein wird, wenn ich das Gespräch gedruckt lese.

Auch ein Interview besteht nur aus Sätzen in einer bestimmtem Situation, nicht aus Wahrheiten. Es ist ein Sprachspiel, in dem ein Wort das andere ergibt. Damit sind wir wieder bei Ihrer ersten Frage.

Die sicherlich spannend wäre noch einmal zu stellen, um zu schauen, wohin sich das Interview ein zweites Mal entwickelt.

Herr Siebert ich bedanke mich für das interessante Gespräch und wünsche Ihnen für Ihre geplanten Projekte weiterhin viel Schaffenskraft.

ROLF ARNOLD

Konstruktivistische Ermöglichungsdidaktik

„Daß es mir - oder Allen - so *scheint*, daraus folgt
nicht, daß es so *ist*" (Wittgenstein 1984, S.119).

Der vorliegende Beitrag möchte zweierlei leisten: Zunächst sollen die didaktischen
Folgerungen des Konstruktivismus, wie sie für die Erwachsenenbildung insbesondere
von Horst Siebert gezogen worden sind (vgl. Arnold/ Siebert 1995; Siebert 1996; Siebert 1999) in ihren zentralen Thesen rekonstruiert werden, um herauszuarbeiten, wie
diese didaktischen Folgerungen im Konzept der Ermöglichungsdidaktik ihren Ausdruck finden, um schließlich in einem kritischen Exkurs exemplarisch darzustellen,
wie erschrocken, irritiert, aber auch gekränkt und bisweilen erschreckend substanzlos
im erwachsenenpädagogischen Diskurs auf solche Überlegungen reagiert wird, obgleich es durchaus Vorläufer einer konstruktivistischen Erwachsenenbildung seriöser
Prägung gibt.

- I -

Als „Ermöglichungsdidaktik" (Arnold 1996b) läßt sich eine didaktische Denkrichtung
bezeichnen, die sich in ihrem Subjektverständnis sowie in ihrer Konzeptualisierung der
Formen didaktischen Handelns von den eher technokratischen Vorstellungen der
„planmäßigen Machbarkeit von Mündigkeit" (Adam 1988, S. 15) bzw. von Lern- und
Bildungserfolgen gelöst hat. Bereits 1981 wurden diese offen oder verborgen technokratischen Erwartungen mit dem Begriff der „Erzeugungsdidaktik" (Heinze u.a. 1981,
S. 13) kritisch auf den Punkt gebracht und so daran erinnert, daß die Logik des Pädagogischen sich von der des mechanischen Funktionierens grundlegend unterscheidet.
Diese Einsicht ist keinesfalls neu, sie gerät aber - auch und gerade angesichts der Verbreitung und Universalisierung des Erwachsenenlernens - immer wieder in Vergessenheit. Die Kehrseite der Bemühungen um Erfolg und Qualitätssicherung in der Weiterbildung sind nicht selten schlichte Erwartungen an die „Machbarkeit" bzw.
„Erzeugbarkeit" des gewünschten Effektes, auch in der Form von Mehr-desselben-
Paradoxien: *Teilnehmerunzufriedenheit und -schwund infolge einer ermüdenden Didaktik der kleinschrittigen Vorausplanung und Belehrung sowie Gängelung werden
häufig durch eine Intensivierung gerade eben dieses Konzeptes selbst (noch detaillierter, noch kleinschrittiger) als durch seine generelle Ablösung oder Relativierung beantwortet.* Professionalität wird auf dem Weg in die Weiterbildungsgesellschaft (vgl.
Arnold/ Gieseke 1999) zunehmend als Professionalität des entschiedenen Durchgriffs
sowie der Machbarkeit und Gestaltbarkeit inszeniert; den neueren populärwissen-

schaftlichen Veröffentlichungen und Verlautbarungen zur Weiterbildung sowie zum lebenslangen Lernen fehlt in der Regel die pädagogische Nachdenklichkeit und Wirkungsskepsis völlig. Ihr entgeht, daß die Einsicht in die „unaufhebbare antinomische Komponente der pädagogischen Professionalität" (Helsper 1996, S. 532) Ergebnis und Bestandteil dieser Professionalität und ihrer Möglichkeiten selbst ist: keine Absicht kann sich ihres Erfolges sicher sein; jedes ungebrochene Telos - auch noch die >Erziehung zur Autonomie< - führt in Begründungsdilemmata; es existieren keine generalisierten Kausalketten, die zwingend Ursache und Wirkung zusammenfügen" (ebd.). Die Gestaltbarkeit des Nicht-Gestaltbaren bzw. das produktive Handeln in wirkungsunsicheren Konstellationen markieren somit die Charakteristika, aber auch die Paradoxien pädagogischer Professionalität. Diese können nicht einseitig i. S. eines trotzigen oder ignoranten „Dennoch" aufgelöst werden, die paradoxale Logik muß vielmehr selbst zum Bestimmungselement der Standards pädagogischer Professionalität werden (vgl. Nittel 1999, S. 55f.). Im Klartext: *In wirkungsunsicheren Kontexten kann Wirkungssicherheit nicht durch Entschiedenheit von Instruktion und Intervention „erzwungen" werden, pädagogische Professionals müssen sich vielmehr darauf beschränken, Voraussetzungen und Kontexte zu gestalten, in denen die Subjekte selbst wirksam handeln können.* In diesem Sinne ist die zentrale professionelle Aufgabe von Pädagogen das Ermöglichen von Lernprozessen, d.h. sie sind „professionelle Lernhelfer" (Giesecke 1987, S. 13): „Lernen ermöglichen (ist) die zentrale Leitvorstellung pädagogischen Handelns" (Giesecke 1996, S. 398).

Ein solches ermöglichungsdidaktisches Konzept pädagogischer Professionalität, das - wie gezeigt - nicht neu ist, dessen bildungspraktische Konsequenzen aber gleichwohl selten gezogen werden, hat in den letzten Jahren durch die konstruktivistischen Kognitions- und Lerntheorien (vgl. von Glasersfeld 1990; 1994; 1995; Varela 1990) eine neue sehr viel grundsätzlichere Fundamentierung erfahren. In Zweifel gezogen wurden dabei vor allem die herkömmlichen Didaktikkonzepte des „Vermittelns", die im Bild des Nürnberger Trichters, der ja einhellig abgelehnt wird, nur ihren volkstümlichsten Ausdruck finden, und plädiert wird für Konzepte einer systemisch sensiblen sowie „gelassenen" Gestaltung von Lernumwelten (vgl. Arnold 1997b). Gleichwohl sind die auch in der Erwachsenenbildung etablierten Didaktikmodelle häufig immer noch zu optimistisch, ihnen liegt zumeist ein falsches Bild der Möglichkeiten instruierender Darbietung zugrunde, welches die komplexen und vielfach input-unabhängigen Formen der Aneignung vereinfacht und wirkungshypothetisch idealisiert. Demgegenüber wird von konstruktivistischen Lerntheorien *Lernen* „(...) als eine selbstorganisierende (sog. emergente) Systemeigenschaft erklärt, die keineswegs aus der Summe der Eigenschaften des Inputs resultiert, sondern vielmehr plötzlich (übersummativ im Sinne der Gestalttheorie) auftritt" (Meixner 1997, S. 11).

In der deutschen Erwachsenenpädagogik war es - neben Ortfried Schäffter (dazu weiter unten mehr) - in erster Linie Horst Siebert, der diese Anregungen der konstruktivistischen Erkenntnis-, Kognitions- und Lerntheorien für die Erwachsenenbildung aufgegriffen und ausgedeutet hat. Am Anfang war diese Ausdeutung - in enger Kooperation mit dem Verfasser - mehr grundsätzlich bzw. paradigmatisch (Arnold/Siebert

1995), sie nahm jedoch sehr bald die Konsequenzen für die Praxis der Erwachsenenbildung (Siebert 1998) und die pädagogische Bildungspraxis generell (Siebert 1998) in
den Blick. Dabei betätigt sich Siebert als ein konstruktivistischer „Realist", d.h. er folgt
nicht den potentiell relativistischen Positionen des Radikalen Konstruktivismus (vgl. v.
Glasersfeld 1997), ignoriert oder bestreitet[1] aber gleichzeitig auch nicht - wie die meisten Erwachsenendidaktiker - die offensichtlichen Fragwürdigkeiten und wirkungshy-
pothetischen Illusionen etablierter Didaktikkonzepte, sondern nutzt die Anregungen
des Konstruktivismus vielmehr zur Profilierung einer realistischeren bzw. nüchterne-
ren Sicht der erwachsenenpädagogischen Möglichkeiten: „Der Konstruktivismus bestätigt die Subjektorientierung der Bildungsarbeit. Erwachsene lassen sich (in der Regel) nicht belehren oder aufklären, Wahrheiten lassen sich nicht linear vermitteln. Erwachsene haben ihren >eigenen Kopf<, machen sich ihre >eigenen Gedanken<, sie
denken (aufgrund der Autopoiese ihres Nervensystems) eigensinnig und eigenwillig.
Eine Argumentation ist für den einen plausibel und >viabel<, für den anderen z.b. aufgrund seiner andersgearteten lebensgeschichtlichen Erfahrungen unverständlich oder
indiskutabel. Auch Lernen ist ein selbstreferentieller >rückbezüglicher< Prozeß: Erfahrung baut auf früheren Erfahrungen auf, Wissen entsteht aus vorhandenem Wissen.
Lernen erfolgt nach gelernten und >bewährten< Mustern. Lernen im Erwachsenenalter
ist grundsätzlich >Anschlußlernen<. Gelernt wird nicht, was einem >gesagt< wird,
sondern was als relevant, bedeutsam, integrierbar erlebt wird" (Siebert 1996, S. 9).

In dieser präzisen Zusammenschau der kognitions-, erkenntnis- sowie lerntheoretischen Aspekte einer konstruktivistisch begründbaren Didaktik des Erwachsenenlernens
treten die beiden grundlegenden Leitthesen (vgl. Arnold/Kempkes 1998) auch bereits
bei Siebert deutlich zutage, nämlich

a) die These von der prinzipiellen Konstruktivität unseres Zugangs zur Realität und

b) die These von der prinzipiellen Aneignungslogik des Lernens, die einen Abschied
   von linearen didaktischen Lehr-Lern-Konzepten nahelegt.

Beide Leitthesen gehen mit einer Neukonzipierung des Erwachsenenlernens einher.
Erwachsenenlernen wird als grundsätzlich „konstruktiver" Prozeß verstanden, d.h. Er-

---

[1] Dieses „Bestreiten" geht in der Regel mit „Behauptungen" einher, wie dies z.B. bei Pongratz neuerdings nachlesbar ist, der sich mit den konstruktivistischen Ansätzen der Erwachsenenbildung auf der Basis der Kritischen
Theorie auseinandersetzt, dabei aber auch nur in einer seltsam verschwörungstheoretisch aufgeladenen Gemen-
gelage den Konstruktivisten so ziemlich alles nachsagt, was den Ansatz - zwar nicht substantiell, aber atmosphä-
risch - in Mißkredit bringen kann. So wird bei konstruktivistischen Ansätzen der Erwachsenenpädagogik „ein
postfordistischer Zuschnitt im Umgang mit pädagogischen Prozessen" (Pongratz 1998, S. 280) erkannt, die folgen alle „erkenntnisbiologischen Kurzschlüssen" (ebd.) und öffnen letztlich „sozialdarwinistische Spekulationen Tür und Tor" (ebd., S. 282). Am deutlichsten wird diese verschwörungstheoretische Auseinandersetzung an
Formulierungen, wie: „Was nicht viabel ist, >geht< eben nicht. Dieser irreflexive Pragmatismus paßt ganz ins
Bild sich international verschärfender Konkurrenzverhältnisse: Wer als >global player< auf Weltmarktniveau
reüssieren will, muß viabel sein (und alle, die mit ihrer sozialen Existenz am Tropf der Weltökonomie hängen
schlechterdings auch). Viabilität mutiert zur konservativen Apologie ökonomischer und sozialer Konkurenzme-
chanismen" (ebd., S. 282). Statt einer detaillierten Auseinandersetzung mit den erkenntnis-, kognitions- und
lerntheoretischen Dimensionen (vgl. Abb.1) des erwachsenenpädagogischen Konstruktivismus folgen zu können, wird der Leser hier mit einer ins Weltpolitische hineinragenden Verdächtigung „abgespeist", die letztlich
darauf hinausläuft, eine Theorie zu diskreditieren, statt sich mit ihren sachlichen Argumenten kleinschrittig auseinanderzusetzen.

wachsene erhalten im Lernen nur einen über Konstrukte vermittelten Zugang zu neuen Inhalten, und diesen Zugang können sie nur erhalten, wenn sie selbst aktiv an der Transformation ihres kognitiven Systems bzw. ihrer bisherigen Konstrukte und Deutungen beteiligt werden. Da diese Transformationsprozesse nicht „erzeugt", sondern nur „ermöglicht" werden können, sind „Konstruktivität" und „Ermöglichen" zentrale Kategorien einer erwachsenendidaktischen Neuorientierung.

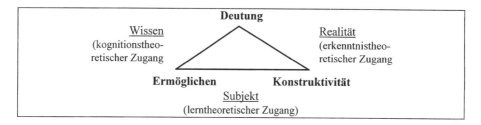

Abb. 1: Kognitions-, erkenntnis- sowie lerntheoretische Aspekte einer konstruktivistischen Erwachsenendidaktik

Diese Neuorientierung erhält vielfältige Anregungen aus der angloamerikanischen Erwachsenenbildungsdidaktik. So spricht der britische Erwachsenenbildungsforscher Peter Jarvis vom „facilitative teaching" - im Unterschied zum didactic teaching und socratic teaching - und beschreibt die Rolle des Lehrenden in der Erwachsenenbildung wie folgt: „... the facilitator is one who assists in the students learning" (Jarvis o.J., S. 113). Und der Amerikaner Jack Mezirow ergänzt diese erwachsenendidaktische Neukonzipierung um eine weitere - lerntheoretische - erwachsenendidaktische Kategorie, indem er darauf hinweist, daß Lernen grundsätzlich eine Transformation von Deutung bzw. „meaning perspectives" ist. Mezirow bezieht dabei eine deutungsmustertheoretische Position, wenn er feststellt: „The most significant transformation in learning are transformations of meaning perspectives (Mezirow 1991, S. 38).

Erwachsenenlernen stellt sich uns somit vor dem Hintergrund der skizzierten Anregungen konstruktivistischer Konzepte als ein zumindest dreidimensional zu arrangierendes Geschehen dar, das durch die Kategorien der *Konstruktivität,* des *Ermöglichen* und der *Deutung* grob markiert ist (vgl. Abb.1). Diese drei Kategorien befreien die Erwachsenendidaktik aus den Irrwegen unbeweisbarer Faktizitäts- und Wirkungsillusionen, wie sie - wie ich gleich zeigen werde - immer noch vertreten werden. Erwachsenenlernen erscheint so als Bestandteil des individuellen Bemühens um Viabilität, d.h. um „gangbare" Erklärungen und für den Einzelnen „tragfähige" Begründungen. Grundlagen für eine solche Relativierung des Erklärungs- und Aufklärungsanspruchs ist eine „Epistemologie der Bescheidenheit" (Arnold/Siebert 1995, S. 8), die aber auch zugleich eine *Epistemologie der (notwendigen) Vielfalt und Unterschiedlichkeit bzw. der prinzipiellen Interkulturalität des Lebens und Lernens in der modernisierten Lebenswelt und Gesellschaft* ist. Dieser erkenntnistheoretische Bezug einer konstruktivistischen Erwachsenenbildung ist keinesfalls - wie bisweilen behauptet - Ausdruck eines unzulässigen Versuchs, didaktische Maßstäbe aus erkenntnistheoretischen Maximen abzuleiten. Gleichwohl kann eine didaktische Begründung der inhaltlichen Ansprüche an das Erwachsenenlernen auf Erkenntnistheorie nicht vollständig verzichten, und zwar gerade in den Bereichen, in denen mit dem Lerninhalt der Augenschein der naturgesetzlichen Evidenz verbunden zu sein scheint. Hierzu schreibt Mezirow: „Even for instrumental learning, in which the truth of assertions may be established empirically, the process always develops in the context of a consensus about the paradigms used" (ebd. S. 56).

- II -

Ernst von Glasersfeld hat sich in seinen Veröffentlichungen verschiedentlich mit Fragen des Lehrens und Lernens befaßt. So setzte er sich z.b. 1994 mit dem konstruktivistischen Modell von Piaget auseinander und definierte die Funktion des „Wissens" als „die Konstruktion viabler begrifflicher Strukturen" (v. Glasersfeld 1994, S.22). „Lernen", der Prozeß, der zu Entstehung von Wissen in der menschlichen Kognition führt, definierte er - ganz im Sinne Piagets - zunächst als „Assimilation", d.h. „als eine Form des Umgangs mit Neuem, die dieses *Neue als ein Vorkommnis von etwas Bekanntem* behandelt" (ebd., S. 28). „Lernen" ist aber auch „Akkomodation", d.h. die Herausbildung eines neuen bzw. veränderten Wahrnehmungsmusters (Schemata), die vor allem dann eintritt, wenn mit den bereits entwickelten Schemata neue Sachverhalte nicht in einer Weise konzeptualisiert werden können, die befriedigendes - viables - Handeln zuläßt.

In der Erwachsenenbildungsdiskussion sind diese epistemologischen und didaktischen Fragen, die sich aus dem Konstruktivismus für die Theorie und Praxis der Erwachsenenbildung ableiten lassen, lange Zeit kaum aufgegriffen worden. Ortfried Schäffter ist meiner Kenntnis nach einer der ersten Erwachsenenbildungstheoretiker gewesen, die - wie auch Horst Siebert - dem „Strukturbruch zwischen pädagogischer Intentionalität und den Formen subjektiver Aneignung" (Schäffter 1992, S. 52) nachspüren und dabei auch explizit auf die neueren konstruktivistischen Ansätze Bezug nehmen. Es geht Schäffter dabei „(...) vor allem um die Problematik, wie sich strukturell Fremdes und Neuartiges aneignen oder sogar didaktisiert vermitteln läßt" (Schäffter 1992, S. 19), ein Anliegen, welches auch Siebert in seinen neueren Veröffentlichungen immer wieder aufgegriffen hat (vgl. Siebert 1996; 1999). Schäffter geht es „um die Frage, wie sich Lernen als >aktiv gestaltende Umweltaneignung< innerhalb eines systemrelativen Außen-Innenverhältnisses theoretisch konzipieren läßt" (ebd.), oder - anders gefragt - wie Lernen als emergenter Prozeß konzeptualisiert werden kann (vgl. Arnold 1997a), wenn man davon ausgeht, daß Erwachsene zwar „lernfähig, aber unbelehrbar" sind (Siebert 1997). Schäffter glaubt dabei in den Ansätzen des Radikalen Konstruktivismus (vgl. Schmidt 1987; 1992) „eine geeignete Rahmentheorie" erkennen zu können, „(...) die es zur Erforschung der Erwachsenenbildung gegenstandsbezogen weiterzuentwickeln gilt" (Schäffter 1992, S. 23). Damit zieht er die Konsequenz aus seinen bereits 1986 veröffentlichten Bemühungen, die Möglichkeiten von Lehre und Lernen als „Problem lernförderlicher Einflußnahme auf andere kognitive Systeme" (Schäffter

1986) grundlagentheoretisch neu zu fassen. Für eine didaktische Theorie ergab sich dabei die Konsequenz, „(...) daß sich lehrende Einflußnahme immer nur auf Veränderungen in der konsensualen Beschreibung der Welt beziehen kann, nicht aber auf die systemrelative Bedeutung, die diese Beschreibung aus der Wahrnehmungsperspektive einer Person oder einer sozialen Gruppe hat" (Schäffter 1992, S.57). Erwachsenenbildung wird somit als eine „Intervention (soziale Einflußnahme) auf Transformationsprozesse zwischen getrennten Sinndomänen" (ebd.) konzipierbar, sie ermöglicht Verschränkungen zwischen dem Lehrverhalten einerseits und „systemrelativen Aneignungsprozessen" (ebd., S. 58) andererseits. Voraussetzung für das Gelingen solcher Transformationsprozesse ist allerdings eine erwachsenenpädagogische „Lehrkompetenz" im Sinne einer „Sensibilität für Fremdheit" (Schäffter 1986).

Dieses Niveau einer erwachsenenpädagogischen Annäherung an konstruktivistische Theoreme wurde in den letzten Jahren einer beginnenden erwachsenenpädagogischen Debatte mehrheitlich verfehlt. Von wenigen Ausnahmen abgesehen (u.a. Riemann-Rothmeier/ Mandl 1996), reagieren die Erwachsenenbildungstheoretiker eher verstört, gekränkt und bisweilen polemisch[2] auf die konstruktivistischen Provokationen. Man möchte die vermeintlich sicheren Erkenntnisse der didaktischen Forschung nicht aufgeben, weshalb man auch bisweilen unverhohlen einer Restaurierung unterrichtstechnologischer Didaktikmodelle der 70er Jahre das Wort redet. Zwar werden diese Vorschläge in der Fachdebatte kaum aufgegriffen, da sie allzu offensichtlich hinter den erreichten Erkenntnisstand über die Komplexität und Eigendynamik von Lehr-Lern-Prozessen in der Erwachsenenbildung zurückfallen und durch allzu triviale Machbarkeitsillusionen gekennzeichnet sind, doch verbreiten sie bisweilen - und hierin liegt der Grund für diesen Exkurs - gleichzeitig Lesarten über die handlungshermeneutisch und konstruktivistisch angeregten erwachsenendidaktischen Konzepte (z.B. den Deutungsmusteransatz oder die konstruktivistische Didaktik), die auf einer unsauberen Rekonstruktion dieser Konzepte und einer recht vordergründigen Auseinandersetzung mit deren Thesen basieren. Zu erwähnen ist in diesem Zusammenhang insbesondere die von Dräger in letzter Zeit im periodischen Wechsel immer wieder anvisierte Generalabrechnung mit der vorherrschenden erwachsenendidaktischen Diskussion und insbesondere mit dem Konstruktivismus, zu denen er pauschal[3] feststellt: „Wann immer Er-

---

[2] Eine solche polemische Reaktion ist das von Klaus Dieckhoff (Universität Bamberg) veröffentlichte Pamphlet „Konstruktivistische Erwachsenenbildung - eine Fehlkonstruktion", in dem der Verfasser sich in einer äußerst vordergründigen Art und in Unkenntnis der einschlägigen konstruktivistischen Literatur mit dem Buch Arnold/ Siebert (1995) „auseinandersetzt", sich dabei aber gleichzeitig „rühmt", von diesem nur 24 Seiten gelesen zu haben.

[3] Die Drägerschen „Abrechnungen" haben leider bislang noch keine Materialisierung in einem eigenen differenzierten Gesamtentwurf gefunden, was insofern mißlich ist, als er zwar alles irgendwie pauschal verwirft, gleichwohl seine eigene konstruktiven Thesen nicht recht erkannt und geprüft werden können. Als „Alternative" wird dem solchermaßen verunsicherte Leser ein „Infrastrukturmodell" als Ausweg aus der Krise angeboten (Dräger/ Günther 1994) und immer wieder die „Trennung von Didaktik und Methodik" beschworen (Dräger/ Günther 1997), ohne daß aber deutlich würde, von welchen Didaktik- und Methodik-Begriffen denn bei diesem ganzen Feuerwerk aus Hinterfragungen, Unterstellungen und nebulösen Kommentaren ausgegangen wird. Insgesamt drängt sich dem informierten Leser der Eindruck auf, daß hier ein Zerrbild der augenblicklichen erwachsenendidaktischen Debatte unter Beschuß genommen wird, und daß diese spektakulär aufgemachte Aktion lediglich der Profilierung der eigenen, bei genauerer Betrachtung aber eher schlichten erwachsenendidaktischen Thesen dient: der Berg kreist und gebiert eine Maus.

wachsenenpädagogen bisher ein neues Modell einer Erwachsenenbildungsdidaktik vorstellten, handelt es sich um eine Variante der tradierten normativen Bildungslehre (...)" (Dräger/ Günther 1997, S. 116) - so das vernichtende Urteil.

Im folgenden werde ich mich nur exkursorisch mit einigen zentralen „Vorwürfen", die die Vertreter des Infrastrukturansatzes gegenüber einer konstruktivistisch orientierten Erwachsenendidaktik artikulieren, genauer auseinandersetzen. Gleichzeitig werde ich herausarbeiten, daß diese bei ihrer Argumentation von einem eher schlichten Wertbegriff und einem systemtheoretisch weitestgehend unterkomplexen Konzept von kognitiver Selbstorganisation ausgehen. Die damit verbundenen Schwächen der Argumentation führen die Infrastrukturtheoretiker zu einer bisweilen ärgerlich selektiven Auswertung der erwachsenendidaktischen Ansätze, die hier nicht alle richtiggestellt werden können. Auffällig ist, daß die Vertreter des „Infrastrukturansatzes" dem konstruktivistisch orientierten erwachsenendidaktischen Diskurs so ziemlich alles vorwerfen, was man sich als erwachsenenpädagogische Unzulässigkeit denken kann. Durchgängig ist dabei der Vorwurf der „normativen Grundlegung" (ebd., S. 121) erwachsenenpädagogischen Handelns, für deren Brandmarkung man auch nicht vor manipulativen Dramatisierungen wie dem Vorwurf eines „Zurückgehens hinter die Errungenschaften der Aufklärungspädagogen" (ebd., S. 123) oder dem Vorwurf eines Parteigängertums mit „vormodernem oder totalitärem Denken" (ebd., S. 126) zurückschreckt. Gleichwohl fällt dem aufmerksamen Leser auf, daß diese naive Wertpädagogik den Vertretern des erwachsenendidaktischen Diskurses zwar ständig unterstellt, diese Unterstellung aber an keiner Stelle nachlesbar belegt wird. Und so nährt sich der Verdacht, daß hier etwas kritisiert wird, was überhaupt nicht vertreten wird. Gemäß dem konstruktivistischen „Man hört nur, was man weiß", lesen Dräger und Günther vielmehr aus den von ihnen zitierten konstruktivistischen Belegstellen etwas heraus, was dort überhaupt nicht oder sogar völlig anders steht - eine ungewollte Verifizierung der konstruktivistischen Selbstbezüglichkeit von Erkenntnis und Argumentation.

Besonders deutlich wird dieser selektiv-manipulative Umgang mit Belegstellen am - ebenfalls dramatisierten - Vorwurf der „Teilnehmerbeschimpfung" (ebd., S.122), für dessen Beleg die „Konstruktivistische Erwachsenenbildung" von Arnold und Siebert mit den Worten zitiert wird: „Teilnehmer erscheinen als >aufklärungsresistent<, widerspenstig und eigensinnig" (Arnold/ Siebert 1995, S.24), woraus Dräger und Günther die Lesart konstruieren: „Erwachsenenpädagogen beklagen, daß die Teilnehmer ihren >eigenen Kopf< haben und sich ihre >eigenen Gedanken< (Siebert 1996, S.19) machen" (Dräger/ Günther 1997, S.122). Als „Beklagen" kann dies nur jemand bezeichnen, der eine vorgefertigte These - nämlich den Normativitätsvorwurf - bestätigen will und hierfür bewußt Zitate dekontextualisiert. Denn das Zitat wird just an der Stelle ausgeblendet, an der es weiter heißt: „Für das pädagogische Personal der Erwachsenenbildung bietet der Konstruktivismus zunächst eine allgemeine Entlastung an. (...) Wenn die grundlegende These des Radikalen Konstruktivismus zutrifft, daß die wahrgenommene Welt eine komplexe Konstruktionsleistung des Gehirns ist, (...) dann nämlich arbeiten auch Erwachsenenpädagogik und Erwachsenenbildungsforschung auf der Grundlage von Konstruktionen. Und für beide - Theorie und Praxis - gilt, >daß

Wahrnehmen immer Interpretation und Bedeutungs-Konstruktion ist<. Wissenschaftler und Praktiker müssen diese Konstruktionen letztlich aushandeln" (Arnold/ Siebert 1995, S.24). Was an dieser Argumentation auf die Absicht einer normativen Ausrichtung der Teilnehmer verweisen soll, bleibt rätselhaft.

Der Normativitätsvorwurf der Infrastrukturtheoretiker an die konstruktivistische Erwachsenendidaktik krankt aber noch an zwei weiteren Argumentationsschwächen: So differenzieren sie nicht zwischen einer explizit *normativen Ausrichtung des Erwachsenenlernens* einerseits und der *orientierenden Kraft des Erwachsenenlernens* andererseits. Und gleichzeitig legen sie ihrer Kritik an der vermeintlich normativen Erwachsenendidaktik einen eindimensional materialen Wertbegriff zugrunde, dem alles Normative *gleich gültig* und somit *gleichgültig* ist. Dieser unterkomplexen Werttheorie entgeht allerdings, daß es eine grundsätzliche Synergie zwischen den autopoietischen Aneignungsprozessen des Erwachsenenlernens und prozedural-ethischen Theorien gibt, die bekanntlich nicht nach „Werten an sich", sondern nach den prozeduralen Kriterien des Zustandekommens von Wertsetzungen fragen und in diesem Sinne - implizit - den Gesichtspunkt der (kommunikativen) Selbstorganisation bzw. des kommunikativen Diskurses betonen: Praktische Fragen ethischer Relevanz können dieser Position zufolge „grundsätzlich (nur) argumentativ entschieden werden" (Habermas 1981, S. 90). Es ist deshalb theoretisch überhaupt nicht ausreichend, einen vermeintlichen oder tatsächlichen Zielbezug des konstruktivistisch inspirierten erwachsenenpädagogischen Handelns zum Ausgangspunkt von Generalabrechnungen zu nehmen, entscheidend sind vielmehr die Fragen nach dem Zustandekommen von Werten einerseits und die Frage nach dem Potential der jeweiligen Werte für die Autonomieentfaltung der Lerner andererseits. Einer solchen Differenzierung würde dann auch aufgehen, daß Werte, wie „Toleranz" und „Verantwortung" überhaupt keine materialen Werte im Sinne willkürlicher Setzung sind, sondern verfahrenskonstitutive Prinzipien, durch deren Wirksamkeit den Lernenden überhaupt erst die Gelegenheit zu selbstbestimmten Aneignungsprozessen gegeben wird[4].

Die orientierende Kraft einer konstruktivistischen Erwachsenenbildung ergibt sich somit keineswegs aus einer „Lenkung durch inhaltliche Vorgaben" und die professionelle Funktion von Erwachsenenbildung kann deshalb auch nicht mit der Verdächtigung, daß Orientierung nur um den Preis einer Neuauflage der „normativen Pädagogik" möglich sei, in Frage gestellt werden, wie man dies bei Dräger u.a. nachlesen kann. Das tatsächliche Verhältnis von Lehrenden und Lernenden im erwachsenenpädagogischen Diskurs ist vielmehr viel komplexer, wie u.a. die neuere Analyse von Sigrid Nolda (Nolda 1996) oder die Dissertation von Ingeborg Schüßler (Schüßler 1998) zeigen. Hier wird deutlich, daß „Lehren" als Strukturverknüpfung (Verknüpfung von Wissens- und Emergenzstrukturen) durch das Arrangement von Lernwelten begründet

---

[4] Ganz in diesem Sinne heißt es in der von Dräger und Günther so einseitig ausgewerteten Schrift: „Erwachsenenbildung kann im Normalfall nicht als Umerziehung konzipiert werden. Erwachsenenbildung ist in der Regel auch kein Instrument zur unmittelbaren Identitätskrisenbewältigung; und Erwachsenenbildung ist kein Spielfeld für Missionare und Weltverbesserer. Erwachsenenbildung ist eine Gelegenheit, in relativer Distanz zu den Zwängen und Handlungsnotwendigkeiten des Alltags seine Wirklichkeitskonstruktionen zu überdenken, mit anderen zu vergleichen, durch neues Wissen anzureichern, neue Sichtweisen kennenzulernen" (Arnold/ Siebert 1995, S.118).

werden kann (vgl. Arnold 1997a). „Lehre" wird damit keineswegs tabuisiert oder - wie Dräger u.a. unterstellen - einem „Lehrpessimismus" (Dräger/Günther 1997, S.122) angehangen. Der Lehrende wird aber auch nicht ingenieurwissenschaftlich-technokratisch auf die schlichte Rolle eines „Informators" (ebd., S. 122) reduziert und jede weitere erwachsenendidaktische Zuständigkeit ausgeschlossen, es sei denn die erzeugungsdidaktisch-rezeptologische Aufgabe, „(...) Handlungsanleitungen für didaktische Entscheidungen in alltagspraktischen Situationen" (Dräger/ Günther 1997, S. 118) zu formulieren, was - unter Absehung von allen erziehungswissenschaftlichen Debatten um die Fragwürdigkeit von Rezeptologien - offensichtlich für leicht machbar gehalten wird.

Demgegenüber kann ein erwachsenendidaktisch und nicht technologisch inspirierter Lehrbegriff nicht von der Funktion der „Lehre als Lernhilfe" (Arnold/ Siebert 1995, S. 163ff.) abstrahieren, da es keineswegs theoretisch originell und professionell besonders naheliegend ist, die Verantwortung für die Auswahl und Aufbereitung von Lerninhalten vollständig der Auswahl der Teilnehmer aus vorgehaltenen reichhaltigen „Infrastrukturen" (Dräger/ Günther 1994) anheimzustellen. Meine Vermutung ist demgegenüber, daß die notwendige Selbstorganisation (die „Selfdirection") des Erwachsenenlernens keineswegs dazu führen kann, daß wir Teilnehmer einer unstrukturierten Vielfältigkeit von Lernwelten aussetzen und damit statt Selbsterschließung - ganz im Sinne der Doppeldeutigkeit dieses Wortes (selbst erschließen *und* das Selbst erschließen) - eine „didaktische Reizüberflutung" auslösen. Insofern die Vertreter von solchen Infrastruktur-Modellen glauben, angesichts der konstatierten „Krise der bildungstheoretischen Didaktik" die Fragen nach der didaktischen Analyse oder der didaktischen Reduktion mit dem schwach begründeten Normativitätsvorwurf schlichtweg aus der Welt schaffen zu können, weichen sie der eigentlichen erwachsenendidaktischen Problematik aus und tragen zur professionellen Selbstaufweichung der Erwachsenenbildung bei: *Es geht nämlich nicht um das Zulassen „autonomer Entscheidungen" i.S. von Auswahl-Entscheidungen (Dräger/ Günther 1994, S. 151), sondern um die erwachsenendidaktische Begründung und die professionelle Ermöglichung von Selbsterschließung und emergenter Aneignung. Diese stellt sich keineswegs schon allein dadurch ein, das man Auswahl-Entscheidungen zuläßt. Notwendig sind vielmehr Begründungsentscheidungen auf der Basis erwachsenendidaktischer Kriterien sowie eine kognitionsorientierte Didaktisierung von Angeboten und Inhalten. Die erwachsenendidaktischen Ansprüche holen somit auch den Infrastrukturansatz spätestens bei der Gestaltung und dem Arrangement didaktischer Infrastrukturen ein: Dann gilt es auszuwählen, zu begründen, zu reduzieren und Selbsterschließung zu initiieren (vgl. Arnold 1997).*

Literatur

Adam, E.: Das Subjekt in der Didaktik. Ein Beitrag zur kritischen Reflexion von Paradigmen der Thematisierung von Unterricht. Weinheim 1988

Arnold, R.: Deutungslernen in der Erwachsenenbildung. Grundlinien und Illustrationen zu einem konstruktivistischen Lernbegriff. In: Zeitschrift für Pädagogik, 42 (1996a), 5, S. 719-730

Arnold, R.: Deutungsmuster und pädagogisches Handeln in der Erwachsenenbildung. Bad Heilbrunn/Obb 1985

Arnold, R.: Deutungsnotstand und Technologiedefizit der Erwachsenenbildung. In: Nuissl, E./Siebert, E./Weinberg, J. (Hrsg.): Literatur und Forschungsreport Weiterbildung, 24/1989, S. 3-15

Arnold, R.: Die Emergenz der Kognition. Skizze über Desiderata der Erwachsenendidaktik. In: Derichs-Kunstmann, K./Faulstich, P./Tippelt, R. (Hrsg.): Enttraditionalisierung der Erwachsenenbildung. Dokumentation der Jahrestagung 1996. Beiheft zum Report. Frankfurt/M. 1997a, S. 130-146

Arnold, R.: Vom Konstruktivismus zur Pädagogischen Gelassenheit. In: Schweizer Schule, 6/1997b, S. 13-18

Arnold, R.: Weiterbildung. Ermöglichungsdidaktische Grundlagen. München 1996b

Arnold, R./Kempkes, H.-G.: Praktisches des Konstruktivismus. In: Hessische Blätter für Volksbildung, 48 (1998), 3, S. 259-274

Arnold, R./Siebert, H.: Konstruktivistische Erwachsenenbildung. Von der Deutung zur Konstruktion von Wirklichkeit. Bd. 4 der Schriftenreihe „Grundlagen der Berufs- und Erwachsenenbildung". Baltmannsweiler 1995

Arnold, R. (Hrsg.): Lebendiges Lernen. Bd. 6 der Schriftenreihe „Grundlagen der Berufs- und Erwachsenenbildung". Baltmannsweiler 1996

Arnold, R./ Gieseke, W. (Hrsg.): Die Weiterbildungsgesellschaft. 2 Bde. Neuwied 1999

Baraldi, C./ Corsi, G./ Esposito, E.: GLU. Glossar zu Niklas Luhmann. Frankfurt 1997

Combe, A./Helsper, W. (Hrsg.): Pädagogische Professionalität. Untersuchungen zum Typus pädagogischen Handelns. Frankfurt/M. 1996

Dohmen, G.: Thesen zum Stellenwert des selbstgesteuerten Lernens im Rahmen eines „lebenslangen Lernens für alle". In: ders. (Hrsg.): Selbstgesteuertes Lebenslanges Lernen. Ergebnisse der Fachtagung des Bundesministeriums für Bildung, Wissenschaft, Forschung und Technologie vom 6.-7.12.1996. Bonn 1997, S. 24-28.

Dräger, H./ Günter, U.: Die Emanzipation der Methodik von der Didaktik. In: Derichs-Kunstmann, K./ Faulstich, P./ Tippelt, R. (Hrsg.) Enttraditionalisierung der Erwachsenenbildung. Dokumentation der Jahrestagung 1996. Beiheft zum Report. Frankfurt/M. 1997, S. 116-129

Dräger, H./ Günther, U.: Das Infrastrukturmodell als Antwort auf die Krise der bildungstheoretischen Didaktik. In: Derichs-Kunstmann, K. u.a. (Hrsg.): Theorien und forschungsleitende Konzepte der Erwachsenenbildung. Beiheft zum Report. Frankfurt/M. 1994, S.143-152

Giesecke, H.: Das >Ende der Erziehung<. Ende oder Anfang pädagogischer Professionalisierung? In: Combe/Helsper a.a.O. 1996, S. 391-403

Giesecke, H.: Pädagogik als Beruf. München 1987

Habermas, J.: Theorie des kommunikativen Handelns. Bd. 1: Handlungsrationalität und gesellschaftliche Rationalisierung. Frankfurt/M. 1981

Heinze, T./Loser, F./Thiemann, F.: Praxisforschung. Wie Alltagshandeln und Reflexion zusammengebracht werden können. München u.a. 1981

Helsper, W.: Antinomien des Lehrerhandelns in modernisierten pädagogischen Kulturen. Paradoxe Verwendungsweisen von Autonomie und Selbstverantwortlichkeit. In: Combe/ders. a.a.O. 1996, S. 521-569

Jarvis, P.: Adult and Continuing Education. Theory and Practice. London/New York o.J.

Meixner, J.: Konstruktivismus und die Vermittlung produktiven Wissens. Berlin 1997

Mezirow, J.: Transformative Dimensions of Adult Learning. San Francisco/Oxford 1991

Mezirow, J.: Transformative Erwachsenenbildung. Bd. 10 der Schriftenreihe „Grundlagen der Berufs- und Erwachsenenbildung. Baltmannsweiler 1997

Nittel, D.: Was macht professionelles pädagogisches Handeln in der (modernen) Erwachsenenbildung „erfolgreich"? In: Päd Forum, 27./12. (1999), S. 53-58

Nolda, S.: Interaktion und Wissen. Eine qualitative Studie zum Lehr-/Lernverhalten in Veranstaltungen der allgemeinen Erwachsenenbildung. Frankfurt/M. 1996

Pongratz, L.: Kritische Theorie und Erwachsenenbildung. In: Hessische Blätter für Volksbildung, 48 (1998), 3, S.275-287

Reinmann-Rothmeier, G./ Mandl, H.: Lernen auf der Basis des Konstruktivismus. Wie Lernen aktiver und anwendungsorientierter wird. In: Computer und Unterricht, 23/1996, S.41-44

Schäffter, O.: Bedeutungskontexte des Lehrens und Lernens. In: Hessische Blätter für Volksbildung, 44 (1994), 1, S. 4-15

Schäffter, O.: Arbeiten zu einer erwachsenenpädagogischen Organisationstheorie. Ein werkbiographischer Bericht. Reihe „Forschung - Begleitung - Entwicklung" der Pädagogischen Arbeitsstelle des Deutschen Volkshochschulverbandes. Frankfurt/M. 1992

Schäffter, O.: Bedeutungskontexte des Lehrens und Lernens. In: Hessische Blätter für Volksbildung, 44 (1994), 1, S. 4-15

Schäffter, O.: Lehrkompetenz in der Erwachsenenbildung als Sensibilität für Fremdheit. Zum Problem lernförderlicher Einflußnahme auf andere kognitive Systeme. In: Claude, A. u.a.: Sensibilisierung für Lehrverhalten. Berichte - Materialien - Planungshilfen der Pädagogischen Arbeitsstelle des Deutschen Volkshochschulverbandes. Frankfurt/M. 1986, S. 41-52

Schmidt, S.J. (Hrsg.): Der Diskurs des Radikalen Konstruktivismus. Frankfurt/M. 1987

Schmidt, S.J. (Hrsg.): Kognition und Gesellschaft. Der Diskurs des Radikalen Konstruktivismus 2. Frankfurt/M. 1992

Schüßler, I.: Erwachsenenbildung im Modus der Deutung. Eine explorative Studie zum Deutungslernen in der Erwachsenenbildung. Dissertation. Kaiserslautern 1998

Siebert, H.: Didaktisches Handeln in der Erwachsenenbildung. Didaktik aus konstruktivistischer Sicht. Neuwied 1996

Siebert, H.: Erwachsenenbildung in der Bundesrepublik Deutschland - alte und neue Bundesländer. In: Tippelt, R. (Hrsg.): Handbuch Erwachsenenbildung. Opladen 1994, S. 52-79

Siebert, H.: Konstruktivismus. Konsequenzen für Bildungsmanagement und Seminargestaltung. DIE-Materialien für Erwachsenenbildung 14. Frankfurt/M. 1998

Siebert, H.: Pädagogischer Konstruktivismus. Eine Bilanz der Konstruktivismusdiskussion für die Bildungspraxis. Neuwied 1999

Siebert, H.: Sind wir lernfähig, aber unbelehrbar? Die Lernfähigkeit der Lehrenden. In: Zeitschrift für berufliche Umweltbildung, 7(1997), 3/4, S. 10-12

v. Glasersfeld, E.: Aspekte einer konstruktivistischen Didaktik . In: Landesinstitut für Schule und Weiterbildung (Hrsg.): Lehren und Lernen als konstruktive Tätigkeit. Soest 1995, S. 7-14

v. Glasersfeld, E: Einführung in den radikalen Konstruktivismus. In: Watzlawick, P. (Hrsg.): Die erfundene Wirklichkeit. Wie wissen wir, was wir zu wissen glauben? Beiträge zum Konstruktivismus. 6. Auflage. München 1990, S. 16-38

v. Glasersfeld, E.: Piagets konstruktivistisches Modell: Wissen und Lernen. In: Rusch, G./Schmidt, S.J. (Hrsg.): Piaget und der radikale Konstruktivismus. DELFIN 1994. Frankfurt/M. 1994, S. 16-43

v. Glasersfeld, E.: Radikaler Konstruktivismus. Ideen, Ergebnisse, Probleme. Frankfurt/M. 1997

Varela, F.: Kognitionswissenschaft - Kognitionstechnik. Eine Skizze aktueller Perspektiven. Frankfurt/M. 1990

Wittgenstein, L.: Über Gewißheit. Werkausgabe Bd. 8. Frankfurt/M. 1984

HANS TIETGENS

Vereinbares und Widersprüchliches zwischen
Curricula und Konstruktivismus

„Gerade das Recht auf didaktische Selbstwahl der Teilnehmer erfordert ein besonders durchdachtes und begründetes Veranstaltungsangebot". Diese Feststellung findet sich in Horst Sieberts erster zusammenfassender Grundlagendarstellung von 1972 „Erwachsenenbildung - Aspekte einer Theorie" (S. 91). Dieser schlichte Satz, der auf den ersten Blick widersprüchlich erscheint, enthält nichtsdestoweniger den Kern der Spannungsproblematik, vor der sich alle gestellt sehen, die sich Gedanken um eine Erwachsenendidaktik machen. Auch Sieberts Überlegungen haben sich seitdem immer wieder um Vermittlungsbemühungen zwischen diesen didaktischen Anforderungen bewegt. Dabei kann der oberflächliche Betrachter den Eindruck haben, er halte sich an den jeweils herrschenden Zeitgeist bzw. an wissenschaftliche Moden und transformiere sie auf Anwendungsformen der Erwachsenenbildung. Immerhin war er der Autor, der in den 70iger Jahren die Curriculum-Theorie für die Erwachsenendidaktik so intensiv wie keiner untersucht und vorgestellt hat. War dies noch eine Übernahme aus der allgemeinen Schul- und Bildungsdiskussion, so beteiligte er sich in den 80er Jahren an dem Herausarbeiten von erwachsenenbildungseigenen Kategorien, und er trat dementsprechend für eine reflexive Didaktik ein. Und in den 90ern gehörte er zu den wenigen (neben Schäffter und Arnold), die konstruktivistische Einsichten in der Erwachsenenbildung bekannt zu machen versucht haben. Wer sich in der Geschichte der Erwachsenenbildung auskennt, wird den Verdacht hegen, es handele sich bei diesem theoretischen Dreisprung um ein weiteres Beispiel für die Wende-Neigungen in der Erwachsenenpädagogik. Bei gründlichem Verfolgen der Argumentationsketten, die von Siebert entwickelt werden, wird aber deutlich, daß es sich zwar immer wieder um jeweils neue Ansätze und Zugänge handelt, daß es dabei für ihn aber immer um den gleichen Problemkomplex geht, wie nämlich für Erwachsenenbildung ein Planungs- und Handlungskonzept entwickelt werden kann, das den divergierenden Bedingungsfaktoren und den humanen Zielvorstellungen gerecht zu werden vermag. Es ist also das Bemühen um Klärung der konstitutiven Faktoren der Lehr-Lernprozesse, denen die Erwachsenenpädagogik als Wissenschaft näher zu kommen bestrebt ist, und worum sich Horst Siebert bemüht. Daß dies keine leere Legitimationsbehauptung ist, möchte ich im Folgenden darstellen.[1]

Es liegt gerade 30 Jahre zurück, daß der Begriff „Curriculum" in die bildungstheoretische und -politische Diskussion eingebracht worden ist (Robinsohn 1967). Schon 15

---

1 Ich beziehe mich dabei auf die Veröffentlichungen von Horst Siebert aus den Jahren 1974, 1982, 1985, 1995 sowie 1996.

Jahre später war kaum noch davon die Rede. Als ein weitreichender aber sich selbst kontrollierender Reformansatz galt er in den 70iger Jahren aus emanzipatorischer Sicht als instrumentalistisch und aus konservativer als traditionszerstörend. In der Tat zielte die Curriculumstrategie auf eine grundlegende Lehrplanreform ab, die auch eine Reform der Berufsvorbereitung erfordert hätte. Der Grundgedanke stellte für die Schule eine Überforderung dar, paßte aber um so mehr auf Intentionen und Arbeitsweisen der Erwachsenenbildung. Da die Grundannahme des neuen Ansatzes war, daß „Erziehung Ausstattung zur Bewältigung von Lebenssituationen" vermitteln sollte, mußte auch die Planung situationsorientiert sein, also gerade erwachsenenbildungsgerecht. Dies kam bei der bildungspolitischen Diskussion aus dem Blick, weil es in ihr fast nur noch um Fragen der Lernzielformulierung und ihre Operationalisierbarkeit ging. Daß hier nicht von Lehr- sondern von Lernzielen die Rede war, konnte aber aus der Sicht der Erwachsenenbildung als ein Vorteil erscheinen. Dennoch wird an den Darstellungen von Siebert 1972 und 1975 deutlich, wie sehr er gegen den Verdacht zu instrumentalisieren angehen mußte. Zwei Momente öffneten dann die Diskussion der Ansätze in der Erwachsenenbildung: Die Unterscheidung von geschlossenen und offenen Curricula und das Betonen der unterschiedlichen Bedeutung je nach der Intention und der Funktion der Bildungsveranstaltungen (vgl. Siebert 1974, S. 109 und S. 224). Damit war der Grund gelegt für ein weitgehendes Akzeptieren des „Sowohl als auch", für ein jeweils angemessenes Plazieren des Planens und der Selbstbestimmung. Soweit Planung notwendig war, boten die Vorgaben des Curriculum-Ansatzes Kriterien zur Beachtung der vielfältigen Wirkungsfaktoren und damit auch Transparenz für die relative Annäherung an eine Erwartungssicherheit und für eine Interessenartikulation auf dem Weg der Metakommunikation. Allerdings wurde dies, wie die Erfahrung zeigte, von den Lernenden nur selten genutzt, weil sie aufgrund ihrer Lernerfahrungen und Lerngewohnheiten noch lehrerorientiert waren.

Ein zukunftsträchtiger und zugleich grundlegender Aspekt ergab sich daraus, daß eine Situationsorientierung das Problem des Umgangs mit Situationsdefinitionen mit sich brachte. Dies aber auch ermöglichte, in der Praxis einer Motivationsorientierung näher zu kommen. Vermutlich wäre dieser Aspekt nicht zu so bemerkenswerter Wirkung gelangt, wenn nicht in dieser Zeit das interpretative Paradigma sich auf wissenschaftstheoretischer und forschungsmethodischer Ebene durchgesetzt hätte.[2]

Mit dem Stellenwert, der den Situationsdefinitionen beigemessen wurde, ist der Faktor identifiziert, der den Curriculum-Ansatz praktisch und theoretisch auf den konstitutionellen Kern führte. Es sind damit zugleich die Wege geöffnet, die zur Begründung einer reflexiven Didaktik und zu einem Zugang zu konstruktivistischem Denken führten. Zwischen beiden bewegt sich der viel diskutierte Deutungsmusteransatz, der auf der Suche nach den Möglichkeiten des Anschlußlernens ist. Die letzten beiden Sätze mögen auf den ersten Blick als eine allzu geschmeidige Kompilation erscheinen. Sie haben aber eine Grundlage in anthropologischen Grundvorstellungen, über die weitge-

---

[2] Es erscheint angebracht an einige der wichtigsten Publikationen zu erinnern, die dem interpretativen Paradigma zu einer Wirkung verholfen haben: Arbeitsgruppe Bielefelder Soziologen 1972; Berger/Luckmann 1970; Heider 1972; Leithäuser u.a. 1977; Laucken 1973; Runkel 1977; Schütz 1974 und Tietgens 1983.

hend Konsens besteht und die vom interpretativen Paradigma getragen werden. Insofern es auf der Annahme beruht, daß Menschen sich und den Objekten nicht unmittelbar begegnen sondern über Vorstellungen, die sie von ihnen haben, ist die Verständigung miteinander und damit auch das Lehren und Lernen in ein Geflecht von Deutungen verwoben. Diese Zuschreibungen und diese Annahmen auf Gegenseitigkeit wollen
reflektiert sein, wenn das Leben in Vereinbarungen gelingen soll. Das, was Schwierigkeiten und Aufgabe bei Lehr-Lernprozessen ausmacht, ist das, was heute vornehmlich
als Perspektivenverschränkung bezeichnet wird. Wie können Sichtweisen zueinander
finden, die sich zunächst einmal fremd sind? Was in der Politik und der Medienwelt
als Manipulation inszeniert wird, erscheint zwar in Lehr-Lernprozessen weniger von
Machtinteressen beeinflußt, schließt aber ein Leben in Mißverständnissen nicht aus, sei
es aufgrund von divergierenden Situationsinterpretationen, sei es durch semantische
Divergenzen.

Wenn der Curriculumansatz als situationsorientierter über die makrodidaktische Ebene
hinaus auf die Interaktionsebene der einzelnen Veranstaltungen weitergeführt werden
soll, muß die Aufmerksamkeit auf die Spielräume der Auslegungsvielfalt gerichtet
werden. Dies gilt nicht nur für den soziokulturellen Bereich, wo direkt einsichtig ist,
daß das Phänomen der Deutungsabhängigkeit eine Rolle spielt. Auch Lerngegenstände, die als dinghaft gelten, sind nicht für alle das Gleiche. Auch sie sind Bestandteil
erfahrungsbedingter Wahrnehmungsstrukturen. Insofern ist das interpretative Paradigma ein den Lehr-Lernvorgängen adäquater Forschungsansatz. So konnte ich 1981 von
dem günstigen Fall einer „Problemkongruenz von Forschungssituationen und Bildungsarbeit" sprechen (S. 121) und zwei Jahre später haben wir resümiert: „Weder
punktuelle Laborforschung noch halbstandardisierte Umfragen, um exemplarische
Vorgehensweisen zu benennen, kommen nahe genug an die prozessuale Wirklichkeit
der Erwachsenenbildung heran, um als hilfreich empfunden werden zu können"
(Tietgens/Gieseke S. 193). Der Zugang zu den Lernproblemen erfordert sowohl bei
den Lehrenden wie bei den Forschenden ein hermeneutisches Potential, mit dem sich
der Problemkern erschließen läßt und das allein den Komplex der anthropologischen
Strukturbedingungen symbolischer Interaktion zu erfassen vermag. Dabei gilt das Geforderte, z.B. die Reflexion der Selbstkonzepte, das Öffnen impliziter Handlungstheo-
rien, das Hinterfragen der Fremdbilder sowohl für die Lehrenden als auch für die Forschenden und immer bezogen auf den jeweiligen Lerngegenstand. Von der Lehrseite
muß dabei allerdings die höhere Kompetenz eingebracht werden, denn Lehren und
Lernen bedeutet die Erweiterung der Deutungsspielräume und zugleich eine Annäherung an mögliche Passungen von Anforderungen der Lernziele und Voraussetzungen
der Lernenden.

In den letzten Sätzen dürfte zusammengefaßt sein, was zumindest in damaliger Zeit die
didaktischen Anforderungen der Erwachsenenbildung kennzeichnete. Heute wird die
sogenannte „reflexive Wende" gemeinhin als eine Reaktion auf die Vereinseitigung
der „realistischen Wende" angesehen. Diese Einschätzung ist aber nach gründlicher
Betrachtung nicht haltbar. Sowohl die Angebotssequenzen als auch die Argumentationslinien, die der realistischen Wende das Profil gaben, blieben von der reflexiven un-
berührt. Sie war eher ihre Erweiterung in den psychischen Bereich auf der Angebot-
sebene. Auf der theoretischen Ebene kann sie gesellschaftsgeschichtlich als eine Kon-

sequenz des Emanzipationsansatzes angesehen werden, der in den 70iger Jahren litera-
risch Furore machte, sich aber in der Erwachsenenbildungspraxis nicht durchsetzen
konnte. Demgegenüber war die reflexive Wende gleichsam das, was von der emanzipatorischen Welle nachgewirkt hat und mit der curricularen vereinbar war, daß es
nämlich nicht mehr ungewöhnlich war, wenn Menschen im Alltag ihre Situation mit
sich und anderen reflektieren. Sieberts Beitrag war dabei, die Fundierung einer reflexiven Didaktik mit einem anderen damals zur Sprache gekommenen didaktischen Ansatz
in Beziehung zu setzen, dem alltagstheoretischen. Das Alltagsverständnis blockiert
zuerst einmal alle Versuche, es gedanklich zu übersteigen, wenn es dazu nicht unmittelbare Anstöße erfährt. Die Betroffenheit provoziert dann den anthropologischen Impuls der Reflexivität, die „als menschliches Potential durch Lernen aktualisiert werden
muß" (Siebert 1982, S. 75). Reflexivität ist also „kein Rückzug in eine kontemplative
Innerlichkeit sondern ein Verhältnis zwischen dem erkennenden Subjekt und der Welt"
(ebd.). Wenn es dem didaktischen Handeln darum geht, derartige Prozesse zu unterstützen, muß es zum einen dafür eintreten, Spielräume für Selbstkritik zu schaffen,
zum anderen eine urteilsfreie Gruppenreflexion als Metakommunikation anstreben, die
sowohl Inhalte hinterfragt als auch Gruppenprozesse thematisiert, Lernschwierigkeiten, Zielspannungslagen oder Fragen des Verfahrensstils anspricht, sowie von Zeit zu
Zeit darauf reflektiert, an welcher Stelle des Lernweges man sich befindet. Dabei gilt
der Aspekt der Selbstkritik für Lehrende und Lernende gleichermaßen.

Wenn die curriculare Didaktik ein erster Schritt war, ihre Aufgaben von den Lernenden her, damals immer noch in ihrer allgemeinen Form zu denken, geht die reflexive
Didaktik unmittelbar auf die Subjektivität der Lernenden ein. Damit bekommen die
verlaufsorientierten Phasen ein besonderes Gewicht. Zudem stellt Siebert den engen
Zusammenhang zwischen Teilnehmerorientierung und reflexivem Lernen heraus. Das
korrespondiert bei ihm mit der Vorstellung, daß die Reflexivität des Lernens Bildung
als Einheit von Individualität und Sozialität ermöglicht, sie eine Besinnung auf die
Vernunft beinhaltet. Der Katalog von Themen zur Metakognition macht deutlich, daß
mit einem solchen Vorgehen Gelegenheit zur Selbstkontrolle, zur Sensibilisierung für
die anderen und das andere, zur Stärkung des Selbstbewußtsein gegeben wird. Reflexivität ist also keine Wendung zur Innerlichkeit sondern als Fundierung der Verantwortlichkeit gegenüber den instrumentalisierenden Tendenzen einer Rivalitäts- und Kon-
kurrenzgesellschaft zu verstehen. Hier dürfte Siebert nicht nur für sich gesprochen und
zugleich deutlich gemacht haben, inwiefern mit der reflexiven Wende ein Akzent auf
Widerstand gegenüber Anpassung gesetzt ist, um den Spannungspol, den der Deutsche
Ausschuß für das Erziehungs- und Bildungswesen einmal hergestellt hat, zu zitieren.
Insofern ist auch mit der Reflexivität eine gesellschaftliche Relevanz wahrgenommen.

Die Grundfrage, die sich bei einem teilnehmerorientierten Lehrverständnis stellt, ist
von Kh. Geißler (1982, S. 33) am griffigsten formuliert. „Was muß ich tun, um etwas
für die Teilnehmer zu tun". Wenn man dabei Reflexivität voraussetzt oder darauf abzielt, verlangt dies den Blick auf schwer erkennbare Motivationsbereiche und Verhal-
tensgründe zu richten. Es gilt dann nämlich der Frage nachzugehen, was in den Lernenden vor sich geht. Empathie und Erfahrung helfen dabei allein nicht. Um präzise
Antworten kann es dabei auch nicht gehen, sondern vielmehr darum, Vorstellungen

darüber anzureichern, welche Denkmuster jeweils möglich sind. Wie ist Gesagtes gemeint und wie kann Gehörtes ausgelegt, bestehendes Wissen zugeordnet werden? Das ist die immer wieder verdrängte Frage, hinter der Phaenomene stecken, die auch oder gerade dann in Interaktionsprozessen wirksam sind, wenn sie nicht bewußt werden. Wie man mit ihnen produktiv umgehen kann, hat die Pädagogische Arbeitsstelle mit einer Veröffentlichung in die Diskussion zu bringen versucht, in der die Gedanken und Verfahren des kanadischen Psychologen David Hunt vorgestellt wurden (vgl. Claude 1985). Sie wollen dafür sensibilisieren, wie man in den Aussagen der Lernenden „lesen" kann. H. Siebert hat in einer späteren Veröffentlichung dieses empfohlene Lehrverhalten des „reading and flexing" als hilfreiche didaktische Orientierung aufgegriffen und auf den konstruktivistischen Ansatz bezogen (vgl. Siebert 1996, S. 108). Veröffentlicht wurde dieser Ansatz aber ursprünglich zur Reflexivitätsförderung.

Es ist dies nur ein Beispiel, daß es sich bei den „Wenden" nicht um Ablösungen handelt, sondern um Akzentverlagerungen. So ist der Deutungsmusteransatz zuerst im Kontext der Öffnung der Erwachsenenbildung für das interpretative Paradigma zur Sprache gekommen. Anfangs verhielt man sich gegenüber dem Ansatz etwas zurückhaltend, da seine erste Anwendung für die empirische Forschung im Kontext gewerkschaftlicher Bildung erfolgt war und die zweite Forschungsaktivität im Zusammenhang mit Bildungsurlaubsveranstaltungen für den Wissenschaftler nicht unerwartete, aber für den unvorbereiteten und dem Bildungsurlaub nicht ohne weiteres positiv gegenüberstehenden Lesern negativ erscheinende Interaktions- bzw. Kommunikationserfahrungen offenbarte, was die Zitierfreudigkeit nicht gerade anregte. Dabei wurden nur Phänomene des Aneinandervorbeiredens aufgedeckt, die aus konstruktivistischer Sicht als selbstverständlich angesehen wurden und weshalb Ortfried Schäffter 1986 vom „Verstehen als alltägliche Fiktion" gesprochen hat. Dabei wäre auch Selbstkritik auf Seiten der Wissenschaft angebracht, so wie E. Schlutz (1982, S. 13) in seiner Einleitung zu der reflexiven Wende-Veröffentlichung formuliert hat: „es stünde der Wissenschaft von der Weiterbildung gut an, die Reflexivität, die sie anderen empfiehlt, auch von sich selbst zu fordern".

Der Deutungsmusteransatz hat mit der Veröffentlichung von Rolf Arnold 1985 gleichsam als ein Konkretisierungskonzept einer reflexiven Didaktik eine Breitenwirkung erfahren, die ihn zum meist diskutiertesten Entwurf gemacht hat. Die Grundprämisse, daß Menschen im Modus der Auslegung leben, scheint als solche akzeptiert. Dennoch oder vielleicht gerade deshalb ist eine Forschung zu den Interaktionsphänomenen selten. Immerhin hat auch Horst Siebert angemahnt, weitere Konkretisierungen verschiedener Funktionsbereiche der Erwachsenenbildung in den Blick zu nehmen. Schließlich krankt die Didaktik daran, daß sie sich entweder auf einer sehr allgemeinen oder auf fachlicher Ebene bewegt; den Zwischenbereich verschiedener Funktionstypen aber weitgehend unbeachtet läßt, obwohl es zur Aufgabe der Didaktik gehört, möglichst produktive Relationen zwischen den Bedingungsfaktoren des Lehr- und Lernprozesses herauszustellen, als da sind die Lernvoraussetzungen, die Struktur des zu Lernenden, die Implikationen der Lernziele und die Bestimmungskraft der Lernfunktionen. Daß die unterschiedlichen Bereichsstrukturen forschungspraktisch eine black box sind, belastet das Ansehen der Erwachsenenbildungswissenschaft und die Erwachsenenbildungspraxis gleichermaßen. Behindernd wirkt sicherlich auch, daß die Betonung des Reflexiven im Widerspruch steht zu dem bildungspolitisch Propagierten, das die Mentalität der Menschen zu bestimmen beginnt. Danach wird Bildung noch im Munde geführt, aber was angestrebt wird ist Effektivität und Effizienz. Unter diesen Umständen liegt es nahe, daß auch die Erwachsenenbildungsdiskussion nach Innovativem sucht, mit der der platten Vorstellung einer allein willensabhängigen Lernleistung entgegengewirkt werden kann. Mit dem wissenschaftlichen Durchbruch des Konstruktivismus war etwas Neues gegeben, womit zugleich an dem gerade entwickelten Erkenntnisstand angeknüpft werden konnte. Daß der erkenntnistheoretische Ansatz des radikalen Konstruktivismus quer liegt zu dem, was unter ökonomischer Perspektive wünschenswert erscheint, wird einigermaßen getarnt, seitdem auch Luhmanns Sichtweise in das Auslegungskonzept übernommen ist und systemtheoretisches Denken mit konstruktivistischem verknüpft erscheint.

Eine erste breite Resonanz erhielt der radikale Konstruktivismus mit dem Funk-Kolleg „Medien und Kommunikation", in dem gleich am Anfang die Frage gestellt wird „Wie kommen wir eigentlich überhaupt zu unseren Vorstellungen von der Wirklichkeit" (1990, S. 7). Erwachsenenbildung wurde etwas später bei den Arbeitstagungen der Kommission Erwachsenenbildung der DGfE 1993 und 1994 von Arnold und Siebert vorgestellt und kurz darauf auch in ihren Büchern. Besonders eindrucksvoll war ein Jahr später ihre gemeinsam publizierte „Konstruktivistische Erwachsenenbildung" (1995). Hier möchte ich im Hinblick auf die Funktion unserer Veröffentlichung als Beispiel Sieberts Buch „Lernen als Konstruktion der Lebenswelt. Entwurf einer konstruktivistischen Didaktik" (1994) heranziehen und die Eigenart des Ansatzes skizzieren. Es bietet sich auch deshalb an, weil mit dem Stichwort „Lebenswelt" signalisiert ist, in welchem Zusammenhang das konstruktivistische Denkmodell mit dem voraufgegangenen hier als reflexiv beschriebenen steht. Diese Bezugnahme ergibt sich auch daraus, daß an die geistesgeschichtlichen Vorleistungen erinnert wird, die einen Zugang zum Konstruktivismus erleichtern. So heißt es gleich am Anfang, an ein seit langem erkanntes Kernproblem erinnernd „Auch der hermeneutische Zirkel verweist auf die Grenzen des subjektiven Verstehens" (S. 13) und auf das schon eher akzeptierte „Phänomen der selektiven Wahrnehmung" (S. 44). Wenn dann noch als konstruktivistischer Akzent gesagt wird: „Wir entdecken nicht eine vorhandene Welt, sondern wir erfinden Welten ... Lernen heißt nicht Vorgegebenes abbilden sondern eigenes gestalten" (S. 41), so kann auch dies mit der Traditionslinie des Aufgabenverständnisses der Erwachsenenbildung in Verbindung gebracht werden. Und die Nähe zum Reflexiven klingt an, wenn Siebert formuliert: „Wir können unsere blinden Flecken nicht beseitigen, aber wir können uns unserer blinden Flecken bewußt werden" (ebd.).

Ein weiterer Berührungspunkt ist der Stellenwert, der im konstruktivistischen Konzept der Sprache zukommt. „Die Grenzen unserer Sprache sind die Grenzen unserer Welt" (S. 57). Damit erhält die Metakommunikation über die unmittelbare praktische Bedeutung hinaus im Lehr-Lernprozeß eine wissenstheoretische Verankerung. Vor diesem Hintergrund ist es dann naheliegend, „Vernunft als ein Resultat kommunikativer

Übereinkunft" anzusehen, womit die Konvergenz zu einer reflexiven Didaktik signalisiert ist. Voll zur Geltung kommt sie allerdings erst dadurch, daß Siebert gestützt von konstruktivistischen Vorannahmen den lange Zeit inflationär gebrauchten und verdinglichten Lebensweltbegriff auf seinen Kern und damit auf seine reflexive Relevanz zurückgeführt hat. „Lebenswelt ist fast synonym mit konstruierter Wirklichkeit ... Lebenswelt meint die Art und Weise, wie wir die Einflüsse des Milieus erleben" (S. 85). Die Konsequenzen für die Erwachsenenbildung erscheinen so auch durchaus mit einer reflexiven Didaktik vereinbar. Sie münden für Siebert jedenfalls in der Anforderung: „Bildungsveranstaltungen sollten die Lust an Perspektivierungen fördern, z.B. durch Verfremdungen eines Themas, Paradoxien, Überraschungseffekte" (ebd.). Dies bedeutet für die Kursleitenden aber auch, daß sie es nicht ohne weiteres als eine eigene Fehlleistung ansehen müssen, wenn sie mit ihrer Tätigkeit nicht das erreichen, was sie sich erhofft oder vorgenommen haben.

Wer sich nur an das hält, was von mir bisher gesagt wurde, mag sich fragen, was denn dann noch das Besondere einer konstruktivistischen Didaktik ist. Es besteht zuerst einmal daraus, daß die Grundthesen des sogenannten radikalen Konstruktivismus keine Spekulationen, sondern naturwissenschaftlich begründet, aus der Gehirnforschung abgeleitet sind. Diese Grundlage ihrer Herkunft gibt dem Ansatz zum einen ein besonderes Gewicht, verführt zum anderen aber auch dazu apodiktisch zu verallgemeinern, was im Widerspruch zu der zum Ansatz gehörenden Relationierung steht. In der Erwachsenenbildung kommt dies beispielsweise in publizistisch wirksamen Formen zum Ausdruck wie „Das Ende des Lehrers" oder „die Unmöglichkeit des Verstehens". Damit wird eine Sparpolitik unterstützt, die suggeriert, institutionalisierte Erwachsenenbildung könnte überflüssig werden. Hier zeigt sich der Nachteil eines zwiespältigen Moments, worauf Siebert verweist, wenn er sagt: „Macht ist bei Konstruktivisten ein blinder Fleck" (S. 63). Zugleich gibt es aber auch in seinem Text Aussagen, die durch den konstruktivistischen Ansatz überspitzt sind. Das gilt etwa für die Bemerkung „Konstruktivistisch gesehen ist jede Deutung ein Vorurteil" (S. 80). Dies mag im systemimmanenten Kontext des radikalen Konstruktivismus treffend sein, läßt aber für die Erwachsenenbildung ein komplexes Problemfeld außer acht. Wenn einmal auf dem historisch-politischen Hintergrund im „Abbau von Vorurteilen" eine zentrale Aufgabe der Erwachsenenbildung gesehen wurde, so mag dies aus der Sicht des radikalen Konstruktivismus als eine Überschätzung der Möglichkeiten angesehen werden. In Kenntnis des Anlasses aber, gegen Vorurteile zu argumentieren, nämlich die Erfahrungen der NS-Herrschaft, ist die Frage nach den Grenzen der Toleranz aufgeworfen. Zugespitzt formuliert: „Hört nicht die Auslegungsfreiheit vor den Toren der Konzentrationslager auf?" Es ist dies auch nicht nur im Falle des Umgangs mit der Gewalt zu bedenken. Schon die Vorstufen müßten Reflexionsanlaß sein. Es ist also zu fragen, wann und wo die mentalen Verengungen auch in nicht so extremer Form begonnen haben. Von daher macht es Sinn, wenn R. Arnold davon gesprochen hat, jede recht verstandene Bildungsarbeit sei interkulturelle Bildung (Arnold 1992).

Es gibt m.E. zwei Probleme, durch die der Konstruktivismus außerhalb der didaktischen Übertragbarkeit gerät. Zum einen ist es der rigorose Absolutheitsanspruch bei der Reduktion des Denkens auf eine, wenn auch fundamentale Seinserkenntnis, wodurch Varianten des Situativen nicht mehr anerkannt oder in einer Vermischung mit sysstemtheoretischen Kategorien auf ein Differenzschema fixiert werden, so daß Differenzierungen nicht mehr in den Blick kommen. Das zweite Bedenken betrifft die immer wieder betonte Maßgabe des „Viablen". Auch das ständige Insistieren auf diesen Begriff - und das gilt für alle Autoren, die eine didaktische Relevanz des radikalen Konstruktivismus ansprechen - kann nicht überzeugend machen, wie dabei verhindert werden kann, daß Durchsetzungsraffinement oder Gleichgültigkeitszynismus allzu häufige Folgen werden. Könnten diese beiden Gefahren- und Verfügungsquellen vermieden werden, dann ist die konstruktivistische Didaktik zwar nicht mehr „radikal" aber als eine erweiterte Konsequenz einer reflexiven Didaktik anzusehen. Denn in der Grundannahme, daß es gilt, auf eine Didaktik des Ermöglichens hinzuwirken besteht für beide Konsens. Allerdings will bedacht sein, daß damit einmal mehr nur die allgemeine Didaktik ohne Realisierungsbezüge angesprochen ist. Daß Didaktik in der Erwachsenenbildung keinen besonders guten Ruf genießt, hängt nicht nur damit zusammen, daß die Bezeichnung Assoziationen des Schulischen hervorruft. Demgegenüber will Didaktik als bildungsrelevanter Umgang mit Lerngegenständen verstanden werden (vgl. Siebert 1996, S. 140). Um so mehr ist es mißlich, daß zwar schon viel zu einer allgemeinen Erwachsenendidaktik gesagt ist und auch auf spezielles fachdidaktisches Material zurückgegriffen werden kann, daß aber die mittlere Ebene, die man als Bereichsdidaktische bezeichnen kann, kaum bearbeitet ist. Meine früheren Anregungen dazu sind so weit ich sehe jedenfalls nicht aufgegriffen worden (vgl. Tietgens 1981, 1992). Es ist dies nicht nur im Hinblick auf die Praxis von Nachteil, es benachteiligt auch die Verständigung auf der Ebene der konstituierenden Faktoren. Das gilt gerade auch dann, wenn Teilnehmerorientierung als ein Leitziel vertreten wird. Denn um den Lernenden dienlich sein zu können, will die Anforderungsart des zu Lernenden nahe gebracht sein. Dies wiederum steht in Relation zu den Intentionen der Lernenden und der Struktur dessen, was dafür anzueignen ist. Für den Umgang mit dem zu Lernenden ist also entscheidend, welche Funktionen dieser erfüllen soll. Damit hängt vom Angebotstypus des zu Lernenden ab, was beim Lernprozeß zu beachten ist. Dies kann unterschiedlich sein je nach dem, ob das Angestrebte im Bereich des Definierbaren und Operationalisierbaren liegt, ob ein Verstehen von Lebensproblemen und von mentalen und sozialen Ausdrucksformen angegangen werden soll oder ob die Entwicklung von Gestaltungsfähigkeit das Ziel ist. Mit diesen Beispielen ist die Reihe der Lernzielarten keineswegs erschöpft, aber es sind damit doch drei Anforderungstypen umrissen, deren Unterschiedlichkeit bei der Anlage von Lehr-Lernprozessen beachtet sein will. Zudem ist damit nicht nur der Spielraum der Verfahrensstrategien angesprochen, sondern auch die Seinsweise des jeweils zu Lernenden mit seinen konstituierenden Momenten der Interaktionsvorgänge und der Art der kognitiven Ansprüchlichkeit. Deren theoretische Bearbeitung gewinnt also ihre Angemessenheit, wenn die Struktur der Aufgabenspezifika beachtet wird. Eben dies liegt auf der bisher von der Erwachsenendidaktik vernachlässigten Ebene zwischen Allgemeinem und Fachlichem. Ein verstärktes Forschungsinteresse sollte demnach gerade auf der Anforderungseigenheit der jeweiligen Funktionsbereiche des Lernens gerichtet sein. Es können sich dann durchaus verschiedene Varianten des Ermöglichens als passend herausstellen.

Die wenigen Konkretisierungen des konstruktivistischen Ansatzes haben ein unausgesprochenes Übergewicht für den Bereich der soziokulturellen Bildung. Dies kann die nicht gerade erwünschte Folge haben, daß unbefangene Leser den Eindruck gewinnen, der Konstruktivismus sowohl als auch der Deutungsmusteransatz hätten allein da Relevanz, wo es um nicht gegenständliches Lernen geht. Worauf es also ankäme, wäre zu verdeutlichen, wie das Konstruktivistische im Alltagsleben zur Geltung kommt. Auch dann könnte immer noch die Einsicht nahegebracht werden, daß „Verstehen identisch ist mit einem Vollzug des Prozesses der Bedeutungsverleihung" (Arnold/Siebert 1995, S. 56) oder daß „Gelegenheit zum Probedenken, zur Beschäftigung mit Andersdenkenden und einem Kontrastwissen" (ebd., S. 114) gegeben ist. Andererseits gibt es auch Maßgaben einer konstruktivistischen Didaktik, die nicht für alle Lernbereiche angebracht erscheinen. So könnte eine „Professionalität im Modus des Zulassens" (ebd., S. 136) je nach Lerngegenstand auch verhängnisvolle Folgen haben. Die Professionalität könnte vielmehr eher daraus bestehen zu erkennen, was das jeweils situationsgerechte Maß des Zulassens ist. Dafür sollten Kursleitende sensibel sein, „relevante Signale der Beteiligten wahrzunehmen" (ebd., S. 124). Dann vermag es auch passend zu sein - wie es auf S. 147 heißt - „durch Herstellung von Perspektivenvielfalt und Perspektivenverfremdung, d.h. durch Vorschlag übersehener, provozierender, weiterführenden und in-Frage-stellender anderer Sichtweisen" zu intervenieren. Das Ausmaß eines solchen Verhaltens sollte aber doch - und auch das gehört zur Teilnehmerorientierung - an Funktion und Struktur der Lernanlässe gebunden sein. Im Basisbereich des Lernens, in der Sprache und der Mathematik gibt es so viel an leicht nachweisbaren konstruktivistischen Elementen, daß es nicht nötig ist, sie um jeden Preis ins Spiel zu bringen.

Wenn „Erwachsenenbildung eine Gelegenheit ist, Wirklichkeitskonstruktionen zu überdenken" (S. 118), so sollte immer bewußt bleiben, daß dies für den Alltag und das Zusammenleben in allen Bereichen gedacht ist. Es werden daran Aufgaben und Chancen erkennbar, menschliches Leben im Modus der Auslegung zu begreifen und zu lernen, es im Modus der Vereinbarung zu führen (vgl. Arnold/ Kade/ Nolda/ Schüßler 1998). Es ist dies aber auch eine wissenschaftliche Aufgabe, und das verlangt einen aufeinanderbezogenen Umgang mit wissenschaftstheoretischen und forschungsmethodischen Ansätzen und ihrer Plausibilisierung für die Erwachsenenbildungspraxis. Dieses Aufeinanderbeziehen muß derzeit weitgehend vermißt werden, und dies war wohl auch mit der Selbstkritik gemeint, die hier anfangs von Erhard Schlutz zitiert wurde. Es erscheint dies heute besonders bedenklich angesichts der immer beschränkter zur Verfügung stehenden finanziellen Mittel, deshalb sollten Kooperationen naheliegen. Dafür bedarf es einer Verständigungsbasis im Hinblick auf grundlegende Voraussetzungen und ein Aufeinanderabstimmen von vergleichbaren Verfahrensstrategien. Daß dies nicht unmöglich ist, dürfte mein zusammenfassender Rückblick gezeigt haben. Wenn es bei Arnold/Siebert heißt: „Das reflexive Wissen unserer eigenen Wahrnehmungen, Kognitionen und Deutungen ist wichtiger als das Sprechen über scheinbar gesicherte Daten und Fakten" (S. 129), so ist damit ein bestimmtes Konstituens von Erwachsenenbildung begriffen. Damit sollte auch signalisiert sein, worauf die Wissenschaft von Erwachsenenbildung hinarbeiten muß, den Modalitäten des Auslegens und Vereinbarens nachzugehen, um etwas von der Vielfalt der mentalen Welten, denen man in der Erwachsenenbildung ohne es recht zu bemerken begegnen kann, in den Horizont des Denkens und vielleicht der Verstehbarkeit zu bringen.

Literatur

Arbeitsgruppe Bielefelder Soziologen (Hrsg.): Alltagswissen, Interaktion und gesellschaftliche Wirklichkeit, Band 1. Reinbek 1973

Arnold, R.: Konstruktivistische Perspektiven zur Erwachsenenbildung. In: Derichs-Kunstmann, K. u.a. (Hrsg.): Die Fremde - Der Fremde. Beiheft zum Report Weiterbildung. Frankfurt/M. 1993, S. 111-122

Arnold, R.: Erwachsenenbildung als interkulturelle Bildung. In: Grundlagen der Weiterbildung (GdWZ), 3 (1992), 2, S. 99-103

Arnold, R.: Deutungsmuster und pädagogisches Handeln in der Erwachsenenbildung. Bad Heilbrunn/ Obb. 1985

Arnold, R u.a. (Hrsg.).: Lehren und Lernen im Modus der Auslegung. Erwachsenenbildung zwischen Wissensvermittlung, Deutungslernen und Aneignung. Baltmannsweiler 1998

Arnold, R./Siebert, H.: Konstruktivistische Erwachsenenbildung. Von der Deutung zur Konstruktion von Wirklichkeit. Baltmannsweiler 1995

Berger, P.L./ Luckmann, T.: Die gesellschaftliche Konstruktion der Wirklichkeit. Eine Theorie der Wissenssoziologie. Frankfurt/M. 1970

Claude, A. u.a.: Sensibilisierung für Lernverhalten. Hrsg.v. PAS. Reihe: berichte, materialien, planungshilfen. Frankfurt/M. 1986, S. 41-52

Deutsches Institut für Fernstudien an der Universität Tübingen (Hrsg.): Medien und Kommunikation. Konstruktionen von Wirklichkeit. Weinheim und Basel 1990

Geißler, Kh.: In: Schlutz, E. (Hrsg.): Die Hinwendung zum Teilnehmer - Signal einer reflexiven Wende in der Erwachsenenbildung? Bremen 1982a, S.

Heider, F.: Psychologie der interpersonellen Wahrnehmung Frankfurt/M. 1972

Laucken, U.: Naive Verhaltenstheorien. Stuttgart 1973

Leithäuser Th. u.a.: Entwurf einer Theorie des Alltagsbewußtseins. Frankfurt/M. 1977

Michelsen, G./Siebert, H.: Ökologie lernen. Frankfurt/M. 1985

Robinsohn, S.B.: Bildungsreform als Revision des Curriculums. Darmstadt 1975 (Erstveröff. 1967)

Runkel, W. Alltagswissen und Erwachsenenbildung. Analyse der subjektiven und gesellschaftlich vermittelten Voraussetzungen erwachsenenspezifischen Lernens. Braunschweig 1976

Schäffter. O.: Verstehen als alltägliche Fiktion. In: Ebert, G./ Hester, W./ Richter, K. (Hrsg.): Subjektorientiertes Lernen und Arbeiten. Frankfurt/M., Bonn 1986, S. 186-201

Schütz, A.: Der sinnhafte Aufbau der sozialen Welt. Eine Einleitung in die verstehende Soziologie. Frankfurt/ M. 1974 (Erstveröff. 1932)

Siebert, H.: Didaktisches Handeln in der Erwachsenenbildung. Didaktik aus konstruktivistischer Sicht. Neuwied u.a. 1996

Siebert, H.: Konstruktivistische Aspekte der Erwachsenenbildung. In: Derichs-Kunstmann, K. (Hrsg.) u.a.: Theorien und forschungsleitende Konzepte der Erwachsenenbildung. Frankfurt/M. 1995, S.50-54

Siebert, H.: Lernen als Konstruktion von Lebenswelten. Entwurf einer konstruktivistischen Didaktik. Frankfurt/ M. 1994

Siebert, H.: Aspekte einer reflexiven Didaktik. In: Schlutz, E. (Hrsg.): Die Hinwendung zum Teilnehmer - Signal einer reflexiven Wende in der Erwachsenenbildung? Bremen 1982a, S. 74-89. Nachgedruckt in Mader, W. u.a.: 10 Jahre Erwachsenenbildungswissenschaft. Bad Heilbrunn 1991

Siebert, H.: Identitätslernen in der Diskussion. Bmp-Materialien, Frankfurt/M. 1985

Siebert, H.: Curricula für die Erwachsenenbildung. Braunschweig 1974

Tietgens, H.: Reflexionen zur Erwachsenendidaktik. Bad Heilbrunn/ Obb. 1992

Tietgens, H. (Hrsg.): Zugänge zur Geschichte der Erwachsenenbildung. Bad Heilbrunn/ Obb. 1985

Tietgens, H.: Die Erwachsenenbildung. München 1981

Tietgens, H./ Gieseke, W.: Forschungsinnovationen für die Praxis der Erwachsenenbildung. In: Pöggeler, F./ Wolterhoff, B. (Hrsg.): Neue Theorien der Erwachsenenbildung. Stuttgart 1981, S. 190-206

ERHARD SCHLUTZ

Wirklichkeit widerfährt - Zu Anregungspotential und Kritik der Konstruktivismus-Rezeption

„In den letzten Jahren haben die Verweise auf den Radikalen Konstruktivismus in der pädagogischen Literatur auf erstaunliche Weise zugenommen. Mir ist das eher unbehaglich. Wenn Forschungsprogramme und Schulen verkünden, daß sie das ‚konstruktivistische Paradigma!‘ übernommen haben, dann fangen ganz unschuldige Leute an zu glauben, daß die konstruktivistische Neuorientierung die Erziehung und die Schule aus ihrer „Krise" befreien wird, was immer auch ihr Grund sein mag. Das ist natürlich Unsinn..."

Diese Worte stammen nicht etwa von einem Kritiker des Konstruktivismus, sondern von einem Mitbegründer, dem Kognitionspsychologen Ernst von Glasersfeld (1996, S. 283). Auch in der deutschen Erziehungswissenschaft füllt das Thema „Konstruktivismus" inzwischen Kongresse oder zumindest Fußnoten in vielen Veröffentlichungen und Internet-Zeilen. Die Teildisziplin Erwachsenenbildung wurde vor allem durch Horst Siebert und Rolf Arnold mit den Grundgedanken einer Diskussion vertraut gemacht, die international in mehreren Disziplinen geführt wird, z.T. auch in interdisziplinärer Absicht.

Ich möchte dieses Diskussionsangebot hier aufgreifen und mitbedenken, wie man dabei der von v. Glasersfeld gesehenen Gefahr entgehen kann, Konstruktivismus als pädagogisches „Allheilmittel" zu benutzen. Dazu zeichne ich zunächst nach, wie ich einige Denkanstöße des Konstruktivismus verstanden habe, und deute - anhand des Realismus-Streites - an, welches philosophische, wissenschaftliche und kulturelle Spannungsfeld sich dahinter abzeichnet, um mich vor diesem Hintergrund mit den Anregungen auseinanderzusetzen, die die Erwachsenenbildung bisher aus dem Konstruktivismus erfahren hat.

Das Neue am Konstruktivismus

Als „Konstruktivismus" wird gemeinhin eine heterogene Gruppe von theoretischen Ansätzen aus unterschiedlichen Disziplinen bezeichnet, wie z.B. aus der Biologie, Neurophysiologie, Kybernetik, Psychologie. Gemeinsam ist ihnen die Annahme, daß Erkenntnis auf „Konstruktionen" eines Beobachters beruht, nicht auf dem Abgleichen (der Korrespondenz) einer Wahrnehmung mit einer externen Wirklichkeit. Sozialwissenschaftlich interessierten deutschen Lesern sind Begriffe wie Konstruktion oder Autopoiesis bereits aus systemtheoretischen Schriften der Luhmann-Schule bekannt (vgl. etwa Luhmann 1988) oder auch aus deren Übertragung in die Erziehungswissenschaft (u.a. Lenzen/ Luhmann 1998) und in die Erwachsenenbildung (Schäffter 1992). Luhmann hat das biologisch-konstruktivistische Grundmodell in ein soziologisches transformiert bzw. seiner Systemtheorie eingeschrieben. Ob aber ein „sozialer Konstruktivismus" überhaupt möglich ist, wird vom „radikalen Konstruktivismus" v. Glasersfelds bereits bestritten. Zunehmend berufen sich „Konstruktivisten" auch auf die philosophische Tradition, vor allem auf Kant, aber auch auf Hegel, den Theologen Berkeley und den Kardinal Bellarmi (einer der, wenn auch toleranteren Gegner Galileis), also eher auf die Philosophie des Idealismus, aber doch auch auf sehr unterschiedliche Gewährsleute. D. h., der Konstruktivismus versteht sich weder als etwas völlig Neues, noch ist er eine einheitliche Theorie, sondern, wie v. Glasersfeld (1996, S. 44) sagt, eher eine mehr oder weniger „kohärente Denkweise". Als das Neue dieser Denkweise könnte man nach Horst Siebert (1998, S.113) ansehen:

1. Die Radikalisierung des erkenntnistheoretischen Skeptizismus (gegenüber der Annahme einer objektiven Realität und Wahrheit);

2. Die radikale Skepsis auch gegenüber wissenschaftlicher Erkenntnis;

3. Die naturwissenschaftliche Grundlegung sozialwissenschaftlicher Erkenntnis.

Der Biologe Humberto Maturana (geb. 1928 in Chile) ist in dieser Hinsicht ein besonders wichtiger Anreger. Er beschreibt eindrucksvoll, wie er bei Experimenten mit den Sehfunktionen von Fröschen auf den Gedanken kommt, man könne Lebewesen („lebende Systeme" nennt er sie) nicht aufgrund ihres Erscheinungsbildes und behavioristischer Experimente beschreiben, sondern nur „von innen her" (Maturana 1996, S. 34). Dazu muß man sie als eigenständige Gebilde, in ihrer Lebendigkeit also, begreifen. Seine Haupterkenntnis: lebendige Systeme sind molekulare Netzwerke, die sich selbst erzeugen, zugleich auch ihre Ausmaße und Grenzen. Diesen Vorgang nennt Maturana Autopoiese, Selbstgestaltung. Wichtigste Konsequenz, die in der Pädagogik gern zitiert wird: „Als strukturdeterminierte Systeme sind wir von außen prinzipiell nicht gezielt beeinflußbar, sondern reagieren immer im Sinne der eigenen Struktur" (S. 36). Dabei lehnt Maturana den gängigen Glauben von Biologen an genetische Determination ab. Lebewesen folgen ihrem ontogenetischen Phänotyp, um ihre eigene Lebensweise zu verwirklichen. Determinismus der Struktur meint folglich kein Vorherbestimmt-Sein, sondern die Gebundenheit an die bisherige Strukturbildung und Lebensgeschichte (Epigenese).

Diese Anerkennung der je eigenen Strukturbestimmtheit oder Lebendigkeit geht einher mit bestimmten erkenntnistheoretischen Annahmen (die sich in experimenteller Forschung von Maturana und anderen aber bewährt haben): Jedes lebende System codiert nur die Intensität, nicht die Natur eines Wahrnehmungsreizes und interpretiert ihn nach eigenen Maßgaben um. Das Nervensystem repräsentiert nicht etwa die Außenwelt, um deren „Informationen" zu verarbeiten, sondern bildet einen internen und geschlossenen Kreislauf. Es erkennt und bearbeitet also nur die von ihm selbst konstruierte Realität. Allgemeiner gesagt: Erkenntnis ist innere Konstruktion, ist beobachterrelativ.

Mit der Anerkennung der Selbständigkeit und der je eigenen Erkenntnis von Lebewesen vertritt Maturana aber keine völlige Autonomie des Individuums. Lebende Systeme bewegen sich vielmehr in einem „Medium" (einem Beziehungsumfeld, einer ökologischen Nische), mit dem zusammen sie strukturelle Veränderungen durchlaufen. Sie suchen dabei zwischen Anpassung und Strukturbehauptung ihr Gleichgewicht, indem sie Schwingen wie beim Skifahren („Driften", S. 81). Ihre Eigenschaften beruhen also schon auf einem Wechselspiel mit dem Medium, ihre Erfolge auf einer historisch gewachsenen Kongruenz zwischen Organismus und Umwelt.

Maturana betont, er habe keine philosophische Erkenntnistheorie schaffen wollen (denn diese ist es, die vor allem mit seinem Namen verbunden wird). Das Realitätsproblem trete aber auf, wenn wir unsere Beobachtungen reflektierten (z.B. als Biologen), da diese immer nur von einer bestimmten Position her möglich seien. Deshalb ziehe er selbst es vor, sich bei seiner Argumentation nicht auf eine Übereinstimmung mit der äußeren Realität zu berufen, sondern auf die Kohärenz seiner Denkweise.

Realität: psychisch erzeugt oder ontologisch vorausgesetzt?

Was die biologische Modell-Vorstellung vom lebenden System für entsprechende mentale und soziale Strukturen bedeuten könnte, haben andere Wissenschaften vom Menschen weiter ausgemalt. Daneben hat aber der aufgeworfene Zweifel an der Erkennbarkeit der Wirklichkeit viele zustimmende und ablehnende Bekenntnisse hervorgerufen, so, als müsse der abendländische Streit zwischen Idealismus und Empirismus neu ausgetragen werden. Beiden Gesichtspunkten möchte ich exemplarisch anhand zweier Bücher nachgehen, die 1995 im amerikanischen Original erschienen sind und eine entscheidende Kontroverse aufzeigen: „Radikaler Konstruktivismus" von Ernst von Glasersfeld (dt. 1996) und „Die Konstruktion der gesellschaftlichen Wirklichkeit" von John R. Searle (dt.1997).

Ernst von Glasersfeld (geb. 1917 in Österreich) hat ursprünglich als Mathematiker und in der maschinellen Sprachanalyse gearbeitet, ist spät in den USA Kognitionspsychologe geworden und ist, wie der Titel seines Buches schon sagt, Streiter für einen „radikalen Konstruktivismus". V. Glasersfeld definiert den radikalen Konstruktivismus als die Annahme, daß alles Wissen nur in den Köpfen der *einzelnen* Menschen existiert und daß das denkende Subjekt sein Wissen nur auf der Grundlage eigener Erfahrung konstruieren kann (v. Glasersfeld 1996, S.22). Dabei will er eine erkenntnisunabhängige Realität nicht absolut in Frage stellen, demonstriert aber geradezu, daß sein radikaler Konstruktivismus auf eine solche Annahme nicht angewiesen sein will. Auch der Mensch sucht nicht Erkenntnis um der Erkenntnis willen. Wissen - v. Glasersfeld spricht lieber von Wissenstheorie - hat auch für den Menschen eine rein instrumentelle Funktion, etwa für das Überleben. Sie muß „viabel" sein, d. h., zu den Zwecken passen, für die wir sie brauchen. Erkenntnis darf deshalb nicht im Sinne möglicher universaler Geltung betrachtet, sondern muß in ihrer individuellen Genese untersucht werden.

In einer Rekonstruktion der Entwicklungspsychologie Piagets entfaltet v. Glasersfeld seine Vorstellung von Erkenntnis und Realität, wobei er sich mehr als Piaget mit abstrakter und wissenschaftlicher Begriffsbildung befaßt. Er beschreibt, wie die (angebliche) Festigkeit der Dinge der Außenwelt sich allmählich beim Menschen als „Objektpermanenz" ausbildet, und zwar aufgrund der wachsenden psychischen Fähigkeit, sich das Objekt auch als außerhalb des eigenen Erfahrungsfeldes fortdauernd denken und vorstellen (re-präsentieren) zu können. Folglich besteht das Wesen der Wirklichkeit nicht in einer Ansammlung vorgegebener Strukturen, sondern darin, ständig neu konstruiert zu werden. „Der Verstand organisiert die Welt, indem er sich selbst organisiert," zitiert v. Glasersfeld Piaget von 1937 (v. Glasersfeld 1996, S. 104). Der Assimilationsmechanismus des Verstandes paßt die mentalen Strukturen nicht etwa an die Außenwelt an, sondern verbessert sein eigenes Gleichgewicht (Äquilibration). Ausgebildete Schemata haben zunächst einen konservativen oder einen Vorurteils-Charakter: Sie erkennen das wieder, was sie schon kennen, oder so, wie sie es erkennen wollen. Gerade weil das Assimilationsschema aber nicht einfach als Reflex auf eine Außenwelt zu denken ist, sondern als eigenständige Handlung, ist auch Lernen möglich. Dann wenn eine Assimilation nicht gelingt, weil sie eine Störung erfährt (Piaget spricht von „Perturbation"), kann das Schema - wenn das interessant oder lohnenswert erscheint - durch Akkomodation erweitert oder differenziert werden. Häufigste Ursache der Perturbation ist nach v. Glasersfeld (1996, S. 119) übrigens die soziale Interaktion.

Realität ist für v. Glasersfeld also definiert durch die Art und Weise, wie sie im Prozeß der individuellen Entwicklung generiert wird. Empirische Fakten sind Konstrukte, die sich gründen auf die Regelmäßigkeit der Erfahrungen eines Subjekts und nützlich für dessen Ziele sind. Ihr Wirklichkeitscharakter wird zusätzlich dadurch abgestützt, daß der Gebrauch dieses Wissens auch bei den Mitmenschen unterstellt werden kann. Daraus folgt, daß es für das Individuum nützlich ist, Mitmenschen zu „konstruieren". Nach Kant meint v. Glasersfeld, daß man zwar erkenntnistheoretisch gesehen nicht von einer erkennbaren Realität ausgehen könne. „Die *Fiktion* einer solchen Realität ist jedoch für unsere sozialen Interaktionen notwendig" (v. Glasersfeld 1996, S.80, Hervorhebung von mir).

Trotz dieser Bedeutung, die Sprache und sozialer Interaktion beigemessen werden, erscheint das Individuum vorrangig, denn es ist seine Leistung, sprachliche Bedeutungen und Mitmenschen immer erneut zu konstruieren. Die Vorstellung, daß Sprache nicht nur im subjektiven Akt existiert, sondern als gesellschaftliche Erfahrung dem Lernen und dem Gebrauch des einzelnen vorausgeht, scheint v. Glasersfeld fremd zu sein.

Die Radikalität, aber auch Heftigkeit, mit der v. Glasersfeld dann doch gegen die Vorstellung einer subjektunabhängigen Realität zu Felde zieht, ist wohl nicht nur seiner psychologischen Perspektive geschuldet, sondern offensichtlich der langjährigen Schwierigkeit, sich mit seiner Sichtweise als Wissenschaftler gegen die Vorherrschaft des Behaviorismus in Nordamerika durchzusetzen. Auch die „traditionelle" Philosophie ist ständiges Angriffsziel; ihre Annahme einer unabhängigen Wirklichkeit bewertet v. Glasersfeld als „metaphysisch", im Sinne einer dualistischen Weltsicht und in

Umkehrung des Vorwurfes, der traditionell der idealistischen Philosophie gemacht wurde.

John R. Searle (geb. 1932) lehrt an der Universität Berkeley Philosophie, vor allem auch Sprachphilosophie, und ist in Deutschland vor allem - mit Austin - als Schöpfer der Sprechakttheorie bekannt. Er teilt mit v. Glasersfeld (und Maturana) das Interesse an der Konstruktion von Realität, auch an deren Genese, insbesondere an einer anti-teleologischen Evolution (Darwin), selbstverständlich an Sprache und Interaktion und sogar das an einer gemeinsamen Perspektive von Natur-, Sozial- und Geisteswissenschaften. Die Welt besteht für Searle vollständig aus physischen Teilchen in Kraftfeldern. Davon sind einige in Systemen organisiert, wovon einige wieder lebende Systeme sind und davon einige mit Bewußtsein ausgestattet

Trotzdem bezieht Searle philosophisch und wissenschaftspolitisch eine Gegenposition. Der Titel seines Buches „Die Konstruktion der gesellschaftlichen Wirklichkeit" setzt sich ab vom sogenannten Konstruktivismus, der die *gesamte* Wirklichkeit für Konstruktion hält, ebenso aber von Berger/ Luckmanns (1969) „Die gesellschaftliche Konstruktion der Wirklichkeit", weil für Searle die Wirklichkeit nicht insgesamt *gesellschaftlich* konstruiert ist. Aber es gibt für ihn eine konstruierte Wirklichkeit, und das ist die gesellschaftliche.

Searle trifft dazu folgende Unterscheidungen. Für das Bewußtsein existieren einerseits immanente Eigenschaften der Welt (z.B. Erdbeben) und andererseits beobachterrelative Eigenschaften (z.B. „Erdbeben sind schädlich"). Beobachterrelative Eigenschaften ergeben sich durch wertende Funktionszuweisung, immanente sind unabhängig davon. Zwar würden wir auch immanenten Eigenschaften oft Funktionen unterstellen („Das Herz hat die Aufgabe, Blut zu pumpen"); Darwin habe uns aber darauf aufmerksam gemacht, daß es eine irrtümliche Vermenschlichung darstelle, immanenten Eigenschaften eine Teleologie zu unterstellen, wie sie bis dahin auch der gesamten Evolution der Arten unterlegt wurde.

Unter den *beobachterrelativen* Eigenschaften haben die *gesellschaftlichen* Tatsachen - und darunter wiederum die *institutionellen* Tatsachen - einen besonderen Status. Gesellschaftliche Tatsachen entstehen und existieren aufgrund kollektiver Intentionalität und Funktionszuweisung. (Solche kollektiven Funktionszuweisungen - so ein häufiger Vorwurf - müsse man nicht etwa auf eine geheimnisvolle überindividuelle Seinsweise zurückführen, sondern diese existierten in der Überzeugung des je einzelnen Individuums: *„Wir* haben die Absicht.") Als „institutionell" bezeichnet Searle solche gesellschaftliche Tatsachen, die durch konstitutive Regeln begründet und geschaffen werden („Hiermit erkläre ich Euch zu Mann und Frau"; „Der Euro gilt als Geld/ Zahlungsmittel innerhalb der europäischen Wirtschaftsgemeinschaft"). Ihr kollektiv anerkannter Status läßt sich also in einer Formel ausdrücken: X gilt als Y in K (Kontext). Natürlich bekommen institutionelle Tatsachen ihre relative Festigkeit und Verbindlichkeit nicht einfach aufgrund von Sprechakten, sondern dadurch, daß sie Knoten in einem Netzwerk von Praktiken darstellen (z.B. Kaufen, Verdienen, Leihen usw. im Hinblick auf die Institution „Geld").

Eine Parallele zum Konstruktivismus Maturanas zeigt sich bei der Frage, wie die gesellschaftlichen Institutionen menschliches Verhalten beeinflussen. Searle wehrt nämlich die Vorstellung ab, solche Institutionalisierungen funktionierten, weil die Menschen in ihrer sozialen Praxis bewußt oder unbewußt institutionelle Regeln anwendeten. Ist ein geschickter Baseballspieler etwa deshalb gut im Spiel, weil er die Regeln perfekt verinnerlicht hat, repräsentiert und aktuell danach handelt? Nein, Spieler entwickeln Fähigkeiten, die für die Strukturen der spezifischen Intentionalität sensibel sind, diesen angemessen sind, ohne durch diese selbst konstituiert zu werden. Diese Vorstellung von der Entwicklung von „Hintergrundfähigkeiten", wie Searle sie nennt, kommt m.E. Maturanas Vorstellung von einer vorhandenen und zunehmenden Kongruenz von Organismus und Medium nahe, die nicht auf einfacher Anpassung oder der Verarbeitung von Umweltdaten beruht. Das ist kein Zufall, sondern Searle bezieht sich, wie Maturana und v. Glasersfeld, auf eine nicht-lineare, eher zirkuläre Kausalität, die Darwin eingeführt habe.

Der entscheidende Gegensatz zwischen Searle und dem radikalen Konstruktivismus zeigt sich im Hinblick auf die Frage nach der Existenz von externer Realität. Gesellschaftliche Tatsachen, so Searle, seien sicherlich von Menschen konstruiert, aber sie setzten, ebenso wie jede Interaktion, die Existenz „roher" oder weltimmanenter Tatsachen voraus. Wenn man etwas den Status von Geld (Y) zuweisen will, so muß es irgendeine physische Verwirklichung (X) geben, z.B. Metall oder Papier, die nicht wiederum sozial konstruiert sei. In letzter Instanz gibt es keine institutionellen Tatsachen ohne „rohe" Tatsachen (Searle 1997, S. 66). Wie eine gesellschaftlich konstruierte Wirklichkeit eine nicht gesellschaftlich konstruierte Wirklichkeit voraussetze, so eine öffentliche Sprache auch eine öffentliche Welt (S. 200).

„Realismus" heißt für Searle, daß es eine Welt außerhalb unserer Vorstellungen gibt. Realismus ist keine beweisbare These, sondern die Bedingung für die Aufstellung bestimmter Thesen, also ein genereller Rahmen. Searle spricht auch von einem ontologischen Realismus. Dieser fungiert als selbstverständlicher Teil des Hintergrundes, ohne den Äußerungen nicht verständlich wären. Realismus ist also eine transzendentale Bedingung für Verstehen (nicht für Erkennen). Man kann nicht gleichzeitig Äußerungen über die „reale" Wirklichkeit machen und diese in Zweifel ziehen („Der Gipfel des Mount Everest ist von Schnee und Eis bedeckt, und der externe Realismus hat niemals existiert").

Nun hat auch v. Glasersfeld zugestanden, daß Interaktion Realität voraussetzt, nennt dies aber ausdrücklich eine „Fiktion von Realität", die notwendige Folge unserer Wahrnehmungsorganisation sei. Searle hält diese Ansicht (mit Bezug auf Maturana) für einen Fehlschluß: Aus der Tatsache, daß unser Bild der Welt von menschlichen Gehirnen in menschlichen Interaktionen konstruiert wird, folge nicht, daß die Wirklichkeit insgesamt so erschaffen wird; schon gar nicht könne man daraus auf die Nichtexistenz der Außenwelt schließen. Für ein ernstzunehmendes Motiv der „antirealistischen" Argumentation hält Searle allerdings das Bedürfnis der westlichen Philosophie, Wahrheit und Wirklichkeit als identisch anzusehen. Von der Existenz vieler Wahrheiten, die sich aus der Relativität von Erkenntnis ergebe, werde deshalb irrtümlich auf die Notwendigkeit auch mehrerer „Wirklichkeiten" geschlossen.

„Metaphysik", „Irrationalismus" und Zeitgeist?

Ist die Differenz wirklich so groß? Maturana wie Searle gehen eigentlich mit dem Begriff des „Realismus" außerordentlich vorsichtig um. Für Maturana taugt er nur nicht als erkenntnistheoretische Annahme und als Beweisgrund für die Gültigkeit von Aussagen. Für Searle ist Realismus vor allem eine Bedingung der Verstehbarkeit, nicht der Wahrheit, also ebenfalls kein epistemisches Argument. Insofern könnte man geneigt sein, die Frage nach der Realität für eine der sprachlichen Konvention zu halten oder die Erkenntnistheorie überhaupt für eine Sonntagsfrage, die wenig mit der Alltagspraxis, auch die der Wissenschaft, zu tun hat. Searle stellt sich diese Frage auch. Vielleicht seien solche Auseinandersetzungen „lediglich als Schlachtgeschrei" zu verstehen (schließlich putze sich auch der Antirealist die Zähne, als ob er sie für Objekte der Außenwelt halte). Angesichts der gegenwärtigen kulturellen Lage hält er seinen Protest dennoch für nötig: „Meiner Beobachtung nach ist die Verwerfung des Realismus, die Leugnung ontologischer Objektivität, eine wesentliche Komponente der Angriffe auf epistemische Objektivität, Rationalität, Wahrheit und Intelligenz im zeitgenössischen intellektuellen Leben." Ein erster Schritt gegen diesen Irrationalismus sei die „Verteidigung des externen Realismus als Voraussetzung großer Gebiete des Diskurses" (Searle 1997, S. 206).

Den Arbeiten von Maturana oder v. Glasersfeld würde man mit einem Irrationalismus-Vorwurf sicherlich Unrecht tun, Searle bezieht sich auch auf das intellektuelle Leben im allgemeinen. Was kann damit gemeint sein? Im Buch wird dies nicht weiter ausgeführt. Meines Erachtens ist von einer Art intellektueller Grundstimmung die Rede, die auch bei uns mit den Texten der Postmoderne eingekehrt ist, aber doch eher in Form ironischer Apercus zum Wissenschaftsbetrieb und zum Glauben an die Machbarkeit der Moderne. In Nordamerika scheinen die Folgen viel weitgehender und zum Teil auch mit einem moralischen Rigorismus vertreten zu werden. Als ein Beispiel dafür kann man vielleicht die weitgehende „Umwandlung" von Soziologie in „cultural sciences" nehmen, die im guten Fall der multikulturellen Wirklichkeit mit anschmiegsamer Methodik (vgl. Geertz 1997) gerecht zu werden sucht, im schlechteren Falle Wissenschaft aufgehen läßt in ein Gemisch aus Journalismus und Tribalismus. Ein anderes Beispiel könnte der Angriff auf die Naturwissenschaften abgeben, deren Ergebnisse als bloß kulturbedingte, „soziale Konstrukte" relativiert werden. Mit Berufung auf einen angeblichen Paradigmenwechsel innerhalb der Naturwissenschaften selbst wird ein radikaler Relativismus und Perspektivismus aus der Kulturbetrachtung in die Naturwissenschaften hineingedeutet. Von deren Vertretern wird vor allem beklagt, daß Naturwissenschaften kritisiert würden, ohne Kenntnis ihres Forschungsvorgehens und ohne Verständnis ihrer Ergebnisse, sondern von einem allgemeinen weltanschaulichen Plateau aus (vgl. Gross u.a. 1997).

Diese Klage scheint mir deshalb so glaubwürdig, weil die beschriebene Art, mit den Naturwissenschaften umzugehen, in den Geisteswissenschaften und in einem durch sie inspirierten Bildungsbürgertum auch bei uns eine lange Tradition hat. Immer wieder mußte das Unverständnis bei gleichzeitigem Unterlegenheitsgefühl kompensiert werden durch abfällige Urteile über Naturwissenschaft und Technik und deren Vertreter.

Geisteswissenschaften und entsprechend Gebildete interessierten sich nur dann für die Naturwissenschaften, wenn deren Ergebnisse oder deren Vorgehen den Mehrdeutigkeiten und Interpretationsweisen der Geisteswissenschaften sich anzugleichen schienen, d.h., geisteswissenschaftliche Assimiliationsschemata bedienten. (Mein Deutschlehrer z.b. erwähnte damals in den fünfziger Jahren schon gern, daß man das Licht sowohl als Welle als auch als Teilchen betrachten könne oder daß Heisenberg mit einer Unschärferelation arbeite. Ich fand das interessant, traute meinem Lehrer aber kaum zu, die naturwissenschaftlichen Grundlagen wirklich zu verstehen, zumal er auch Theologe war und damit „interessengebunden" argumentieren mußte).

Insofern bleibt abzuwarten, ob der Umgang mit dem Konstruktivismus tatsächlich zu einer naturwissenschaftlichen Fundierung der Sozialwissenschaft führt, wie Horst Siebert annimmt, zu deren breiterer Kenntnisnahme auch, oder ob man sich wieder einmal Erleichterung verschafft mit der Botschaft, daß auch in den Naturwissenschaften nicht alles eindeutig ist oder sogar alles relativ, daß also auch dort geisteswissenschaftlich gearbeitet wird.

Selbstverständlich - und das wollen diese Zwischenbemerkungen nicht bestreiten - ist jede wissenschaftliche Forschung auch historisch, sozial, sexuell und kulturell bedingt; wissenschaftliche Methoden können dem Gegenstand Gewalt antun; Wissenschaftler/innen irren oft, ihre Ergebnisse können Schaden bringen. Trotzdem bleibt Wissenschaft die Form der Erkenntnisgewinnung, die nachprüfbar erscheint und die prinzipiell strittiges Wissen liefert, das durch Argumente in Frage gestellt werden kann.

Hier „Irrationalismus- ", dort „Metaphysik"-Vorwurf - man sieht, daß die Auseinandersetzung um bestimmte, anscheinend innerwissenschaftliche oder -philosophische Grundannahmen ungeahnte kulturelle und wissenschaftspolitische Weiterungen mit sich bringen kann. Insofern kann man den Realismusstreit wohl kaum salomonisch durch die Bemerkung lösen, daß hier eben auf unterschiedlichen Ebenen argumentiert werde und daß eine Trivialisierung erkenntnistheoretischer oder ontologischer Grundannahmen immer fragwürdig erscheinen muß.

Für den Konstruktivismus müßte es eigentlich eher naheliegen zu fragen, ob und wann es *nützlich* erscheint, die Alltagsgewißheit von Realität relativierend in Frage zu stellen. Auf der anderen Seite hat Searle - ganz gleich, ob man seiner Argumentation für einen ontologischen Realismus folgen mag - mit seiner Philosophie jedenfalls gezeigt, daß man mit und über Konstruktionen arbeiten und argumentieren kann, ohne die These von der völligen Wahrnehmungsabhängigkeit der Realität zu teilen. Ist dies für „den" Konstruktivismus ein Ausschlußkriterium?

Beide Aspekte bringen mich zurück zu der Frage, warum und unter welchen Bedingungen eine Übernahme konstruktivistischen Gedankenguts in die Erziehungswissenschaft und in die Pädagogik sinnvoll erscheint.

Nützliche Suchbewegungen für die Erwachsenenbildung

So beeindruckend es auch ist, wieviel unterschiedliche Disziplinen und Forschungs-
richtungen inzwischen mit einer Art konstruktivistischem Hintergrund arbeiten, zum
Teil sich gar miteinander zu verständigen suchen, so scheint es doch problematisch
von „dem" Konstruktivismus zu sprechen. Vor allem dann, wenn dieses einheitliche
Label als Teil einer Überwältigungsstrategie fungiert, mit der der Konstruktivismus in
der Erziehungswissenschaft etabliert werden soll. Aus einer kohärenten Denkweise (v.
Glasersfeld) kann auf diese Weise eine vage weltanschauliche Prämisse werden: eine
Art fin-de-siecle-Stimmung, die angesichts der zunehmenden Unübersichtlichkeit den
Relativismus gleich zum Forschungsansatz und zur Handlungsmaxime erklärt, ein wenig aufgehellt freilich durch die stolze Feststellung, daß selbst die Naturwissenschaften
sich dieser Gestimmtheit nicht entziehen können, und durch die Hoffnung auf die Kraft
des frei zu setzenden Individuums. Für mich leidet unter solche Totalisierungsversu-
chen der deutliche Anregungswert, den konstruktivistische Denkweisen und For-
schungsrichtungen haben könnten, auch für die Erwachsenenbildung.

Von den genannten Implikationen sind auch die Versuche von Rolf Arnold und Horst
Siebert, konstruktivistische Ansätze in die Erwachsenenbildung hineinzubringen oder
an sie zu erinnern (!), durchaus nicht frei. Zunächst aber muß auf ihr Verdienst hingewiesen werden, eine Menge an konstruktivistischem Lesestoff verarbeitet und für uns -
gleichsam durch Übersetzung - zugänglich gemacht zu haben, eine heute in keiner
Weise mehr selbstverständliche Leistung. Sodann treiben beide Autoren das Nachdenken über Erwachsenenbildung, insbesondere im Hinblick auf zukünftige Lernmöglichkeiten, mit frischen Impulsen voran. Obwohl eine Menge unterschiedlicher konstruktivistischer Literatur, vor allem von Horst Siebert, eingebracht wird, erscheinen ihre eigenen Anknüpfungspunkte durchaus identifizierbar. Wenn ich sie richtig interpretiere -
und bei zwei Autoren (Arnold/ Siebert 1995) besteht zudem noch die Gefahr, ihr Gedankengut unzulässig zu vermengen -, dann haben die Biologie Maturanas und die Erkenntnistheorie Maturanas und Varelas (1987) für sie Grundlagencharakter. Und sie
fragen, was es bedeutete, wenn man diese konstruktivistischen Vorstellungen auch als
Kriterien einer modernen Erwachsenenbildung versteht. Was heißt es, wenn man Maturanas experimentell erhärtete These, Lebewesen seien gekennzeichnet durch Selbstgestaltung (Autopoiese) und durch informationale Geschlossenheit ihrer Struktur - also
nicht unmittelbar beeinflußbar durch externe Interventionen -, bezieht auf die mögliche
Gestaltung von Lehr-Lern-Prozessen mit Erwachsenen? Daß Erkennen grundsätzlich
auf den Binnenraum der lebenden Struktur beschränkt bleibt, also als radikal subjektiv
konstruiert oder relativ erscheint, so daß die Frage nach der wahren Realität sinnlos
wirkt: muß diese erkenntnistheoretische Schlußfolgerung Maturanas und Varelas nicht
Folgen für Zielsetzung und Handlungsweisen der Erwachsenenbildung haben? Zweifellos sind diese Kernfragen äußerst anregend, weit über das Alltagsgeschäft von Wissenschaft und Praxis hinaus.

Dabei sind Siebert und Arnold nicht bei ersten vergleichenden Überlegungen stehen
geblieben, sondern haben ihre Gedanken weiter entwickelt, Horst Siebert u.a. in einem
Buch über „Didaktisches Handeln in der Erwachsenenbildung" (1996), Rolf Arnold

u.a. in einem Band über den (notwendigen) „Wandel der Lernkulturen" (1998), der sich nicht auf die Erwachsenenbildung beschränkt. Rolf Arnolds Schriften versuchen, seinen Deutungsmusteransatz mit neueren Lerntheorien zu verbinden, die radikal die Perspektive des Lernenden focussieren. Sie veranschaulichen die daraus hervorgehenden Impulse für die methodische Praxis. Dies wäre für die Erwachsenenbildung deshalb so wichtig, weil man in der alten und neuen Bundesrepublik, von Ausnahmen abgesehen (z.b. Schrader 1994), kaum stringent an Fragen des Erwachsenenlernens im engeren Sinne gearbeitet, sondern diese Aufgabe zumeist durch den Gebrauch von Topoi ersetzt hat (z.b. „Lernen an Erfahrungen").

Horst Sieberts Didaktik habe ich an anderer Stelle (Schlutz 1996) ausführlich gewürdigt. Er wird in diesem Buch der Vielschichtigkeit heutiger Erwachsenenbildung dadurch gerecht, daß Elemente und Kriterien möglichen didaktischen Handelns in einer offenen Form vorgestellt und veranschaulicht werden, ohne daß diese sich zu einer einheitlichen Theorie oder Handlungsanweisung schließen. Der Konstruktivismus fungiert dabei weitgehend als Hintergrundannahme, z.T. auch als Negativkriterium, mit dessen Hilfe sich Warntafeln vor unangemessenem Interventionsverhalten aufstellen lassen. Zugleich zeigen beide Autoren theoretische Bedenken gegenüber technologischen Vorstellungen von der Machbarkeit von Lernen und Bildung.

Wird so der Konstruktivismus als Anstoß zu nützlichen Suchbewegungen genutzt, so muß er andererseits doch auch dazu herhalten, alte und neue Vereinseitigungen (erwachsenen-) pädagogischen Denkens zu etablieren und zu legitimieren. Was ich damit meine, mache ich zunächst an der Behandlung einiger Einzelfragen fest, bei denen es aber im Kern um die Frage geht, wieweit konstruktivistische Grundannahmen - Autopoiesis und Relativität von Erkenntnis - in pädagogische Handlungsanweisungen übersetzt werden können.

Normative Überdehnung konstruktivistischer Prämissen

Nimmt man die These von der ausschließlichen Selbstgestaltung lebender Systeme (Autopoiesis) umstandslos als pädagogische Maßgabe, dann können sicherlich viele Erziehungs- und Lehrversuche als leere Gesten erscheinen. Bei Arnold und Siebert erscheinen sie aber als illegitim, wenn nicht gar als feindselige Penetrationsabsicht. Blind davon überzeugt, daß ihre Lehrintentionen sich spiegelbildlich im Lernenden abbilden werden, hängen Lehrende auch noch dem Wahn an, daß ihr Wissen das einzig Richtige ist und die Lernenden aufklären soll. „Plausibel kann dieser Anspruch nur im Kontext der objektivistischen Illusion vertreten werden, daß eine mehr oder weniger ungetrübte Sicht der objektiven Wirklichkeit letztlich doch möglich ist ..." (Arnold 1996, S. 721). Und bei Siebert heißt es: „Die normative Pädagogik beansprucht, für andere verbindliche Entscheidungen für ihr Denken, Fühlen und Handeln treffen zu können. Dieses heimliche Erziehungs-Zögling-Verhältnis, das in der Erwachsenenbildung unter anderem als Experten-Laien-Verhältnis wiederkehrt, ist konstruktivistisch nicht zu rechtfertigen" (Siebert 1998, S. 116). Der Begriff der normativen Pädagogik, der einmal eine Pädagogik meinte, die ihre Handlungsziele unmittelbar aus obersten gesetzten Normen ableitete, wird auf jede Absicht ausgedehnt, anderen etwas vermitteln zu wollen. Vermittlungsabsicht ist Gesinnungspädagogik!

Dem entspricht, daß dem Lehren und den Lehrenden kein konstitutiver Ort innerhalb der Didaktik zugewiesen wird. Lernende sind Subjekte mit ihren Konstruktionen, Lehrende sind dagegen allenfalls Ermöglichungsgehilfen oder Perturbationserzeuger (s.u.), bisher eher Lernhindernisse. Diese Sichtweise könnte zunächst verständlich erscheinen, weil es den Autoren darum geht, das Lernen in sein Eigenrecht zu setzen. Sie kann aber auch als Wiederholung eines alten Defizits der Erwachsenenbildungswissenschaft (Schlutz 1981) angesehen werden und wirkt bei Arnold und Siebert gelegentlich paradox, weil sie offensichtlich mit ihren Schriften auch Lehrende lehren wollen. Oder sollte ich „belehren" sagen? Denn darauf scheint Horst Siebert den Begriff des Lehrens einengen zu wollen oder zumindest auf die Form der vortragenden Wissensvermittlung. In der pädagogischen Tradition meint Lehren dagegen alle Formen der Einführung in die Kunst des Lernens (so bei Kant) und der Lernhilfe, also auch raffinierte didaktische Arrangements der Lernermöglichung, wie sie Arnold vorstellt. Unterschiedliche Formen und „Moden" des Lehrens könnten wahrscheinlich auch als historisch unterscheidbare Stufen der Ausbalancierung zwischen entwickelten Lernmöglichkeiten und Umweltveränderungen interpretiert werden.

Nicht nur der Gerechtigkeit halber muß ich hier einfügen, daß Horst Siebert auf meine Bemerkung zu seinem Didaktik-Buch, der Lehrbegriff werde hier „systematisch umgangen" (Schlutz 1996, S. 96) in einer neuen Auflage reagiert hat mit einem zusätzlichen Kapitel über das Lehren, eine gewiß seltene und konstruktive Antwort auf Kritik. Der tiefere und sachliche Grund für die Schwierigkeit, Lehre und Lehrende in die konstruktivistische Ausgangsidee einzubeziehen, besteht allerdings darin, daß damit historisch gewachsene Lernumgebungen in eine naturalistische Lernvorstellung integriert werden müßten.

Vielleicht geht es aber auch nur um ein Vermeidungsphänomen bei heutigen und deutschen Erziehungswissenschaftlern. Der Konstruktivist v. Glasersfeld gebraucht den Lehrbegriff ganz selbstverständlich und ohne Sieberts Konnotation von Belehrung und Bekehrung (vgl. Buchtitel 1996). Im Gegenteil, mit dem Vorschlag „Lehren statt dressieren" (v. Glasersfeld 1996, S. 286) besetzt er den Begriff ausdrücklich positiv. Freilich darf man Lehren auch seiner Ansicht nach nicht als umstandsloses Übertragen von Wissen verstehen, sondern als Anregung zum Denken lernen. Vor allem das wichtige begriffliche Lernen sei letztlich nur durch Selbständigkeit und Einsicht des Schülers möglich. „Begriffsbildung stellt einen neuen qualitativen Schritt dar, den letztlich nur der Lernende selbst leisten kann" (Schlutz 1984, S.125). V. Glasersfeld weist dem Lehrenden aber auch als Person Bedeutung zu. Wichtiger als künstliches Motivieren der Schüler sei ein Lehrer, der den „Ausdruck ehrlicher Begeisterung für das Fach und seine Probleme" einbringt (v. Glasersfeld 1996, S.306). Mit seinem Einsatz könne der Lehrende eine Quelle für Perturbationen (nach Piaget Störungen des normalen Assimilationsverlaufs, die zum Lernen zwingen) darstellen, die wirkungsvoller für das Lernen sein könnte als etwa Perturbationen durch physische Hindernisse. (Horst Siebert beginnt mit diesem Begriff zu arbeiten, und ich frage mich, ob dies nicht eine Brücke wäre, über die auch Bildungsinstitutionen und Erziehungswesen in das konstruktivistische Entwicklungsmodell Eingang finden könnten).

Eine zweite wesentliche Vereinseitigung sehe ich bei Arnold und Siebert in dem Relativismus-Gebot, zu dem die erkenntnistheoretische Denkfigur, man könne aus dem eigenen Binnengehäuse nicht zur Einsicht in *die* Wirklichkeit vordringen, bei den beiden Autoren wird. Ich bezweifle zwar, daß man erkenntnistheoretische Grundannahmen überhaupt in (pädagogische) Handlungsanweisungen umsetzen kann. Gut konstruktivistisch möchte ich es aber bei der Frage belassen, wann die Reflexion auf die Relativität der eigenen Sicht nützlich ist. Sicher wenn es um Fragen der Toleranz geht, um die Einsicht in die begrenzte Geltung von Wissensbeständen und -formen, um die Klärung sprachlicher Mißverständnisse. Soweit sie dies betonen, ist Arnold und Siebert nur zuzustimmen. Sie scheinen mir aber aus einer erkenntnistheoretischen Ansicht eine prinzipielle Vorschrift zur Relativierung für alle Gelegenheiten machen zu wollen - ganz im Trend der Searleschen Befürchtungen. Dies betrifft die Relativität allen Wissens in jeder Situation und die Interaktionspraxis des Unterrichts gleichermaßen. Wie oben zitiert, hält Arnold die gängige Lehrpraxis für einen Ausdruck der „objektivistischen Illusion", es gäbe so etwas wie objektive Wirklichkeit, die zu vermitteln sei. Daraus ergibt sich für ihn umstandslos die undemokratische Struktur der Lehr-Lern-Situation, denn selbst interpretative didaktische Ansätze gingen von einem „Rest-Gefälle" zwischen den Wissensbeständen von Lehrenden und Lernenden aus, statt Wissen und Lernen des Teilnehmers in den Mittelpunkt zu stellen. Und Horst Sieberts Forderung an den Experten (als Vertreter einer per se normativen Pädagogik, s.o.): „Normative Höherwertigkeits- und Überlegenheitsansprüche sind grundsätzlich suspekt" (Siebert 1998, S.116).

Nun kenne ich auch arrogante Schalterbeamte, in der Regel bin ich aber eher dankbar dafür, daß jemand mein „Rest-Gefälle" freundlich bearbeitet und mich an seinem keinesfalls „höherwertigen", aber doch äußerst nützlichen Wissen teilhaben läßt, wenn ich meinen Zug pünktlich und mit einer Fahrkarte erreichen will. Natürlich muß ich zugestehen, daß die gemeinsame Unterstellung, der Zug würde zur angegebenen Zeit auch fahren, sich oft als „objektivistische Illusion" herausgestellt hat.

Darf man Lehrenden nicht wenigstens die Kompetenz von Schalterbeamten zubilligen? Und welche empirische Erwachsenenbildung ist eigentlich gemeint, die aus dem inzwischen gut zahlenden Kunden in wenigen Unterrichtsstunden ein unterdrücktes Wesen machte? (Vermutlich hat Siebert eine gesinnungsgebundene politische Bildung vor Augen, Arnold eine betriebliche Bildung im vorpädagogischen Stadium, vielleicht auch die Berufsschule.)

Kurzgefaßt: Alle sind Experten in irgendetwas, wissen immer mehr über immer weniger, erleben deshalb immer häufiger die Angewiesenheit auf fremdes Wissen. Alle Erwachsenen wissen auch, daß sie in gesellschaftlichen Institutionen unterschiedliche Rollen spielen, sei es am Informationsschalter, sei es in Weiterbildungseinrichtungen. Sich zu unterrichten und sich unterrichten zu lassen, wird jedenfalls zur Basisfähigkeit.

Siebert treibt den Relativismus aber noch weiter. Er wendet sich gegen einen „erkenntnistheoretischen Optimismus" im Bildungsdenken, der sich etwa in der Ansicht des Deutschen Ausschusses niedergeschlagen habe, gebildet werde, wer sich mit der Welt auseinandersetze. „Der Konstruktivismus bestreitet generell, daß ein solches Weltverstehen möglich ist" (Siebert 1998, S. 118). Meines Erachtens beruht dieses Urteil auf dem Mißverständnis, die Benutzung des Begriffs „Welt" setze den Glauben an eine externe Realität voraus. Schon in Humboldts Bildungsdenken meint „Welt" aber die von Menschen konstruierten Wirklichkeiten und Artefakte. Und auch für den radikalen Konstruktivismus bezieht sich unser Denken und Wissen auf etwas, mit dem sich Auseinandersetzung lohnt, eben auf wiederkehrende Erfahrungen und auf Konstrukte von Welt. Denn die Bewußtseinsabhängigkeit unserer Erkenntnis bedeutet ja keineswegs, daß unser Bewußtsein die Welt nur selbst erzeugt (v. Glasersfeld 1996). Sieberts Konsequenz, die heutigen Probleme seien nicht durch immer mehr positives Wissen zu lösen, nicht durch Betonung des „Was" an Wissen, sondern des „Wie" läßt sich auch anders begründen und diskutieren als durch eine Überdehnung anscheinend erkenntnistheoretischer Prämissen.

Blinde Flecken

Die skizzierten Einseitigkeiten ergeben sich zum Teil aus der Vernachlässigung von Aspekten, die, soweit ich es beurteilen kann, durchaus im konstruktivistischen Denken und in neueren Ansätzen der Biologie (vgl. etwa Mayr 1998) angelegt sind. Die Focussierung des isolierten Individuums vernachlässigt seine Entwicklung im Medium und in Populationen ebenso wie Mechanismen der Handlungskoordination, unterschiedliche Vernetzungsebenen, vor allem aber die Historizität der Evolution. Alle diese Aspekte fließen gleichsam von alleine ein, wenn man die Rolle von Sprache und Sprachlichkeit als wichtigster gesellschaftlicher Institution und als typisches menschliches Mittel der Handlungskoordination (Maturana 1996) in den Blick nimmt. Deren fehlende Zentrierung reißt eine große Lücke in die Argumentation der beiden Autoren. Wo Sprache selbst thematisiert wird, erscheint sie - selbstverständlich in Umkehrung des Alltagsverständnisses - vor allem als Quelle von Mißverständnissen und als Barriere des Verstehens. Permanente Relativierung und Verunsicherung des jeweiligen Sprachgebrauchs wie jeder Realitätsgewißheit scheinen deshalb geboten.

Nun hat schon Humboldt in wunderschönen Wendungen beschrieben, wie jedes Zusammenkommen im Verstehen zugleich auch ein Auseinandergehen bedeutet. Und Lernsituationen sind sicherlich der geeignete Ort, sich auch die Begrenztheit von Sprache und Interaktion bewußt zu machen oder diese aufzuarbeiten, wo unterschiedlicher Begriffs- oder Wortgebrauch das Verständnis hindert. Das kann Akkomodation erleichtern und läßt zumindest punktuell erfahren, daß Sprache nicht als Fakt genommen, also nicht verdinglicht werden darf. Nicht nützlich aber erscheint das Gegenteil: die Empfehlung zur permanenten Verflüssigung von Sprache und Ansichten, die ich aus Arnolds und Sieberts Schriften herauslese. Ganz abgesehen davon, daß dies wohl methodisch kaum zu praktizieren wäre, würden damit ebenso die Identität wie die herausgebildete kognitive und sprachliche Struktur der Beteiligten frontal in Frage gestellt. Wenn Sprachentwicklung auch zur Festigung der Alltagswirklichkeit beiträgt (vgl. v. Glasersfeld 1996), dann ist dieser Prozeß nicht einfach umkehrbar, sondern eine gewisse Objektpermanenz muß als überlebenswichtig gelten, ihre Störung als therapiebedürftig. Auf die Ebene unterrichtlicher Interaktion übertragen: Ebenso wie keine ernsthafte Diskussion aufkäme, wenn Diskutanten nicht zunächst von einigen Gewißheiten ausgingen und ihre Argumente notfalls kämpferisch, nicht spielerisch gebrauchten, so kann man von Lernenden und Lehrenden nicht erwarten, daß sie Ihre Anschauungen und ihr Wissen per se für obsolet halten oder permanent verflüssigen.

Die Diskussion wäre die rhetorische Form der potentiellen Aufhebung von Gewißheiten - selbst wenn wir wissen, daß sie empirisch auch zur Verfestigung der eigenen Ansichten genutzt wird. Wer argumentiert, muß mit dem möglichen Lernen der anderen rechnen, aber auch mit eigenem Lernen durch Gegenargumente. Im Argumentieren wird auch am ehesten unterschiedlicher Sprachgebrauch bewußt, vielleicht sogar falsche Übereinstimmung durch Verbalismus, den Gleichklang der Wörter ohne geteiltes Verständnis. Ich habe deshalb vorgeschlagen, Lehr-Lern-Situationen als Situationen argumentativer Verständigung anzulegen, und dies an Beispielen illustriert (Schlutz 1984). Nicht um die Empfehlung zur permanenten Diskussion ging es dabei, sondern um ein Hintergrundmodell von Diskurs, das auch für andere unterrichtlichen Gesprächsformen gelten kann, etwa für die des Erzählens (mit der biographischen Äußerung als Geltungsanspruch) und für die des informierenden Vermittelns. Das verlangt, Wissensbestände in ihrem Gewordensein zu betrachten und als potentiell Strittiges, das argumentativ begründet werden will und mit Gegenargumenten aus anderen Lebenswelten und Wissensbeständen rechnet. Unter anderem war mit dieser Hintergrundvorstellung intendiert: die prinzipielle Gleichberechtigung (nicht gleiche Reichweite) der Perspektiven und Wissensbestände, die gemeinsame Konstruktion des Gegenstandes unter Beachtung seiner „objektiven" und subjektiven Genese, die Erleichterung von Metadiskursen über Verständlichkeit. v. Glasersfeld (1996, S.306) bestätigt, daß diese Vorstellung verträglich mit konstruktivistischem Denken ist, wenn er Unterricht als eine Stätte zum „Aushandeln von Bedeutung und Wissen" bezeichnet.

Aber es geht in dieser Passage nicht um eine Bestätigung des Verfassers, sondern um blinde Flecken beim Konstruktivismus-Import. Maturana betont nicht nur die Funktion der Sprache für menschliche Handlungsorganisation, sondern bezeichnet Sprachlichkeit als Wesensmerkmal menschlicher Systeme. Menschen leben „in Sprache", die Teil ihres Beziehungsraumes ist. Zwar gilt auch für die Interaktion, daß Menschen zunächst nur das hören, was sie hören wollen (Strukturdetermination). „Doch im ständigen Austausch ergibt sich ein Frage-Antwort-Spiel, durch das man gemeinsam zu einem Konsens oder in eine neue Form der Koexistenz hineinwächst..." (Maturana 1996, S.236).

Konstruktivismus als Reformpädagogik?

Nun könnte man mit Recht einwenden, daß es angesichts der beschriebenen Leistung
an Übertragung und bereichsspezifischer Fortentwicklung konstruktivistischer Ansätze
zuviel verlangt wäre, wenn die Autoren bereits in ihren ersten Anläufen alle möglichen
Aspekte, wie etwa die Bedeutung von Medium und Sprache, von institutioneller Vernetzung und Historizität, mit der gleichen Aufmerksamkeit und Intensität hätten bearbeiten sollen. Dem ist prinzipiell zuzustimmen. Aber ich wehre mich mit diesen Vorbehalten gegen eine Tendenz bei beiden Autoren, ihr „Konstruktivismus-Konto" zu
überziehen, um daraus schwerwiegende Urteile über die bisherige Pädagogik und weitreichende Folgerungen für die künftige abzuleiten. Trotz aller differenzierteren Le-
seergebnisse der Autoren sind es zwei konstruktivistische Grundannahmen, die im
Kern ihre Reformpädagogik legitimieren sollen: die von der Selbstgestaltung des auto-
nomen Individuums und die von der prinzipiellen Unerkennbarkeit der Welt. Diese
werden kaum als mögliche Beschreibungsansätze für pädagogische Tatbestände ausprobiert, sondern als naturwissenschaftlich beglaubigte Erklärungsmuster und Kriterien
eingeführt und bald in normative Bewertungen und Handlungsanleitungen umgesetzt.
Die zeitlose Natur des Menschen sagt uns selbst, was das Bestmögliche für ihn heute
ist.

Dies ist eine alte pädagogische Denkfigur; bei Rousseau jedoch war die historische
Stoßrichtung klar: die elitäre Kultur der adligen Welt sollte durch ein Gleichheitsideal
in Frage gestellt werden, das seine Legitimation aus einer neuen höchsten Instanz, der
Natur, bezog. Doch was ist die Stoßrichtung bei der Wiederkehr der Reformpädagogik
im Gewande des Konstruktivismus? Vielleicht gibt es Abschattierungen. Ohne den
Autoren zu nahe treten zu wollen, glaube ich bei Rolf Arnold etwas mehr Neuerungs-
und Wendelust zu spüren, bei Horst Siebert etwas mehr Resümee der pädagogischen
Vergangenheit, auch der eigenen, teils in melancholischer Gelassenheit und teils als
Abrechnung. Beide Haltungen sind nachvollziehbar. Das erkennbare Ziel scheint mir
weniger eine Wiederholung der Entschulungsdebatte oder der Rettungsversuche des
Humanen zu sein als vielmehr ein Freisetzen der Individuen für das Lernen schlechthin
als Medium einer inhaltsentbundenen Kompetenz und Selbstverwirklichung.

Hermann Giesecke (1998) hat als Grund für das Scheitern der deutschen Bildungsre-
formen eine ausufernde Tendenz zur Reformpädagogik benannt: weg von den Inhalten
hin zur einseitigen Betonung von Subjektivität, weg von der Bildungsaufgabe von Institutionen hin zu einem idealisierten und grenzenlosen Lernbegriff usw. Dabei wird
unter anderem der Konstruktivismus als Verursacher dingfest gemacht. Dieser oder
seine erziehungswissenschaftliche Rezeption propagiere eine falsche Vorstellung von
der Stärkung der Autonomie durch Hinwendung zum Subjekt und zum Subjektiven,
während Autonomie doch nur in dem Maße wachsen könne, „wie die außersubjektive
Welt nicht als Fortschreibung der subjektiven, sondern als dem gegenüber widerständige Aufgabe des Denkens und Handelns verstanden wird" (Giesecke 1998, S. 201).
So plausibel mir Gieseckes Beschreibung der Schulentwicklung ist, so scheint mir ihre
Bewertung zu eng im Rahmen des pädagogischen Diskurses zu verbleiben, also zu

wenig zu fragen, ob die Nachfrage nach permanenter Lernbereitschaft und formaler Lernfähigkeit nicht andernorts erzeugt wird. Vor allem aber geht es mir nicht darum, Arnold und Siebert die grundsätzliche Berechtigung zu bestreiten, reformpädagogisches Gedankengut zu beleben. Vielmehr habe ich Zweifel an dessen unmittelbarer Ableitung aus „dem" Konstruktivismus. Einerseits erscheint die Durchschlagskraft, die damit den eigenen pädagogischen Zielsetzungen und Normvorstellungen gegeben werden soll, als nur geborgt, weil wichtige Glieder einer möglichen Ableitungskette fehlen. Andererseits und rückwirkend reduziert die vorgeblich enge Koppelung von erneuerter Reformpädagogik und Konstruktivismus dessen möglichen Anregungscharakter für die Erwachsenenbildung, den die beiden Autoren selbst in vielen Facetten durchscheinen lassen. Ich verbleibe deshalb auch hier am Schluß innerhalb konstruktivistischer Argumentationslinien.

Maturana ist wichtig zu betonen, daß seine Vorstellung von Autopoiese kein (übertragbares) Erklärungsprinzip darstelle, sondern nur als ein Beschreibungsaspekt der speziellen Organisationsform lebender Systeme, insbesondere von Zellen, fungiere. Erklärungsmodelle seien interessengebunden und dienten oft dazu, diese durchzusetzen (Maturana 1996, S. 157 und 181). V. Glasersfeld begründet seine Abneigung gegenüber der „Mode des Konstruktivismus" (v. Glasersfeld 1996, S. 283) in der Pädagogik - siehe das Eingangszitat dieses Aufsatzes - schlicht so: Der Konstruktivismus kann nicht sagen, wie am besten gelehrt werden soll. Er enthält also keine impliziten Bildungskonzepte oder pädagogischen Normen, sondern könnte allenfalls die negative Hälfte einer Strategie liefern bzw. „eine fruchtbare theoretische Basis für die Entwicklung phantasievoller Lehrmethoden" (v. Glasersfeld 1996, S.285). Wo Horst Siebert und Rolf Arnold sich an diese Möglichkeiten halten - und das tun sie über weite Strecken ihrer Arbeiten -, sind diese spannend und „anschlußfähig", wie man heute wohl sagt. Ich würde gern mehr über praktische Konsequenzen für das Lernen erfahren, wenn möglich ohne Anordnungssprache. Ich möchte gern mehr darüber erfahren, ob die Lernsubjekt-Perspektive erweitert werden kann um die Interaktion, auch mit der Lernumwelt, und um institutionelle Aspekte – ohne gleich eine vollständige Modell-Transformation á la Luhmann zu erwarten. Besonders lohnenswert erscheint es mir aufgrund von Horst Sieberts und Rolf Arnolds Darlegungen auch, eine Reihe von Denkansätzen und liegen gebliebenen Fragen der Erwachsenenbildung wieder aufzugreifen, vor dem Hintergrund des Konstruktivismus zu reinterpretieren und erneut fruchtbar zu machen. Ist z.B. der Begriff des erfahrungsorientierten Lernens in konstruktivistischer Perspektive mehr als eine Tautologie?

Und was ist, wenn Erfahrung immer mehr entwertet wird? Der Soziologe Richard Sennett (1998) hat einläßlich beschrieben, was Menschen heute in der und durch die Arbeitswelt widerfährt, und zwar mit solcher Wucht, daß lange danach noch an keine Interpretation zu denken ist. Es geht um neueste Veränderungen in der Erwerbsarbeit und deren Folgen für Person und Lebenswelt (z.T. anhand von Langzeitstudien). Dabei zeichnet sich nicht mehr nur der schnellere und graduelle Wertverlust von Erfahrungen, beispielsweise bei älteren Berufstätigen, ab, sondern ein tendenzieller Verzicht auf Erfahrung schlechthin, weil diese nötigen Veränderungen entgegenstehen könnte. Denn Veränderung würde in Organisationen heute zu einem Wert an sich. In der Arbeit werde deshalb der flexible Mensch gebraucht, nicht der Charakter, der sich geschichtlich gebildet hat. Aber die permanente Verunsicherung durch lebenslanges Lernen sei als Notwendigkeit in der konstruktivistischen Konzeption autopoietischer Systeme doch bereits vorgesehen, meint Lenzen (1997, S.965), allerdings in einem völlig anderen Zusammenhang. Denn „ein Lernstopp (ist) mit dem Systemkollaps identisch, weil das System zu seinem Erhalt ständig Irritationen aus der Umwelt benötigt – eine folgenreiche Einsicht für die Konzeptionierung der Erwachsenenbildung." Hat der Konstruktivismus also auch diese Zukunftsfrage bereits gelöst?

Literatur

Arnold, Rolf: Deutungslernen in der Erwachsenenbildung. Grundlinien und Illustrationen zu einem konstruktivistischen Lernbegriff. In: Zeitschrift für Pädagogik 42 (1996), 5, S. 719-730

Arnold, Rolf/ Schüßler, Ingeborg: Wandel der Lernkulturen. Ideen und Bausteine für ein lebendiges Lernen. Darmstadt 1998

Arnold, Rolf/ Siebert, Horst: Konstruktivistische Erwachsenenbildung. Baltmannsweiler 1995

Berger, Peter / Luckmann, Thomas: Die gesellschaftliche Konstruktion der Wirklichkeit. Frankfurt/M. 1969

Geertz, Clifford: Dichte Beschreibung. Beiträge zum Verstehen kultureller Systeme. 5. Aufl., Frankfurt/M. 1997

Giesecke, Hermann: Pädagogische Illusionen. Lehren aus 30 Jahren Bildungspolitik. Stuttgart 1998

Glasersfeld, Ernst von: Radikaler Konstruktivismus. Ideen, Ergebnisse, Probleme. Frankfurt/M. 1996

Gross, Paul/ Norman Levitt / Martin W. Lewis (Hrsg.): The Flight from Science and Reason. New York 1997

Lenzen, Dieter: Lösen die Begriffe Selbstorganisation, Autopoiesis und Emergenz den Bildungsbegriff ab? Niklas Luhmann zum 70. Geburtstag. In: Zeitschrift für Pädagogik 43 (1997), 6, S. 949-967

Lenzen, Dieter/ Luhmann, Niklas (Hrsg.): Bildung und Weiterbildung im Erziehungssystem. Lebenslauf und Humanontogenese als Medium und Form. Frankfurt/M. 1997

Luhmann, Niklas: Erkenntnis als Konstruktion. Bern 1988

Maturana, Humberto: Was ist erkennen? München, Zürich 1996

Maturana, Humberto/ Varela, Francesco: Der Baum der Erkenntnis. 3. Aufl., Bern 1987

Mayr, Ernst: Das ist Biologie. Die Wissenschaft des Lebens. Heidelberg 1998

Schäffter, Ortfried: Arbeiten zur erwachsenenpädagogischen Organisationstheorie. Ein werkbiographischer Bericht. Frankfurt/M. 1992

Schlutz, Erhard: Rezension zu >Horst Siebert: Didaktisches Handeln in der Erwachsenenbildung<. In: Report - Literatur- und Forschungsreport, Nr. 38/1996, S. 95-98

Schlutz, Erhard: Sprache, Bildung und Verständigung. Bad Heilbrunn 1984

Schlutz, Erhard: Spurenverwischung - Zur Tabuisierung des Lehrbegriffs und zu einigen Aufgaben der Erziehungswissenschaft. In: Mader, Wilhelm (Hrsg.): Theorien zur Erwachsenenbildung. Bremen 1981, S.140-154

Schrader, Josef: Lerntypen bei Erwachsenen. Empirische Analysen zum Lernen und Lehren in der beruflichen Weiterbildung. Weinheim 1994

Searle, John R.: Die Konstruktion der gesellschaftlichen Wirklichkeit. Zur Ontologie sozialer Tatsachen. Reinbek 1997

Sennett, Richard: Der flexible Mensch. Die Kultur des neuen Kapitalismus. Berlin 1998

Siebert, Horst: Didaktisches Handeln in der Erwachsenenbildung. Didaktik aus konstruktivistischer Sicht. Neuwied/ Kriftel/ Berlin 1996

Siebert, Horst: Erwachsenenbildung konstruktivistisch betrachtet: Lernen als Perturbation? In: Vogel, Norbert (Hrsg.):Organisation und Entwicklung in der Weiterbildung. Bad Heilbrunn 1998, S. 111-124

Siebert, Horst: Über die Nutzlosigkeit von Belehrungen und Bekehrungen. Beiträge zur konstruktivistischen Pädagogik. Bönen 1996a

PETER FAULSTICH

Zeitgeist und Theoriekonstruktion

Die Rede von der Wende markiert in der Erwachsenenbildung eine besondere Begrifflichkeit. Auch wenn diese sonst wenig zur gesellschaftswissenschaftlichen Theoriediskussion beigetragen hat, ist es eines ihrer Spezifika, daß sie externe Moden jeweils sehr schnell rezipiert. Die Erwachsenenbildung unterliegt in erhöhtem Maß einer Faszination des Neuen. Die Prozesse sozialen Wandels - oder dramatischer der Krise - sind mit der Genese und den Funktionen von Erwachsenenbildung und Erwachsenenbildungswissenschaft eng verbunden. Eine institutionalisierte Wissenschaft von der Erwachsenenbildung besteht - dies ist mit dem Wirken Horst Sieberts direkt verbunden - an Hochschulen eigentlich erst seit 30 Jahren. Aufgrund fehlender begründungssichernder Tradition, was sich immer wieder in Legitmationsproblemen des „Spätkommers" im Bildungsbereich niederschlug, gibt es wenig Kontinuität eigener wissenschaftlicher Bestände als Hintergrund für Selbstbewußtheit theoretischen Denkens und praktischen Handelns. So erscheinen die dominanten Linien der Diskussion um Erkenntnisinteresse, Gegenstandskonstitution und Methodenansätzen leicht auswechselbar. So konnte fast jedes „Modernisierungsfibrieren" durchschlagen auf Theorie und Praxis der Erwachsenenbildung.

Seit Mitte der sechziger Jahre wurden immer wieder „Wenden" proklamiert: eine „realistische", eine „reflexive" und nunmehr eine „konstruktivistische". Dies betraf zunächst hauptsächlich das Selbstverständnis derjenigen, die über Erwachsenenbildung schrieben. Es erfolgte vor dem Hintergrund wissenschaftstheoretischer Strömungen: die Erschöpfung der hermeneutischen Tradition, wie sie die geisteswissenschaftliche Pädagogik orientiert hatte, die z.B. über Nohl und Weniger in die Erwachsenenbildung wirkte, und der Aufstieg empirisch-analytischer Ansätze, z.B. durch Roth, war ein Anstoß zur „realistischen Wende". Ohne eine Hinwendung zur kritischen Theorie wäre die „reflexive Wende" anders ausgefallen. Die „konstruktivistische Wende" ist eingebettet in vielfältige Irritationen der Postmoderne.

Diese riskante Skizze unterliegt aus konstruktivistischer Perspektive sicherlich sofort der Kritik, daß sie anschließt an die „großen Erzählungen" von Entwicklung. Sie drängt sich aber auf, wenn man die Parallelität der Stränge wahrnimmt. Allerdings müßte sie durch vielfältiges detailliertes Material erst noch gestützt werden. Vor allem ist es ein empirisches Problem, inwieweit die veränderten Sichtweisen die Realität der Programme und Kurse erreicht haben. Hier nämlich scheint eine wesentliche höhere Kontinuität vorzuherrschen als sie durch die Theoriekonjunkturen suggeriert wird. Jedenfalls müßten mindestens drei „Wendeebenen" unterschieden werden: die Wissenschaftstheorie, die Erwachsenenbildungstheorie und die Erwachsenenbildungspraxis. Auf jeder dieser Ebenen laufen „lose gekoppelt" auch relativ autonome Entwicklungsstränge.

Wenn man die verschiedenen Wendemanöver der Erwachsenenbildungstheorie wuchtig als Paradigmenwechsel bezeichnet, so geht das nicht ohne Selbstironie. Thomas Kuhn - daran sei erinnert - hat in der „Struktur wissenschaftlicher Revolutionen" (1967) untersucht, wie sich wissenschaftliche Rationalität letztlich durch konkurrierende wissenschaftliche Paradigmen bestimmt. Kuhn versteht darunter „allgemein anerkannte wissenschaftliche Leistungen, die für eine gewisse Zeit einer Gemeinschaft von Fachleuten maßgebende Probleme und Lösungen liefern" (1967, S. 10). Solche Paradigmen können als Sprachspiele begriffen werden, welche allerdings nicht beliebig, sondern in einem jeweiligen Bedeutungsrahmen gefaßt werden. Ob denn die Konjunkturwenden der Erwachsenenbildungstheorie solch weitreichenden Ansprüchen, ein prinzipiell neues Rationalitätskonzept zu implizieren, gerecht werden, sei dahingestellt.

Mit eindeutig selbstironischem Unterton hat Horst Siebert aus Anlaß des 25-jährigen Jubiläums des Lehrgebiets in Hannover unter dem Titel „Noch ein Paradigmenwechsel? - mein vorläufiger Wendepunkt" einige „Wendemanöver" aufgeführt:

– Wende vom „Berufsfeldbezug" zum „Wissenschaftsbezug"

– Wende von der „Handlungswissenschaft" zur „Rekonstruktionswissenschaft"

– Wende von einer „Gesellschaftsorientierung" zu einer „Subjektorientierung"

– Wende von einer „Vermittlungsdidaktik" zu einer „Animationsdidaktik"

– Wende von einer „Fachorientierung" zu einer „Lernerorientierung"

– Wende von der „harten" Empirie zur „weichen" Interpretation

– Wende vom Wissen zur Deutung

Es gäbe noch mehr Slalomkurven. Aber nicht nur politisch auch theoretisch wird man mittlerweile „wendemüde". Wenn das große Wort vom Wechsel der Paradigmen sowieso etwas zu ambitioniert für die Konzeptwenden in der Erwachsenenbildung war, gibt es nichtsdestoweniger sicherlich Theoriekonjunkturen. Wenn man dies nicht nur als Modewellen abtun will, spiegeln sie einen Wandel des Zeitgeistes. Man stößt dann auf eine Paradoxie. Es könnte sein - ganz vorsichtig formuliert -, daß mit der „konstruktivistischen Wende" das kritische Potential der Theorie der Erwachsenenbildung gerade dann abnimmt, wenn die Gefahr der Instrumentalisierung und Funktionalisierung wächst.

Die neueste „Wende" ist eben die zum „Konstruktivismus". Dahinter steht allerdings weniger ein konsistentes Konzept, als ein Theoriekonglomerat. Eine kritische Auseinandersetzung ist erheblich erschwert durch eine Vielzahl uneinheitlicher Literaturzitate und Theoriefragmente. Insofern muß eine Kritik fokussiert und grundsätzlich werden und sich - erstens - beziehen auf den „Radikalkonstruktivismus" als Spitze des Eisbergs. Es gibt aber - zweitens - auch eine Reihe alternativer Konstruktivismen, welche den Bruch mit scheinbar selbstverständlichen Wirklichkeitsbezügen längst vollzogen haben. In diesem Sinn ist „Konstruktivität" einbeziehbar in eine weitreichendere Reflexion des Verhältnisses von Theorie und Praxis. Damit ist - drittens - der Ansatz ei-

nes „kritischen Pragmatismus" angedeutet, der die Denkfallen des „Radikalkonstruktivismus" aufheben kann. Dies allerdings bedarf weiterer Ausarbeitung.

„Konstruktivistische Wende"?

Auf der Veranstaltung „25 Jahre Erwachsenenbildung - wissenschaftlich" am 29. April
1995 hat Horst Siebert versprochen: „1967 haben Joachim H. Knoll, Georg Wo-
draschke und ich zum erstenmal einen 'Wendepunkt' der Erwachsenenbildung regi-
striert, heute will ich es (zumindest für dieses Jahrtausend) zum letztenmal tun"
(Siebert 1995, o.S.). Seinen „vorläufig letzten Wendepunkt" (ebd.) hat er illustriert an
der Figur des Eulenspiegels „als den Prototyp des Konstruktivismus... . In einem Satz
gesagt: der radikale Konstruktivismus behauptet, daß wir die Welt nicht so abbilden,
wie sie ist, sondern daß wir - vor allem mit Hilfe unserer Sprache - uns die Wirklichkeit konstruieren, die uns nützlich ist. Eulenspiegel entlarvt die Konstrukte seiner Zeit-
genossen als Konstrukte, als 'Erfindungen'. Und seine respektlose Erkenntniskritik,
sein radikaler Skeptizismus macht auch vor der aufblühenden modernen Wissenschaft
nicht halt" (Siebert 1995, o.S.).

Hier wird „Konstruktivismus" sehr weit gefaßt. Angesichts vielfältiger Irritationen und
divergierender Einschätzungen aufgrund von unterschiedlichsten Spielarten des Konstruktivismus sollte man sich klarmachen, was denn das „Radikale" ausmacht, wenn es
mehr sein soll als die Banalität, daß Bewußtsein und Sein nicht zusammenfallen.

Radikaler Konstruktivismus

„Radikalkonstruktivismus" wird auch in der Pädagogik und der Erwachsenbildungs-
wissenschaft breit rezipiert und hat sich zu einer einflußreichen Tendenz stilisiert
(Arnold/ Siebert 1995). Fast hat die Attraktivität schon zu einer Dominanz gegenüber
anderen eher auf dem Rückzug befindlichen Strömungen - wie zum Beispiel der lange
einflußreichen „kritischen Theorie" - geführt. Gleichzeitig gibt es eine manchmal polemisch vorgetragene Skepsis, die sich in kurzem Schlagaustausch erschöpft (Faulstich
1996). Dies wird sicherlich der „konstruktivistischen" Erwachsenenbildung nicht gerecht, resultiert aber gleichzeitig aus der Schwierigkeit, daß die zu diskutierenden Fragen keineswegs oder höchstens teilweise fachimmanent diskutierbar sind, sondern
zwangsläufig generelle wissenschaftstheoretische Probleme aufwerfen.

Es drängt sich deshalb auf, die Diskussion auf die gnoseologische Ebene zu verlagern,
weil erst dort ein Horizont gefunden werden kann, auf dem Argumente sich aufeinander beziehen. Es ist schwierig, sich mit „dem" „Konstruktivismus" auseinanderzusetzen, weil Konglomerate aus verschiedensten Theoriefragmenten zusammengesetzt

werden. Es gibt sehr unterschiedliche und sich sogar gegenseitig ausschließende Konstruktivismen.

Es ist kennzeichnend für die konstruktivistische Pose, daß beansprucht wird, ein neues „Paradigma" als Basis verschiedenster Disziplinen konzipiert zu haben. Behauptet wird, gerade der „Radikale Konstruktivismus" habe „sich als Ferment zur Entwicklung einer empirisch begründeten Alternative zum neuzeitlichen Wissenschaftspositivismus erwiesen" (Schmidt 1987, S. 7f.).

Es wird hohe Ambition entfaltet, nämlich die zentralen Forschungsinteressen der Einzelwissenschaften in einem interdisziplinären Diskurs zu bündeln. Die Themen allerdings stammen zunächst vorrangig aus Biologie und Psychologie sowie einer dahinterstehenden Systemtheorie. Deren Schlüsselbegriffe sind Selbstreferentialität und Selbstorganisation, Evolution und Autopoiesis, Kontingenz und Viabilität. Mit diesem Sprachspiel haben Biologen, Neurologen, Physiologen, Psychologen, Soziologen, Ethnologen, Sprach-, Literatur und Kunstwissenschaftler, Juristen, Betriebswirte, Pädagogen u.a. die Probleme ihrer Disziplinen reformuliert. Dabei ist durchaus zu konstatieren, daß die Übersetzung alter Fragen in neue Begriffe veränderte Sichtweisen und auch Einsichten ermöglicht. Riskant wird aber, wenn sich die Wörter ablösen von den realen Problemen der Wissenschaften und versehen mit dem Pathos des „Neuen" zu einer Publikationsstrategie theorieimmanenter Themenkonjunkturen verkommen.

Allerdings wäre eine solche Kritik „radikalkonstruktivistisch" so gar nicht formulierbar, weil die Differenz zwischen „realen Problemen" und „theorieimmanenten Themen" streng genommen nicht durchhaltbar ist, sondern gerade in Frage gestellt wird. Der Radikalkonstruktivismus bringt diese Diskrepanz zum Verschwinden, indem er keine Möglichkeit liefert, zwischen Wahrheit und Falschheit von Aussagen über die „Wirklichkeit" zu unterscheiden.

Als stellvertretender Streitpartner bietet sich Ernst von Glasersfeld (1997) an, da er - verglichen mit anderen Urvätern des Radikalkonstruktivismus wie von Foerster, dem Kybernetiker, Maturana, dem Biologen, oder Watzlawik, dem Kommunikationstheoretiker, - anknüpfend an Piaget und dessen Kognitionspsychologie die größte Affinität zur Pädagogik und Erwachsenenbildung hat. Von Glasersfeld bezieht einen „engagierten Gesichtspunkt" und bekennt sich dazu „der Konstruktivismus wolle einen .... großen Teil der herkömmlichen Weltanschauung untergraben" (1995, S. 16).

Im Kern ist der Radikalkonstruktivismus ein erkenntnistheoretisches Programm. V. Glasersfeld konzentriert sich konsequenterweise auf eine epistemologische Stellungnahme mit den vier Quellen von Theorietraditionen: Skeptizismus, biologische Evolutionstheorie, Kognitionspsychologie Piagets und Kybernetik. Schon hier wäre zu fragen, ob hinter diesem Eklektizismus tatsächlich eine Theoriekonvergenz konstruiert werden kann.

Es wird aber zunächst grundsätzlicher, indem der Erkenntnisbegriff aufgegriffen wird. Dabei setzt sich v. Glasersfeld ab gegen repräsentationstheoretische Positionen, welche eine „Welt an sich" erkennen wollen: Allerdings verharrt der Gegner eher im Schatten, weil unklar bleibt, wer mit der „herkömmlichen" Erkenntnistheorie gemeint ist und nicht benannt wird, wer denn heute noch eine solch naive Vorstellung ernsthaft vertritt. Eine derartige - von v. Glasersfeld als traditioneller Begriff von Erkenntnis unterstellte - Hoffnung ist schon lange, schon - wie er selbst zitiert - seit den Vorsokratikern aufgegeben worden. Als Zentrum der eigenen Überlegungen wird dann formuliert: Wissen soll nicht als Widerspiegelung oder Repräsentation einer vom Erlebenden unabhängigen, bereits rational strukturierten Welt betrachtet werden, sondern unter allen Umständen als interne Konstruktion eines aktiven, denkenden Subjekts.

In dieser Formel und vor allem in dem rigorosen „nicht ...", sondern" stecken alle komplizierten Probleme einer zweieinhalbjahrtausende alten Debatte um das Verhältnis von Sein und Bewußtsein; diese verworrenen Knoten scheinen nun mit dem Schwert radikalkonstruktivistischer Pose durchgehauen. Radikal wird der Konstruktivismus durch die Annahme der informationellen Geschlossenheit autopoietischer Systeme. Demgemäß ist die Repräsentation von Umwelt eine Form interner Repräsentation des Systems selbst. Spätestens hier wäre zu fragen, ob dies nicht die Subjekt-Objekt-Dialektik auf neuer Ebene reproduziert, indem man sich auf die Seite des Subjekts schlägt und damit das eigentliche Problem, nämlich das der Vermittlung, ausblendet.

In v. Glasersfelds Rekurs auf die skeptizistische Tradition wird gerade deutlich, daß ein „naiver Realismus", der als Gegner des Konstruktivismus im Schattenboxen aufgebaut worden ist, nie unangefochten galt. Der Bruch mit dem Unmittelbaren ist Ursprung aller Philosophie - unbestritten in der von v. Glasersfeld pointierten Diskussionslinie von Xenophanes, über Locke, Hume und Berkeley bis Kant. Diese werden umstandslos in der Ahnenreihe des Konstruktivismus inventarisiert. Bemerkenswert ist, daß der große Bogen nicht weitergezogen wird. Eine Auseinandersetzung mit Fichte oder gar mit Hegel findet nicht statt (mit Marx sowieso nicht), obwohl gerade hier - bei den dialektischen Denkern - bezogen auf die Frage nach dem Verhältnis von Sein und Geist der eigentliche Gegner steht. Die „Phänomenologie des Geistes" läßt sich als weit früher schon dagewesener Gegenentwurf lesen. Hegels Thema und das aller Dialektik ist das Selbst, das zur Erkenntnis kommt, das Subjekt, das in lebendiger Bewegung mit dem Objekt sich durchdringt. Hier erst, bei einem solchen Rückgriff, findet man eine hinreichende Basis für eine Kritik am „radikalen Konstruktivismus", der eine falsche Eindeutigkeit herstellen will und sich zu Ende gedacht einsperrt in das Gefängnis individuellen Bewußtseins.

Unterhalb eines solchen hochgesteckten Anspruchs, nämlich sich in die Diskussion zwischen Formalismus und Dialektik zu begeben, ist eine kritische Alternative nicht zu haben. Dialektisches Denken aber ist dem in letztlich empiristischer Tradition verfahrenden „Radikalkonstruktivismus" fremd. Ausgeblendet bleiben in der weitgreifenden historischen Rekonstruktion konsequenterweise hermeneutische oder gar dialektischen Positionen. Damit wird v. Glasersfelds Konstruktivismus zu einem neuaufgelegten Szientismus und Empirismus, der dessen Einseitigkeiten und Paradoxien reproduziert. Von Glasersfeld greift auf die fortgeschrittenere Variante als Falsifikationismus im Sinne Poppers zurück, indem er zustimmend zitiert, eine Hypothese als falsch erwiesen zu haben, sei der Höhepunkt des Wissens (1995, S. 23). Wie dies radikalkonstruktivistisch geprüft werden kann, ist unerfindlich. „Die Wahrheit", so setzt vielmehr der Radikalkonstruktivist Heinz von Foerster fort: „Die Wahrheit ist die Erfindung eines Lügners" (1998).

Bei genauerem Hinsehen wird Erkenntnistheorie ersetzt durch Erkenntnisbiologie. V. Glasersfelds Auseinandersetzung mit dem Begriff der Anpassung erscheint inkonsistent. Wie kann man, nachdem „Erkenntnis" konstruktivistisch reformuliert wurde, zustimmend Ernst Mach zitieren mit „Anpassung der Gedanken an die Tatsachen und aneinander"? Auch wenn präzisiert wird, daß es nur um die Tatsachen der Erfahrung geht, ist dies doch genau die positivistische Position, die eigentlich kritisiert werden soll. Zwischen Mach und Piaget, der dann als Hauptkronzeuge aufgerufen wird, liegen Welten. Vor der hohen Warte des Radikalkonstruktivismus verschwinden diese Differenzen. Sicherlich haben die zentralen Prinzipen bei Piaget - Assimilation und Akkomodation - etwas mit der Frage der Anpassung zu tun, ihre Besonderheit im Kategoriensystem liegt aber gerade in ihrem Wechselspiel.

Deshalb bleibt der Argumentationsstrang bei v. Glasersfeld letztlich biologistisch reduziert. Zunächst wird hart darwinistisch konstatiert: Alles, was überlebt, war schon im Vornherein an die Bedingungen angepaßt, durch die die natürliche Auslese das Nichtangepaßte vernichtet. - Die Konstruktivität dieser These liegt offen zu Tage. - Zwar wird dies für kognitive Systeme relativiert und anstelle des Begriffs Auslese das Prinzip der Viabilität eingeführt. Unter der Hand aber wird die „Gangbarkeit" weiterer Systemevolution doch zu einer formalen, quasi-ontologischen Zielgröße. „Viabilität" scheint naturgegebenes, allgültiges Systemprinzip.

Hier zeigt sich die Fatalität, welche aus der Abstraktheit systemtheoretischer Begrifflichkeit resultiert. In den durch die Metapher ermöglichten Analogien zwischen Systemen unterschiedlichster Art verschwindet deren Qualität. Das Wesen menschlichen Handelns, seine ungeheure Differenz gegenüber Verhalten von Organismen wird unterschlagen. - Die Begriffe Qualität und Wesen sind selbstverständlich radikalkonstruktivistischer Terminologie fremd. - Der Mensch kann bewußt sterben wollen; die biologische Überlebenswahrscheinlichkeit der Gattung wird dem Individuum gleichgültig und nichtig gegenüber humanem Sinn.

Nachdem die Bezüge zur Kybernetik durchforstet worden sind, wird von v. Glasersfeld als Zusammenfassung und Gebrauchsanweisung herausgestellt, daß der Begriff der Viabilität jenen der ontischen Wahrheit ersetzt. Damit sind wir also bei des Pudels Kern: Im konstruktivistischen Denken wird der Begriff der Wahrheit aufgegeben. Und wieder wird das Ausgangsmißverständnis reaktiviert, als sei die Alternative ein objektivistischer Realismus, Dogmatismus oder Fundamentalismus.

Daraus werden dann durchaus moralische und politische - radikalkonstruktivistisch eigentlich äußerst fragwürdige und immanent unhaltbare - Schlüsse gezogen, als sei das Viabilitätsprinzip die epistemologische Basis von Toleranz und Demokratie. Gesetzt wird auf Individualität. Dagegen ist umgekehrt zu fragen, ob nicht der radikalkonstruktivistische Utilitarismus und der ihm implizite Sozialdarwinismus durchaus ins dominierende neoliberalistische Konzept passen, das mit einem radikalisierten Individualismus gegenwärtig als Legitimation universeller Konkurrenz die Fundamente der demokratischen Gesellschaften zerstört.

Dies könnte einen Hinweis liefern für die Hintergründe der aktuellen Konjunktur konstruktivistischer Programme. Der Konstruktivismus - jedenfalls in v. Glasersfelds Variante - unterstützt eine Hypertrophie des individualistisch gedachten Subjekts. Es fehlt ein Begriff des gesellschaftlichen Individuums. Es gibt höchstens noch „intersubjektive Viabilität" (1997, S. 209). Kollektive Vernunft und praktische Wahrheit werden ausgeblendet. Letztlich bleibt der Radikalkonstruktivismus ein individualistischer Reduktionismus. V. Glasersfeld dazu: „Die Analyse sozialer Phänomene kann nur dann erfolgreich sein, wenn sie sich vollkommen der Tatsache bewußt bleibt, daß der Verstand, der viable Begriffe und Schemas konstruiert, unter allen Umständen der Verstand eines Individuum ist" (1997, S. 199). Demgegenüber ist richtig, daß der individuelle Verstand immer schon menschliche Sozietas voraussetzt.

Alternativen des Konstruktivismus - Alternativen zum Konstruktivismus

Damit sind wir aber bei einem anderen Ansatz, der nämlich nach gesellschaftlicher Einbettung fragt. V. Glasersfeld setzt sich allerdings ab gegen „soziale Konstruktivisten, die sich auf Wygotski als Vorläufer berufen" (1997, S. 230). Hier wird ein Unterschied markiert. Dabei würde genau ein solcher Ansatz durch die historisch-genetische Herangehensweise einige Denkknoten des Radikalkonstruktivismus auflösen können.

Eine der Schwierigkeiten, sich mit „Konstruktivismus" auseinanderzusetzen, ist eben die von seinen Vertretern betriebene Unart, vielfältige und manchmal unvereinbare Positionen unter einen Sammelbegriff zusammenzufassen (v. Glasersfeld 1997, S. 56-97; Arnold/Siebert 1995, S. 41-79). Dies zeigt sich in der Beliebigkeit der Ahnenlisten. „Konstruktivismus" ist dann weniger eine bestimmbare wissenschaftliche Position als ein Allerweltsbegriff, der sich auflöst in der Banalität, daß alle Wissenschaft, sofern sie nicht einem naiven Realismus nachhängt, - und dann wäre sie keine Wissenschaft - und letztlich alles menschliches Denken gekennzeichnet ist durch Konstruktivität.

So gibt es auch innerhalb der Positionen, die sich selbst als „konstruktivistisch" bezeichnen würden, sehr unterschiedliche Ansätze und Spielarten (Knorr-Cetina 1989), welche auch noch nach Wissenschaftsbereichen variieren. Mindestens eine neurobiologische (Roth), eine kognitionspsychologische (Maturana /Varela) und eine sozialkonstruktivistische Variante (Berger/ Luckmann; aber auch Luhmann). Viele der Irritationen und Paradoxien entstehen durch unterschlagene Differenzen und durch Unschärfen des Sprachgebrauchs.

Bevor sich z.B. der Kognitionskonstruktivismus zum „radikalen" übersteigert, gibt es z.B. bei Piaget ein brauchbares heuristisches Konzept, das empirische Analysen anleiten kann. Für eine gemäßigte Sichtweise, einen „pragmatischen, moderaten Konstruktivismus", bezogen auf die kognitionstheoretische Problematik plädieren Gerstenmaier und Mandl (1995, S. 882). Ihr Vorschlag lautet nach einem Durchgang durch Konzepte über „Wissenserwerb und konstruktivistische Perspektive": „Versteht man den Konstruktivismus als eine Perspektive und verzichtet man auf einen fundamentalistischen

Geltungsanspruch, dann bietet er gegenwärtig den vielleicht vielversprechendsten theoretischen Rahmen für eine Analyse und Förderung von Prozessen des Wissenserwerbs in den unterschiedlichsten sozialen Kontexten" (ebd. S. 883f.)

Die Konzepte des sozialen Konstruktivismus werden gegenwärtig dominiert durch Luhmanns „Theorie autopoietischer sozialer Systeme". Dies ist allerdings nur zu diskutieren, wenn man das opus magnum dieses großen Sprachspielers und Ironikers gesondert vornimmt. Das gilt auch für die Rezeption in der Erwachsenenbildungswissenschaft (Lenzen/ Luhmann 1997). Jedenfalls kann man nicht bruchlos Glasersfeld und Luhmann zugleich als Referenzsystem benutzen; dies führt notwendig zu Inkonsistenzen. Bereits Karin Knorr-Cetina hatte außerdem darauf hingewiesen, daß der Sozialkonstruktivismus mit Berger/ Luckmann (1966) immanent in der soziologischen Debatte schon eine ältere, phänomenologische Variante erhalten hat. Die Frage nach dem Status des Wissens und der Produktion von Wirklichkeit wird hier fokussiert auf das Problem der selbstproduzierten Sozialordnung. In diesem Sinn kann man auch Anthony Giddens mit seiner Theorie der Strukturalisation als Sozialkonstruktivisten bezeichnen.

Kritischer Pragmatisimus

Letztlich gilt dies bis hin zu Marx (wie Knorr-Cetina behauptete, ebd. S. 86f.). Geronnen zu der Formel „Menschen machen ihre eigene Geschichte" wird damit sogar dialektisches Denken als konstruktivistisch zu inventarisieren versucht. Vollständig allerdings heißt der Satz: „Die Menschen machen ihre eigene Geschichte, aber sie machen sie nicht aus freien Stücken, nicht unter selbstgewählten, sondern unter unmittelbar vorgefundenen, gegebenen und überlieferten Umständen" (MEW 8, S. 115). Das klingt dann doch ganz anders. Hier werden Aktivität und Realität zusammen gesehen. In marxscher Tradition argumentiert nun aber auch Lew Wygotski, der von v. Glasersfeld aus dem radikalkonstruktivistischen Diskurs ausgegrenzt worden ist. In dieser Linie der kulturhistorischen Psychologie ist aber mit dem Begriff Tätigkeit und der Kategorie Praxis eine Alternative zum Konstruktivismus angelegt. Wenn man schon Marx zitiert, dann auch dieses: „Alles gesellschaftliche Leben ist wesentlich praktisch. Alle Mysterien, welche die Theorie zum Mystizismus veranlassen, finden ihre rationale Lösung in der menschlichen Praxis und in dem Begreifen dieser Praxis" (MEW 3, S. 7).

Eine andere Herangehensweise gegenüber dem Konstruktivismus, in dem die Wirklichkeit immer noch nur durch Beobachtung als „Anschauung gefaßt wird; nicht aber als sinnlich menschliche Tätigkeit" (MEW 3, S. 5) ist damit angedeutet. Ein „kritischer Pragmatismus" kann über weite Strecken Anregungen verarbeiten, die sich als „konstruktivistische" Impulse darstellen. Er folgt aber nicht in die paradoxalen Denkfallen, sondern kann diese genetisch auflösen. Sprache ist nur verständlich als historisches Produkt der Phylogenese.

Ein kritischer Pragmatismus vermeidet aber auch die Einseitigkeiten eines individualistischen Pragmatismus wie sie z.B. bei Rorty auftreten, indem auf den immer schon vorhandenen konkreten gesellschaftlichen Kontext und bestehende Handlungszusammenhänge hingewiesen wird und sich Wahrheit keineswegs auflöst in Nützlichkeit.

„Konstruktivismus" ist in einer solchen übergreifenden Konzeption einzuordnen als ein mögliches Sprachspiel, dessen „Viabilität", bzw. praktische Relevanz, selbst wieder reflektiert werden muß. Es geht also um eine „Beobachtung 3. Grades". Die Kennzeichnung des Radikalkonstruktivismus als eine Spielart eines erkenntnistheoretischen Falsifikationismus verbunden mit moraltheoretischem Utilitarismus spitzt sich, wenn man die Probleme Erziehungswissenschaft und besonders der Erwachsenenbildung im Auge hat, zu in der Frage nach der „Viabilität" dieses Konzepts für die Theorie und Praxis sowie die „einheimischen" Begriffe unseres Wissenschaftsbereichs.

Die Argumentationsfiguren des Radikalkonstruktivismus unterstützen die „Gangbarkeit" von Theorievarianten, welche auf Begriffe von Bildung und Aufklärung explizit verzichten. Zu fragen ist dann, was mit dem radikal-konstruktivistischen Programm angerichtet wird in der aktuellen ökonomischen und politischen Situation bezogen auf die Chancen persönlicher Identität und die Zukunft von Mündigkeit.

„Viabilität" von Theoriekonzepten hinsichtlich ihrer Konsequenzen für die Chancen menschlicher Entfaltung wäre auch aus immanent „radikalkonstruktivistischer Sicht" als Relevanzkriterium wohl zulässig. Ob allerdings Begriffe wie Bildung und Aufklärung noch gefüllt werden können, ist zweifelhaft. Rolf Arnold fragt sich „ob mit einer konstruktivistischen Wende der Erwachsenenbildung nicht auch die aufklärerische Basis der Erwachsenenpädagogik 'wegrutscht'" und nimmt daher „Abschied von der Aufklärung" (Arnold/ Siebert 1995, S. 167).

Aber die Theoriesprache der „Autopoiesis" kann eine Begründung durch Bildungstheorie nicht ersetzen (zur Diskussion: Lenzen 1997, Tenorth 1997). Die Konstruktion im Modell autopoietischer Systeme verfehlt die Spezifität menschlichen Lernens, das gekennzeichnet ist durch seine Bedeutsamkeit für die Selbstbestimmung. Menschliche Personen stehen immer in gesellschaftlichen Sinnzusammenhängen, welche sie sich aneignen. Bildung meint dann diese Welt zu begreifen und mit sich selbst zu verbinden - so schon v. Humboldt. Dies ist radikalkonstruktivistisch nicht rekonstruierbar.

Insofern kann man schlußfolgern, zumindest wenn man den Begriff Bildung für unverzichtbar hält, daß auf alle Fälle der „Radikalkonstruktivismus" keinen geeigneten Ansatz für Handeln in der Erwachsenenbildung liefern kann. Die verschiedenen Stellungnahmen Horst Sieberts sind denn auch eigentlich nicht „radikalkonstruktivistisch" durchgehalten (Siebert 1997). Vielmehr wird Sinnvolles, Angemessenes und Brauchbares vorgeschlagen, das diesen Hintergrund verläßt.

Wenn man in einem ersten Anlauf die Grobkennzeichen von „Konstruktivismus" und „Kritischem Pragmatismus" gegenüberstellt wäre dies schematisch knapp zusammenzufassen:

– Erkenntnistheorie: Während es einerseits um die Konstruktion von Welten geht, wird andererseits verwiesen auf eine Dialektik von Denken und Handeln.

– Erkenntnisinteresse: Steht der Begriff des Deutens auf der einen Seite im Vordergrund, wird auf der andere Seite betont, daß Begreifen anleiten kann um zu verändern.

– Sprachen sind konstruktivistisch Systeme von Entwürfen, kritisch-pragmatistisch semantische, bedeutungshaltige Diskurse zwischen handelnden Menschen.

– Theorie: Der Beschränkung auf konsistenter Verbindung von Entwürfen wird der Anspruch einer Synthese von Erscheinung und Wesen gegenübergestellt.

– Gegenstandskonstitution: Der Begriff der Konstruktion wird aufgehoben in humaner Praxis.

– Methodenansatz: Statt der zentralen Stellung von letztlich unentscheidbaren Deutungen, geht es um den Anspruch einer Verbindung und der Reflexion von Empirie und Theorie.

Eine pragmatische Kritik des Radikalkonstruktivismus kann dann zurückgreifen auf den als „Wärmemetapher" und „Kontingenzbegriff" diffamierten Begriff Bildung. Für einen kritischen Pragmatismus gehört dieser zu den Kernbegriffen. Thema bleibt nach wie vor die Person-Welt-Relation. Dabei stößt die Theorie Erwachsenenbildung mit einem kritisch-pragmatistischen Ansatz eben doch wieder auf „Bildung". So ergäbe sich die Ironie, im nächsten Jahrtausend eine Idee fortzuführen, die in diesem Jahrhundert vorschnell als überholt abgelegt worden war.

Literatur

Arnold, Rolf/ Siebert, Horst: Konstruktivistische Erwachsenenbildung. Baltmannsweiler 1995

Faulstich, Peter: Rezension zu Arnold/ Siebert. In Hessische Blätter für Volksbildung (1996), S. 184-186

Gerstenmaier, Jochen/ Mandl, Heinz: Wissenserwerb unter konstruktivistischer Perspektive. Zeitschrift für Pädagogik 41 (1995), 6, S. 867-888

Giddens, Anthony: Die Konstruktion von Gesellschaft. Frankfurt/ M. 1992

Glasersfeld, Ernst von: Einführung in den radikalen Konstruktivismus. In: Watzlawick, P. (Hrsg.): Die erfundene Wirklichkeit. 1995, 16-38

Glasersfeld, Ernst von: Radikaler Konstruktivismus. Frankfurt/ M. 1997

Knorr-Cetina, Karin: Spielarten des Konstruktivismus. In: Soziale Welt (1989), S. 86-96

Kuhn, Thomas S.: Die Struktur wissenschaftlicher Revolutionen. Frankfurt/ M. 1979

Lenzen, Dieter: Lösen die Begriffe Selbstorganisation, Autopoiesis und Emergenz den Bildungsbegriff ab? In: Zeitschrift für Pädagogik (1997), S. 949 - 967

Lenzen, D./ Luhmann, N.: Weiterbildung im Erziehungssystem. Frankfurt/M. 1997

Luhmann, Niklas: Soziale Systeme. Grundriß einer allgemeinen Theorie. Frankfurt/ M. 1984

Luhmann, Niklas. Die Gesellschaft der Gesellschaft. Frankfurt/ M. 1997

Maturana, Humberto R.: Erkennen: Die Organisation und Verkörperung von Wirklichkeit, Braunschweig 1985

Maturana, H. R./ Varela, F. J.: Der Baum der Erkenntnis. München 1987

Marx, K./ Engels, F.: Werke (MEW) 3,8. Berlin 1969

Rorty, Richard: Kontingenz, Ironie und Solidarität. Frankfurt/ M. 1992

Schmidt, Siegfried, J. (Hrsg.): Der Diskurs des Radikalen Konstruktivismus. Frankfurt/ M. 1987

Siebert, Horst: Lernen als Konstruktion von Lebenswelten. Frankfurt/ M. 1994

Siebert, Horst: Noch ein Paradigmenwechsel? In: 25 Jahre Erwachsenenbildung wissenschaftlich. Hannover 1995

Siebert, Horst: Didaktisches Handeln in der Erwachsenenbildung. Neuwied 1997

Siebert, Horst: Konstruktivismus. Frankfurt/ M. 1998

Tenorth, Heinz-Elmar: „Bildung" - Thematisierungsformen und Bedeutung in der Erziehungswissenschaft. Zeitschrift für Pädagogik (1997), S. 969-984

Watzlawick, Paul: Die erfundene Wirklichkeit. München 1995

Wygotski, Lew. Ausgewählte Schriften I, II. Köln 1985

HERBERT GERL

Praktischer Konstruktivismus - Anmerkungen zur Bedeutung von NLP für eine Erwachsenenpädagogik als Handlungswissenschaft

> *„Die Falschheit eines Urteils ist uns noch kein Einwand gegen ein Urteil; darin klingt unsre neue Sprache vielleicht am fremdesten. Die Frage ist, wie weit es lebensfördernd, lebenserhaltend, arterhaltend, vielleicht gar artzüchtend ist... Die Unwahrheit als Lebensbedingung zugestehn: das heißt freilich auf eine gefährliche Weise den gewohnten Wertgefühlen Widerstand leisten; und eine Philosophie, die das wagt, stellt sich damit allein schon jenseits von Gut und Böse."*

Friedrich Nietzsche[1]

Ich kann im Rahmen dieses kleinen Beitrags nicht auf die lange philosophische Vorgeschichte des Konstruktivismus eingehen, wie er sich, seltsamerweise erst heute, maßgeblich angeregt durch die biologischen und neurophysiologischen Forschungen von H. Maturana und F. Varela (1987), in den Sozialwissenschaften durchzusetzen beginnt. Die Naivität eines erkenntnistheoretischen Objektivismus war, wie obiges Motto zeigt, zumindest schon 100 Jahre früher durchschaut und - in einer freilich provozierenden Sprache - formuliert. Auch die einzelnen Facetten der konstruktivistischen Position sind nicht Gegenstand meiner Betrachtung. Vielmehr soll vorsichtig überlegt werden, ob erwachsenenpädagogisches, insbesondere didaktisches Handeln mit Hilfe des Neurolinguistischen Programmierens (NLP) auf konstruktivistischer Basis begründet und in welcher Richtung es auf dieser Basis weiterentwickelt werden kann, - über die bisherigen, eher *resignativen* Schlußfolgerungen aus dem konstruktivistischen Paradigma hinaus.

1.

Wie stellt sich diese Resignation in der erwachsenenpädagogischen Literatur dar? Was führt zu ihr und inwiefern ist sie im Konstruktivismus begründet?

Verantwortlich ist zunächst der enge Zusammenhang des konstruktivistischen Paradigmas mit dem Autopoiesis-Konzept der neueren Systemtheorie: autopoietische Systeme konstruieren die Welt, in der sie leben, selbst. Sie bringen sowohl ihre Probleme

---

[1] Der Text findet sich in: Jenseits von Gut und Böse. 1. Hauptstück. Von den Vorurteilen der Philosophen. 4 (1885)

wie auch ihre Problemlösungen selbst hervor, genauer: sie definieren in eigener Verantwortung, was als Problem gelten und was als Lösung eines Problems angesehen
werden kann. Diese konstruktivistische Grundannahme führt folgerichtig, individuell
gewendet, zu einer zurückhaltenden Einschätzung gezielter Beeinflussungs- und Ver-
änderungsmöglichkeiten anderer Systeme, anderer Personen. Auch pädagogische Interventionen geraten in den Verdacht, zwar nicht wirkungslos zu sein - Beeinflussung
ist immer da und findet statt - aber in ihren Ergebnissen doch kaum vorhersagbar.
Denn: Wie ein System mit Interventionen „umgeht" - ob sich-anpassend, widerstre-
bend, Gegenaktivitäten entwickelnd etc. - ist, zufolge dieses Konzepts, kaum steuerbar,
zielgenau kalkulierbar. Die unübersehbare Schwierigkeit, „sicher verfügbares Wenn-
Dann-Wissen" (Arnold/ Siebert 1995, S. 67) für pädagogische Interventionen bereitzustellen mündet dann folgerichtig ein in die resignative Feststellung, Erwachsenenpädagogik sei „nur ihrem Wunsche nach Handlungswissenschaft, ihren tatsächlichen
Möglichkeiten nach jedoch allenfalls Rekonstruktionswissenschaft" (ebd.). Und: „Die
Wissenschaftlichkeit der (Erwachsenen-)Pädagogik bemißt sich vielmehr - wie in anderen Disziplinen auch - nach Maßgabe ihres Erklärungspotentials, d.h. der Aufhel-
lung, die sie in das Wissen um das Komplexitätsgefüge von Wirkungsbedingungen
pädagogischer Interaktion bringt, nicht an der erfolgssicheren 'Handhabung' und
'Beeinflussung' dieser Wirkungsgefüge selbst" (ebd., S. 73). Aufschlußreich für diese
Einschätzung (erwachsenen-)pädagogischer Interventionen ist auch der in diesem Zu-
sammenhang herangezogene Vergleich einer solchen Erwachsenenpädagogik mit der
Geschichtswissenschaft. Auch die Geschichtswissenschaft könne nicht den Gang der
Ereignisse beeinflussen, sie könne ihn bestenfalls nachträglich erklären (vgl. ebd.,
S. 67).

Was heißt das für die Wissenschaft von der Erwachsenenbildung? Ist sie nur noch ein
zwar vieles, vielleicht auch nur manches verstehender, letztlich aber hilfloser Zuschau-
er derer, die pädagogisch handeln?

2.

Arnold und Siebert schrecken vor dieser Konsequenz zurück. Sie ist auch, wie noch zu
zeigen sein wird, keineswegs zwingend. Ihre Position bleibt in der Schwebe. Sie optie-
ren, wenn ich sie recht verstehe, für einen offenen, interaktiven, kommunikativen, laufende Rückkopplungen ermöglichenden, konsensorientierten Stil des Umgangs zwischen Lehrenden und Lernenden.

Damit aber wird der Konstruktivismus zu einer - ich bin versucht zu sagen: nachgetra-
genen, nachgeschobenen - Begründungstheorie für eine Sicht und Praxis von Bildungsarbeit, wie sie sich spätestens seit Beginn der 80iger Jahre, nicht zuletzt angesto-
ßen von Konzepten der Humanistischen Psychologie, als „erwachsenengemäß"
(genauer gesagt: „menschengemäß", denn auch Kinder haben *per se* einen Anspruch
auf solchen Umgang) hierzulande zu verbreiten beginnt.

Von besonderer Bedeutung ist nun die Frage, warum bzw. inwiefern ein solcher Stil des Umgangs zwischen Personen, sofern es um Prozesse des Lehrens und Lernens geht, nicht ausdrücklich *handlungswissenschaftlich* (und keineswegs bloß rekonstruktions - oder erklärungswissenschaftlich) erhellt werden können soll. Gibt es keine handlungswissenschaftlichen Maßgaben für - um es an diesem für Lehren und Lernen zentralen Begriff festzumachen - „Kommunikation"? Entzieht sich Kommunikation grundsätzlich solchem Zugriff? Ist Verständigung zwischen Subjekten (als Ziel „gelingender" Kommunikation) Zufall? Müssen wir zuschauen, wie Kommunikation mißlingt? Oder kann auch Kommunikation, also Verständigung, gelernt und gelehrt, d.h. handlungswissenschaftlich angeleitet werden? Arnold/Siebert halten - wie gesagt - ihre Antwort in der Schwebe. Zum einen heißt es: „Objektivität der Erkenntnis ist nicht möglich, wohl aber Intersubjektivität, d.h. Verständigung mit anderen" (Arnold/ Siebert 1995, S. 89). Dann aber: „Die Frage 'Ist Verständigung möglich?' läßt sich ... eher verneinen. Sollten wir nicht besser die Zulässigkeit dieser Frage selbst in Zweifel ziehen? Denn die hinter einer solchen Frage stehende Erwartung eines gelingenden richtigen Verständnisses einer Botschaft ist möglicherweise allzu trivial..." (ebd., S. 139). - Mir mag, offen gestanden, die Trivialität dieser Erwartung bzw. Frage nicht recht einleuchten. Läßt sich doch an eben diesem Punkt exemplarisch[2] die Frage entscheiden, ob eine Pädagogik oder Wissenschaft von der Erwachsenenbildung als Handlungswissenschaft denkbar und möglich ist oder nicht.

3.

Was hat dies alles mit NLP zu tun? NLP ist dasjenige sozialpsychologische Konzept, das - soweit ich sehe - die konstruktivistische Grundannahme vielleicht am genauesten, wörtlichsten aufgegriffen hat, um dann in weiteren Schritten zu versuchen, sie konsequent ins Praktische zu übersetzen. Dies beginnt schon beim Namen dieses Konzepts: Unser Handeln und Verhalten wird gesteuert von Programmen. Programme aber sind Konstrukte. Konstrukte sind - gerade wenn sie als solche begriffen und durchschaut werden - veränderbar, auch (um es gleich zugespitzt zu sagen) planmäßig und gezielt veränderbar. Dazu bedarf es einer bestimmten, also auch lehr- und lernbaren Methodik. NLP nimmt für sich in Anspruch, eine solche handlungsrelevante Methodik in vielfältiger Weise verfügbar zu machen.

Darf ich den an dieser Stelle naheliegenden und immer rasch verfügbaren Einwand oder Vorwurf der „Sozialtechnologie" zunächst einmal auf sich beruhen lassen? Vor solcher Kritik scheint es mir wichtig, eine Grundsatzfrage anzusprechen, nämlich: Wie können konstruktivistische Konzepte - und NLP ist ohne Zweifel ein solches - eigentlich kritisiert werden? Welches ist die Basis, die Rechtsgrundlage, von der aus gegen solche Konzepte argumentiert werden kann? Oder - um es ein bißchen konkreter, ein-

---

[2] Man könnte in ähnlicher Weise den im Text gleichfalls unterschiedlich bewerteten Begriff der „Lehre" heranziehen: „Erwachsene - so scheint es - sind lernfähig, aber unbelehrbar" (a.a.O., S. 92) - wenige Seiten später ist dagegen „ein vernünftiger Begriff von Lehre in der Erwachsenenbildung weiterhin notwendig" (S. 113).

gegrenzter, auf unser Problem bezogen zu sagen - : Gesetzt den Fall, NLP nehme für sich in Anspruch, Kommunikationsprozesse „verbessern" zu können (also Verständigung zwischen Menschen erreichbar zu machen) - wie könnte ein solcher Anspruch auf der Basis des Konstruktivismus zurückgewiesen, falsifiziert werden? Es führt kein Weg daran vorbei: *nur durch mißlingende Praxis selbst*, keinesfalls aufgrund anderweitig abgeleiteter theoretischer (oder alltagstheoretischer) Annahmen. Praxis, noch genauer: *persönliche* Praxis gehört zu den Konstitutionsbedingungen konstruktivistischer Handlungskonzepte. Der Konstruktivismus ist eben keine Theorie neben anderen, sondern eine *Meta*theorie. Dieses „Meta" sagt etwas aus über die Entstehung von Theorien - und es sagt inhaltlich eben dies aus, daß sie *praktisch* begründet sind, begründet in Handlungserfahrungen. Solche Erfahrungen sind aber immer persönliche Erfahrungen, Erfahrungen der Beteiligten und Betroffenen. Sie sind nicht theoretisch zu umgehen oder zu ersetzen. Die vielbeschworene „Viabilität" eines Konzepts oder Handlungsentwurfs kann sich nicht theoretisch, sondern nur praktisch erweisen.

4.

Warum ist das alles wichtig? Es geht um die Frage, ob das Konzept des Konstruktivismus (Erwachsenen-)Pädagogik als Handlungswissenschaft destruieren und zur „Bescheidenheit" (Arnold/Siebert 1995, S. 15) einer Erklärungswissenschaft ermahnen muß. Nun ist Bescheidenheit eine Tugend, die sich in jeder Situation gut ausnimmt. Aber eine solche Mahnung zur Bescheidenheit läuft - im Rahmen konstruktivistischer Argumentationen - Gefahr, selbst unbescheiden zu werden, wenn sie nicht deutlich machen kann, daß ein *methodisch angeleiteter* (wenn man so will: *handlungswissenschaftlich begründeter*) Weg praktisch erprobt wurde, sich aber - nachweisbar an persönlichen Erfahrungen - trotz einer genau beachteten Methodik als nicht gangbar erwiesen hat. Wenn es also um Kommunikation geht und den Nachweis der Möglichkeit oder Unmöglichkeit ihrer handlungswissenschaftlich angeleiteten Verbesserung, dann genügen zur Begründung einer skeptischen Einschätzung solcher Möglichkeiten weder theoretischer Vorannahmen, noch Alltagserfahrungen (auch nicht, wenn sie persönlich gemacht wurden), sondern nur evaluierte Erfahrungen mit einer konzeptionell angeleiteten Praxis der Kommunikation.

Ein solcher Nachweis ist nicht unmöglich, aber er fällt schwer. Auch Arnold und Siebert erbringen ihn nicht. Die oben (in Abschnitt 2) zitierte skeptische Aussage bezüglich der Möglichkeit von Verständigung aus der Veröffentlichung der beiden Autoren ist kein solcher Nachweis. Sie steht im Zusammenhang mit dem, der Humanistischen Psychologie verpflichteten, Kommunikationskonzept des Schulz von Thun. Schulz von Thun will aber - und dies, wie Erfahrungen in entsprechenden Trainingsseminaren zeigen, keineswegs erfolglos - mit seinem Konzept gerade zu einer gelingenden Verständigung in Kommunikationsprozessen anleiten.

Das aber heißt: Die Wissenschaft von der Erwachsenenbildung ist - insbesondere wenn sie ihre konstruktivistische Grundlage ernst nehmen will - darauf verwiesen (und hat allerdings auch jede Berechtigung dazu), sozialpsychologische Konzepte als Handlungsanleitungen auf ihre Viabilität zu prüfen, sie entsprechend ihren besonderen Rahmenbedingungen zu adaptieren und - man denke wieder an das Beispiel der Kommunikation - in Trainingsseminaren zur je persönlichen Erprobung und Aneignung der Lernenden anzubieten. Dies soll die achtenswerte „pragmatische Gelassenheit" (Arnold/Siebert 1995, S. 15), als Grundhaltung eines Weiterbildners, keineswegs außer Kraft setzen - geht aber doch ein Stück über sie hinaus und will davor warnen, diese als eine Haltung mißzuverstehen, die es erlaubt, es sich - sofern es um Kommunikation als Grundlage für Lehren und Lernen geht - bei ein bißchen gesundem Menschenverstand und ergänzender Resignation bequem zu machen. Dafür ist, insbesondere durch die Psychologie der personbezogenen Kommunikation von C. Rogers (vgl. Rogers 1972 und 1976) und neuerdings durch die Entwicklung des NLP-Konzepts, zu viel an handlungsrelevantem, lehr- und lernbarem Wissen und Können angesammelt worden, dessen wirkliche Aneignung und Umsetzung allerdings, getreu dem konstruktivistischen Paradigma, eine persönliche praktische Übung und Auseinandersetzung nicht ersparen kann.

5.

NLP jedenfalls - darauf will ich mich im folgenden beschränken - nimmt für sich in Anspruch, relevante Anleitungen für „bessere", d.h. weniger Mißverständnisse produzierende, mehr Verständigung (ggf. auch über bestehende Meinungsverschiedenheiten oder unterschiedliche Werthaltungen etc.) erzielende Kommunikation anbieten zu können. Ich kann im Rahmen dieses Textes selbstverständlich nicht einzelne Methoden oder Techniken des NLP darstellen. Darüber gibt es hinreichend Literatur, wenngleich auch hier wieder penetrant darauf hingewiesen werden muß, daß das Lesen von Büchern über NLP, gut konstruktivistisch argumentiert, gerade keinen genügenden Aufschluß über die Tauglichkeit, die Viabilität dieses Konzepts erbringen kann.

Worauf ich hier im Hinblick auf NLP nur aufmerksam machen kann und will ist folgendes: NLP stützt sich in seinen Detailaussagen zu einzelnen Methoden, Techniken, Strategien auf eine Reihe sogenannter „Grundannahmen", die insgesamt als eine Art „Philosophie" gelesen werden können. Diese Grundannahmen aber werden im NLP explizit als Konstrukte betrachtet und behandelt. Das aber heißt: Sie haben Geltung insoweit - aber auch nur insoweit -, als sie zum Erreichen bestimmter Ziele nützlich sind. Es sind erklärtermaßen keine ontologischen Aussagen. (Dieser Umstand wird in polemischen Zeitungsartikeln über NLP immer wieder dazu benutzt, wahre Horrorszenarien über die „Unwahrheit" von NLP-Aussagen zu entwerfen. Eine Unwahrheit, die von den Vertretern des NLP keckerweise gar nicht bestritten, sondern sogar noch betont werde usw.[3]) . Diese Grundannahmen können und sollen vielmehr den Weg

---

[3] Vgl. etwa die Artikel von Jochen Paulus in der ZEIT, 1994, Nr. 31, S. 23 oder von Christian Geyer in der FAZ, 1996, Nr. 248, S. 39

bahnen oder allererst sichtbar machen, der begangen werden muß, um bestimmte gesetzte Ziele bewußt handelnd erreichen zu können.

Dies läßt sich gut an einer Annahme veranschaulichen, die der gesamten Humanistischen Psychologie - auch NLP - zugrunde liegt, dem sogenannten „positiven Menschenbild". Es besagt, daß jeder Mensch (außer bei angeborenen Defekten) über ein ursprüngliches Interesse an einem konstruktiven, sozialen und verantwortlichen Umgang mit sich selbst und seinen Mitmenschen (mit seiner Mitwelt insgesamt) verfügt. Auch dies darf - trotz vielfältiger empirischer Belege, auf die gerade Rogers als Psychotherapeut hinweist (vgl. z.B. Rogers 1976, S. 193) - keineswegs als eine ontologische Aussage über die „Natur" des Menschen mißverstanden werden. Es wäre ja schon logisch gar nicht möglich, aus soundsovielen Einzelerfahrungen allgemein gültige Aussagen über eine „objektive" Wirklichkeit der menschlichen Natur abzuleiten.

Die vielfachen empirischen Belege dürfen den Blick nicht für einen wesentlicheren Sachverhalt verstellen: Es gibt Offenheiten, Entwicklungsmöglichkeiten, auch Entwicklungsbereitschaften des Menschen, aber es gibt keine ein für alle Mal feststehende oder feststellbare, „fertige" menschliche Natur. Es ist grundsätzlich nicht entschieden, was „der Mensch" ist. Menschen leben, entfalten und verändern sich als Personen in Kommunikation und Interaktion. Sie entwickeln sich (in einem genauen Wortsinn) „gegenseitig", im Gespräch. Sie entscheiden darin selbst und immer neu über Wege und Ziele ihres Lebens.

Keine Wissenschaft kann das Ergebnis solcher Prozesse vorwegnehmen und festschreiben. Das Verhältnis der genannten Grundannahme zur Wirklichkeit menschlichen Lebens ist vielmehr ein anderes. Dadurch - und nur dadurch -, daß ich meinen Mitmenschen (wie auch mir selbst) diese Fähigkeiten, Möglichkeiten, Tendenzen, Interessen zutraue und unterstelle, schaffe ich den notwendigen Raum dafür, daß sie diese auch tatsächlich entwickeln und realisieren können. Wenn ich meinen Mitmenschen als Subjekt sehe, mit ihm als Subjekt spreche und handle, dann eröffne ich die Chance, daß wir beide als Subjekte miteinander umgehen, also auch mein Gegenüber mir als Subjekt begegnet. Die oben formulierte Grundannahme ist also in gewissem Sinn eine „regulative Idee", d.h. eine (zunächst sehr allgemein formulierte, später dann zu differenzierende) Vorstellung von Möglichkeiten, die mein Handeln bestimmt und gerade dadurch dazu beiträgt, daß sie Wirklichkeit wird (oder werden kann).

6.

In welcher Weise wird die im letzten Abschnitt vorgestellte allgemeine Grundannahme - im Hinblick auf eine wünschenswerte Verbesserung der Kommunikation - im NLP differenziert? Ich will im Folgenden einige NLP-typische Aussagen zitieren und versuchen, jeweils ihren konstruktivistischen Charakter deutlich zu machen.

Ein erster Satz könnte lauten: „Menschen verfügen prinzipiell über alle Ressourcen, die sie brauchen, um gewünschte Veränderungen zu erreichen" (Rückerl 1994, S. 39). Dieser Satz macht, ontologisch verstanden, keinen Sinn. Woher könnte man dies wissen? Er ist konstruktivistisch als Aufforderung zu lesen: Wenn Du etwas - beispielsweise Deine Kommunikation - verändern, verbessern willst, dann begnüge Dich nicht mit Deinen bisherigen Erfahrungen und Gewohnheiten. Stilisiere diese nicht zu Grenzen menschlicher Fähigkeiten überhaupt. Sie sind lediglich das Produkt gerade Deiner bisherigen eingeschränkten Lerngelegenheiten. Du kannst Dir planmäßig und zielgerichtet - unter kompetenter Anleitung - neue Möglichkeiten des Handelns erschließen. Dies aber ist nur möglich, wenn sich die betroffene Person *tatsächlich* (und nicht nur gedanklich) auf neues Handeln einläßt. Sie kann dann übrigens immer noch mit bestimmten, definierten Methoden oder Techniken nicht zurechtkommen. Das aber kann sie immer erst *nach* dem praktischen Versuch feststellen, niemals vorher - und wiederum nur für sich selbst und nur für diese Methode X oder Technik Y. Sie muß immer bereit sein, zuzugestehen, daß es anderen Menschen sehr wohl möglich sein kann, damit gut zu arbeiten. Im übrigen kann sie sich an die (wiederum genau konstruktivistisch gedachte) NLP-Maxime halten: „Wenn etwas nicht funktioniert: Hör damit auf und probier etwas Neues" (Ötsch/Stahl 1997, S. 69).

So sind - um beim Beispiel Kommunikation zu bleiben - Pacing und Leading (in ihren sehr variantenreich ausgeprägten Formen) Möglichkeiten, den zwischenmenschlichen Kontakt („Rapport") auch in Lerngruppen zu verbessern und damit grundlegend zu besseren Lernmöglichkeiten aller Beteiligten beizutragen. Dies aber - das ist meine These - sind durchaus handlungswissenschaftlich zu nennende Beiträge zu einer Qualifizierung von lehrendem Personal in der Weiterbildung. Das „Hinspüren zum Teilnehmer", wie es Arnold/Siebert (1995 im Anschluß an Schäffter, S. 71) durchaus als Beitrag zu einem angemessenen Umgang zwischen Lehrenden und Lernenden würdigen, bedarf, wenn es nicht zur Floskel verkommen soll, einer methodischen, disziplinierten Anleitung und Übung. NLP - wie andere Kommunikationskonzepte auch - versucht, hierfür überprüfbare Möglichkeiten und Wege anzubieten.

7.

Ein zweiter Satz, als weiteres kleines Beispiel, könnte lauten: „Jede Reaktion ist ein wertvolles Feedback" (Rückerl, 1994, S. 37). Auch hier kann nur ein konstruktivistisches Verständnis den Sinn dieser Aussage entschlüsseln. Also: In welcher kommunikativen Problemlage kann das, was dieser Satz aussagt, Viabilität sichern, Handlungsmöglichkeiten offenhalten? Auch dieser Satz ist als Aufforderung zu lesen: Achte in der Kommunikation gerade auf „überraschende oder unerwünschte Reaktionen" (ebd., S. 37) Deines Gegenüber - und nutze sie als Informationen, die Dich auf Unstimmigkeiten oder Ungenauigkeiten in Deiner bisherigen Wahrnehmung der Situation aufmerksam machen. Vielleicht wurden Einwände des Gesprächspartners übersehen - Einwände, die sich oft (nur) nonverbal, physiologisch bemerkbar machen. NLP stellt in seinen Programmen in besonderer Weise auf ein Training der Wahrnehmung physiologischer Äußerungen bzw. Veränderungen in Gesprächen ab. Mit Hilfe eines „Öko-Checks" - einer lernbaren Technik, für die klare Handlungsanleitungen vorliegen - können solche Einwände gezielt abgefragt bzw. ausfindig gemacht werden. „'Nein' bedeutet, es gibt einen anderen Weg, der besser ist. Oder es gibt eine andere Art, diesen Weg zu gehen, der ökologischer ist" (Rückerl, 1994, S. 65). Die konstruktive Grundhaltung von NLP - basierend auf ihrer konstruktivistischen Sicht von Problemen - bewertet solche Einwände oder Widerstände nicht als Hindernisse: „Mit Hilfe des Reframing werden Einwände in Wünsche verwandelt" (ebd.). Sie können dann als wichtige und wertvolle Informationen über die Interessen oder Bedürfnisse oder Begrenzungen meines Gegenüber gewürdigt und - wiederum gezielt - in eine Problemlösung zum beiderseitigen Vorteil integriert werden.

8.

Damit ist schon ein Stichwort genannt, das als drittes Beispiel für eine handlungsrelevante Differenzierung des „positiven Menschenbildes" im NLP fungieren kann: der Respekt vor der Ökologie einer Person. „Veränderung ist nur dann gut, wenn sie ökologisch gestaltet wird" (Rückerl 1997, S. 286).

Was ist der konstruktivistische Kern dieser Aussage? Inwiefern sichert sie Handlungsmöglichkeiten, Viabilität? Diese Aussage will mich als Kommunikator, als Lehrenden auf die „Risiken und Nebenwirkungen" von Veränderungen durch Lernen aufmerksam machen und zu einem angemessenen Umgang mit diesen Risiken und Nebenwirkungen auffordern. Jedes System, auch jedes personale System, strebt einerseits nach Stabilität, vermeidet Veränderungen und muß gleichzeitig, um nicht zu erstarren und gerade dadurch (durch dieses Übermaß an Nicht-Veränderung) sich selbst in seiner Existenz zu gefährden, Veränderung, Lernen zulassen und vorsehen. NLP versucht durch den Einbau des Prinzips der Ökologie in die verfügbaren Veränderungsstrategien und entsprechende Hinweise zu seiner praktischen Umsetzung, Lernprozesse von innen heraus, gleichsam von den Lebens- und Überlebensinteressen des personalen Systems selbst her, abzusichern und attraktiv zu machen.

Das heißt: Veränderung und Lernen kann nicht und soll nicht, zufolge dieser Konstruktion, von außen oder von oben oktroyiert werden. Es gibt - nach wie vor - kein „sicher verfügbares Wenn-Dann-Wissen" (vgl. oben Abschnitt 1) - und es soll es auch nicht geben. Dennoch braucht Erwachsenenpädagogik als Handlungswissenschaft nicht abzudanken. Die systematische und gezielte Befragung aller „Teile" eines personalen Systems - seiner bisherigen Verhaltensweisen und Gewohnheiten, seiner Fähigkeiten, seiner Überzeugungen und Glaubenssätze, seines Selbstverständnisses - nach Einwänden gegen eine geplante Veränderung und die Zusicherung, alle Widerstände und Gegenstimmen ernst zu nehmen und einzubeziehen, geben diesem System die Chance, sich selbst für Lernen und Weiterentwicklung zu öffnen. Die Perspektive der pädagogischen Hilflosigkeit („die Leute lassen sich sowieso nur auf das ein, was ihnen in ihren Kram paßt") kann damit abgelöst werden durch Möglichkeiten einer ebenso respektvollen wie motivierenden Veränderungsarbeit. Pädagogen sind dann nicht länger damit beschäftigt, die Abwehraktivitäten derjenigen abzuwehren, denen sie etwas beibringen wollen. Ihre Realitätskonstruktion gibt ihnen Hinweise, was sie konkret tun können, wie sie es tun können und welche Handlungsalternativen in Betracht kommen.

9.

Diese, hier stichwortartig genannten Methoden und Techniken des NLP stellen durchweg, gerade für Weiterbildner, handlungsrelevante, theoretisch (sozialpsychologisch) zu erläuternde, in letzter Instanz aber praktisch zu erprobende und nur in und für persönliche Praxis zu verifizierende (oder zu falsifizierende) Konstruktionen dar.

Insgesamt kann NLP als eine Aufforderung zu einer offenen, experimentellen Grundhaltung im Umgang mit mir selbst und anderen verstanden werden. Eine Haltung, die, bei aller Betonung der Lernfähigkeit und Veränderbarkeit einer Person, prinzipiell deren Integrität zu wahren verspricht. Daß auch NLP, wie jedes wirksame, also handlungsrelevante psychologische Konzept, nicht per se gegen die Gefahr des Mißbrauchs immun ist, versteht sich von selbst. Solcher Mißbrauch wird bei NLP des öfteren - nicht immer zu unrecht - am Begriff der Manipulation, als einer psychischen Steuerung hinter dem Rücken der Betroffenen, festgemacht. Ist diese nicht zu leugnende *Möglichkeit* ein Einwand gegen das Konzept selbst? Ich denke, es ist eher ein Hinweis auf die Notwendigkeit einer Berufsethik. Damit aber wäre, vielleicht anknüpfend an das eingangs zitierte Motto, ein neues, anderes Thema für konstruktivistische Überlegungen benannt.

Literatur

Arnold R./Siebert, H.: Konstruktivistische Erwachsenenbildung. Von der Deutung zur Konstruktion der Wirklichkeit. Baltmannsweiler 1995

Bachmann, W.: Das Neue Lernen. Eine systematische Einführung in das Konzept des NLP. Paderborn 1991. Einführung in den Konstruktivismus. München 1992

Gerl, H.: Personzentriertes Lehren und Lernen. In: Jahrbuch der Zeitschrift für humanistische Psychologie. 3. Jahrgang, 1990, S. 4 - 19

Maturana, H./ Varela, F.: Der Baum der Erkenntnis. Bern 1987

O'Connor, J./Seymour, J.: Neurolinguistisches Programmieren. Gelungene Kommunikation und persönliche Entfaltung. Freiburg (Breisgau) 1992

Ötsch, W./Stahl, Th.: Das Wörterbuch des NLP. Paderborn 1997

Rogers, C.: Die klientenzentrierte Gesprächspsychotherapie. München 1972

Rogers, C.: Entwicklung der Persönlichkeit. Stuttgart 1976

Rückerl, Th.: NLP in Stichworten. Ein Überblick für Einsteiger und Fortgeschrittene. Paderborn 1994

Rückerl, Th.: NLP in Action. Paderborn 1997

DETLEF HORSTER

Paradigmenwechsel in der Erwachsenenbildung

Es ist inzwischen ermüdend, den Kuhnschen Begriff des Paradigmas auf passende und unpassende Sachverhalte angewendet zu finden. Ich bin allerdings sicher, ihn hier passend zu gebrauchen. Der von Thomas S. Kuhn gesehene Dreischritt von normaler Wissenschaft, Krise und Revolution läßt sich in kurzer Zeitabfolge nirgendwo sonst so gut verfolgen, wie in der Theorieentwicklung der Erwachsenenbildung. In die Paradigmenwechsel, die ich seit Anfang der siebziger Jahre beobachtet habe, kann man die Person Horst Siebert einbeziehen, oder besser, man kann sogar an ihr ablesen, welche Änderungen in der Theorie tatsächlich erfolgt sind. Horst Siebert bezieht sich für seine Theoriebildung nicht auf empirische Forschung, sondern er vertraut - wie Niklas Luhmann - seiner Milieukenntnis.

Horst Siebert schrieb einmal: „Ich vermute, daß es vielen Kolleg/-innen meiner Generation ähnlich geht wie mir" (Siebert 1992, S. 6). Dieser, eher beiläufig erwähnte Satz hat es in sich. Warum geht es vielen so und nicht lediglich einem einzelnen, der eine grandiose innovative Theorie-Idee hat und diese zur Diskussion stellt? Es liegt daran, daß viele sehen und damit konfrontiert sind, daß die bisherige - im Kuhnschen Sinne - „normale" Theorie nicht mehr greift. Die sozialen Verhältnisse entpuppen sich anders als man erwartet hat. Die sozialen Verhältnisse mit genauer soziologischer Kenntnis zu beobachten, ist die Voraussetzung für die Theorieentwicklung in der Erwachsenenbildung.

1. Bildung im Geiste der Aufklärung

Daß es überhaupt wieder verstärkt auf Bildung ankomme, war eine Erkenntnis der Studentenbewegung. „Verunsichern" und „Aufklären" waren die Stichworte. Aber das waren - wie Horst Siebert weiterhin richtig bemerkt - nicht unbedingt neue Erkenntnisse in der Bildungsarbeit. Doch für uns junge und unerfahrene Menschen, deren Motive der Protest gegen die Elterngeneration war, konnte das etwas revolutionär Neues sein. Unser Unbehagen war das, was Kuhn mit Krise beschreibt. Uns hat verunsichert, daß der Übergang von der Nazizeit zur Demokratie von unseren Eltern als etwas Normales deklariert wurde. Allein die Nazizeit zu erwähnen, wirkte provozierend; darüber Erkenntnisse zu sammeln und zu verbreiten, war für uns Aufklärung und für unsere Eltern unanständig schlechthin. „Eine allgemeine Erinnerungsflucht begann", wie Dieter Wellershoff höchst treffend bemerkt (Wellershoff 1998, S. 49). Nicht nur das! Noch 1953 war die Mehrheit der Bevölkerung der Auffassung, daß die Widerstandskämpfer dem deutschen Ansehen geschadet hätten. Erstaunte bis empörte Gesichter zu erleben, wenn man die gesellschaftlichen Verhältnisse zum Tanzen brachte, war für uns ein erhebendes Gefühl, denn es war ein Zeichen dafür, daß wir an einer Revolution teilhatten. Unmittelbare Wirkung zu erleben, war für uns Gütesiegel der Theorie und für unsere Eltern Anlaß, den Haussegen auf unbestimmte Zeit schief zu hängen.

Es war darüber hinaus unser Bedürfnis, die historischen Lücken zu füllen, die man durch das verletzliche Schweigen der Eltern und Großeltern hatte. Wir merkten, daß es für unsere Identitätsbildung wichtig war, über die eigene Geschichte Bescheid zu wissen. Zum ersten Mal hat vor kurzem ein Gericht eine Mutter dazu verpflichtet, ihrer Tochter zu sagen, wer ihr Vater ist, weil das für die Identitätsbildung wichtiger sei als der Schutz der Intimsphäre der Mutter. Und einen Mangel an Geschichte - vielleicht nicht an privater, wie bei der klagenden Tochter - hatten wir seinerzeit alle. Noch kürzlich lief mir ein Schauer über den Rücken als Elisabeth Young-Bruehl im Oktober 1998 bei den ersten Hannah-Arendt-Tagen in Hannover das Erleben einer Frau wiedergab, die 1956 in Deutschland geboren war: „When she was a young teenager in the late 1960's [...] she discovered that an empty lot on an unmarked road in her village had once been the site of a Jewish synagogue, that the road had once been Synagogue Weg, that the entire Jewish population of her village had been deported and executed. No one in the village had every spoken about this fact. Not a word had been said in the Volksschule." Weil wir alle gleichermaßen dieses Erleben hatten, engagierten wir uns Ende der sechziger und Anfang der siebziger Jahre in der Erwachsenenbildung. Ich selbst habe unendlich viele Kurse zur Geschichte der Arbeiterbewegung und zur Geschichte des Nationalsozialismus in der Erwachsenenbildung durchgeführt. Wir fühlten uns in der Tat als Prometheus, wie Horst Siebert rückblickend auf diese Zeit konstatiert. *An dieser Phase zeigt sich überdeutlich, und das wollte ich vor Augen führen, daß die Theoriebildung durch soziale Bedingungen oder die Atmosphäre bestimmt wird.*

Die seinerzeitige Vermittlungsarbeit empfanden wir keineswegs als Selbstzweck, sondern wir waren der Auffassung, daß Bildung unmittelbar auf die Gesellschaft durchgriff und daß man Gesellschaft dadurch verändern konnte. „Gesellschaftlicher Fortschritt erschien pädagogisch planbar", wie Horst Siebert bemerkte. „In der erwachsenenpädagogischen Literatur dominierte eine appellative, normative Postulatpädagogik. Es galt zweifelsfrei die Gleichung: je radikaler die Veränderungsforderungen, desto fortschrittlicher der Autor. Was sollten die Erwachsenen alles können und wollen: sich für alle politischen Themen interessieren und engagieren, sich permanent ändern, die gesellschaftlichen Verhältnisse ständig verändern. Und die Kursleiter/-innen sollten das alles inszenieren. Gesellschaftsveränderungen durch kritische Bildungsarbeit - das war das Programm" (ebd., S. 7). Der Kommentar eines beteiligten Historikers heute dazu: „Der 68er Protest ist der letzte intellektuelle Versuch gewesen, Gesellschaft als Einheit zu denken" und insgesamt, vom Kapitalismus zum Sozialismus zu transformieren (Kraushaar 1998, S. 1023).

2. Bildung im Gefühl der Unsicherheit

Es liegt in der Natur des Vermittelns von Geschichtskenntnissen, daß sich das Interesse irgendwann erschöpft. Jemand sagte mir in einem Kurs einmal: „Ich kann es nicht mehr hören." Unsere Vermutung war, daß die Kuhnsche Krise dadurch hervorgerufen wurde, daß die Vermittlungsmethoden falsch waren. Der Frontalunterricht hatte den gewünschten Erfolg verhindert. Seit 1973/74 wurde darum auf Medien gesetzt, wie Film und Video. Neue Lernmethoden wurden erprobt: Theater- und Rollenspiele. Der Lernerfolg sollte dadurch meßbare Ausmaße erhalten. Ich weiß, daß Horst Siebert zu dieser Zeit ganz begeistert war von der Metaplanmethode.

Nebenbei liefen die Psychoseminare. Es schien an der Zeit, sich selbst zu finden und radikal zu verändern. „Das Protestverhalten wurde um die subjektive Dimension erweitert", wie ein beteiligter Historiker heute rückblickend sagen kann (ebd., S. 1022). Dieses Hin-und-Her zwischen gesellschaftlicher Veränderung und Selbstverwirklichung oder der „Verknüpfungsversuch zwischen Subjekt und Objekt" (ebd.) ist ein Kennzeichen auch unserer heutigen Zeit, die ich später noch betrachten werde. Zuvor will ich noch einige andere Bewegungen kennzeichnen, in deren Sog Horst Siebert und ich gleichermaßen bei unseren Paradigmenwechseln gerieten.

3. „Viabilität" als Wegweiser aus der Unsicherheit

Zunächst war für uns, die wir beide aus der Tradition der Kritischen Theorie kamen, Habermas die neue Adresse, bei der wir Krisenbewältigungsideen anfordern konnten. Nicht mehr Wissensvermittlung, sondern der Diskurs sollte aus der Krise herausführen. Revolutionär war die Idee, daß die Teilnehmerinnen und Teilnehmer sich einbringen, sich selbst darstellen konnten. Ich habe seinerzeit davon gesprochen, daß der Volkshochschulkurs zum Hyde Park werden müsse. Die praktische erwachsenbildnerische Anwendung von Habermas' Diskurstheorie sahen wir im Sokratischen Gespräch. Horst Siebert nahm vom 2. bis 5. Januar 1985 an einem solchen Gespräch teil. Für lange Zeit erfreute sich das Sokratische Gespräch in Niedersachsen größter Beliebtheit in der Erwachsenenbildung, und es wurde von Horst Siebert intensiv gefördert. Wir merkten aber bald, daß die Zeit im Sokratischen Gespräch eine Ausnahmesituation war. Genaues Zuhören, Begriffsschärfe und eine Woche nur einen einzigen Begriff zu klären, war im Alltag nicht „viabel". Oft kamen Leute ganz entnervt zu uns und berichteten, daß ihre Mitmenschen sich belästigt fühlten, wenn sie die Berücksichtigung der Grundsätze des Sokratischen Gesprächs im Alltagsgespräch einforderten.

Was heißt eigentlich Viabilität? An diesem Begriff, den ich zum ersten Mal aus Horst Sieberts Mund hörte, läßt sich wieder ein Paradigmenwechsel festmachen, der die *lang sich hinziehende Krise mit einer sich abzeichnenden Revolution in der erwachsenenpädagogischen Theoriebildung* präsentiert. Auf verschiedenen Wegen haben wir uns dem amerikanischen Pragmatismus genähert. Das Motiv war für uns beide gleich. Es beschäftigte uns die Frage, was praktisch relevantes Wissen ist. Am Morgen des 28. Oktober 1988 fuhr ich zu einem Sokratischen Gespräch. Ich hatte eine längere Bahnfahrt vor mir und steckte mir die Vorlesungen zum Pragmatismus von William James ein, um zu sehen, ob dort Rat zu holen war.

a. Pragmatismus

Für William James hat die theoretische Reflexion überhaupt nur dann einen Sinn, wenn sich durch sie praktisch etwas verändert. Das ist für ihn die Lehre, die er aus einem Urlaubserlebnis gezogen hatte. Er kam von einem einsamen Bergspaziergang zurück als sich gerade eine Gesellschaft über folgendes Problem ereiferte. Ein Eichhörnchen sitzt an einem Baumstamm. Ihm gegenüber, auf der anderen Seite des Baumes, steht ein Mann, der das Eichhörnchen gern sehen würde. Er läuft schnell um den Baum herum. Doch so schnell er auch läuft, das Eichhörnchen läuft ebenso schnell, so daß er es nicht zu sehen bekommt. Klar ist, daß der Mann um den Baum herumläuft. Strittig ist zwischen den Urlaubern, ob er außerdem auch um das Eichhörnchen herumläuft. James beurteilt den Streit in folgender Weise: „Soll ein Streit wirklich von ernster Bedeutung sein, so müssen wir imstande sein, irgend einen praktischen Unterschied aufzuzeigen, der sich ergibt, nachdem die eine oder die andere Partei recht hat" (James 1977, S. 28). Seither stellt William James sich vor jeder philosophischen Reflexion die folgende Frage: „In welcher Beziehung wäre die Welt anders, wenn diese oder jene Alternative wahr wäre? Wenn ich nichts finden kann, das anders würde, dann hat die Alternative keinen Sinn. [...] Es ist erstaunlich, zu sehen, wie viele philosophische Kontroversen in dem Augenblick zur Bedeutungslosigkeit herabsinken, wo Sie dieselben dieser einfachen Probe unterwerfen, indem Sie nach den konkreten Konsequenzen fragen" (ebd., S. 29 ff.). Bertolt Brecht ergänzt: „Einer fragte Herrn K., ob es einen Gott gäbe. Herr K. sagte: 'Ich rate dir, nachzudenken, ob dein Verhalten je nach der Antwort auf diese Frage sich ändern würde. Würde es sich nicht ändern, dann können wir die Frage fallenlassen" (Brecht 1967, S. 380). Die Beantwortung der genannten pragmatischen Frage gibt uns einen Hinweis auf die praktische Relevanz von theoretischen Reflexionen. Um es noch einmal deutlich zu sagen: „Diese Fragen haben Sinn, wenn wir ihnen Sinn geben - d.h. wenn von ihrer Beantwortung irgend etwas weiteres abhängt" (Rorty 1981, S. 219).

b. Systemtheorie und Konstruktivismus

Horst Siebert und ich haben gemeinsame Seminare angeboten, in denen wir den amerikanischen Pragmatismus behandelten. Wir hatten aber noch die weitere Erfahrung in Erwachsenenbildungsveranstaltungen gemacht, daß jeder Mensch etwas anderes aus den Veranstaltungen mitnimmt als das, was seine Mitmenschen gelernt haben. Horst Siebert erzählt gern folgendes Beispiel: Ein Schüler antwortete auf die Frage, warum er beim Unterrichtsthema „Wald" nicht „aufgepaßt" habe: „Weil man im Wald nicht Moped fahren kann", war die Antwort (Siebert 1995, S. 451). Mit Hilfe der Systemtheorie kann die geschilderte Erfahrung erklärt werden, was ich im folgenden versuche. In der Systemtheorie werden die Individuen als autopoietische psychische Systeme betrachtet und bezeichnet. Ein System - und das ist die Bedeutung von „Autopoiesis" - generiert und erhält sich selbst. „Systeme haben eine Tendenz, sich selbst zu erhalten - sonst würden sie sofort wieder in Chaos, in Entropie verfallen" (Tönnies 1993). Die Operationsweise des psychischen Systems ist das Bewußtsein. Das psychische System erhält sich dadurch, daß es eine Bewußtseinsepisode an die andere knüpft, so daß ein Bewußtseinsstrom entsteht. Diese Kontinuität von Bewußtsein ist der Erhaltungsmechanismus des psychischen Systems. Der Philosoph Edmund Husserl ist in seiner Transzendentalen Phänomenologie der Auffassung, daß das Bewußtsein ein „Eigensein", ein „absolutes Eigenwesen" hat (vgl. Husserl 1913, S. 59). Das bedeutet für den Soziologen Niklas Luhmann: „Man orientiert sich zwangsläufig an der eigenen Bewußtseinsgeschichte, wie eigenartig diese auch verlaufen sein mag" (Luhmann 1984, S. 363). Jede Bewußtseinsoperation hat einen Referenzrahmen, in den sie eingebettet ist. Bei einem psychischen System bilden Bewußtseinsoperationen ein verwobenes Netz, und die Bewußtseinsoperationen verweisen wechselseitig aufeinander. Jedes psychische System nimmt nur das aus der Umwelt auf, was sich ihm anpaßt, was sich ihm anverwandeln und als Wahrgenommenes in das System integrieren läßt. Wir können sagen, daß das System entscheidet, ob die Aufnahme von Informationen aus der Umwelt für es selbst sinnvoll ist, ob es Informationen sind oder nur Rauschen. Den Unterschied zwischen Rauschen und Information können Geschwisterkinder wahrscheinlich am besten nachvollziehen. Oft erlebt man, daß Erlebnisse aus der Jugend berichtet werden. Dann ist meist eins der Geschwisterkinder ganz erstaunt und kann sich an nichts mehr erinnern. Was für das eine Kind in der früheren Situation Information war, war für das andere Rauschen. Was allerdings Information ist, entscheidet das System selbst; so wie auch hier das eine psychische System „Geschwisterkind" entschied, daß das Ereignis für es eine Information war; das andere entschied, daß das Ereignis für es Rauschen war. Jedes Ereignis enthält immer Rauschen und Information zugleich. Der Konstruktivismus geht deshalb davon aus, daß es keine „objektive" Wirklichkeit gibt. Die individuell unterschiedliche Beschreibung der Wirklichkeit ist von vielen Faktoren abhängig, die der einzigartigen Sozialisationsgeschichte eines jeden erkennenden Subjekts geschuldet sind.

Die Systemtheorie und der Konstruktivismus boten eine Erklärung für die in der Erwachsenenbildung gemachte Erfahrung, daß aus Bildungsveranstaltungen jede und jeder etwas anderes für sich mitnimmt. Aus diesem Zusammenhang ergeben sich Probleme im und neue Einsichten für den Bildungsbereich. Man kann noch keineswegs zu einer normalen Theorie im Sinne von Thomas Kuhn übergehen. Waren wir in der Zeit der Studentenbewegung und in der Tradition der sozialistischen Arbeiterbildung noch davon überzeugt, daß die Individuen mit der Gemeinschaft eine Einheit bildeten und der Bildungsprozeß darum homogener vor sich ging, so wissen wir heute, daß das nicht der Fall ist. Heute wissen wir, daß die psychischen Systeme Informationen aus der Umwelt aufnehmen, wenn die Informationen an den Bewußtseinsstrom der Individuen anschlußfähig sind. Die Informationen fädeln sich sozusagen ein, während der Bewußtseinsstrom weiterläuft. Darauf müssen sich Lehrende einstellen. Man kann nicht davon ausgehen, daß das, was man als Input in die Gruppe gibt, auch als gewünschter Output herauskommt. Jedes einzelne psychische System lernt das, was ihm möglich ist zu lernen.

Man hat sich also als Pädagogin und Pädagoge darauf einzustellen. Wollen wir die Autonomie der Einzelnen nicht nur verbal, sondern auch real ernst nehmen, dann bleibt uns nichts anderes übrig, als davon auszugehen, daß jedes Individuum in einem Kurs das lernt, was es lernen kann. Dabei kann jedesmal etwas anderes als Output herauskommen. Oft geht es mir so, daß Studentinnen und Studenten mir später erzählen, welche wichtigen Einsichten sie in meinen Seminaren hatten. Dies war für mich oftmals ein unwesentlicher Nebenaspekt. Oder umgekehrt: Oft kommt das Zentrale meiner Botschaft nicht an, aber anderes wird aufgenommen. Somit können wir uns den Lernprozeß als einen evolutionären vorstellen: Man hat Wissen und kommt damit in den Kurs oder das Seminar. Durch das, was besprochen wird, werden Variationen dargeboten. Jedes einzelne psychische System trifft die für es selbst mögliche Auswahl. Das, was es ausgewählt hat, integriert das psychische System nun. Auf dieser neu gewonnenen Ebene findet wiederum Wissensstabilisierung statt.

c. Kritik am Konstruktivismus

Die eben referierten konstruktivistischen Einsichten sind allerdings nicht neu. Um es genau zu sagen: Sie sind uralt; denken wir an den Protagoräischen homo-mensura-Satz. Heute erlangen solche Auffassungen mehr und mehr Relevanz auch im Bildungsbereich, weil damit weit verbreitete Erfahrungen erklärt werden können. Ja, man kann im Sinne von Kuhn schon fast wieder von normaler Theorie sprechen, wenn da nicht zwei oder drei noch zu berücksichtigende Probleme wären, die die Theorie als noch nicht ausgegoren erscheinen lassen.

Immanuel Kant hatte bereits herausgestellt, daß wir alle unterschiedliche Wahrnehmungen haben. Doch die andere Seite in Kants Philosophie wird vom radikalen Konstruktivismus unterschlagen. Kant hatte gesehen, daß die ihm bekannten unterschiedlichen philosophischen Richtungen, Empirismus und Idealismus, je auf ihre Weise recht haben, aber nicht alleine recht haben. Die zentrale Frage für Kant und seine Vorgänger war die folgende: Wie kann es trotz unterschiedlicher Wahrnehmung der Welt sein, daß wir uns dennoch über sie verständigen? Diese Frage beantwortete Kant bereits recht früh, indem er zwei Quellen der Erkenntnis feststellte. Welche beiden Quellen gemeint sind, kann man am Titel seiner Dissertation von 1770 ablesen: De mundi sensibilis atque intelligibilis forma et principiis. Beide Quellen so miteinander zu verbinden, daß nun erklärt werden kann, daß beide zusammen erst die menschliche Erkenntnis ergeben würden und daß dann eine Antwort auf die Frage möglich sein würde, wie wir uns trotz unterschiedlicher Wahrnehmung miteinander verständigen könnten, wurde von da an Kants Anliegen. In einem Brief an seinen Freund Marcus Herz vom 21. Februar 1772 machte er ihm klar, daß die Hauptarbeit noch vor ihm läge. Wie richtig diese Einschätzung war, beweist die Tatsache, daß die Kritik der reinen Vernunft erst fast ein Jahrzehnt später erschien. Die heutigen radikalen Konstruktivisten vernachlässigen die Seite des Intelligiblen. Meines Erachtens lassen sie sich allein von der sehr frühen Kantischen Einsicht faszinieren, daß wir alle eine andere Wahrnehmungsweise von der Welt hätten und demnach auch alle eine eigene Welt. Dieser Sachverhalt wird auf mehr oder weniger redundante Weise von seinen Vertretern stets wiederholt.

Hier taucht also das Problem auf, das ich oben bereits bei Erwähnung der Psychoseminare ansprach. In der heutigen Gesellschaft besteht in den einzelnen Menschen ein Widerspruch. Sie sind auf der einen Seite vergesellschaftete Individuen, also Gemeinschaftswesen, auf der anderen haben sie einen Selbstverwirklichungsanspruch. Wir finden diesen Widerspruch auf verschiedenen Ebenen. Die scharfsinnige Hannah Arendt hatte eine andere Ebene sehr frühzeitig im Blick, die ich hier zur Verdeutlichung des Ganzen kurz darstellen will. Sie erkannte „die zentrale Dialektik von Aufklärung und Moderne im Zusammenstoß der universalistischen Prinzipien der 'Menschen- und Bürgerrechte', wie sie in den verschiedenen bürgerlichen Verfassungen verkörpert sind, auf der einen Seite und den Sehnsüchten nach dem Anderssein, der Differenz und nach partikularistischen Identitäten, von denen die Moderne ebenfalls begleitet war, auf der anderen Seite. Hannah Arendt, eine Vertreterin der politischen Moderne, die melancholisch über die Hinfälligkeit der Menschenrechte nachdachte, rückte die Dialektik von Gleichheit und Differenz wiederholt in den Mittelpunkt. So gesehen, nimmt ihr politisches Denken einige der wichtigsten Anliegen der Identitätspolitik von heute vorweg" (Benhabib 1998, S. 20).

Diese Spannung zwischen Individuum und Gemeinschaft, zwischen Universalismus und Partikularismus nimmt der radikale Konstruktivismus nicht auf. Er löst diese Spannung nach der einen Seite hin auf, nach der Seite des Individualismus. Hier besteht ein Desiderat in der für die Bildungsarbeit sonst so bedenkenswerten Theorie des radikalen Konstruktivismus. Das erste Problem von dem ich sprach, ist die Nichtbeachtung des Intelligiblen im modernen radikalen Konstruktivismus.

Das zweite Problem hängt damit sicher zusammen. Darum meinte ich, es seien zwei oder drei Probleme. Ich bin fast sicher, daß die Nichtbeachtung des Intelligiblen und das folgende Problem sich auf eins reduzieren lassen. In der Mathematik gibt es zur Erklärung der Zahlen zwei Theorien. Die Platonische Theorie, die auch heute ernstzunehmende Vertreter hat, also nicht als überholt abgetan werden kann, wie auf dem Weltkongreß für Mathematik 1998 in Berlin noch bestätigt wurde. Vertreter dieser Theorie sind der Auffassung, daß die Zahlen und ihre Beziehungen zueinander unabhängig von menschlicher Praxis existieren. Die andere, die konstruktivistische Auffassung von den Zahlen, ist die, daß die Zahlen spezifische, auf die jeweilige Praxis bezogene menschliche Erfindungen sind (vgl. dazu Feyerabend 1993). Ihre jahrtausendelange Gültigkeit und der unproblematische Gebrauch der Zahlen steht dieser These allerdings im Wege. Menschen beziehen sich darauf und verständigen sich mit ihnen. Es wäre unvorstellbar, wie menschliches Zusammenleben funktionieren sollte, wenn da jeder seine eigene Zahlenwelt hätte.

Nun zum dritten Problem. Ich unterstelle den Konstruktivisten nicht, daß sie so „doof" sind und die reale Welt nicht sähen. Siegfried J. Schmidt betont sehr richtig die Fruchtlosigkeit, eine Antwort auf solche provokativen Fragen, wie der folgenden zu suchen: „Warum erbringen Konstruktivisten nicht den praktischen Beweis für ihre Behauptung, die reale Welt gäbe es nicht, und gehen durch eine geschlossene Tür?" (vgl. Neuhäuser 1998). Dennoch muß die ernst zu nehmende Aufgabe in Angriff genommen werden, die reale Welt in die konstruktivistische Sichtweise zu integrieren, was bis heute - so weit ich sehe - nicht befriedigend geschehen ist. Man kann sich m.E. nicht darauf beschränken, notorische Kritiker des Konstruktivismus abzuweisen. Übrigens ist auch das zuletzt von mir aufgezeigte, ein uraltes Problem, auf das ein anderer Vorsokratiker hinwies. Nach Aristoteles' Überlieferung heißt es bei Antiphon: „Wenn man ein Bett eingrübe und die Fäulnis würde darüber Herr, so daß es anfinge zu sprossen, dann würde nicht ein Bett daraus hervorwachsen, sondern nur Holz" (Aristoteles 1975, S. 193a).

4. Moralische Bildung

Die Spannung von Universalität und Individualität, also das von mir zuerst angesprochene Problem für den Konstruktivismus, spielt auf der für die Bildung relevanten moralischen Ebene eine Rolle. Darum will ich zumindest für diese Ebene eine theoretische und eine praktische Lösung vorschlagen. Ich rekonstruiere folgendes Moralkonzept für die Gegenwart. Wir haben alle eine je eigene, mit anderen nicht vergleichbare Sozialisation, in der wir uns bestimmte moralische Werte wichtig gemacht haben. Man entscheidet deshalb, welche Werte, die in einem Konfliktfall kollidieren können, für einen selbst wichtiger sind als für andere. Für den einen hat beispielsweise der Schutz des werdenden Lebens Priorität, für den anderen der Schutz des Selbstverwirklichungsanspruchs der jungen schwangeren Frau.

Die moralische Prioritätensetzung zeichnet das eigene Selbst eines jeden Menschen aus, das sich in der für jeden einzelnen unverwechselbaren Sozialisation und Erfahrung bildet. Dementsprechend wird man handeln. An dieser Prioritätensetzung erkennt man die einzigartige Persönlichkeit eines jeden Menschen. Das ist eine Auffassung, die sicherlich mit jeder Form des radikalen Konstruktivismus vereinbar ist. Ich würde an dieser Stelle allerdings im Sinne der oben - in kritischer Absicht - referierten weitergehenden Einsichten von Kant fragen, ob wir denn der moralischen Beliebigkeit ausgesetzt sind? Nein, denn dann könnte unser gesellschaftliches Zusammenleben nicht funktionieren.

Um das zu erklären, muß ich einen weiteren kleinen Exkurs in die Systemtheorie machen. Luhmann spricht von doppelter Kontingenz, d.h., niemand weiß vom anderen, was dieser aus der Vielzahl von Möglichkeiten wählen und in Handeln umsetzen wird. Mein Gegenüber ist für mich so unberechenbar wie ich für mein Gegenüber unberechenbar bin. Um soziale Interaktionen möglich zu machen, müssen Verhaltensspielräume festgelegt werden. Moralische Regeln machen es möglich, daß man mit Sicherheit erwarten kann, was man erwartet. Wenn man in einer Notsituation Hilfe braucht, darf man sie von seinen Mitmenschen erwarten, ebenso wie andere das in umgekehrter Weise von uns erwarten dürfen. Wenn man jemanden grüßt, darf man erwarten, daß man zurückgegrüßt wird. Man kann dann nichts anderes, wie beispielsweise die Einladung zur Sahnetorte, erwarten. Das macht die höchst unwahrscheinliche Kommunikation wahrscheinlicher. Darin sieht Luhmann die Funktion der Moral, und dieser Auffassung stimme ich zu.

Man kann die so beschriebene funktionale Moral die Moral der wechselseitigen Anerkennung nennen: Man muß die Autonomie, den Anspruch auf Selbstverwirklichung eines jeden anderen Individuums anerkennen, dann wird man auch selbst anerkannt. Das ist der Rahmen für die individuelle Prioritätensetzung. Ich nenne diese Moralkonzeption, die ich vertrete, eine Zwei-Ebenen-Konzeption. Die Grenzen der wechselseitigen Anerkennung sind da, wo ich mit meinem Selbstverwirklichungsinteresse die Achtung des anderen verletzen würde. Ein Beispiel dazu (vgl. Benhabib 1995, S. 202 ff.): Seyla Benhabib nimmt an, daß in einer Familie mit drei Söhnen einer sich notorisch in finanziellen Schwierigkeiten befindet. Die Frage, die sich innerhalb einer Moraltheorie stellt, ist die, ob die beiden anderen Brüder moralisch verpflichtet sind, dem benachteiligten Bruder zu helfen. Eine solche Verpflichtung ergibt sich aus der besonderen familiären Beziehung. Für den konkreten Fall heißt das, daß die beiden privilegierten Brüder dem anderen Bruder Empfehlungen aussprechen können, allerdings keine, die in irgendeiner Weise die Würde anderer verletzte. Es wäre mit der Moral der wechselseitigen Anerkennung nicht vereinbar, dem jüngeren Bruder vorzuschlagen, eine reiche Frau zu heiraten und sein Leben auf diese Weise in Ordnung zu bringen, denn dann würde die betroffene Frau als Mittel zum Zweck mißbraucht werden, was mit dem Schutz ihrer Menschenwürde unvereinbar wäre.

Ich sagte oben, daß es für die Erwachsenenbildungsarbeit von großer Bedeutung ist, auf einer treffenden soziologischen Analyse aufzubauen. Erst dann kann man aus der Krise der Bildung herauskommen und zu einer normalen Theorie finden. Welche Konsequenzen hat diese Moralrekonstruktion für die moralische Bildung? Hier komme ich wieder auf das Sokratische Gespräch zurück. Die Konsequenz aus diesen Einsichten für das Sokratische Gespräch bewegt sich auf diesen beiden moralischen Ebenen. Auf der Ebene der wechselseitigen Anerkennung gelten die Gesprächsregeln im Sokratischen Gespräch. Die Anerkennung der Regeln ist gleichbedeutend mit den moralischen Regeln der Anerkennung der Gleichwertigkeit und das Ernstnehmen aller Gesprächspartnerinnen und -partner. Ich habe dafür fünf einfache Regeln aufgestellt, durch deren Einhaltung die Teilnehmerinnen und Teilnehmer zeigen, daß sie die anderen als gleichberechtigt anerkennen: 1. Sag Deine eigene Meinung! 2. Sprich in kurzen, klaren Sätzen! 3. Faß Dich kurz! 4. Hör genau zu! 5. Sprich Deine ehrlichen Zweifel gleich aus! Diese Regeln hören sich recht schlicht an. Es zeigt sich aber, daß ihre Befolgung in der Praxis alles andere als einfach ist (vgl. ausführlich: Horster 1994, S. 64 f.).

Nun zur zweiten Ebene: Die Menschen setzen ihre moralischen Prioritäten innerhalb des framework der wechselseitigen Anerkennung selbst. Kann es denn unter diesen Voraussetzungen überhaupt eine Übereinstimmung geben? Die Antwort auf diese Frage wird nun etwas länger ausfallen.

In einem Sokratischen Gespräch, mit dem von den acht Teilnehmerinnen selbst gewählten Thema „Was ist Macht?" wurde zunächst folgendes Beispiel erzählt: „Sonntags nach dem Frühstück war es selbstverständlich, daß ich die Arbeit verteilte: 'Du machst das Bad oben, Du machst das Bad unten, Du die Küche ...' Und es war selbstverständlich, daß alle die Arbeit machten." Macht war für die Beispielgeberin etwas, das moralisch positiv zu bewerten sei. Auf diese Weise werde die notwendige Arbeit schnell erledigt und so hätte man mehr gemeinsame freie Zeit in der Familie. Es wurde dann noch ein zweites Beispiel mit positiven Konnotationen der Macht genannt. Für eine dritte Teilnehmerin hatte Macht allerdings vorwiegend negative Bedeutung. Sie erzählte das folgendes Beispiel: „Mein Mann kam 1958 als Hilfsprediger ins Münsterland. Ich war gerade dabei, mein Kind auf dem Küchentisch zu baden, und mein Mann kam mit zwei Kirchenräten und dem Superintendenten nach Hause. Die vier begaben sich ins Amtszimmer. Ich habe mich daran gemacht, die Bewirtung herzustellen. Während ich so beschäftigt war, kam der eine Kirchenrat in die Küche, zog die Schubladen auf und inspizierte auch den Schreibtisch meines Mannes. Dann sagte er: 'So lebt also ein junger Pastor!'„ Trotz dieser unterschiedlichen Bewertung von Macht und der gleichsam konträren Beispiele dafür, was Macht ist, kamen die Teilnehmerinnen am Ende zur Übereinstimmung über die Eigenschaften von Macht: ordnende Funktion; Autorität; Überlegenheit durch die Stellung; moralischer Druck.

Wir erlangten trotz dieser unterschiedlichen Ausgangspositionen Übereinstimmung. Es ist aber kein Konsens im Sinne der ontologischen Wahrheitsauffassung des Sokrates oder von Leonard Nelson und Gustav Heckmann, die das Sokratische Gespräch in der traditionellen Form geprägt haben. Auf der Basis einer soziologischen Analyse der Gegenwart muß die Theorie des Sokratischen Gesprächs Modifikationen erfahren, die so aussehen: Weil es unterschiedliche konkrete Menschen, mit unverwechselbarer und einzigartiger Sozialisationsgeschichte sind, die sich für die Begriffsarbeit in einem Sokratischen Gespräch zusammenfinden, und deren Erfahrungen zum einen aus kontingenten Zusammenhängen stammen, und sie zum anderen mit den Erfahrungen aus dem Sokratischen Gespräch in ihre sozialen Kontexte wieder zurückkehren, spreche ich von der reflexiven Abstimmung des Partikularen, die im Sokratischen Gespräch stattfindet und nicht von Konsens. Dies ist ein Ergebnis, das ganz im Sinne der Erkenntnisse des radikalen Konstruktivismus steht, aber die gesellschaftliche Gebundenheit der Individuen mehr berücksichtigt als der radikale Konstruktivismus.

Zusammenfassend kann man für die Theorieentwicklung in der Erwachsenenbildung sagen, daß sie sich als Paradigmenwechsel beschreiben läßt. Die normale Theorie entstand Ende der sechziger und Anfang der siebziger Jahre im Klima der beschriebenen Er fahrungen. Diese Theorie geriet in die Krise als sie dem Belastungstest in der Praxis nicht mehr standhielt. Die Krise hielt lange Zeit an. Die Hinwendung zum Konstruktivismus und zur Systemtheorie wird man als Theorierevolution in der Erwachsenenbildung bezeichnen müssen. Auf der Basis von Konstruktivismus und Systemtheorie kann man zur vorläufig normalen Bildungsarbeit kommen, wie ich am Beispiel des Sokratischen Gesprächs gezeigt habe.

Literatur

Aristoteles: Physikalische Vorlesungen, herausgegeben, übertragen und in ihrer Entstehung erläutert von Paul Gohlke, 2. Aufl.. Paderborn 1975

Benhabib, Seyla: Selbst im Kontext. Kommunikative Ethik im Spannungsfeld von Feminismus, Kommunitarismus und Postmoderne. Frankfurt/M. 1995

Benhabib, Seyla: Hannah Arendt. Die melancholische Denkerin der Moderne. Hamburg 1998

Brecht, Bertolt: Gesammelte Werke in 20 Bänden, Band 12. Frankfurt/M. 1967

Feyerabend, Paul: Die Natur als ein Kunstwerk, in: Wolfgang Welsch (Hg.): Die Aktualität des Ästhetischen. München 1993, S. 278 - 287

Horster, Detlef: Das Sokratische Gespräch in Theorie und Praxis. Opladen 1994

Husserl, Edmund: Ideen zu einer reinen Phänomenologie und phänomenologischen Philosophie. Halle 1913

James, William: Der Pragmatismus. Ein neuer Name für alte Denkmethoden, übersetzt von Wilhelm Jerusalem. Mit einer Einleitung herausgegeben von Klaus Oehler. Hamburg 1977

Kraushaar, Wolfgang: „Ich bin froh, daß keine SDS-Ideologie Wirklichkeit wurde". Ein Gespräch. In: Die Neue Gesellschaft/Frankfurter Hefte, 45 (1998), S. 1022 - 1029

Luhmann, Niklas: Soziale Systeme. Frankfurt/M. 1984

Neuhäuser, Gabriele: Wenn die Neuronen feuern. In Heidelberg trafen sich Konstruktivisten aller Disziplinen. In: Frankfurter Rundschau Nr. 109 vom 12. Mai 1998, S. 10.

Rorty, Richard: Der Spiegel der Natur, übersetzt von Christa Krüger. Frankfurt/M. 1981

Siebert, Horst: Von Prometheus zu Sisyphos. Bildungsarbeit in kritischen Zeiten.", in: Horst Siebert/Detlef Horster, Prometheus, Sisyphos und neue Werte. Hannover 1992 (Reihe „VHS - Texte & Beträge"), S. 5 - 40.

Siebert, Horst: Ökopädagogik aus konstruktivistischer Sicht. In: Pädagogik und Schulalltag, 50 (1995), 4, S. 445 - 457.

Tönnies, Sibylle: Nahrung, die Hunger macht. Die Meister des Paradoxen: Jürgen Habermas, Niklas Luhmann und das Formale als Grundlage der Philosophie, in: Frankfurter Allgemeine Zeitung vom 25. August 1993, S. 32.

Wellershoff, Dieter: Das Kainsmal des Krieges. Weilerswist 1998

ORTFRIED SCHÄFFTER

Implizite Alltagsdidaktik -
Lebensweltliche Institutionalisierungen von Lernkontexten

1. Perspektiven einer Didaktik lebensbegleitenden Lernens

Die gesellschaftliche Institutionalisierung von Lernprozessen steht in engem Zusammenhang mit Bestrebungen sie zu „didaktisieren", d.h. sie in Strukturen einer spezifisch „pädagogischen Situation" auszudifferenzieren. Das gilt nicht nur für die Erziehung der nachwachsenden Generationen, sondern mittlerweile für alle Phasen des Lebenslaufs. Im Folgenden wird ausgeführt, daß „Didaktisierung" nicht notwendigerweise gleichgesetzt werden muß mit bisher bekannten Modellen der Didaktik und schon gar nicht mit der bildungstheoretischen Didaktik und ihren „Inhalten" als dominantem „Lerngegenstand". Statt dessen wird erläutert, daß in der Vielfalt didaktischer Arrangements die Institutionalisierung von all den Lernprozessen zum Ausdruck kommt, bei denen es wichtig erscheint, daß über eine Bewältigung von Problemsituationen hinaus die jeweils erfahrbare Irritation als Lernanlaß genutzt werden kann (vgl. Schäffter 1997a). Institutionalisierung kann dabei allerdings auf sehr unterschiedlichen Strukturierungen beruhen. Grundsätzlich stellt sich jedoch bei jeder der Varianten die Frage, welche irritierenden Lebensereignisse (vgl. Schäffter 1997c) als gesellschaftlich relevante Lernanforderungen wahrgenommen, als Lernanlässe aufgegriffen und dauerhaft in strukturierte Lernkontexte überführt werden sollen. Gesellschaftliche Institutionalisierung von „Lernen im Lebenslauf" verlangt daher ein erheblich weiteres Verständnis von „Didaktik" als dies im Bedeutungszusammenhang des Erziehungsauftrags gegenüber den nachwachsenden Generationen gefaßt werden kann. So schälen sich im Diskurs der Erwachsenenpädagogik schon seit längerem Perspektiven einer „allgemeinen Didaktik" lebensbegleitenden Lernens heraus, die den engeren Rahmen einer Theorie des Unterrichts oder der fachlichen Unterweisung sprengen (Dräger 1976; Groothoff 1978; Siebert 1984; Siebert 1994; Schäffter 1997b; Weinberg 1990). Hierdurch werden differente Bedeutungskontexte von Lernanlässen unterscheidbar (Schäffter 1994), die eine jeweils besondere „didaktische Strukturierung" von Lernsituationen erforderlich machen. - Andererseits kommen aber auch alltagsweltliche Kontexte „informellen Lernens" genauer in den Blick, die sich Versuchen einer funktionalen Didaktisierung sperren, weil hier nur „en passant" gelernt werden kann (Reischmann 1995). Aber auch in lebensweltlichen Kontexten (genauer zur Differenz vgl. Schäffter 1998a) lassen sich didaktische Strukturierungen im Sinne einer „impliziten Alltagsdidaktik" rekonstruieren. Die folgenden Überlegungen beziehen sich auf derartige „alltagsdidaktische Institutionalisierungen" im Zusammenhang von Familie, Nachbarschaft und Freundschaftsbeziehungen, in Vereinen, in geselliger Runde oder in Initiativgruppen, aber auch im Rahmen individueller „Lernprojekte" (Tough 1967; 1979; Siebert u.a.1993;

zusammenfass. Reischmann 1997). Ihre Lernprozesse werden auch außerhalb funktionaler Lernarrangements häufig genug intentional verfolgt (vgl. Reischmann 1995), bleiben aber meist implizit oder verlangen vielfach sogar „Latenzschutz" vor pädagogischem „Thematisierungszwang", weil sie hierdurch tiefgehend gestört werden.

Funktional didaktisierte Lernkontexte hingegen bieten in bewußter Kontrastierung zu derartigen „beiläufig" genutzten Lerngelegenheiten und ihrer latenten „Alltagsdidaktik" eine weitgehend explizierte thematische, soziale und zeitliche Strukturierung, mit der die Initiierung und kontinuierliche Weiterführung von voraussetzungsvollen Lernverläufen gefördert und abgesichert werden können. Gerade in ihrer Kontrastfigur zum Alltag erweisen sich funktional didaktisierte Lernkontexte allerdings in hohem Maße strukturell abhängig von den „lebensweltlichen Vorstrukturierungen" (Schäffter 1998a), an die sie anknüpfen und von denen sie sich gleichzeitig abheben. Alltagsdidaktische Strukturierung einerseits und funktionale Didaktisierung im Weiterbildungssystem andererseits stehen daher in einem komplementären Verhältnis, auf dem sich eine allgemeine Didaktik lebensbegleitenden Lernens aufbauen läßt. Mit einer beide Kontextierungen umgreifenden Definition von didaktischem Handeln kann schließlich auch besser berücksichtigt werden, daß sich im Zuge der gesellschaftlichen Differenzierung immer neue Varianten intentionalen Lernens auch außerhalb von Weiterbildungseinrichtungen und ihrer Bildungsangebote herausbilden, die zwar jeweils einer besonderen Entwicklungslogik folgen, sich insgesamt aber zu einer komplexen „Infra-Struktur" (Dräger u.a.1997) „möglicher Bildungswelten" (Kade/Seitter 1996) zu vernetzen beginnen. Sie werden nun in einer Vielzahl von „Optionen" (Gross 1994) für Lernen im Lebenslauf verfügbar. Die Strukturentwicklung unterliegt dabei keiner bildungspolitischen Gesamtplanung und läßt sich auch von keiner gesellschaftlichen Instanz maßgeblich steuern. Statt dessen verlangt eine derartige „institutionelle Evolutionslogik" den reflexiven Mit- und Nachvollzug aller gesellschaftlichen Akteure.

2. Die Überschreitung des psychologischen Lernbegriffs

Was läßt sich nun genauer unter „Lernkontexten" verstehen? Was meint Lernen, wenn es auf die unterschiedlichsten pädagogischen Zusammenhänge im Verlauf des Lebens beziehbar sein soll? Ganz sicher reicht es nicht aus, wenn man Lernen auf unterrichtliche pädagogische Instruktion beschränkt, auch wenn solche Settings in besonderen Fällen auch weiterhin ihren Sinn behalten. Insbesondere unter einer konstruktivistischen Beobachtungsperspektive (vgl. Schäffter 1997a, S. 28-50; Arnold/Siebert 1995; Siebert 1996) braucht es nicht mehr zu überraschen, daß Teilnehmer in einem Kontext, der einer Instruktionslogik folgt, vielfach nicht das lernen, was gelehrt wurde, daß sie etwas anderes lernen, was gar nicht gelehrt wurde oder daß auch sehr erfolgreich gelernt wird, obwohl gar nicht gelehrt wurde. Dies gilt bereits in hohem Maße für Kinder und Jugendliche - in wie viel höherem Maße daher für die „enttäuschungsfesten" Kognitionen älterer und erfahrener Menschen (vgl. Loser/Terhart 1977, S. 30; Schäffter 1994). Zieht man die notwendigen Konsequenzen aus der gegenwärtigen Erfahrung einer Entgrenzung von Lernen und Bildung, so wird es erforderlich, einen umfassenden Begriff des Lernens wiederzugewinnen und ihn von der üblich gewordenen Engführung auf Lernpsychologie und Kognitionstheorie zu lösen (vgl. Koch 1988, 1991; Rösler 1983). Statt dessen muß die Kontextabhängigkeit des Lernens und die strukturelle Transformation des „Lerngegenstandes" im Zuge von Bedeutungsbildung stärker in den Mittelpunkt gerückt werden (vgl. Lippitz/Meyer-Drawe 1982; Mezirow 1997).

Gewinnt man einen umfassenden Begriff des Lernens, so läßt er sich als ein zunächst von pädagogischer Einflußnahme noch unabhängiger Prozeß der Wahrnehmung, Aneignung, Verarbeitung und Entäußerung gesellschaftlicher Herausforderungen fassen. Er bezieht sich auf die „sinnvolle" Aneignung und Verarbeitung (vgl. Schäffter 1995) von neuartigem und bis dahin fremden „Wissensbeständen" (Knowledge plus Know how), die in einer Gesellschaft verfügbar sind. Erkennbar wird somit ein *Steigerungsverhältnis* zwischen mehreren „Ebenen" von „Kontaktgrenzen" (vgl. Dreitzel 1992, S. 40f.), die jeweils für sich spezifische Kontexte der Aneignung und Bedeutungsbildung strukturieren, die jedoch jeweils auch selbst reflexiver „Gegenstand" von Lernbemühungen sein können:

- personenbezogenen *Empfindungen* auf der Wahrnehmungsebene: Wahrnehmungslernen - aber auch: (Wieder-)Erwerb von basaler Empfindsamkeit

- punktuellen *Erlebnissen* auf einer situativen Ebene: Erlebnispädagogik - aber auch: Wiedergewinnung von Erlebnisfähigkeit

- sich mittelfristig verdichtende *Erfahrungen* auf der Ebene eines Lebensverlaufs: Erfahrungslernen - aber auch: (Wieder-)Gewinnung von Erinnerungsvermögen

- einer lernbiographischen Verfestigung und Entäußerung von *Erfahrungswissen*: Biographisches Lernen - aber auch: Entwicklung (selbst-)reflexiver Kompetenz

- objektivierte *Wissensbestände* auf einer sozial-strukturellen Ebene: Wissenserwerb - aber auch: Wahrnehmungsfähigkeit für abstrakte Wissensbestände jenseits subjektiver Erfahrbarkeit.

In einem universellen Verständnis von Lernen als *Aneignung neuer Möglichkeitsräume und Optionen* findet „Lernen" überall und immer auch dann statt, wenn die Pädagogenzunft die Bühne noch nicht betreten hat. Das, was man gemeinhin mit dem Begriff „Lernen" belegt, bezeichnet daher keinen eindeutigen, präzis zu bestimmenden Tatbestand, sondern einen komplexen Kosmos unterschiedlichster Varianten von „kognitiv strukturierender Umweltaneignung" (Schäffter 1994), die neben normativen Reaktionsmustern auf widerständige Realität eine plastische „Weise der Welterzeugung" (Goodman 1984) bietet. Grundsätzlich bezeichnet der Sammelbegriff „Lernen" eine höherstufige Strategie der Bedeutungsbildung, bei der widerständige Ereignisse nicht normativ zugerichtet, sondern als Anlaß zur Selbstklärung genutzt werden (vgl. Schäffter 1997a; 1997b; 1997c; 1998b). Insoweit ist „Lernen" ein ausdeutungsfähiges und ausdeutungsbedürftiges Phänomen der Zuschreibung aus einer Beobachterperspektive (die auch Selbst-Beobachtung sein kann). Der Begriff bezeichnet nicht nur „Verhaltensänderungen", sondern umfaßt auch kontextabhängige Prozesse der Bedeutungsbildung, die über individuelle Kognitionen hinausreichen und damit auch kollektive Dimensionen von „Sinn" erfassen. Hier läßt sich der Diskurs um lernende Systeme, wie z.B. „lernenden Organisation" anschließen, also ein Handlungsfeld, in dem die Zuständigkeit von Pädagogen noch ungesichert, wenn nicht sogar kontrovers ist. Pädagogen sind allerdings eine Expertengruppe, die sich darauf spezialisiert hat, Reaktionen auf widerständige Umwelt (Irritation) unter der Kategorie des Lernens zu deuten und zu organisieren. Hierdurch tragen sie zur gesellschaftlichen Institutionalisierung dieser Erwartung bei. Alltagsweltliche Zusammenhänge kommen allerdings oft sehr erfolgreich ohne diese Bedeutungszuschreibung aus oder schützen sich sogar vor unerwünschter „Pädagogisierung".

3. Zur Differenz zwischen den Lernkontextierungen[1]

Lebensweltliche Relevanzen und alltägliche Kontexte des Lernens stehen in prinzipiellem Kontrast zu „funktional didaktisierten" Lernkontexten, deren Sinn und Zweck primär auf die Förderung und Gewährleistung von Lernprozessen gerichtet sind. Alltagsgebundenes Lernen läßt sich hierbei zunächst negativ bestimmen: es findet überall dort statt, wo Lernprozesse keiner expliziten Strukturierung unterworfen werden, vor allem aber wo sie außerhalb einer funktionalen Ausdifferenzierung ablaufen. Institutionalisiertes Lernen erweist sich dabei unter einer strukturanalytischen Betrachtung nicht als „alltägliches Lernen unter besseren Bedingungen", selbst wenn dies zunächst Motiv seiner Ausdifferenzierung gewesen sein mag. Aber auch umgekehrt wäre es ein Mißverständnis, wenn man alltägliches Lernen als defiziente Variante institutionalisierter Lernprozesse auffassen würde. Kiwitz charakterisiert die „nichtfunktionalen Strukturierungen" als „Lebenskunst", und greift damit auf eine klassische Kontrastierung zu dem zurück, was sich als „arbeitsförmige Strukturierung" bezeichnen ließe (Kiwitz 1986; vgl. auch Schäffter 1998a, Kap.8).

Dennoch ist ein qualitativer Unterschied zwischen beiden Lernkontextierungen zu beachten, der sie in Bezug auf die jeweiligen Strukturen der Bedeutungsbildung unvergleichbar macht. Selbst bei gleichem Thema oder Inhalt wird in jeder der Kontextierungen ein anderer Lerngegenstand angeeignet. Trifft dies zu, so hat das weitreichende Konsequenzen. Es stellt sich dann nämlich die Frage, welche gesellschaftlichen Wissensbestände und welche Bereiche des Erfahrens und Erlebens in welchem der Kontexte adäquat angeeignet werden können. Was geschieht z.B., wenn Alltagswissen in funktional didaktisierten Kontexten erworben wird? Welche Folgen hat es, wenn systematische Wissensstrukturen im Rahmen alltagsgebundener Lernprozesse aufgebaut werden?

---

[1] Der Begriff Kontextierung schließt an Gotthardt Günther an und bezeichnet einen binären Strukturbruch zwischen zwei sich wechselseitig logisch ausschließenden Sinnbezirken (z.B. Sein/Nichtsein oder Leben/Tod). Der Begriff Kontext hingegen bezieht sich in Anschluß an Gregory Bateson auf einen empirisch beschreibbaren sozialen Sinnbezirk und Handlungsraum mit je eigener Logik und Regelsystem. In jedem Sinnuniversum (Kontextierung) lassen sich daher konkrete soziale Kontexte auffinden.

4. Merkmale alltagsgebundenen Lernens

Für einen solchen Strukturvergleich wird es notwendig, über eine als „informelles Lernen" im Unbestimmten verbleibende Negativabgrenzung hinaus, die charakteristischen Merkmale alltagsgebundenen Lernens herauszuarbeiten. (vgl. genauer Schäffter 1998a)

(1) Alltagsweltliche Lernanlässe bauen ihr spezifisches *Spannungsgefälle innerhalb einer pragmatischen Sinnstruktur* auf: sie beziehen sich auf Lernen im Tätigsein. Lernen erfolgt im Prozeß der Arbeit, im Prozeß der täglichen Lebensführung, im tätigen Verfolgen von Aktivitäten und Vorhaben.

(2) Lernen folgt den Relevanzstrukturen von Alltagswissen. Diese Einsicht verlangt einen wissenssoziologischen Zugang, mit dem die Konstruktion alltäglicher Wissensbestände theoretisch möglich wird (vgl. z.B. Dewe 1988).

(3) Alltagsgebundene Lernprozesse schmiegen sich „beiläufig" der Sach- und Handlungslogik einzelner Aktivitäten und Vorhaben an (vgl. Reischmann 1995; Prange 1972, S. 71ff.).

(4) Lernen in lebensweltlichen Kontexten verläuft in seiner Normalform latent und wird erst im Problemfall reflexionsbedürftig; alltägliches Lernen ist daher erst sekundär bewußtseinsfähig, thematisierbar und steuerbar; es kann aber auch intentional und damit planvoll verfolgt werden. Es ist daher vom Phänomen des „hidden curriculums", aber auch von „unbeabsichtigten Nebenwirkungen" zu unterscheiden (vgl. Arnold/ Schüßler 1996).

(5) Alltägliche Lernprozesse finden ihren organisatorischen Ausdruck in „fluiden", zielhervorbringenden Strukturen und verfestigen sich erst sekundär in „kristallinen", aufgabenbezogenen Organisationsformen (vgl. v.Küchler/ Schäffter 1997).

(6) Alltagsgebundenes Lernen ist aufgrund der Kontextabhängigkeit und Latenz von seiner Ausgangsbewegung her zunächst strukturell fremdbestimmt und weist erst sekundär selbstbestimmte Freiräume und bewußte Wahlmöglichkeiten des Lernens auf. Alltagslernen ist in seiner „Natürlichkeit" zunächst blind den Verstrickungen in seine lebensweltlichen Bedingungen ausgeliefert, es ist daher wenig „frei" oder gar „selbstgesteuert".

5. Kontextbedingungen alltagsgebundenen Lernens

Die Wirksamkeit alltagsweltlicher Lernstrukturen beruht auf ihrer unmittelbaren, empirisch kaum auflösbaren Verknüpfung mit lebensweltlichem Engagement. Probleme eines sinnvollen Verwendungsbezugs können aufgrund ihrer gegenstandsbezogenen Motivierung erst gar nicht entstehen. Lernprozesse bleiben eng bezogen auf nutzungsfähige „endogene Ressourcen" des Alltags, d.h. sie kommen immer nur dann zustande und lassen sich nur dann aufrecht erhalten, wenn die thematisch, sozial und zeitlich verfügbaren Informationsquellen und Anregungspotentiale auch wahrgenommen und genutzt werden. Insofern setzt alltagsgebundenes Lernen ein hohes Maß an Eigenaktivität und organisierender Strukturierungsfähigkeit bei den Lernenden als Basis voraus. Eine besondere strukturelle Stärke ist auch darin zu sehen, daß alltagsgebundene Lernprozesse einen gegenläufigen Zeithorizont eröffnen: zum einen baut sich Lernen zunächst als relativ kurzer, okkasioneller Spannungsbogen auf, der rascher Befriedigung bedarf. Zum anderen jedoch bildet sich durch eine Vielzahl kleiner Lerngelegenheiten eine längerfristige Verlaufsstruktur heraus, in der jede der okkasionell auftretenden Lerngelegenheiten zwar für sich steht und damit als abgeschlossen gelten kann. Darüber hinaus verknüpfen sich diese zunächst isolierten Lerngelegenheiten schließlich zu einer kontinuierlichen Kette, bei der sich über Selbstverstärkung und Selbstmotivierung eine langfristige Eigenstruktur herausbilden kann. Diese Entwicklungslogik entzieht sich in der Regel jedoch einer voluntaristischen Steuerung und ist oft erst ex post als „basaler Entwicklungsprozeß" (v.Küchler/ Schäffter 1997) rekonstruierbar. Für den Lernenden wird dies oft genug als Lernschicksal erlebt, dem er blind unterworfen ist. Hier setzen Konzepte der Lernberatung (vgl. Kemper/ Klein 1998), bzw. in bezug auf Organisationslernen Konzepte „pädagogischer Organisationsberatung" an.

Strukturtheoretisch von Bedeutung ist dabei, daß durch die Verbindung zweier Zeithorizonte die motivationale Stärke eines kurzfristig angelegten Vorhabens mit der Komplexität eines letztlich unabschließbaren (biographischen bzw. organisationalen) Entwicklungsprozesses kombinierbar wird. Die Alltagsweisheit des „man lernt nie aus" bezieht sich auf diese Erfahrungsstruktur einer unabschließbaren Kette jeweils für sich begrenzter Lerngelegenheiten und meint noch nicht den normativen Anspruch, einzelne Lerngelegenheiten planvoll in den Spannungsbogen eines lebenslangen institutionalisierten Lernprozesses stellen zu müssen.

Aus der bisherigen Darstellung wurde bereits an einigen Stellen ersichtlich, daß das, was sich als besondere Wirksamkeitschance erweist, nämlich die Eingebundenheit in die Traditionsmuster und Konventionalisierungen der Lebenswelt, gleichzeitig auch zur Ursache von Wirksamkeitsgrenzen geraten kann. Als entscheidend erweisen sich dabei das mögliche Maß und der verfügbare Umfang einer „lernförderlichen Strukturierung" von alltäglichen Lebenszusammenhängen. Die Wirksamkeitschancen hängen von den jeweiligen kontextuellen Rahmenbedingungen ab. Bei wenig lernförderlichen Bedingungen läßt sich Wirkungsverlust bis hin zu Wirkungsumkehr beobachten, was gleichzeitig den Bedarf an funktional ausdifferenzierten Lernkontexten und ihre didaktischen Arrangements hervorruft, die nun vor allem kompensatorische Funktionen zu übernehmen haben. Bei defizitorientierten Begründungen für die funktionale Institutionalisierung von Lernen gerät man jedoch in eine negative Schleife: mit problematischen alltagsweltlichen Lernbedingungen verschlechtern sich gleichzeitig auch die Wirksamkeitschancen didaktisierter Lernarrangements, die hier Schwierigkeiten bekommen, sinnvolle Anschlußverknüpfungen zur Alltagspraxis herzustellen (Transferproblem). So läßt sich feststellen, daß schlechte Lernbedingungen in Alltagszusammenhängen von Adressatengruppen keineswegs die typische Ausgangslage für institutionalisiertes Lernen darstellen. Ganz im Gegenteil bildet ein Mindestmaß an lernförderlichen Alltagsbedingungen die strukturelle Basis für Anschlußlernen in institutionalisierten Kontexten. Grenzen institutionalisierten Lernens im Funktionssystem Weiterbildung entstehen daher aufgrund dieser Komplementarität gerade auch aus den wenig lernförderlichen Bedingungen im Lebensalltag seiner Zielgruppen. In praktischer Konsequenz bedeutet dies, daß Weiterbildungsinstitutionen des pädagogischen Funktionssystems in bezug auf die Kontextbedingungen im Alltag ihrer Bildungsadressaten wahrnehmungsfähiger werden müssen und dies gerade in ihrem eigenen Interesse. Nur so lassen sich ihre eigenen Wirksamkeitschancen realistisch einschätzen und ggf. verbessern. Als erste Orientierung können hierzu thematisch-inhaltliche, soziale und temporale Kontextbedingungen alltagsgebundenen Lernens unterschieden werden:

(1) Thematisch-inhaltliche Bedingungen

Damit Lernanlässe unter alltäglichen Lebensbedingungen überhaupt im Sinne einer durch Irritation hervorgerufenen Zielspannungslage auftreten können, muß bei den Lernenden ein Wissen um das eigene „Nicht-Wissen" vorausgehen und sei es noch so diffus. Lernanlässe konstituieren sich immer nur dann, wenn gleichzeitig erfahrbar wird, daß es zu einem bestimmten Interesse oder einem Handlungsproblem die dazu passenden „Wissensbestände" (i.S. von Knowledge und Know how) gibt, die es sich lohnen könnte anzueignen. Umgekehrt heißt dies, daß nur solche Themenbereiche als alltägliche Lerngelegenheiten zugänglich werden, die sich bereits im Bekanntheitshorizont der Lernenden befinden. Dieser thematische Horizont bildet überall dort eine erhebliche Wirksamkeitsgrenze, wo sich Lerngegenstände außerhalb lebensweltlicher Anschaulichkeit befinden und daher nicht über persönliche Erlebnisse oder Erfahrungen relevant werden.

Grenzen der Zugänglichkeit zu neuen Informationen, Themenbereichen und Wissensbeständen können aber auch aus den besonderen *Anforderungen einer Inhaltsstruktur* entstehen. So sind z.B. konkrete Wissensstrukturen aufgrund ihrer Anschaulichkeit, ihrer Nähe zu Alltagserfahrungen und einer überschaubaren (induktiven) Stufung vom Elementaren zum Komplexen außerordentlich gut für eine Aneignung in alltagsweltlichen Zusammenhängen geeignet (z.B. botanisches oder geologisches Bestimmen). Deduktiv aufgebaute Wissensstrukturen hingegen bereiten erhebliche Zugangsschwierigkeiten, weil sie sich ohne paradigmatische Vorkenntnisse und Einsichten allein vom Alltagsverständnis her nicht oder kaum erschließen lassen. Hier droht einem „naiven" Lerner die Gefahr von „Dilletantismus" oder Halbbildung.

Schließlich hängt es noch von der *Komplexität* des anzueignenden Gegenstandsbereichs ab, ob alltagsweltliche Zugänge nicht von vornherein unbefriedigend in Verlauf und Ergebnis ausfallen müssen. Institutionalisierte Lernangebote sind daher vielfach eine notwendige Folge von Lerninteressen, die sich auf hoch voraussetzungsvolle, nur über langfristig gesicherte Methodik anzueignende Wissensbestände beziehen, weil sie beiläufig nicht oder nur unbefriedigend erschlossen werden können. Gesellschaftliche Wissensbestände hingegen, deren Komplexität sich erst über lebensweltliches Engagement erschließt, sind aufgrund ihrer perspektivischen und „insularen" Stoffstruktur nur über alltagsgebundenes Erfahrungslernen adäquat anzueignen und bleiben institutionalisierten Vermittlungsbemühungen eher verschlossen.

Alltagsgebundene und funktional didaktisierte Lernkontexte stehen daher in einem wechselseitigen Übersetzungsverhältnis, d.h. sie können das Wissen der jeweils anderen Seite immer nur in den je eigenen Strukturen rekonstruieren, sie bleiben sich dabei dennoch fremd. „Übersetzung" meint in diesem Zusammenhang, daß die Erfahrungs- und Wissensbestände im Aneignungsprozeß jeweils eine strukturelle Transformation erfahren, die sie auch semantisch überformen. Vermittlung von systematischem Wissen in alltägliche Relevanzstrukturen, aber auch die Generalisierung alltäglicher Erfahrungen in systematisch-begriffliches Wissen verursacht Folgekosten, wie z.B. Entfremdung, Trivialisierung, Versachlichung, rationalisierende Entstellung, was wechselseitig erhebliche Wirksamkeitsgrenzen nach sich zieht. Es führt oft genug dazu, daß das jeweilige Lernen im Sinnzusammenhang der anderen Kontextierung weitgehend *irrelevant* bleibt, wenn es nicht strukturell transformiert wird. Hier stellen sich die klassischen Transformationsprobleme bei der Wissensverwendung, aber auch der Generierung gesellschaftlicher Wissensbestände (vgl. Dewe 1988).

Aus dieser grundsätzlichen Einsicht folgt eine Reihe von bildungspraktischen Fragen, die auch von wissenssoziologischer Seite noch nicht einmal ansatzweise erforscht sind. Zum Beispiel ist für die Bestimmung der Wirksamkeitsgrenzen von Interesse, ob eine der beiden Lernkontextierungen bereits strukturell die Aneignung bestimmter Wissensstrukturen ausschließt. Verlangt funktional institutionalisiertes Lernen z.B. zwingend eine Beschränkung auf die Vermittlung systematisch angelegter Wissensstrukturen oder gibt es auch eine gelingende Aneignung von Alltagswissen in didaktisierten Lernarrangements? Andersherum stellt sich die Frage, was mit systematisch angelegten, hochkomplexen Wissensstrukturen geschieht, wenn sie beiläufig okkasionell angeeignet werden? An dieser Stelle findet sich auch der zutreffende theoretische Zusammenhang, in dem die Struktur „auto-didaktischen" Lernens zu klären sein wird. Offenbar handelt es sich um selbstorganisierende Aneignung von systematischen Wissensbeständen in alltäglichen Lebenszusammenhängen und sollte daher von „selbstgesteuertem Lernen" in „fremd-didaktischen" Kontexten unterschieden werden. Auf diese Fragen kann hier nur hingewiesen werden, um auf Forschungsbedarf aufmerksam zu machen. Sie lassen sich in der folgenden Kreuztabellierung verdeutlichen:

	Institutionalisiertes Lernen	Alltagsgebundenes Lernen
Systematische Wissensstruktur	Fachausbildung *Expertenkompetenz*	auto-didaktisches Lernen *Laienkompetenz*
Alltägliche Wissensstruktur	Erfahrungslernen *Reflexive Kompetenz*	beiläufiges Lernen *Alltagskompetenz*

(2) Soziale Bedingungen impliziter Alltagsdidaktik

Lernförderliche Alltagsstrukturen lassen sich neben ihrer Chance, neue Themenhorizonte und bisher unbekannte gesellschaftliche „Wissensbestände" zu erschließen, auch danach beurteilen, inwieweit das soziale Netzwerk geeignete Möglichkeiten des Kontakts und der persönlichen Begegnung mit fremden Erfahrungsbereichen bietet. Beides läßt sich als Maßstab für Offenheit oder Geschlossenheit sozialer Milieus für neues und fremdes Wissen heranziehen, wobei für strukturelle Lernbereitschaft allerdings noch ein spezifischer Modus im Umgang mit Fremderfahrungen hinzukommen muß (vgl. Schäffter 1997b). Hierbei handelt es sich um eine Umgehensweise, in der Fremdheitserleben als Horizonterweiterung durch Selbstveränderung genutzt werden kann. Neben lernförderlichen Milieustrukturen hängt alltagsweltliches Lernen von personenbezogenen Unterstützungsleistungen ab. Es reicht dabei nicht aus, daß Kontakte zu Personen und Gruppen möglich werden, die die gewünschten Kenntnisse, Fähigkeiten und Fertigkeiten nur als kontextneutrale Qualifikation besitzen. Als entscheidend muß hinzukommen, daß diese Personen auch bereit und in der Lage sind, die gesellschaftlichen Wissensbestände bei sich als situationsspezifische Kompetenz zu erkennen und sie für andere zugänglich zu machen. Das Vorhandensein von *alltagsweltlicher Lehrkompetenz* bei den relevanten sozialen Bezugspersonen kann hierbei als zentrale Bedingung gelten. So ist z.B. schon so manche Frau im Kreis kluger Männer „dumm gehalten" worden. Alltagsweltliche Lehrkompetenz zeigt sich u.a. daran, daß die Bezugspersonen zu ihrem eigenen Wissen in eine kritische Distanz gehen können und so in der Lage sind, vor dem Hintergrund ihrer Kenntnisse stellvertretend die Perspektive von „Nichtwissenden" einzunehmen. Begrifflich läßt sich dieses Distanzierungsvermögen als eine höhere Reflexionsstufe fassen, in der (z.B. berufliche) Erfahrungen in Wissensstrukturen übersetzt werden konnten und so zu explizierbarem „Erfahrungswissen" transformiert wurde. Um von der Kompetenz des anderen lernen zu können, bedarf es alltagsdidaktischer Formen des Vorzeigens, Vormachens und einer hervorhebenden und strukturierenden Präsentation einschließlich von Freiräumen des Einübens, ohne daß dies bereits in funktional didaktisierter Form im Sinne eines didaktischen Settings zu geschehen hätte. Lernförderliche Alltagsstrukturen erhalten ihre Wirksamkeit gerade nicht durch eine funktionale Überformung („Pädagogisierung") lebensweltlicher Sozialbeziehungen, sondern durch ein entschiedenes Nutzen alltäglicher Beziehungsstrukturen. Komplementär zum Rollenprofil einer *alltagsgebundenen Lehrkompetenz* läßt sich aber auch beobachten, daß auf Seiten der *Lernenden* spezifische Fähigkeiten entwickelt sein müssen, damit sie ihre soziale Umwelt in bezug auf die verfügbaren Informanten, Vorbilder oder Vermittler unzugänglichen Wissens wahrzunehmen und zu nutzen vermögen.

Beide Aspekte scheinen bisher am deutlichsten in der Forschung zum Erwerb der Zweitsprache untersucht worden zu sein. *Implizite Sprachdidaktik* (vgl. Ellis 1994; Schmidt 1994) als Struktur alltagsweltlicher Lernkontexte zeigt, daß hier vor allem der Lernende die situativen Möglichkeiten als für ihn geeignete Lerngelegenheiten wahrzunehmen und zu nutzen verstehen muß. Um beiläufig lernen zu können, hat er hierzu den situativen Kontext zu sichern, z.B. muß er verhindern, daß ihm Sprachkundigere ständig zu „helfen" versuchen und ihm so mögliche Lernchancen nehmen. Außerdem ist es für den Lernenden erforderlich, gestufte Varianten selbstorganisierten Lernens dadurch zu arrangieren, daß er bestimmte Gelegenheiten und Themen im Alltag auswählt bzw. überfordernde Situationen vermeidet. Eine Form „impliziter Sprachdidaktik" kann z.b. darin bestehen, sich Kommunikationspartner danach auszusuchen, ob sie für den gewünschten Kompetenzerwerb förderlich sind oder nicht. Aus der Perspektive der Kommunikationspartner andererseits wird erkennbar, daß sie als Akteure in der Alltagswelt zwar keine funktionale Rolle als „Lehrende" erfüllen wollen und auch nicht sollen, aber dennoch nolens volens eine „implizite Lehrfunktion" übernehmen. Alltägliche Lernkontexte lassen sich daher danach untersuchen, wer *implizite Lehrtätigkeit* von den Lernenden zugeschrieben bekommt und wie (kompetent) damit umgegangen werden kann. Die Wirksamkeit alltagsgebundenen Lernens ist daher in hohem Maße von den situativen Voraussetzungen in bezug auf lernförderliche bzw. lernhinderliche Bedingungen abhängig.

Diese Bedingungen ließen sich analog zur Didaktik des Zweitspracherwerbs als *„implizite Alltagsdidaktik"* bezeichnen. Alltagsdidaktik folgt eigenen Regeln und kennt dabei nicht nur strukturelle, sondern auch personale Rahmenbedingungen, die es zu beachten gilt. Am Beispiel des Fremdspracherwerbs läßt sich somit verdeutlichen, daß spezifische (Alltags)Kompetenzen auf der Seite der Lernenden, wie auch bei den Kommunikationspartnern in bezug auf die Übernahme einer (latenten) Lehrfunktion vorhanden sein müssen, damit Irritationserlebnisse als Lernanlässe genutzt werden können. Wie derartige Kompetenzen erworben, bzw. wie sie institutionell gefördert werden können, ist für lebensbegleitende Lernprozesse in Transformationsgesellschaften von hoher Bedeutung und daher noch genauer zu erforschen. (vgl. Schäffter 1998a)

(3) Zeitliche Bedingungen alltagsgebundener Lernstrukturen

Beiläufiges Lernen unter Alltagsbedingungen stellt zunächst keine hohen Ansprüche an das Zeitbudget. Gerade weil es „im Prozeß der Arbeit" (vgl. Hacker/ Skell 1993) oder im Rahmen aller denkbaren Vorhaben und Aktivitäten im Sinne von „Lernprojekten Erwachsener" (Tough 1967; 1979; Siebert u.a.1993, Reischmann 1997) mitvollzogen wird, setzt es keine besonders ausgewiesenen und strukturell spezialisierten Situationen als „Lernzeiten" oder „Entwicklungszeiten" voraus. Es wurde bereits darauf hingewiesen, daß die temporale Beschränkung auf das Situative und daher Okkasionelle aufgefangen werden kann durch *eine prinzipielle Unabschließbarkeit alltagsgebundenen Lernens.* Wenn für institutionalisiertes Lernen der Satz gilt: „Alles hat seinen Anfang und sein Ende!" (Karl-Heinz Geißler), so gilt dies gerade nicht für lebensbegleitende Lernprozesse in alltäglichen Kontexten.

Die Chance, durch die sich diese Lernformen als für das gesamte Leben grundlegend und in hohem Maße wirksam erweisen, besteht daher durch die Möglichkeit der Verknüpfung einer heterogenen Vielzahl von Lerngelegenheiten zu einem kontinuierlichen Entwicklungsprozeß, über den sich Eindrücke zu Erlebnissen, Erlebnisse zu Erfahrungen und Erfahrungen zu Wissen zu steigern vermag. Diese reflexive Verknüpfungsstruktur läßt sich als „Bildungsprozeß" bezeichnen, ohne daß damit bereits normative Vorstellungen verbunden sein müssen (vgl. auch Marotzki 1990). Voraussetzung für einen derartigen temporalen Prozeß der Struktur- und Bedeutungsbildung ist allerdings, daß zunächst hinreichend viele Lerngelegenheiten realisierbar und als Entwicklungszeiten der Wahrnehmung, Aneignung und Verarbeitung verfügbar wurden.

Alltagsgebundenes Lernen findet daher bereits auf einer elementaren Ebene, nämlich in der jeweils dominanten Temporalstruktur (vgl. Schäffter 1993) einer Lebenswelt seine deutlichen Grenzen. Um sich dies hinsichtlich seiner praktischen Konsequenzen zu verdeutlichen, reicht ein Blick darauf, welches Maß an aktiver Lernzeit für das Hineinfinden und Zurechtfinden in den „Möglichkeitsraum" der Computerwelt, der Beherrschung eines Musikinstruments und der dazugehörigen „Literatur", der Welt des Motorradsports oder der sozialgeschichtlichen Industriearchäologie erforderlich ist. Es geht hierbei weniger um den chronologisch zu messenden Zeitaufwand im Gesamtzusammenhang lebensbegleitenden Lernens, sondern um die zeitlichen Spielräume, die erforderlich sind, damit die notwendige Kontinuität eines Entwicklungsverlaufs nicht abbricht. Kontinuität meint hier in der Regel nicht einmal einen durchgängigen Entwicklungsverlauf, sondern auch „Leben als Fragment" in Gestalt aufeinander beziehbarer Umbrüche, Abbrüche und Aufbrüche.

Da alltagsgebundenes Lernen die Zeitstrukturen anderer Aktivitäten in der Regel mitnutzt und sie für ihre impliziten Ziele „ausbeutet", steigern sich seine Wirksamkeitschancen, je besser eine Überschneidung quer zu unterschiedlichen Lebensbereichen und ihren Zeitstrukturen gelingt. So werden anspruchsvolle Lerninteressen typischerweise gleichzeitig beruflich, in der Freizeit, im Familienkontakt, d.h. bei allen sich bietenden Gelegenheiten verfolgt und nicht nur zu ausgewählten „Lernzeiten". Grenzen zeigen sich immer dann, wenn Lerninteressen, gerade weil sonst keine Zeit dafür bleibt, den Sinnkontext der mitgenutzten Handlungsfelder zu überformen drohen und damit z.B. als Störung erlebt werden. So kann das Interesse zum Erwerb einer Fremdsprache oder das Interesse an neuen Medien für die soziale Mitwelt zu einer Zumutung geraten, wenn der Gesprächspartner, Kunde oder Kollege den parasitären Charakter der Kommunikation durchschaut. Spätestens dann wird es notwendig, für derartige komplexe und anspruchsvolle Lernbedürfnisse gesonderte Lernzeiten in funktional ausdifferenzierten Lernkontexten außerhalb alltäglicher Zusammenhänge bereitzustellen. Funktionale Institutionalisierung erfüllt im wesentlichen eine Schutzfunktion, offenbar nicht nur für die Lernenden, sondern auch für deren soziale Umwelt.

6. Zur Konstitution von Erwachsenenpädagogik als Fach: die Differenz zwischen Alltagsdidaktik und funktionalen Lernkontexten

Das Verhältnis zwischen den gegensätzlichen Kontextierungen des Erwachsenenlernens kann erst auf einer übergeordneten Ebene einer „allgemeinen Didaktik lebensbegleitenden Lernens" wahrgenommen und damit *pädagogisch reflexionsfähig* werden.

Der Strukturbruch zwischen Funktionssystem und Lebenswelt (genauer vgl. Schäffter 1998a) erscheint hierdurch als *konstitutive Bedingung* professionellen Handelns. Erwachsenenpädagogik als erziehungswissenschaftliche Disziplin kann sich daher in Forschung und Lehre nicht auf funktional ausdifferenzierte Lernkontexte beschränken. Es ist vielmehr die Differenz zwischen alltagsdidaktischen Institutionalisierungen und funktionalen Lernarrangements aus der sich Erwachsenenpädagogik als Fach begründet. Hinsichtlich einer solchen pädagogischen Thematisierung von Diskrepanzen und Kontrastierungen zwischen funktional strukturierten und alltagsgebundenem Lernen, deren Irritationen wiederum als professioneller Lernanlaß aufgegriffen werden, besteht noch weitgehende Unsicherheit. Das zeigt sich u.a. in den Arbeiten von Jochen Kade, der in der Weiterführung seiner Entgrenzungsthese dazu neigt, schlicht die Perspektive zu wechseln und Erwachsenenbildung pointiert aus einer „Außensicht", nämlich von der Bildungsaneignung her zu rekonstruieren. Gesellschaftliche Institutionalisierung von Erwachsenenlernen beruht indes auf einem komplementären Zusammenspiel bzw. einer wechselseitigen Durchdringung beider Strukturierungsbewegungen (vgl. Schäffter 1998a).

Die erwachsenenpädagogische Thematisierung und Bearbeitung des Strukturbruchs hat hierzu beide Perspektiven und Relevanzbereiche als Kontrasterfahrung und als Sinntransformation konzeptionell zu berücksichtigen. Diesem Aufgabenverständnis lassen sich konstruktivistische Deutungen von Erwachsenendidaktik (Siebert 1996); Ansätze der Lernberatung im Zuge von pädagogischer Organisationsentwicklung (Kemper/ Klein 1998) und grundsätzlich alle Konzeptionen entwicklungsbegleitender Bildungsarbeit wie „Lernen im sozialen Umfeld" (vgl. Sauer 1997, S. 112; Bootz/ Hartmann 1996) zuordnen. Sie schlagen sich weder auf die Seite alltagsgebundenen Lernens, noch treiben sie institutionalisiertes Lernens kolonisierend in die Lebenswelten ihrer Bildungsadressaten hinein. Statt dessen bildet sich so etwas wie ein intermediäres Verständnis heraus, das sich auf eine „Praxis des Kontextwechsels" bezieht und dieses strukturell zu erleichtern versucht. Nur so werden „mögliche Bildungswelten" (Kade/ Seitter 1996) erschlossen, produktiv miteinander verknüpft und gesellschaftlich „auf Dauer gestellt".

Literatur

Arnold, R./ Siebert, H.: Konstruktivistische Erwachsenenbildung. Von der Deutung zur Konstruktion von Wirklichkeit. Baltmannsweiler 1995

Arnold, R./Schüßler, I.: Deutungslernen in der Weiterbildung - zwischen biographischer Selbstvergewisserung und transformativem Lernen. In: Grundlagen der Weiterbildung (GdWZ) 1996, H.1, S. 9-14

Bootz, I./ Hartmann, Th.: Ziele und Organisation des Regionalen Modellprojekts. (Lernen im Sozialen Umfeld) In: QUEM Bulletin 1996, H.7; S. 15-17

Dewe, B.: Wissensverwendung in der Fort- und Weiterbildung. Zur Transformation wissenschaftlicher Informationen in Praxisdeutungen. Baden-Baden 1988

Dräger, H.: Schulbildung - unter Aspekten der Erwachsenenbildung. In: Westermanns Pädagogische Beiträge 28/1976, S.64-72

Dräger, H./ Günther, U.: Das Infrastrukturmodell als Antwort auf die Krise der bildungstheoretischen Didaktik. In: Derichs-Kunstmann, K. u.a. (Hrsg.): Theorien und forschungsleitende Konzepte der Erwachsenenbildung. Beiheft zum Literatur und Forschungsreport Weiterbildung. Frankfurt/M. 1995, S. 143-152

Dräger, H./ Günther, U./Thunemeyer, B.: Autonomie und Infrastruktur. Frankfurt/M. 1997

Dreitzel, H.P.: Emotionales Gewahrsein. München 1992

Ellis, N.C. (Hrsg.): Implicit and Explicit Learning of Languages. London etc. 1994

Ellis, R.: A Theory of Instructed Second Language Acquisition. In: N.C. Ellis (Hrsg.): Implicit and Explicit Learning of Languages. London etc. 1994, S. 79-114

Goodman, N.: Weisen der Welterzeugung. 1984

Gross, P.: Die Multioptionsgesellschaft. Frankfurt/M. 1994

Groothoff, H.H.: Die Handlungs- und Forschungsfelder der Pädagogik. Differentielle Pädagogik. Königstein 1979

Groothoff, H.H.: Didaktik und Methodik der Erwachsenenbildung. In: Wirth, I. (Hrsg.): Handwörterbuch der Erwachsenenbildung. Paderborn 1978, S. 150-157

Hacker, W./ Skell, W.: Lernen in der Arbeit. Bundesinstitut für Berufsbildung. Berlin; Bonn 1993

Kade, J.: Entgrenzung und Entstrukturierung. Zum Wandel der Erwachsenenbildung in der Moderne. In: K. Derichs-Kunstmann u.a. (Hrsg.): Enttraditionalisierung der Erwachsenenbildung. Beiheft zum Report, Frankfurt/M. 1997, S. 13-31

Kade, J./Seitter, W.: Lebenslanges Lernen - Mögliche Bildungswelten. Opladen 1996

Kaiser, A./Kaiser, R.: Latentes Lernen in der Erwachsenenbildung. In: Grundlagen der Weiterbildung 1995, H.4, S. 205-207

Kemper, M./ Klein, R.: Lernberatung. Gestaltung von Lernprozessen in der beruflichen Weiterbildung. Baltmannsweiler 1998

Kiwitz, P.: Lebenswelt und Lebenskunst. Perspektiven einer kritischen Theorie des sozialen Lebens. München 1986

Koch, L.: Überlegungen zum Begriff und zur Logik des Lernens. In: Zeitschrift für Pädagogik 34 (1988), 3, S. 313330

Koch, L.: Logik des Lernens. Weinheim 1991

Küchler, F.v./ Schäffter, O.: Organisationsentwicklung in Weiterbildungseinrichtungen. Deutsches Institut für Erwachsenenbildung. Studientexte zur Erwachsenenbildung. Frankfurt/M. 1997

Lippitz, W./ Meyer-Drawe, K. (Hrsg.): Lernen und seine Horizonte. Phänomenologische Konzeptionen menschlichen Lernens - didaktische Konsequenzen. Königstein/Ts. 1982

Loser, F./ Terhart, E. (Hrsg.): Theorien des Lehrens. Stuttgart 1977

Marotzki, W.: Entwurf einer strukturalen Bildungstheorie. Weinheim 1990

Mezirow, J.: Transformative Erwachsenenbildung. Baltmannsweiler 1997

Prange, K: Pädagogik als Erfahrungsprozeß. Stuttgart 1972

Reischmann. J.: Die Kehrseite der Professionalisierung. Lernen „en passant" - die vergessene Dimension. In: Grundlagen der Weiterbildung. (GdWZ) 1995, H.4, S. 200-204

Reischmann, J.: Self-directed Learning - die amerikanische Diskussion. In: Literatur- und Forschungsreport Weiterbildung/ Themenheft: Lebenslanges Lernen - selbstorganisiert? Frankfurt/M. 1997, Heft 39, S.125-137

Rösler, W.: Alltagsstrukturen - kognitive Strukturen - Lehrstoffstrukturen. Zur phänomenologischen Kritik an der kognitivistischen Lerntheorie. In: Zeitschrift für Pädagogik 29 (1983), 6, S. 947-960

Sauer, J. M.: Neue Chancen der Kompetenzentwicklung. In: E. Nuissl u.a. (Hrsg.): Pluralisierung des Lehrens und Lernens. Bad Heilbrunn 1997, S. 104-115

Schäffter, O.: Die Temporalität von Erwachsenenbildung. Überlegungen zu einer zeittheoretischen Rekonstruktion des Weiterbildungssystems. In: Zeitschrift für Pädagogik 3/1993, S. 443-462

Schäffter, O.: Bedeutungskontexte des Lehrens und Lernens. In: Hessische Blätter für Volksbildung 1/1994, S. 4-15

Schäffter, O.: Bildung als kognitiv strukturierende Umweltaneignung. Überlegungen zu einer konstruktivistischen Lerntheorie. In: Derichs-Kunstmann, K./ Faulstich, P./ Tippelt, R. (Hrsg.): Theorien und forschungsleitende Konzepte der Erwachsenenbildung. Beiheft zum Report 1995, S. 55-62

Schäffter, O.: Bildung zwischen Helfen, Heilen und Lehren. Zum Begriff des Lernanlasses. In: Krüger, H.-H./ Olbertz, J.-H. (Hrsg.): Bildung zwischen Staat und Markt. Opladen 1997a, S. 691-708

Schäffter, O.: Das Eigene und das Fremde. Lernen zwischen Erfahrungswelten. Aufsätze zu einer konstruktivistischen Theorie der Fremderfahrung. In: Studien zur Wirtschafts- und Erwachsenenpädagogik aus der Humboldt-Universität zu Berlin, Bd. 11. Berlin 1997b

Schäffter, O.: Das Fremde als Lernanlaß. Interkulturelle Kompetenz und die Angst vor Identitätsverlust. In: Brödel, R. (Hrsg.): Erwachsenenbildung in der Moderne. Opladen 1997c

Schäffter, O.: Weiterbildung in der Transformationsgesellschaft. Zur Grundlegung einer Theorie der Institutionalisierung. Berlin 1998 a

Schäffter, O.: Perspektiven selbstbestimmter Produktivität im nachberuflichen Leben. Wider den Trend zu einem kurativen Bildungsverständnis. In: Zeman, P. u.a. (Hrsg.): Selbsthilfe und Engagement im nachberuflichen Leben. Berlin (Deutsches Zentrum für Altersfragen) 1998b

Schmidt, R.: Implicit Learning and the Cognitive Unconscious: Of Artificial Grammers and SLA. In: N.C. Ellis (Hrsg.): Implicit and Explicit Learning of Languages. London etc. 1994, S. 165-209

Siebert, H.: Erwachsenenpädagogische Didaktik. In: Schmitz, E./ Tietgens, H. (Hrsg.): Enzyklopädie Erziehungswissenschaft. Bd. 11 Erwachsenenbildung. Stuttgart 1984, S. 171-183

Siebert, H.: Seminarplanung und -organisation. In: Tippelt, R. (Hrsg.): Handbuch Erwachsenenbildung/ Weiterbildung. Opladen 1994, S. 640-653

Siebert, H.: Didaktisches Handeln in der Erwachsenenbildung. Didaktik aus konstruktivistischer Sicht. Neuwied, Kriftel, Berlin 1996

Siebert, H./ Griese, H. M./ Czerniawska, O. (Hrsg.): Lernprojekte Erwachsener. Empirische, theoretische und methodologische Beiträge zur internationalen und vergleichenden Biographie- und Erwachsenenbildungsforschung. Baltmannsweiler 1993

Tough, A.: Learning Without a Teacher. A Study of Tasks ans Assistance during Adult Self-Teaching Projects. Toronto 1967

Tough, A.: The Adults's Learning Projects. A Fresh Approach to Theory and Practice in Adult Learning. 2.Aufl., Toronto 1979

Weinberg, J.: Erziehungswissenschaft - Fachrichtung Erwachsenenbildung. In: Kade J. u.a.: Fortgänge der Erwachsenenbildungswissenschaft. Bonn 1990, S. 78-83

Hartmut M. Griese

Sozialwissenschaftliche Vorläufer und Kritik des Konstruktivismus - ein wissenschafts(auto)biographischer Zugang

„Nur was wir glauben, wissen wir gewiß" (Wilhelm Busch)

1   Einleitung: methodisches Vorgehen und Fragestellung

„Erwachsene sind lernfähig, aber unbelehrbar" (Horst Siebert)

Ich bin bei der ersten Bearbeitung des von mir selbst gestellten Themas mehr oder weniger „gescheitert", d.h. das Thema erwies sich für einen Aufsatz in der Bearbeitung als überkomplex und kaum reduzierbar. Meinen ersten Manuskriptentwurf habe ich deswegen beiseite gelegt und habe zeitlich ganz neu (dann unter Zeitdruck), inhaltlich ganz anders (thematisch reduzierend) und methodisch vollkommen alternativ (eher wissenschaftsbiographisch - bösartige KollegInnen werden/können das „Nabelschau" nennen) ein zweites Mal angefangen und meine eigenen (Vor)Arbeiten mit „konstruktivistischer" Orientierung (obwohl mir bei den meisten Beiträgen dazu aus den 70er, den 80er und auch noch den 90er Jahren der Begriff nicht bekannt war!) in den Mittelpunkt gerückt, um damit vor allem die *„virtuelle Debatte"* zu *„Konstruktivismus - Abschied von der Aufklärung?"* zwischen Arnold und Siebert (vgl. Arnold/Siebert 1995, S. 167ff) anzureichern.

Konzentrieren will ich mich auf *„sozialwissenschaftliche Vorläufer"* (ich bin „von Haus aus" *Soziologe*) und auf mögliche *„Kritik"* aus der Sicht einer anthropologisch-interaktionistisch orientierten *Sozialisationsperspektive*.

Die Gründe für das Alternativ-Manuskript sind bereits Kritik:

- Der *„Konstruktivismus"* erwies sich beim Ein-Lesen und Nach-Denken darüber immer mehr als ein diffuses und mittlerweile äußerst ausdifferenziertes, pluralistisches, akademisches Unternehmen (als *„radikaler"*, *„systemischer"*, *„evolutionärer"*, *„kognitivistischer"*, *„strukturgenetischer"*, *„interaktionistischer"* oder *„Sozial-Konstruktivismus"*), worunter die Begriffsschärfe leidet, d.h. es besteht in keinster Weise Klarheit oder Präzision darin, was „Konstruktivismus" ist und was ihn von anderen Erkenntnis- und/oder inhaltlich-thematischen Theorien unterscheidet; ja, ob er „nur" allgemeine Erkenntnistheorie oder immer auch allgemeine oder nur spezielle (sozial-, human-, erziehungs- usw.)wissenschaftliche Theorie ist; inwieweit er eher *naturwissenschaftlich* (biologisch-neurophysiologisch), *philosophisch-anthropologisch* (evolutions-erkenntnistheoretisch) oder *sozialwissenschaft-*

lich (kognitionspsychologisch, strukturgenetisch, interaktionistisch usw.) „fundiert"
ist - oder ob eben erst alle drei Perspektiven zusammen (*„holistisch"* sozusagen) -
als *„neue Anthropologie"* oder *„neues Paradigma"* - den „wahren" Konstruktivismus ausmachen. Ist der wahre Konstruktivismus nur der „radikale" - und der hat
keine „Vorläufer" oder „Impulsgeber"?

– Ein weiterer Grund war, daß unter *„Vorläufer"* gänzlich unterschiedliche Strömungen und Richtungen, AutorInnen und Denktraditionen gefaßt werden (vgl. Ar-
   nold/Siebert 1996, S. 41ff - vgl. dort auch den Begriff *„Impulsgeber"* oder Reich
   1997, Hayek 1975), so daß man auch zu der Erkenntnis gelangen könnte, die Klassiker der Pädagogik (z.b. im Pragmatismus oder in einer kritisch-emanzipatorischen
   Tradition: Dewey, Freinet usw.) oder auch der Soziologie (G.H. Mead, Mannheim,
   Simmel, Weber - nur nicht Karl Marx!?) oder Psychologie (Heider und Festinger:
   Theorie der kognitiven Dissonanz; vor allem Piaget wird immer wieder genannt)
   waren „eigentlich" (was heißt das?) Konstruktivisten. In anderen Worten und als
   Frage: Ist der Konstruktivismus lediglich *„alter Wein in neuen Schläuchen"* - eine
   Art Etikettenschwindel? Diese Frage leitet über zu den **Fragen**, ob und inwieweit
   der aktuelle „Konstruktivismus" sozialwissenschaftliche Vorläufer hat, deren konstruktivistisches Potential quasi noch brach liegt, und ob sich daraus auch eine wei-
   terführende sozialwissenschaftliche Kritik am (radikalen und eher naturwissenschaftlichen) Konstruktivismus ableiten läßt? Bislang gibt es m.E. keine systematische sozialwissenschaftliche *Kritik* am Konstruktivismus - obwohl dessen „Vertreter" teilweise selbst (Selbst)Kritik üben (vgl. z.B. Arnold/Siebert 1995, S. 35ff).

– Zuletzt kam als „Auslöser" hinzu, daß ich beim Lesen und Aufarbeiten meiner
   „Ablagen" zu *„Konstruktivismus"* auf das Transkriptum eines Kurz-Interviews von
   Horst Siebert mit mir zum Thema „Konstruktivismus" von 1998 stieß (noch nicht
   erschienen[1] - ich hatte das tatsächlich vergessen!), das sich auf zwei **Fragen** be-
   schränkte: *„Was interessiert Dich am Konstruktivismus, welche Aspekte sind in soziologischer Hinsicht weiterführend?"* und *„Ist der erkenntnistheoretische Radika-
   lismus eine Herausforderung, eine Perturbation für die Soziologie?"*

Es gab also m.E. genug Gründe, das Vorhaben umzukrempeln, neu anzusetzen und auf
eher auto(wissenschafts)biographische Inhalte und Aspekte „meines" (latenten) Konstruktivismus zu reduzieren - auch in der Hoffnung (Angst?), dadurch prägnanter
(selektiver), kürzer (auslassender) und persönlicher (subjektiver), insgesamt
„angreifbarer" zu werden .

Ich orientiere mich also im Folgenden inhaltlich-methodisch stark an der *„virtuellen
Debatte"* zwischen „Rolf und Horst" (ebd., S. 167ff), greife dort ein, wo ich es thematisch (*„Vorläufer und Kritik"*) für sinnvoll und wichtig halte und wo ich auf eigene Arbeiten und den jeweiligen theoretischen Kontext dazu verweisen kann.

---

[1] Mittlerweile schon erschienen in: Siebert, H.: Pädagogischer Konstruktivismus. Neuwied 1999 (Anmerkung
der Herausgeber).

2 Sozialwissenschaftliche Vorläufer des Konstruktivismus

„Was einer vom Menschen glaubt, entscheidet mit
über seine theoretische und praktische Perspektive"
(Hans-Peter Dreitzel)

2.1 Worum geht es in der „virtuellen Debatte"?

„Erst einmal hat jeder seine Wahrheit. Und sie merken ja schon,
daß wir unterschiedliche Wahrheiten haben" (Bärbel Bohley)

Gemäß meiner subjektiven Interpretation (meinetwegen auch „Konstruktion") werden folgende „Knackpunkte" des Konstruktivismus (von nun an ohne „...") in der „virtuellen Debatte" angesprochen und vor allem von Horst Siebert (mein „*Focus*") diskutiert:

- Das Verhältnis des Konstruktivismus zum „*Aufklärungs*"-Postulat der Erwachsenenbildung;
- Der Stellenwert von „*Moral*" und „*Verantwortung*" bzw. „*Ethik*" im Konstruktivismus;
- Die Bedeutung der „*Vernunft*" (versus „Viabilität") im Konstruktivismus;
- Was ist das „*Neue*" und für die Erwachsenenpädagogik „*Relevante*" am Konstruktivismus?
- Welchen „*Bildungs*"-Begriff hat (kann) der Konstruktivismus (entwickeln)?
- Welche „*Didaktik*" folgt aus dem Konstruktivismus?
- *Grenzen* des, *Kritik* am und Weiterführung des konstruktivistischen Denken(s).

Zu *fragen* wäre: Wie steht es nun mit dem *Aufklärungspostulat* der Erwachsenenbildung in bezug auf den Konstruktivismus? Kann eine konstruktivistische Erwachsenenpädagogik emanzipatorische und kritische politische Bildung sein? Arnold meint, daß einer „*Relativitätspädagogik*" die „aufklärerische Basis" quasi „wegrutscht", d.h. Aufklärung „verkommt" zu „einem Konstrukt neben anderen", so daß durchaus zu Recht der „*Abschied von der Aufklärung*" eingeläutet werden kann. Siebert „stimmt im Prinzip zu", verweist jedoch auf die „Schlüsselideen der Aufklärung", auf die „*Vernunftidee und eine Ethik der Vernunft*" und *fragt* „Wie vernünftig ist eigentlich der Konstruktivismus"? Andererseits konstatiert er: „Der Konstruktivismus ist ... keine *Ethik* oder *Politiktheorie*", also dafür „nicht zuständig", aber bei „handelndem Erkennen" (dafür ist der Konstruktivismus geeignet) könne man „ethische Fragen nach der Legitimität und *Verantwortung* des Handelns nicht ausklammern" (Arnold/Siebert 1995, S. 167f).

Sperrt sich der Konstruktivismus gegenüber einer kritisch-aufklärerischen politischen Bildung? Sind Ethik und Verantwortung ihm fremde Postulate und Vokabeln? Ist der Konstruktivismus letztlich eine unmoralische Veranstaltung? Die Themen Ethik, Vernunft, Aufklärung, Verantwortung bestimmen die „virtuelle Debatte", die Arnold pragmatisch (viabilistisch?), aber m.E. nicht befriedigend, löst: *„truth is what works"*.

Ich habe mich in den 70er und 80er Jahre in Orientierung an George H. Mead bzw. dessen Theorietradition mehrfach mit ähnlichen Fragen in konstruktivistischer Manier - ohne den Begriff damals zu k(n)ennen - befaßt und will versuchen, dies zu resümieren.

Exkurs: Konstruktivismus als Konstrukt - aber mit empirischer Basis

Zu allererst will ich darauf hinweisen, daß natürlich auch der Konstruktivismus als Ergebnis menschlichen (subjektiven) Denkens und Wahrnehmens ein „*Konstrukt*" ist, also *eine* mögliche (Erkenntnis)Theorie unter anderen. Gleichzeitig möchte ich aber betonen - und dies geschieht m.W. in der Konstruktivismusdebatte nicht, - daß der sozialwissenschaftliche Konstruktivismus m.E. als Basis bzw. Ausgangspunkt keine „Setzungen" bzw. (anthropologischen) „Prämissen" hat (wie sonst üblich bei der Theoriekonstruktion - vgl. dazu Griese 1976), sondern die *empirische Tatsache* (!), daß Menschen in bezug auf ein und dieselben sozialen Phänomene (nach Durkheim sind „*soziale Tatsachen*" der Gegenstand der Soziologie!) *unterschiedliche* Wahrnehmungen, Deutungen und Interpretationen haben. Es finden sich - streng genommen - keine zwei Menschen, die über ein und dieselbe „soziale Tatsache" vollkommen gleicher Meinung sind. Wohlgemerkt, es handelt sich um „*soziale* Tatsachen", also um das Ergebnis menschlichen Handelns und Arbeitens (wie Normen, Werte, Institutionen, Organisationen, Ereignisse, Produkte, Phänomene usw. in einer Gesellschaft - und Gesellschaft selbst), um Dinge, die Bedeutung haben (gedeutet werden) und verändert wurden und werden können.

In anderen Worten: Ausgangspunkt eines Sozial(wissenschaftlichen)Konstruktivismus - und für andere Versionen fühle ich mich nicht kompetent - ist die banale Tatsache, daß Menschen immer auf Grund ihrer biologischen und biographischen Einzigartigkeit (Sozialisation) *Subjekte*, d.h. einzigartige Individuen, eben Handelnde mit „*persönlicher Identität*" sind. Das ist wissenssoziologisches und sozialisationstheoretisches Basiswissen - und wohl auch Alltagswissen - universell, d.h. interkulturell akzeptiert (nicht subjektivistisch konstruiert).

In einem studentischen Forschungsprojekt haben wir diese wissenssoziologische Annahme z. B. dadurch *empirisch belegen* können, indem wir „*Experten*" (also Menschen, Subjekte, die es „wissen" müssen - keine „Alltagsmenschen") zu einem sozialen Phänomen, hier: die sog. „Externsteine", eine geschichtsmystische Felsformation in der Nähe von Detmold/Teutoburger Wald, um die sich recht unterschiedliche Geschichten und Deutungen ranken, ausführlich interviewt haben. Das Ergebnis war: Alle 12 Experten unterschieden sich eindeutig in ihrem *Wissen*, in ihren *Deutungen* und *Interpretationen* zu dem Phänomen (vgl. Griese 1988, 1995).

Es gab, kurz gesagt, unterschiedliche „*Wahrheiten*" über die Externsteine (vgl. auch die Unterschiedlichkeit wissenschaftlicher Gutachten zu einem Phänomen - z.B. Gorleben). „Es konnte verdeutlicht werden, daß es objektiv (empirisch nachweisbar) unterschiedliche Perspektiven (Konstruktionen, H.G. 1998) gibt, daß '*die Wahrheit*' nicht zu finden war, daß alle Deutungen 'irgendwie' ihre Berechtigung haben, daß aber auch alle Deutungen interessen- und ideologieabhängig sind. Kurzum: Es gibt nicht die eine richtige Theorie, wenn es um Phänomene des Sozialen ... geht" (Griese 1988, S. 24).

Fazit: Obwohl der (Sozial)Konstruktivismus selbst ein (theoretisches) Konstrukt (unter vielen denkbaren anderen) ist, geht er aber m.E. von der empirischen Tatsache (keiner irgendwie gearteten Setzung oder Prämisse) aus, daß Menschen über die sie umgebenden Dinge (soziale Wirklichkeit) grundsätzlich unterschiedliches Wissen haben und diese abweichend voneinander wahrnehmen, deuten und interpretieren. Menschen konstruieren - auf der Grundlage ihrer *Biographie* (Sozialisation, Erfahrung), ihres Wissens (Aus-Bildung, Profession) und ihrer Interessen (Ideologien, Alltag, gesellschaftliche Situation) - ihre sozio-kulturelle Umwelt.

2.2   *Konstruktivismus und/als politische (Erwachsenen)Bildung*

„Perspektiven (sind) objektive Realität" (Mead)
„Objektive Realität ist nicht existent" (Maturana)

Mead hat in seinem vielzitierten und häufig abgedruckten klassischen Aufsatz von 1927 (!) (vgl. Steinert 1973, Mead 1969a und Mead 1969b) über *„Die objektive Realität von Perspektiven"* in Orientierung an der *„Relativitätstheorie/philosophie"* (!) von Whitehead seine Version eines (Sozial)Konstruktivismus entwickelt. Dieser grundlegende Aufsatz ist von den gegenwärtigen (eher radikalen) Konstruktivisten m.W. unbeachtet geblieben.

Ich habe, darauf aufbauend, eine Art *„Didaktik politischer Bildung"* (als *„Verständigung über Perspektiven"*) „konstruiert" (vgl. Griese 1988). Ausgangspunkt sind die Feststellungen: „Auch Wissenschaftler haben spezifische biographische *Erfahrungen* und gesellschaftliche *Interessen*, die in ihre Theorie*konstruktionen* (unbewußt?) eingehen ... Teilnehmer an Veranstaltungen der politischen Bildung haben das *Recht*, umfassend, d.h. alle (!) Auffassungen wissenschaftlicher und alltagstheoretischer Provenienz kennenzulernen und darüber *aufgeklärt* zu werden ... Über Politik, Bildung, Mensch und Gesellschaft ... gibt es ... empirisch feststellbare und alltäglich erfahrbare *unterschiedliche* Auffassungen und Meinungen. Von diesem Faktum hat politische Bildung auszugehen. Diesen ... Bildern und Perspektiven (heute würden wir Konstruktionen sagen, H.G. 1998) liegen unterschiedliche Interessen (und Ideologien) zugrunde ... Wer sich ein angemessenes Bild von diesen Ideologien (Alltagstheorien) und Bildern (Auffassungen, Überzeugungen) machen kann sowie deren Entstehung und Verfestigung bei sich und anderen *reflektieren* (und notfalls korrigieren) kann, ist politisch gebildet. *Sich ein Bild machen können über Bilder* (Ideologien, Auffassungen über Politik, Bildung, Mensch, Gesellschaft - und ihr Verhältnis zueinander), das ist Sinn politischer bzw. allgemeiner Bildung" (S. 20).

Die dann gestellte Frage „Wie läßt sich diese Auffassung ... über politische Bildung weiter *wissenschaftlich begründen*?" wird wissenssoziolisch-*ideologiekritisch* beantwortet: „Wissen, Erkenntnisse, Meinungen, Interpretationen, Bilder und Auffassungen sind ... immer *relativ* ... (denn:) Die Wissenssoziologie basiert auf der empirischen (!) Prämisse, daß (die Auffassungen, Bilder, Alltagstheorien, Interpretationen usw. über) *Wirklichkeit gesellschaftlich konstruiert* ist (sind) (vgl. Berger/Luckmann 1969) und daß diese Bilder ... das Handeln der Menschen bestimmen. Die Kenntnis dieser unterschiedlichen Bilder (Konstrukte, H.G. 1998), deren Entstehung, Weitervermittlung und ideologische Funktion wäre Hauptziel politischer Bildung".

Und weiter: „Der Klassiker dieser wissenssoziologischen Position, die zugleich *informierend* wie *aufklärend* ist, ist George H. Mead und seine pragmatische Sozialphilosophie bzw. seine *Theorie praktischer Intersubjektivität* (üblicherweise wird Mead als Begründer des Symbolischen Interaktionismus bezeichnet, eine verkürzte und verfälschende Bezeichnung seines Schülers Herbert Blumer, die jedoch Karriere gemacht hat). In seinem klassischen Beitrag zur '*objektiven Realität von Perspektiven*' ... hat Mead die wesentlichen theoretischen Grundannahmen dazu formuliert" (S. 21), nämlich:

Die „strategisch wichtige Position" einer „Objektivität von Perspektiven" geht auf Whiteheads „*Philosophie der Relativität*" zurück und meint: „'*Ein* und dieselbe Gesamtheit der Ereignisse' kann/muß in '*unendlich viele* verschiedene Perspektiven eingeordnet' gedacht werden (von jedem Phänomen gibt es unterschiedliche Sichtweisen ... 'Umweltbedingungen zum Beispiel existieren nur insoweit, als sie sich auf wirkliche Individuen *auswirken*, und nur, wenn sie auf diese Individuen *wirken*'" (Mead! - vgl. oben: „*truth is what works*").

Ein Sozialperspektivismus/konstruktivismus unterscheidet sich aber vom radikalen dadurch, daß er eine „*allgemeine* Perspektive" (z.B. der Grundkonsens) und mit anderen (z.B. professions- oder milieuspezifisch) „*geteilte* Perspektiven" annimmt. „Die gemeinsame Perspektive ist Verstehbarkeit (comprehensibility)". Ihre Basis ist interaktive *Intersubjektivität* („taking the role of the other" - *Empathie*). „Es gibt Perspektiven, die von allen, von vielen, von wenigen, nur von speziellen Gruppen oder von niemandem (mehr) geteilt werden". Einig ist man sich wahrscheinlich m.E. darin, daß „für jedes Thema, Phänomen oder Problem unterschiedliche, jedoch *objektiv* feststellbare Perspektiven existieren ... *Demokratie* (!) besteht, so Mead, darin, daß Kommunikation über gemeinsam geteilte Perspektiven möglich ist", also „*Verständigung über Perspektiven*", um zu „*gemeinsam geteilten Perspektiven*" zu gelangen. „Und Verständigung ... basiert auf gegenseitigem Respekt und Anerkennung ... Lernziel *Toleranz* ... Dadurch relativieren sich auch die eigenen Perspektiven/Sichtweisen der Teilnehmer ... Lernziel *Relativierung und Selbst-Reflexion*"(ebd., S. 22).

2.3 Konstruktivismus und Ethik in den Sozialwissenschaften

„Wahrheit ist die Erfindung eines Lügners" (von Förster)
„Wahrheit ist ... gleichbedeutend mit der Lösung des Problems" (G.H. Mead)

„Die Frage nach der *Verantwortung* und damit nach der Notwendigkeit einer *Ethik* hat alle sich politisch-diskursiv verstehenden Veranstaltungen der Erwachsenenbildung zu begleiten" (Griese 1993, S. 22). Gemäß einer „aufklärerisch-antidogmatischen Auffassung" ist das „politische *Handeln* der Teilnehmer ... *einzig und allein Sache der Betroffenen* - eben ihrer Erfahrungen, gesellschaftlichen Einbindung und Interessen, denn davon kann sich kein Mensch befreien. Ich gehe aber davon aus, daß *relativierende und reflexive Erkenntnisse* zu *Veränderungen* (des Verhaltens, der Perspektiven - der Konstruktionen, H.G. 1998 - der Persönlichkeit im Sinne von 'Erwachsenensozialisation')* führen, die mehr *Toleranz, Respekt* (vor fremden Perspektiven), Verständigung und Kommunikation/Kooperation zur Folge haben und ein Anwachsen einer gemeinsam geteilten Perspektive ... bewirken müßten" (S. 23). „Ob eine Perspektive richtig oder falsch, gut oder schlecht usw. ist, kann wissenschaftlich-objektiv nicht festgestellt werden - und ist nicht Fragestellung der Sozialwissenschaften" (Griese 1993, S. 15). Siebert (zitiert nach Franz-Balsen 1998, S. 162) meint dazu: „Erwachsenenbildung sollte deshalb weder zu belehren noch zu erziehen versuchen. Sie sollte die 'Autopoiesis' und Selbstverantwortlichkeit der Erwachsenen respektieren und ihnen die Entscheidung überlassen, welche Handlungskonsequenzen sie angesichts von Ungewißheit und Irrtumswahrscheinlichkeit ziehen".

Wenn „(Erwachsenen)Bildung im Zeichen der Post-Moderne ... nur als 'Verständigung über Perspektiven' (vgl. oben), als Diskurs/Dialog über die *Relativität* der Phänomene und Ereignisse, über *Wahrheiten und Deutungen* im gesellschaftlichen, historischen und politischen Kontext, über die Ursachen und Hintergründe der *unterschiedlichen* Versionen (Konstrukte, H.G. 1998) von Individuen, gesellschaftlichen Gruppen und Interessenverbänden" (ebd.) zu konzipieren ist, dann bedarf es der „Institutionalisierung diskursiver Situationen, die aus den Bildungsinstitutionen hinaus in die Gesellschaft und Medien wirken". Dieses „Modell der diskursiven Verständigung" liegt auch den „*Fragmenten über Ethik*" bei Mead zugrunde. Als „Ziel/Postulat wäre dann vor allem eine *geistige Haltung* (Empathie, Toleranz, Verständnis) und eine *reflexive* Auseinandersetzung mit sich selbst (Biographie)" (ebd., S. 23) zu nennen.

Kernstück einer Ethik nach Mead ist der Begriff „*Sozialität*", d.h. eine Ethik bzw. ethische Theorie läßt sich „auf gesellschaftlicher Grundlage" (!), aus einer „gesellschaftlichen Theorie über Ursprung, Entwicklung, Wesen und Struktur der *Identität*" ableiten (vgl. dazu Mead 1968, S. 429ff sowie Griese 1991a, S. 30f). Als gesellschaftliches Wesen ist der Mensch Wesen mit Identität und Moral. Eine (moralische) Identität reflektiert andere Interessen. Reflexion kraft „*role-taking*" impliziert die Einnahme der Haltungen und Konstrukte anderer - bis hin zur „Re-Konstruktion der Gesellschaft". „Beim Problem der Rekonstruktion gibt es eine entscheidende Forderung - daß *alle* betroffenen Interessen beachtet werden ... das können wir einen '*kategorischen Imperativ*' nennen" (Mead 1968, S. 437) - die Basis für Demokratie. „Ein Individuum (Forscher/in) ist immer dann moralisch, wenn es fragt, was für *andere* wichtig, richtig, interessenbedingt usw. ist - und danach handelt ... '*Alle* Interessen, die in Konflikt miteinander stehen, müssen beachtet werden' (S. 438)" (Griese 1991a, S. 31).

Die Betonung dieser Ethik liegt auf „*alle*" und „*andere*": Alle anderen Interessen, Werte, Ziele, Meinungen - Konstrukte - müssen *reflexiv* und *rational*, d.h. *diskursiv* berücksichtigt werden. „'Selbstsucht' und Eigennutz ... resultieren aus einer 'Verengung der Identität' ... Umfassende moralische Identitäten berücksichtigen andere gesellschaftliche Interessen". Aber Mead sagt auch: „Ein Mensch muß sich seinen Selbstrespekt (!) bewahren, und es ist unter Umständen notwendig, daß er sich gegen die ganze Gemeinschaft stellt, um diesen Selbstrespekt zu verteidigen" (Mead 1968, S. 440). „Die Methode, alle diese Interessen in Betracht zu ziehen, ist die *Methode der Moral*" (ebd.). Vernunft und Moral (Empathie und Reflexivität) haben also dort Grenzen, wo die persönliche Identität (biographische Erfahrung) bzw. der Selbstrespekt (mein Selbstbild), bewahrt werden muß (zu Fragen einer Forschungsethik vgl. Griese 1991 b).

Ethik bzw. die „Methode der Moral" ist bei Mead eine gesellschaftliche Angelegenheit von interagierenden Individuen, von Subjekten mit *Sozialität*, d.h. *Identität, Rationalität, Empathie* und *Reflexivität*, d.h. der situativen Herstellung von Inter-Subjektivität. „Der Mensch ist ein vernunftbegabtes Wesen, weil er ein gesellschaftliches Wesen ist" (ebd., S. 429). „Sozialität ist die Fähigkeit, mehrere Dinge gleichzeitig zu sein" (Mead, zitiert nach Kellner 1969, S. 32).

Folge der „objektiven Realität von Perspektiven" (Konstruktionen) ist, daß für Mead keine objektive Wahrheit existiert, sondern „*Wahrheit ist ... gleichbedeutend mit der Lösung des Problems*" (Mead 1969, S. 49). „So etwas wie 'Wahrheit an sich' *(truth at large)* gibt es nicht. Wahrheit besteht immer nur relativ zu der problematischen Situation" (ebd., S. 44).

Ich behaupte hier keineswegs, den Stellenwert von Aufklärung, Vernunft, Verantwortung, Moral, Ethik etc. im Konstruktivismus (auf-)geklärt zu haben; ich glaube nur, daß eine intensivere Orientierung an Mead und dessen Theoriefragmenten (Mead hat ja zeitlebens kein abgeschlossenes Werk hinterlassen) und ein Weiterdenken seiner Überlegungen dazu beitragen könnten, sensible Fragen und Probleme des Konstruktivismus einer Klärung näher zu bringen.

So ist z.B. der Begriff „*Lösung des Problems*" m.E. weiterführender als „Viabilität"; und er impliziert auch einen relativen (situativen) Wahrheitsbegriff. Wahrheit, so Mead, zeigt sich auch erst nach der Handlung und in der Geschichte. Was heute „paßt", „viabel" ist, kann sich morgen als „falsch" erweisen. Es geht ihm auch nicht um das (erkennende, handelnde oder wahrnehmende) „Subjekt" (das autonome Individuum - das wäre für ihn wirklich eine a-soziale Fehlkonstruktion), sondern um „Inter-Subjektivität", um das Aus-Handeln, um Diskurse, um Empathie (role-taking), um vernunftgeleitete Inter-Aktion. Dem Meadschen Theoriekonstrukt sind Reflexivität, Vernunft, Ethik, Moral, Demokratie, Verantwortung gleichsam konstitutiv.

3 Soziologisch-interaktionistische Kritik am Konstruktivismus

> *„Ist das Subjekt Gestalter seiner Entwicklung, oder wird seine Entwicklung von anderen Kräften gelenkt?"* *(Oerter/Montada)*

3.1 Die „Funktionalisierung" des Konstruktivismus

> *„Wirklichkeit ist eine Erfindung"* *(Paul Watzlawik)*

Als einer der ganz wenigen hat sich jüngst Hufer (1997, S. 17ff) an eine „linke" Kritik des Konstruktivismus im Kontext der Diskussion um „politische Bildung", um nachlassendes politisches Interesse und fehlendes Engagement im Zeichen von „Markt und Zeitgeist" herangewagt. Hufer bezieht sich auf Siebert und dessen vom Konstruktivismus geprägte Thesen: „Der Mensch ist dem Konstruktivismus zufolge autopoietisch ... und selbstreferentiell, er bezieht sich also auf sich selbst ... '*Lernen ist ein selbstreferentieller Prozeß*, d.h. er rekurriert auf vorausgegangenes Lernen und auf frühere Erfahrungen' (Siebert 1996, S. 27). Erwachsene lernen also nur das, was in ihrer Lernbiographie bereits angelegt ist, was 'in vorhandene kognitive und emotionale Schemata integriert' werden kann (Siebert 1996, S. 91) 'Anschlußfähigkeit' lautet eine zentrale Vokabel ... 'Bildung ist nicht organisierbar' (Arnold/Siebert 1995, S. 43). Das führt zum Verzicht auf großherzige Pädagoginnen- und Pädagogenvorstellungen ... *Erwachsene sind lernfähig, aber unbelehrbar* ... (Siebert 1996, S. 90) ... Diese Annahmen der Konstruktivisten konsequent weitergedacht, hat eminente Folgen für die Praxis der Bildungsarbeit mit Erwachsenen" (ebd., S. 17).

Erwachsenenpädagogen, so die logische (?) Konsequenz, können also nicht mehr „vermitteln", sondern nur noch „erschließen", „Deutungsarbeit" leisten und viable Anregungen ermöglichen. Die Kritik von Hufer konzentriert sich vor allem darauf, daß er zum einen „aber glaubt" (!), „daß die konstruktivistische Erkenntnistheorie *funktionalisiert* werden kann, um den Abbau organisierter intentionaler politischer Bildung argumentativ zu unterstützen" (S. 18), zum anderen vermißt er die „zwar verstaubten, aber dennoch zweifelsohne wirkungsrelevanten Faktoren wie Herrschaft, Macht, Interessen, ökonomische Disparitäten, Ideologien" (ebd.) und fragt nach dem „*common sense*", dem „Sinn und Verständnis für das 'Allgemeine', dem gesamtgesellschaftlichen Anliegen, ohne das jede Gesellschaft entzivilisiert würde (vgl. oben 'Demokratie' bei Mead, H.G.) ... und dem sozialen Anspruch, den Bildung auch hat" (ebd.).

Zuletzt: Wo ist in der „Individualisierungsapologetik die Legitimation, pädagogisch zu intervenieren, wenn 'selbstreferentielle' Menschen Tendenzen vertreten und Handlungen praktizieren, welche die Selbstbestimmung anderer verletzten?" (ebd.). In meinen Worten: Was macht ein Erwachsenen-Pädagoge, wenn das Seminar von rechtsradikalen Deutungen und Interpretationen, von sozialdarwinistisch-gewaltaffinitiven Ideologien beherrscht wird? Welche Angebote, Anregungen, Unterstützungen sind dann (noch) viabel? Ist das dann der pädagogische bzw. konstruktivistische „Super-Gau", die neue „Bildungskatastrophe"? Bleibt dann nur noch der „moralische" Ruf nach der Polizei - oder was?

Hufer meint nun, der Konstruktivismus bleibt für die politische Bildung quasi leer, wenn er keine Gesellschaftstheorie hat oder ist und fordert - gerade in Zeiten „von sozialem Abbau, wirtschaftlicher Deregulierung, dem Zerfall der Öffentlichkeit und nachmoderner Beliebigkeit": *„Aufklärung bleibt weiterhin gültig!"* (S. 19). Seine „These, daß es möglich sein kann, kritische, an den Prinzipien der Aufklärung orientierte ... politische Bildung beizubehalten" (ebd.), ist sicher engagiert vorgetragen, löblich und für linke Theoretiker begrüßenswert; sie steht aber quasi außerhalb der Konstruktivismus-Debatte, in einem anderen Theoriekontext und Sinnhorizont und tangiert (sensibilisiert) diesen bestenfalls marginal. Hufer kritisiert den Konstruktivismus von außen; er listet in der Tradition einer kritischen bzw. emanzipatorischen Politikdidaktik „unverzichtbare Standards" auf. Es ist keine (erkenntnis)theoretische Binnenkritik, die an die Wurzel geht - von daher meine ich, prallt diese Form von Kritik (so nahe man ihr auch moralisch stehen mag) an den Prämissen des Konstruktivismus ab. Bei einer wirkungsvollen (nachhaltig-radikalen) Kritik geht es aber vor allem um die Prämissen und Leerstellen des Konstruktivismus. „Aufklärung" (vgl. oben) läßt sich m.E. durchaus mit den Traditionen eines Sozial-Konstruktivismus vereinbaren, so daß das „Ende der Aufklärung" und das „Ende der politischen Bildung" (die Hufer befürchtet) weder identisch sind noch konstruktivistisch eingeleitet werden (können). Es gilt daher, den aktuellen und radikalen Konstruktivismus aus der Perspektive des klassischen Sozial-Konstruktivismus anzureichern, seine kritisch-emanzipatorischen Gehalte herauszuarbeiten, ihn aber da zu kritisieren, wo er immanente (!) Schwächen und Leerstellen hat.

3.2   Die fehlende sozialisationstheoretische Basis

> *„Das Subjekt ist untrennbar von der Welt, aber von einer Welt,*
> *die es selbst entwirft" (Merleau-Ponty)*

Arnold und Siebert (1995, S. 3) stellen dieses Zitat u.a. ihrem Buch voran, aber weder bei ihnen noch bei den mir bekannten Konstruktivisten kann ich etwas über diesen (subjektiven - ich meine inter-subjektiven !) Entwurf von Welt, den Aneignungs- und Konstruktionsprozeß, also über die Prozesse der (vor allem primären und dann lebenslangen) Sozialisation erfahren. Der Konstruktivismus, so scheint es (mir), ist eine (Erkenntnis)Theorie/Anthropologie des Erwachsenen, des bereits sozialisierten, d.h. konstruierenden Erwachsenen.

Ab wann beginnt aber ein menschlicher Organismus zu konstruieren? Bringt er die Kompetenz dafür qua Natur als Embryo mit - oder muß noch etwas sozial-interaktiv bzw. sozialisatorisch *„passieren"* (was muß „passen", für den natürlichen Organismus viabel sein)? *„Man is not born human"* - oder im Konstruktivismus doch?

Der Konstruktivismus ist immer auch eine *Anthropologie* (vor allem bei Siebert, z.B. 1996, als „Realanthropologie"), die aber vor allem *Evolutionstheorie* ist, d.h. eine Anthropologie der *Phylogenese*, der Stammesgeschichte, nicht dagegen eine Anthropologie der *Ontogenese*, der Subjektwerdung, der Sozialisation. Ontogenese ist eine Leerstelle im Konstruktivismus. Die Ursache dafür liegt in seiner aktuellen naturwissenschaftlichen (biologisch-physiologischen) Fundierung - die ihm auch die „akademischen Weihen" (Anerkennung und Übernahme der Prämissen) innerhalb der (Erwachsenen)Pädagogik eingebracht hat. Die Ausklammerung einer ontogenetisch-sozialisatorischen Fundierung wird meist mit einem Verweis auf Piaget und dessen (Kognitions- bzw. strukturgenetische)Theorie kompensiert.

3.2.1 Konstruktivismus und Sozialisation

Ich beziehe mich im Folgenden in Grundsatzfragen auf meine früheren Überlegungen zu einer „*Soziologischen Anthropologie und Sozialisationstheorie*" (Griese 1976) sowie insbesondere und konkret auf Sutters aktuelleren Aufsatz über das Verhältnis von „*Konstruktivismus und Interaktionismus*" (Sutter 1992), in dem dieser prüfen will, „ob das ganz auf die Konstruktion der erkennenden Subjekte ausgerichtete Bild der kognitiven Entwicklung im radikalen Konstruktivismus auf der empirischen Grundlage der strukturgenetischen Entwicklungstheorie Piagets widerlegt werden kann" (ebd., S. 419). Es geht also um die „Rekonstruktion der Subjekt-Objekt-Differenzierung in den frühesten Phasen der kognitiven Entwicklung" (ebd.).

In anderen Worten gefragt: Werden die frühen Subjektstrukturen *sozial konstituiert* oder bestimmen „*innere Vorgänge*" von Anfang an die Konstruktion der Subjekte? Gehen den *Konstruktionen* der Subjekte immer *Interaktionen* und der Erwerb der „Subjekt-Objekt-Differenz ontogenetisch" voraus oder sind Subjekte (Säuglinge!) apriori (von Geburt an) „selbstreferentielle Systeme"?

Wir stehen hier m.E. vor dem basalen Problem, ob (daß) der Konstruktivismus einer Anthropologie bedarf und ob (daß) eine Anthropologie immer auch eine Theorie der Ontogenese (der Sozialisation), nicht nur der Phylogenese (der Gattungsgeschichte) benötigt und ob (daß) eine allgemeine Anthropologie auch interaktionistisch und historisch angelegt sein muß (vgl. dazu Griese 1976). Oder als Frage im Sinne von Plessner und Claessens: Wie wird der Mensch (der Säugling) zum Menschen? Wie gelangt der Mensch (der Säugling) in seine „exzentrische Positionalität" (als reflexiv Handelnder)? Wie wird der Mensch (der Säugling) zum handelnden Subjekt (zum Konstruierenden)? Welche sekundären sozialen Geburtshilfen/helfer benötigt der Mensch zur Menschwerdung?

In Sutters Worten: „Wie ist es möglich, daß die Außenwelt von Subjekten zwar konstituiert wird, diese Konstruktionen aber dennoch sachhaltig sind, d.h. reale Außenweltbedingungen einholen?" (ebd., S. 421). Durch welche evolutionären „Vorgaben", „Ausstattungen", die über „ererbte sensomotorische, reflexhafte Verhaltensweisen" hinausgehen, ist der menschliche (neugeborene) Organismus zur Konstruktion fähig? Wird der Mensch - wie es im radikalen Konstruktivismus scheint - als „*assimilativ-selbstregulierendes System*" geboren?

Sutter meint nun, daß es in einem „*Übergangsfeld*" (vgl. die analoge Terminologie in der Theorie der Phylogenese, das „Mensch-Tier-Übergangsfeld" - „missing link" - in der Evolution), „beginnend mit ca acht bis neun Monaten in der Entwicklung" (S. 424) zur Weichenstellung kommt, welche die „radikal-konstruktivistische und die interaktionistisch-konstruktivistische Lesarten der genetischen Epistemologie" zusammenführen. Dieses „Übergangsfeld" müßte aber intensiver empirisch untersucht werden.

Die *Grundfragen* einer interaktionistischen Anthropologie (vgl. Griese 1976) wiederholen sich - hier im konstruktivistischen Gewand: Wie kommen „*Natur und Kultur*" im Prozeß der Phylogenese und Ontogenese zusammen? Wo und wie geschieht ontologisch der erste Brückenschlag zwischen (bei Mead) „Natur und Geist"? Gibt es eine „invariante Abfolge von Stufen" der Entwicklung, also eine „autonome Entwicklung kognitiver Strukturen"? Wann und wo entsteht „Sozialität"? Welche Rolle spielen primäre Interaktionen und Bezugspersonen (Affekte und emotionales Angesprochenwerden) für die kognitive Entwicklung (vgl. die Studien in psychoanalytischer Tradition - Freud, Erikson, Spitz)? Wie werden erste subjektive Konstruktionen konstituiert und inwieweit sind dafür objektive Konstruktionen (existierende ehemalige Konstruktionen der signifikanten Anderen) vonnöten? Welche Rolle spielt die *Sprache* (und das Angesprochen-Werden) dabei? Wie kann überhaupt „Neues" gelernt werden, „das strukturell über die bereits entwickelte Subjektorganisation hinausweist?" Gibt es eine „subjektunabhängige Wirklichkeit" (vgl. Sutter 1992, S. 426), wie es z.B. im Sozialkonstruktivismus von Berger/Luckmann der Fall ist (Gesellschaft als subjektive *und* objektive Wirklichkeit)?

Das grundlegende *Dilemma* einer Anthropologie (als) und Sozialisationstheorie lautet: „Die *Fähigkeit* der Teilnahme an sozialen Interaktionen muß erst erworben werden, aber dies wiederum setzt bereits eine *Teilnahme an sozialen Interaktionen* voraus" (ebd., S. 427). Also: Was ist/war zuerst da? Die „Fähigkeit" als die „Henne" oder die „Teilnahme an sozialen Interaktionen" als das „Ei" (des Kolumbus?)? Ist „*Sozialität*" als Voraussetzung der sozialen Interaktion „ontologisch" bzw. „objektiv gegeben" oder erst das Produkt sozialer Interaktion? Beruft sich der (radikale) Konstruktivismus letztlich auf eine „*Metaphysik der Strukturen*", eine „Ontologie der Strukturen, denen ein autonomer Status im Verhältnis zu den handelnden Subjekten zugeschrieben wird" (S. 428)?

Menschen werden als biologische und soziale Organismen aber immer in eine vor ihnen existierende Gesellschaft (Familie, Gruppe, Sippe, Milieu, Kultur) hineingeboren und machen Geschichte - oder wird diese von den „universellen Strukturen" gemacht? Wie gelangt aber die (objektiv vor jedem Subjekt gegebene) „Außenwelt" (die durch Arbeit und Handeln gemachte Geschichte und Wirklichkeit) in die „Innenwelt", in die Konstruktionen der Subjekte? „*Man kann diese Argumentation drehen und wenden wie man will, der Übergang von der Natur zu den universellen Regeln der Sozialität bleibt eine Leerstelle*" (S. 429 - m.E. analog zum „missing link" der Evolutionstheorie). Wie kommt es phylogenetisch und ontogenetisch zur „Sozialität", zu dem, was den Menschen erst zum Menschen macht?

Fazit: Der Konstruktivismus braucht, will er sozial(!)wissenschaftliche (Erkenntnis-) Theorie sein, unzweifelhaft eine historisch-anthropologisch (phylogenetisch wie ontogenetisch) fundierte Sozialisationstheorie, eine historische Theorie der Subjektentwicklung/bildung.

Sutter faßt seine Diskussion wie folgt (ebd., S. 430f) zusammen: „Jede Strukturierung praktischen Handelns, jede Regel, wie universal und grundlegend auch immer, muß erst *erworben* werden". Es geht also um die Frage nach dem „Übergang von der Natur zur Kultur, der in der Ontogenese (und m.E. auch in der Phylogenese, H.G.) vollzogen wird". *„Sozialität"* als „Entwicklungsbedingung", aber auch als „Lerngegenstand" ist der entscheidende Faktor. „Fortschritte ... könnten mit einer konstruktivistisch ausgerichteten Sozialisationstheorie gemacht werden, welche die selbstregulative Eigentätigkeit der Subjekte in Beziehung setzt zu den Bedingungen und Merkmalen sinnstrukturierten Handelns". Hier entsteht aber dann das *„methodische Problem"*: Empirisch überprüfbar sind diese Annahmen nicht, denn „wir können das Verhalten von Neugeborenen beobachten und beschreiben, aber wir 'stecken nicht drin'. Die Beschreibungen nicht-sprachlicher frühkindlicher Verhaltensweisen sind sprachlich verfaßte Interpretationen". Es gibt keinen empirisch-methodisch exakten Zugriff auf das „kognitive Unbewußte" (Piaget), auf subjektive Konstruktionen in frühester Kindheit. Die anthropologische Basis des (radikalen, nicht des sozialen) Konstruktivismus bleibt somit in letzter Instanz *spekulativ*, d.h. empirisch nicht beweisbar.

Dies war aber schon ein wesentliches Ergebnis meiner Untersuchungen zur „Soziologischen Anthropologie und Sozialisationstheorie" von 1976. Wissenschaftliche Theorien basieren in der Regel auf anthropologischen Prämissen, die empirisch nicht überprüfbar sind. Es wäre jedoch zu **fragen** (erklären?): Wie, wann, wodurch usw. kommt es bei den jeweiligen (unterschiedlichen) empirischen Subjekten in der (lebenslangen) Sozialisation zur sozialen (d.h. inter-aktiven) Konstruktion der Wirklichkeit und ihrer Teilbereiche bzw. wie kommt es wann und durch wen (signifikante Andere oder?) zur sozialisatorisch-interaktiven Konstruktbildung?

3.2.2 Konstruktivismus als Theorie der Re-Sozialisation

Bereits 1974 habe ich versucht, mittels eines soziologischen Denkens (Griese 1974 im Anschluß an den Sozialkonstruktivismus von Berger/Luckmann 1969) zu einer *„Theorie der Resozialisation"* zu gelangen, die in der Therapie mit Drogenabhängigen praktisch werden könne. Ausgangspunkt war zum einen: „Jeder Therapeut hat eine bestimmte Meinung von der Persönlichkeit des Süchtigen, von seiner Biographie und davon, wie man ihm helfen müsse*"*, eine *„Theorie über Menschen"* (ebd., S. 365 - vgl. die Ausführungen bei Arnold/Siebert 1995 zur „Zielgruppenarbeit in konstruktivistischer Sicht"), zum anderen: *„Sozialisation* ist ein lebenslanger Prozeß, in dem *Wirklichkeit* aufgenommen wird und *dadurch neu konstruiert* wird ... und jedes Mitglied unserer Gesellschaft hat ein von anderen abweichendes Bild von der ihn umgebenden Wirklichkeit*"* und schließlich: *„*Wesentlich für die primäre und damit für alle weitere Sozialisation sind jene 'signifikanten Anderen', mit denen der Heranwachsende täglich interagiert und die für ihn Wirklichkeit vorinterpretieren", denn „dieser übernimmt Aspekte der *Konstruktion der Wirklichkeit"* (ebd., S. 366 - 1974!).

Und zuletzt: *„Resozialisation* heißt dabei ... seine *Interpretation der Wirklichkeit* verändern. Das bisher Vertraute und Erfahrene muß *transformiert* werden" (ebd., S. 367 -

vgl. aktuell dazu Mezirows 1997 konstruktivistisch ausgelegte „Transformative Erwachsenenbildung" mit dem Ziel der „Perspektiventransformation" durch „reflexives Lernen"). „Wenn ... neue *Konstruktionen der Wirklichkeit* internalisiert werden sollen, müssen *signifikante Andere* da sein, zu denen eine *affektive* Beziehung besteht und die so als *Identifikationsobjekte* in Frage kommen ... Zur Resozialisation gehört die Vermittlung einer neuen Weltauffassung ... Die Vermittler ... müssen ... in die neue Wirklichkeit einführen können" (Griese 1974, S. 367).

Berger/Luckmann schreiben selbst dazu (1969, S. 168): „Ohne diese Identifikation ist keine radikale *Transformation der subjektiven Wirklichkeit* - einschließlich natürlich der Identität - möglich", denn „Resozialisation heißt: Man durchschneidet den gordischen Knoten des Zusammenhangsproblems, indem man ... *die Wirklichkeit neu konstruiert*" (ebd., S. 173). Therapie, will sie erfolgreich sein, bedeutet die „Vermittlung ... einer *neuen Interpretation der Wirklichkeit* ... Patentrezepte hierfür gibt es nicht" (Griese 1974, S. 370).

3.3   „Die gesellschaftliche Konstruktion der Wirklichkeit"

> „Der Mensch ist dem Konstruktivismus zufolge autopoietisch" *(Horst Siebert)*
> „Man is not born human" *(Anthropologische Weisheit)*

Zweifellos ist die „*Theorie der Wissenssoziologie*" von Berger/Luckmann (1966: „The Social *Construction* of Reality", dann 1969: „Die gesellschaftliche *Konstruktion* der Wirklichkeit") eine (die?) der theorierelevantesten Publikationen der letzten 30 Jahre und m.E. das Werk eines Sozial-Konstruktivismus schlechthin (vgl. meine Darstellung und Diskussion des Ansatzes in Griese 1976, S. 140ff: „Sozialisation als Internalisierung der Wirklichkeit"). Berger/Luckmann legen in ihrem integrativen (nicht interdisziplinären!) Werk nicht nur eine „*Wissenssoziologie*" vor, sondern sowohl eine sozialwissenschaftliche *Anthropologie* („Organismus und Aktivität", S. 49ff), als auch eine *makro- und mikrotheoretische Soziologie* („Gesellschaft als objektive Wirklichkeit", S. 49ff und „Gesellschaft als subjektive Wirklichkeit", S. 139ff). Innerhalb ihres mikrotheoretischen Blicks auf Gesellschaft entwickeln sie eine konstruktivistische Theorie der Sozialisation. Was kann mit Blick auf diese Leerstelle im Konstruktivismus gesagt werden?

Menschen leben in einer „*Vielfalt von Wirklichkeiten*" (Vorwort Plessner, S. X). Durch Prozesse der Institutionalisierung (Habitualisierung, Rollenbildung, Institutionen) und der Legitimierung (auf verschiedenen Ebenen) entsteht „*Gesellschaft als objektive Wirklichkeit*". In diese objektive (vor ihnen existierende) Realität werden alle Individuen (als menschliche Organismen) hineingeboren. Diese objektive Wirklichkeit wird durch Sozialisation, d.h. durch Internalisierung der objektiven Wirklichkeit mittels Interaktion mit signifikanten Anderen, zur subjektiven, d.h. konstruierten Wirklichkeit. Leitend dafür ist *Sprache* als ein „System signifikanter Symbole" (Mead). Plessner skizziert im Vorwort das Thema des Buches:

„Wenn es wahr ist, daß soziale Wirklichkeit nur doppelt, als *objektives* Faktum und *subjektiv* gemeinter Sinn, gefaßt werden kann, ist die These des Buches, daß erst die Erforschung der gesellschaftlichen Konstruktion der Wirklichkeit, der '*Realität sui generis*', deren wissensmäßige Ingredienzien und Bauelemente aufdeckt - und vice versa - durchaus richtig ... Gewiß, *Konstruktion* ist ein hartes Wort, zumal im Munde von Phänomenologen. Wer konstruiert hier? Die gesellschaftliche Realität selber oder der Soziologe? Vorausgesetzt wird natürlich das erste" (S. XV) - aber jede Theorie ist immer auch ein Konstrukt, so wie z.B. „Idealtypen" im Sinne Max Webers von Howard Becker als „constructed types" bezeichnet w(e)urden. In den Worten der Autoren lauten die „entscheidenden Thesen dieses Buches" (ebd., S. 1): „*Wirklichkeit ist gesellschaftlich konstruiert* - und - die Wissenssoziologie hat die Prozesse zu untersuchen, in denen dies geschieht. Die Schlüsselbegriffe der beiden Thesen sind '*Wirklichkeit*' und '*Wissen*'". Was heißt also „wirklich", und was „wissen" Menschen darüber? (Wilhelm Busch meinte einst philosophisch: „*Nur was wir glauben, wissen wir gewiß*"). „Die fundamentale Rechtfertigung des Interesses der Soziologie an der Problematik von 'Wirklichkeit' und 'Wissen' ist die *Tatsache der gesellschaftlichen Relativität*" (S. 3). Wie hängen (erworbenes, gelerntes) „Wissen" und (Konstruktion der) „Wirklichkeit" zusammen? Wie wird (unterschiedliches, Alltags- und professionelles/Fach/Sach-) Wissen zur Wirklichkeit?

Fazit: „*Die Wissenssoziologie hat die Aufgabe, die gesellschaftliche Konstruktion der Wirklichkeit zu analysieren*" (ebd.) - „*Die gesellschaftliche Konstruktion der Wirklichkeit ist also der Gegenstand der Wissenssoziologie*" (ebd., S. 16) - gibt es ein eindeutigeres Votum für einen (Sozial- und soziologischen) Konstruktivismus?

Die wissenssoziologischen Anleihen bei Berger/Luckmann kommen vom frühen Marx (dessen Auffassung des Verhältnisses von gesellschaftlichem *Sein* und subjektivem *Bewußtsein* m.E. durchaus zu Vorstellungen des Konstruktivismus „passen", also viabel sind), von Mannheim (Begriff der „Ideologie" und die Seins/Standortgebundenheit des Denkens), von Dilthey (Historismus bzw. die „Relativität aller Aspekte menschlichen Geschehens"), von Scheler (wissenssoziologische Begründung einer philosophischen Anthropologie), Schütz (der Begriff der „Lebenswelt" und „Relevanz und Relativität" des „Alltagsdenkens"); „unsere anthropologischen Voraussetzungen stehen unter dem Einfluß von Marx ... der biologisch unterbauten philosophischen Anthropologie von Helmuth Plessner, Arnold Gehlen und anderen ... mit Max Weber betonen wir, daß 'subjektiv gemeinter Sinn' ein konstituierender Faktor für gesellschaftliche Wirklichkeit ist. Unsere sozialpsychologischen Voraussetzungen, wichtig besonders bei der Analyse der Internalisierung gesellschaftlicher Wirklichkeit, sind von George Herbert Mead ... beeinflußt" (1969, S. 18) - so weit das „Glaubensbekenntnis" der Autoren, das zeigt, in welche Richtung ein Sozialkonstruktivismus weitergedacht werden müsse.

Im Unterschied zum radikalen Konstruktivismus betonen Berger/Luckmann (1969, S. 20) jedoch: „Gesellschaft besitzt tatsächlich *objektive* Faktizität. Und Gesellschaft wird tatsächlich konstruiert durch Tätigkeiten, die subjektiv gemeinten Sinn zum Ausdruck bringen ... Es ist ja gerade der Doppelcharakter der Gesellschaft als objektive Faktizität *und* subjektiv gemeinter Sinn, der sie zur 'Realität sui generis' macht ... So meinen wir, daß erst die Erforschung der gesellschaftlichen Konstruktion der Wirklichkeit - der 'Realität sui generis' - zu ihrem Verständnis führt" (ebd.).

Gesellschaft ist dabei ein „ständiger dialektischer Prozeß ... der aus den Komponenten besteht: Externalisierung, Objektivation und Internalisierung ... Der Mensch wird jedoch nicht als Mitglied der Gesellschaft geboren ... Zu ihrem Mitglied aber muß er erst werden" (ebd., S. 139 - vgl. oben: „Man is not born human"). Dieses Werden, der Prozeß der „Internalisierung der Wirklichkeit", der „ontogenetische Prozeß ... der grundlegenden und allseitigen Einführung des Individuums in die objektive Welt einer Gesellschaft oder eines Teils einer Gesellschaft" ist die (primäre und sekundäre) Sozialisation. Diese erfolgt - gefiltert durch signifikante Andere, Milieus oder Klassen - als „kognitives Lernen" im Medium der Sprache, „mit Gefühl beladen", durch „Identifikationen" und Rollenübernahme und führt zur Gewinnung von Identität. „Der Mensch wird das, was seine signifikanten Anderen in ihn hineingelegt haben".

Zum Konstrukteur wird der Mensch erst durch Internalisierung, durch Sozialisation. „Sprache ist ... sowohl der wichtigste Inhalt als auch das wichtigste Instrument der Sozialisation" (S. 144). „Für uns ist die Tatsache entscheidend, daß der Einzelne nicht nur Rollen und Einstellungen Anderer, sondern in ein und demselben Vorgang auch ihre Welt (ihre *Konstruktion* der Wirklichkeit, H.G.) übernimmt" (ebd., S. 142-144). „Die erste Welt des Menschen wird also in der primären Sozialisation *konstruiert*" (S. 146).

Auf der Basis dieser Annahmen gelangen Berger/Luckmann zu den *Fragen* (ebd., S. 148):

– „Wie wird in der primären Sozialisation internalisierte Wirklichkeit bewahrt?" und

– „Wie gehen neue Internalisierungen - oder sekundäre Sozialisationen - im späteren Lebenslauf vor sich?".

Der (Sozial-)Konstruktivismus ist auf Sozialisationstheorie verwiesen, auf die Erklärung der Frage, wie Wirklichkeit in der lebenslangen Ontogenese konstruiert, bewahrt und verändert (Re-Sozialisation, vgl. oben) wird. Makrotheoretisch ist dabei z.B. nach der „Konkurrenz der Wirklichkeitsbestimmung" (S. 179) zu fragen, nach der Macht (!) der jeweils Definierenden, welche (Konstruktion der) Wirklichkeit sich durchsetzt. Was heißt z.B. „wirklichkeitsorientiert ... Der Soziologe allerdings muß zusätzlich fragen: 'Um welche Wirklichkeit handelt es sich?'" (S. 187) oder eben als Sprachspiel: Wie wirklich ist die Wirklichkeit - z.B. der Medien?

Sozialisation ist im Sozialkonstruktivismus von Berger/Luckmann als dialektischer Prozeß der „dauernden Koexistenz von Animalität und Sozialität", als „Dialektik von Natur und Gesellschaft" (ebd., S. 192 - bei Mead „Natur und Geist") zu sehen. Der Mensch bringt als Erbe der Evolution die „organischen Voraussetzungen und Grenzen der gesellschaftlichen Konstruktion der Wirklichkeit" mit (S. 191). „Der Mensch ist biologisch bestimmt, eine Welt zu konstruieren und mit anderen zu bewohnen. Diese Welt wird ihm zur dominierenden und definitiven Wirklichkeit ... In dieser Dialektik produziert der Mensch Wirklichkeit - und sich selbst" (S. 195).

Diese hier in Kürze - verkürzt, aber hart am Text - referierte fundamentale *Dialektik* von Natur (Biologie, Organismus) und Gesellschaft (Geist, Sozialität, Interaktion), Gesellschaftstheorie und *Theorie der Ontogenese* vermisse ich in der aktuellen Konstruktivismus-Debatte. Sie ist aber m.e. ihr - zumindest sozialwissenschaftliches - Fundament.

4 Fazit und Zusammenfassung: Soziologie und/als Konstruktivismus

> *„Gesellschaft ist ein menschliches Produkt. Gesellschaft ist eine objektive Wirklichkeit.*
> *Der Mensch ist ein gesellschaftliches Produkt" (Berger/ Luckmann 1969).*

Ich habe Soziologie von 1966-1971 in Münster, vor allem bei Joachim Matthes (und seiner „Schule" - vgl. Arbeitsgruppe Bielefelder Soziologen 1973 oder Matthes 1973) studiert, d.h. mich methodologisch-theoretisch mit dem befaßt, was heute allgemein als *„Interpretatives Paradigma"* (Wilson), Theorie des *„Symbolischen Interaktionismus"* (G.H. Mead, Blumer), *„Phänomenologische Soziologie"* (Schütz), *„Ethnomethodologie"* (Garfinkel, Cicourel) oder *„Wissenssoziologie"* (Berger/ Luckmann) genannt wird. Für Matthes galt:

> *„Soziologie ist Theorie über die Theorien empirischer Subjekte"*

(Kolloquiums-Erinnerung, die sich eingeprägt hat). In anderen Worten: Die Soziologie hat sich theoretisch und empirisch mit dem zu befassen, was handelnde Subjekte im Kopf haben: ihr Wissen, Bewußtsein, ihre Deutungen und Interpretationen der gesellschaftlichen Wirklichkeit, von der sie beeinflußt werden. Heute würden wir - konstruktivistisch „gewendet" - sagen:

> *Soziologie ist Theorie über die Konstruktionen handelnder Subjekte.*

In seiner „Einführung in das Studium der Soziologie" (Matthes 1973) schreibt Matthes zum Thema *„Was ist 'soziologisches Denken' ?"* (ebd., S. 96ff): „Gesellschaftliche Tatsachen sind handlungswirksame und handlungsleitende *Konstrukte*, über die sich das soziale Handeln bildet und abwickelt, und die, wenngleich von Menschen geschaffen und schaffbar, dennoch als dem Handelnden *'äußerliche'* Wirklichkeit ... begegnen ... In diesem Sinne kann man davon sprechen, daß sozialem Handeln stets *Sozialtheorien* innewohnen ...Die gesellschaftliche Wirklichkeit wird im theoriegeleiteten Handeln *konstruiert*, und das soziale Handeln in ihr bildet und aktualisiert sich in der Auseinandersetzung mit dem, was wir schon immer von ihr wissen, wobei dieses *Wissen* in der *interaktiven* Teilhabe am Konstruktionsprozeß gesellschaftlicher Wirklichkeit gewonnen wird ... Dieses eigentümliche innere Konstruktionsprinzip gesellschaftlicher Wirklichkeit läßt uns diese Wirklichkeit in ihrer Alltäglichkeit immer nur gleichsam im *Plural* erfahren; wir verzeichnen gesellschaftliche Wirklichkeiten je nach den Interaktionskontexten, an denen wir teilhaben und teilgehabt haben (vgl. das *„Thomas-Theorem"*: *„If men define situations as real, they are real in their consequences"*, H.G.) ... (Also) muß sich das soziologische Denken zuallererst die Konstitutionsproblematik gesellschaftlicher Wirklichkeit vergegenwärtigen ... Auch das soziologische Denken ist ein Prozeß der *Konstruktion* von sozialer Wirklichkeit".

Soziologisches Denken bedeutet nach Matthes „*Veränderung der Perspektive*" (vgl. Mezirow 1997: „*Perspektiventransformation*" als reflexives Ziel der Erwachsenenbildung), erkennen und reflektieren, daß Wirklichkeit ein menschliches Produkt ist, das in Interaktionen (gemeinsam, d.h. gesellschaftlich) konstruiert wird. So verstandene Soziologie befaßt sich mit der „*social construction of reality*" (Berger/Luckmann), mit den handlungsleitenden und das Denken und Wahrnehmen beeinflussenden Konstrukten, d.h. Alltagstheorien, Bilder, Deutungen und Interpretationen der empirischen Subjekte (vgl. „*Interpretatives Paradigma*" im Gegensatz zum „normativen Paradigma" der üblichen Soziologie).

Diese Soziologie, so mein wissenschaftsbiographisches *Fazit*, ist auf Grund ihrer theoretisch-methodologischen Prämissen immer schon das gewesen, was heute (Sozial-) Konstruktivismus genannt wird - und was ich 1988 mit „politischer (Erwachsenen-) Bildung" meinte (ein „neues Denken", eine „*Veränderung der Perspektive*", kritische Selbst-Reflexion) oder was ich 1991 als Fazit einer konstruktivistischen Reflexion zu „Sozialisationsprozessen" konstatierte: „*Bildung* läßt sich aus dieser Perspektive ... nicht als passive Übernahme vorgegebener Wissenselemente fassen, sondern als *aktive Konstruktionsleistung* des Subjekts ... Teilnehmerorientierung und Lebensweltbezug bedeuten letztlich, auf jeweils biographisch-sozialisatorische *Erfahrungen* und deren *Verarbeitung*, d.h. auf *Deutungsmuster, Wirklichkeitskonstruktionen* und Alltagsinterpretationen einzugehen bzw. davon auszugehen. (Neu)Lernen baut auf (alt) Gelerntem auf" (Griese 1991, S. 9f.).

Eine aktuelle Fortsetzung dieser Soziologie als „*Erkenntnistheorie*" (!) und „Methodologie der empirischen Sozialforschung" hat der Matthes-Schüler Meinefeld kürzlich (1995 „Realität und Konstruktion") - bisher m.W. unbemerkt von der Konstruktivismusdebatte - vorgelegt.

„Zu guter letzt" (Titel des letzten Werkes von Wilhelm Busch 1904).

In einem Zeitungsartikel (FR vom 2. Juli 1998: „Das menschliche Gehirn organisiert sich selbst und lernt ständig") wird von den Erkenntnissen/Ergebnissen des „Europäischen Forums für Neurowissenschaften", dem „größten Kongreß dieser Art" („mit 4000 Teilnehmern") berichtet:

– Es gibt „keinen feststehenden Plan für ein vollentwickeltes Gehirn ... Regeln für den selbständigen Lernprozeß gebe es nur durch das langsam entschlüsselte Wechselspiel (!H.G.) von Nervenzellen (Neuronen) mit Hilfe signalübertragender Moleküle ...

– Das Gehirn besitzt bei der Geburt nur ganz wenige neuronale Zellverbindungen, die von vornherein bestimmte Aufgaben lösen können, beispielsweise das Erkennen von Gesichtern" (Singer - Max-Planck-Institut für Hirnforschung); „alle weiteren Leistungen beruhten auf einem Lernprozeß (!), einschließlich dem Spracherwerb ... Das Baby lerne an der Umgebung und stabilisiere das Erlernte ständig";

– „Die Erfahrungen in der frühen Kindheit (!) sind entscheidend für die spätere geistige Gesundheit. 'Psychische Traumata oder emotionale Mangelzustände führen zu

Störungen der Gehirnstruktur, die sich später kaum noch ausgleichen lassen'" (Braun - Leibniz-Institut für Neurobiologie). „Durch emotional günstige Reize (gehen) eine große Zahl von Nervenzellen synaptische Verbindungen ein. Bleibt die Bindung zur Mutter stabil, verringere sich erstaunlicherweise die Zahl der Zellver- bindungen. 'Es ist so, als ob aus einem unbehauenen Block eine Struktur herausge- meißelt wird', sagt Braun, 'der Rest wird weggeworfen'. Nicht benötigte Nerven- bahnen werden wieder aufgegeben. Bei schwieriger Kindheit blieben überzählige Verbindungen bestehen, was zu Problemen bei der Verarbeitung im Gehirn führen kann" (Hinweis auf Experimente an Küken und Ratten);

– „Eine zuverlässige und emotional befriedigende Mutter-Kind-Beziehung (führt) zu ausgewählten, stabilen Neuronenstrukturen im Gehirn. 'Wenn da was schiefläuft in frühester Kindheit, kommt es zum Defizit oder Defekt'" (Braun) (dpa).

„Zu guter letzt" wäre zu fragen: Was bedeuten diese neuen Erkenntnisse für das „normale" interaktive Lernen zu Beginn der Gehirnentwicklung? Welche Rolle spielen Bezugspersonen (signifikante Andere), Milieu und Sprache in der frühe(ste)n Kind- heit? Was sind die Folgen frühkindlichen Lernens (oder dessen Fehlen) und primärer Erfahrungen (mit Menschen und deren Wirklichkeitskonstrukte) für die (spätere) Kon- struktion der Wirklichkeit usw.?

Aber: Ist das entwicklungspsychologisch-lerntheoretisch-sozialisationstheoretisch neu? (vgl. z.B. Hebbs physiologische Theorie des Lernens 1967 - Original 1958 ! - als Theorie der *Vermittlungsprozesse* im Zentralnervensystem). Vermittlungsprozesse sind bei Hebb ein Produkt aus dem *sensorischen Input* - Stimuli und Lernen - und den vor- angegangenen zentralen Prozessen - *Erfahrungen*. Die Vermittlungsprozesse und Zell- gruppierungen im Gehirn, die Änderungen an den Synapsen als Grundlage des Ler- nens, werden im Laufe der Kindheit aufgebaut - oder abgebaut. Davon ist das weitere Lernen (Konstruieren), die weitere Sozialisation, abhängig.

Das Buch von Hebb war u.a. Gegenstand meiner ersten (Sozial)Psychologieprüfung 1971.

Literatur

Arbeitsgruppe Bielefelder Soziologen (Hrsg.): Alltagswissen, Interaktion und gesellschaftliche Wirklichkeit. Band 1: Symbolischer Interaktionismus und Ethnomethodologie. Reinbek 1973

Arnold, R./ Siebert, H.: Konstruktivistische Erwachsenenbildung. Von der Deutung zur Konstruktion der Wirk- lichkeit. Baltmannsweiler 1995

Arnold, R./ Kempkes, H.-G.: Praktisches des Konstruktivismus. In: Hessische Blätter für Volksbildung, Heft 3/1998, S. 259-274

Berger. P./ Luckmann, T.: Die gesellschaftliche Konstruktion der Wirklichkeit. Eine Theorie der Wissenssozio- logie. Frankfurt/M. 1969 (Original 1966)

Franz-Balsen, A.: Rezension zu Knoll, J.H. (Hrsg.): Internationales Jahrbuch der Erwachsenenbildung. Band 24: Umweltbildung. In: Faulstich-Wieland, H. u.a. (Hrsg.): Literatur- und Forschungsreport, Nr. 41 (1998), S. 161-162

Gieseke, W./ Meueler, E./ Nuissl, E. (Hrsg.): Nur gelegentlich Subjekt? Beiträge der Erwachsenenbildung zur Subjektkonstitution. Heidelberg 1990

Gieseke, W./ Meueler, E./ Nuissl, E. (Hrsg.): Ethische Prinzipien der Erwachsenenbildung. Verantwortlich für was und vor wem? Kassel 1991

Griese, H.M.: Soziologische Anthropologie und Sozialisationstheorie. Weinheim 1976

ders.: Theorie der Resozialisation und Therapie von Drogenabhängigen. In: Neue Praxis, Heft 4/1974, S.

ders.: Verständigung über Perspektiven. Zur Didaktik der Politischen Bildung. In: Materialien zur politischen Bildung, Heft 4/1988, S.

ders.: Subjekt oder Sozialität - Subjektivität oder Intersubjektivität? In: In: Gieseke, W./ Meueler, E./ Nuissl, E. (Hrsg.), a.a.O. 1990, S. 168-175

ders.: G.H. Mead und seine (Fragmente zu einer) Theorie der Ethik. In: Gieseke, W./ Meueler, E./ Nuissl, E. (Hrsg.), a.a.O. 1991a, S.

ders.: Benötigt das qualitative Paradigma eine Forschungsethik? In: In: Gieseke, W./ Meueler, E./ Nuissl, E. (Hrsg.), a.a.O. 1991b, S.

ders.: Sozialisationsprozesse. In: Grundlagen der Weiterbildung - Praxishilfen v. 5. März 1991, S. 1-15

ders.: Andragogik in der Postmoderne - Philosophische Überlegungen und pädagogische Konsequenzen. In: Uniwersytet Lódski u.a.: Edukacji Doroslych w Sytuacji Przemian na tle Porównawczym. Lodz 1993, S. 13-24

ders.: Studentische Forschung in Projektform: Das Experten-Interview. In: Laga, G. (Hrsg.): Methodenakzeptanz. Hannover 1995, S. 129-145

Hayek, von W.E.: Die Irrtümer des Konstruktivismus. Tübingen 1975 (zuerst 1970)

Hebb, D.O.: Einführung in die moderne Psychologie. Weinheim und Berlin 1967

Hufer, K.-P: Nur Markt und Zeitgeist: Wo bleibt die politische Bildung? In: Neue Herausforderungen an die politische Bildung. Hrsg. von der Niedersächsischen Landeszentrale für politische Bildung. Aktuelles zum Nachdenken. Folge 19. Hannover 1997, S. 9-24

Kellner, H.-F.: Vorwort und Einleitung. In: Mead, a.a.O. 1969b, S. 7-35

Kirchgässner, G.: Konstruktivismus. In: Seiffert/Radnitzky, a.a.O. 1989, S. 164-168

Krause, D.: Luhmann-Lexikon. Eine Einführung in das Gesamtwerk. Stuttgart 1996

Matthes, J.: Einführung in das Studium der Soziologie. Reinbek 1973

Mead, G.H.: Geist, Identität und Gesellschaft - aus der Sicht des Sozialbehaviorismus. Mit einer Einleitung hrsg. v. Charles W. Morris. Frankfurt 1968 (1934)

ders.: Sozialpsychologie. Eingeleitet und hrsg. von Anselm Strauss. Neuwied 1969a (1956)

ders.: Philosophie der Sozialität. Aufsätze zur Erkenntnisanthropologie. Vorwort von Hansfried Kellner. Frankfurt 1969b

ders.: Die objektive Realität von Perspektiven. In: Mead (1969a, S.420-434 und 1969b, S. 213-228), Steinert, a.a.O. 1973, S. 336-343

Meinefeld, W.: Realität und Konstruktion. Erkenntnistheoretische Grundlagen einer Methodologie der empirischen Sozialforschung. Opladen 1995

Mezirow, J.: Transformative Erwachsenenbildung. Baltmannsweiler 1997

Reich, K.: Systemisch-konstruktivistische Pädagogik. Neuwied 1997

Schmitz, E./ Tietgens, H. (Hrsg.): Erwachsenenbildung. Band 11 der Enzyklopädie Erziehungswissenschaften. Stuttgart 1984

Seiffert, H./ Radnitzky, G. (Hrsg.): Handlexikon der Wissenschaftstheorie. München 1989

Siebert, H.: Der Konstruktivismus als Realanthropologie. In: Ahlheim, K./ Bender, W. (Hrsg.): Lernziel Konkurrenz? Erwachsenenbildung im 'Standort Deutschland'. Opladen 1996, S. 197-209

ders.: Sind wir lernfähig, aber unbelehrbar? Die Lernfähigkeit der Lehrenden. In: Zeitschrift für berufliche Umweltbildung, Heft 3/4/1997

ders.: Paulo Freire und Ivan Illich als Konstruktivisten? In: Datta, A./ Wojtasik, G. (Hrsg.): Bildung zu Self-Reliance. Reformpädagogische Ansätze aus dem Süden. Hannover 1998, S. 72-80

Steinert, H. (Hrsg.): Symbolische Interaktion. Arbeiten zu einer reflexiven Soziologie. Stuttgart 1973

Sutter, T.: Konstruktivismus und Interaktionismus. In: KZfSS Jg. 44, Heft 3/1992, S. 419-435

Tippelt, R. (Hrsg.): Handbuch Erwachsenenbildung/Weiterbildung. Opladen 1994

Joachim H. Knoll

Pluralität und Subsidiarität im System der Erwachsenenbildung/ Weiterbildung, nationale und internationale Kontexte

In der Wissenschaft und der Bildungspolitik bleiben einige Begriffe, die man als Charakteristika unseres pluralen Systems von Erwachsenenbildung/Weiterbildung begreifen kann, unerörtert oder werden zumindest verfassungs- und staatsrechtlich unzulässig verwandt. So ist zum Beispiel der Begriff und das Prinzip der Subsidiarität erst durch die Verankerung im Vertrag von Maastricht hierzulande in ein verfassungsrechtlich relevantes Gespräch gelangt. Pluralismus, Subsidiarität, Korporatismus, Kompetenzattribuierung als konsensuales Regelungssystem, „öffentliche Aufgabe" werden auf dem Hintergrund des dichotomen Staatsverständnisses zwischen Politik und Gesellschaft zur Diskussion gestellt. Es wird ihnen ein anderer Ort zugewiesen als der, der ihnen bislang aus verbandlichem Interesse und bildungspolitischer Absicht scheinbar unbestritten eingeräumt wurde. Von daher begibt sich die Arbeit an die Grenzen des gängig angenommenen Primats „öffentlicher" Erwachsenenbildung.

1. Staat, Gesellschaft, Politik
2. Pluralismus und Subsidiarität
3. Aus der deutschen Diskussion: öffentlich - nicht-öffentlich
4. Zur öffentlichen Aufgabe
5. Noch einmal: zum Besonderen

1. Staat, Gesellschaft, Politik

Staat, Gesellschaft und Bildungspolitik sind bei den Trägern von Erwachsenenbildung und in der Wissenschaft von der Erwachsenenbildung ein vergleichsweise selten aufkommender und sich verdichtender Gesprächsgegenstand, das gilt vor allem hinsichtlich der Bezugsverhältnisse von Politik, Gesellschaft und Erwachsenenbildung, der Struktur von Erwachsenenbildung als plural und subsidiär verfaßten System, wie auch hinsichtlich der innen- und außengeleiteten Gestaltung einer versäulten Struktur von Erwachsenenbildung/Weiterbildung. Allenfalls im Zusammenhang trägerspezifischer Standortbestimmungen und bildungspolitischer Reformprojektionen (z. B. Gutachten des Deutschen Ausschusses, Bildungsgesamtplan, Thesen zur Weiterbildung, Selbstverständnis-Erklärungen des Deutschen Volkshochschul-Verbandes)[1] oder des euro-

---

[1] Zu den hier genannten Kulminationspunkten vgl. jetzt Raapke 1998; von den eigenen Arbeiten etwa: Knoll 1980 und jüngst: Knoll 1997; die Schnelläufigkeit der Bildungspolitik belegt sich u. a. auch durch Rezensionen, die eine Aktualität einfordern, die - vom Erscheinungsdatum her - gar nicht geleistet werden kann.

päischen Einigungsprozesses - hier bei der Abtretung von Souveränitätsrechten an die supranationale EU - werden auch Fragen nach der Rechtsnatur von Weiterbildung in „öffentlicher" und „nichtöffentlicher" Trägerschaft gestellt, wobei dann auch Einzelaspekte wie Pluralismus, Subsidiarität, Kompetenzattribuierung, „öffentliche Aufgabe" über die eigensüchtige Rhetorik hinaus thematisiert und deren Herkunft und distinkte Qualität näher gekennzeichnet werden.

Es lassen sich gewiß einige Autoren nennen, die sich, entweder punktuell oder wiederkehrend, dieser Perspektive von Erwachsenenbildung/Weiterbildung intensiver angenommen und dabei auch systemanalytische Überlegungen, etwa zur Versäulung und Entsäulung des Subsystems im Ost-West-Vergleich[2], angestellt haben: Klaus Senzky[3], Josef Olbrich, Helmut Keim, Horst Siebert[4], Rudolf Tippelt, Joachim H. Knoll, Hans Tietgens, jüngst besonders Bernd van Cleve.

Sieht man auf die Entwicklung der Erwachsenenbildung im 19. und 20. Jahrhundert im Sinne eines „organisierten Prozesses zum Zwecke größerer Befähigung"[5], so läßt sich ihre Genese etwa derart beschreiben: von der freien Initiative zumeist organisatorisch noch unstrukturierter, politik- und staatsferner Verbände, Clubs und Gesellschaften, über ein Zwischenstadium zunehmender Binnenregulation im Sinne sich verfestigender Organisationsstrukturen, hin zu einer perfekten Regulierung, an deren Ende die Selbstinpflichtnahme des Staates für Weiterbildung steht. Über die damit zusammenhängenden Probleme von „öffentlicher Aufgabe und öffentlicher Alimentierung" muß später verhandelt werden.

Dieser Prozeß, der hier nur idealtypisch ansichtig gemacht wird, läßt sich an der außerschulischen Bildung noch eindeutiger verfolgen: Von der freien Initiative privater zumeist kirchlicher oder philanthropischer Einrichtungen im 19. Jahrhundert verläuft die Linie weiter über die Regulationsbalance von öffentlicher und „privater" Jugendhilfe (1911, preußischer Jugendpflege Erlaß und 1924, Reichsjugendwohlfahrtsgesetz) bis hin zu Versuchen, eine Regulierung (Jugendhilfe-Gesetzentwurf 1977) durchzusetzen, die die Subsidiarität aufzuheben und durch die staatliche Jugendhilfe zu ersetzen schien. Inzwischen hat das Kinder- und Jugendhilfe-Gesetz (1993) zum *Prinzip* einer eingeschränkten Subsidiarität zurückgefunden.

Die Entwicklung kann auch auf andere Bereiche der sozialen und bildungspolitischen Vorsorge bezogen werden; insgesamt liegt dem Wohlfahrtsstaat die Tendenz zugrunde, über Parteipolitik und Verwaltung eine totale Zuständigkeit zu beanspruchen oder gar

---

Zur Situation und Aufgabe der dt. Erwachsenenbildung in Gutachten und Empfehlungen des Deutschen Ausschusses für das Erziehungs- und Bildungswesen vgl. Knab u. a. 1965; ferner Bund-Länder-Kommission für Bildungsplanung (und Forschungsförderung) 1973; dazu auch: Bundesministerium für Bildung und Wissenschaft 1984.

[2] Vgl. Anweiler et al.1990.

[3] Vgl. Senzky 1977.

[4] Vgl. Keim, Olbrich, Siebert 1973; vgl. auch die Kommentare in: Grundlagen der Weiterbildung, Recht Band 1-4, Loseblatt-Sammlung, Neuwied 1980 ff.

[5] So bereits vor dem Strukturplan im „Bochumer Plan" und auf dem Hintergrund früher Befassung mit dem Bildungssystem in der DDR; an diesen bildungspolitischen Konzeptualisierungen hat Horst Siebert in seiner Bochumer Zeit intensiv Anteil genommen.

zu usurpieren und solchermaßen die gesellschaftliche Selbstregulation außer Kraft zu setzen. Die wenigen Bereiche, in denen das Prinzip der Subsidiarität noch deutlich erkennbar wird und in denen es sich durch die Pluralität der Einrichtungen manifestiert, sind die Vorschulerziehung, die außerschulische Jugendbildung und die Erwachsenenbildung.[6]

Mit Begriff und Inhalt von Subsidiarität treten wir später in eine aktuelle bildungspolitische Diskussion ein, die insbesondere durch das kulturell-geographische Subsidiaritätsgebot der EU belebt wird und gar eine Sondersitzung des Ministerrats der EU im Herbst 1998 veranlaßt hat.[7] Die Aktualität läßt sich aus mancherlei tagespolitischen Belegen erschließen, die einen nicht eben leicht zu vermittelnden Gegenstand einem breiteren Publikum zugänglich machen wollen, und damit dem Prinzip der „Kompliziertheitszensur" (Eschenburg) gegenzusteuern versuchen. Ich hebe an dieser Stelle nur zwei Belege hervor, um solchermaßen auch bewußt zu machen, daß mit Pluralismus und Subsidiarität wesentliche Prinzipien eines organischen, sozialstaatlichen Demokratieverständnisses angesprochen sind. Die heute zu beobachtende Tendenz einer Minimalisierung der Pluralität in zahlreichen Bereichen zugunsten eines staatlich-monolithischen Gestaltungsanspruchs löst offenbar Ängste aus, die denen der „Politikfeindschaft" und der „Staatsverdrossenheit" zugeordnet werden können. Pluralismus und Subsidiarität gelten auch angesichts der zunehmenden Unüberschaubarkeit und Kompliziertheitsstruktur von Politik als Beschwichtigungsformeln, die den Eindruck vermitteln möchten, daß mit gesellschaftlichen Regulativen und nichtöffentlicher Gegensteuerung die Zentralität durch die Regionalisierung abgemildert werden können und daß Beheimatung über die sozialen Gruppen, in denen der einzelne aufgehoben ist, hergestellt werden könne. Gleichzeitig ist Subsidiarität ein Rechtfertigungsargument des Staates, sich aus der öffentlichen Alimentierung aufgrund „leerer Staatskassen" zurückzuziehen und dem Gedanken des Föderalismus Geltung zu verschaffen. Subsidiarität und öffentliche Alimentierung schließen einander nicht aus! So schreibt DIE WELT in einem Bericht, der Subsidiarität auch im geschichtlichen Herkommen weit zurückverfolgt: „Das Zauberwort heißt Subsidiarität. Es soll den Bürgern Europas die Furcht nehmen, bei weiterer Intensivierung der Union zuviel an Selbstbestimmung aufgeben zu müssen und einer anonymen Bürokratie ausgeliefert zu werden."[8] Und im Sinne der angedeuteten Gefahrenabwehr schreibt die FAZ: „Damit verlangt der Subsidiaritätsgrundsatz[9] etwas, was aufzubringen allen Politikern schwer fällt, am schwer-

---

[6] Vgl. Knoll 1992; aus der Sicht des Jugendmedienschutzes gehe ich ausführlich auf staatliches Handeln und freiwillige Selbstkontrolle als gesellschaftliche Selbstregulation ein in: Knoll 1998.

[7] Das Subsidiaritätsgebot der EU (Art. 3 b des Vertrages zur Gründung der Europäischen Gemeinschaft in d. F. vom 2.2.1992, jetzt gültige Fassung vom 1.1.1995) hat über Art. 23 (neu) GG die Subsidiarität im hiesigen Verfassungsverständnis gesichert.

[8] Jehne 1998, G 1, nach einem dezidierten Verweis auf den Zusammenhang des Subsidiaritätsprinzip mit der kath. Soziallehre wagt Verf. auch einen Blick auf die Antike und formuliert: „Diese mit dem Subsidiaritätsprinzip geforderte staatliche Zurückhaltung war im Römischen Reich weitgehend selbstverständlich ...".

[9] Es nimmt nicht wunder, daß die Begriffe *Subsidiaritätsprinzip* und *-grundsatz* eigenartig changieren; darin drückt sich zunächst nichts anderes aus, als daß Subsidiarität bis zu Neuformulierung von GG 23 kein *ausdrücklicher* Bestandteil unserer Verfassung war. Vgl. auch: Doering 1992.

sten den Sozialpolitikern: Zurückhaltung nämlich, Verzicht auf Allzuständigkeit und auf die Idee, immer und überall 'gefordert' zu sein."[10]

2. Pluralismus und Subsidiarität

Für den vorliegenden Zusammenhang können Herkunft und theoretische, vor allem staatswissenschaftliche Diskussionsbestände verhältnismäßig kurz gefaßt werden. Beide Begriffe scheinen zusammenzugehören, sofern es sich bei Pluralismus um ein organisches Verständnis von Staat handelt, in dem die gesellschaftlichen Gruppen den Staat konstituieren und Individualrechte über den Gruppenkonsens zum Ausdruck gebracht werden, und sofern die Subsidiarität eine Nachordnung des Staates gegenüber den gesellschaftlichen Gruppen und deren weltanschaulichen Entscheidungen gebietet.

Unbeschadet dieser Zusammensicht der beiden Prinzipien muß zunächst festgestellt werden, daß beiden im wesentlichen eine Sicht des Staates zugrundeliegt, die den Staat als Zusammenschluß gesellschaftlicher Gruppen begreift, deren konsensuale Abreden das Staatsziel mitbestimmen. Diese extensive Subsidiarität findet sich im 19. Jahrhundert etwa in Humboldts „Nachtwächterstaat", dem positive Wohlfahrt oder Gestaltung nur bei der Abwehr von äußerer Bedrohung zugesprochen wurde[11]; ansonsten setzt Humboldt offenbar auf einen gesellschaftlichen Automatismus der Selbstregulation.

Gemeinhin wird allerdings Subsidiarität zurückgeführt auf die katholische Soziallehre, und diese plakative Zuordnung hat wohl Schuld daran, daß da und dort Bedenken gegenüber einer verfassungsrechtlichen Festschreibung aufgekommen sind. Solche Hinweise fehlen denn auch nicht in der rechtwissenschaftlich-monographischen Literatur zur Subsidiarität.[12] So schreibt Merten prononciert: „Subsidiarität, für viele politischer Gemeinplatz und rhetorischer Pausenfüller, ist zum verbum constitutionale aufgestiegen. Wurde der Begriff wegen der ihm fälschlich zugeschriebenen ultramontanen Färbung nicht in den Urtext des Grundgesetzes aufgenommen, so ist er zwecks Ratifizierung des Maastrichter Vertrages in die Verfassung gelangt. ... Da in Maastricht auch dem vereinigten und zu vereinigenden Europa Nachrangigkeit verordnet wurde, handelt es sich bei der grundgesetzlichen clausa integrationis um eine staatsrechtliche Korrespondenznorm zu Vertragsbestimmungen, die sich explizit oder implizit zur Subsidiarität bekennen."[13] Von daher reicht auch die Rechtsverbindlichkeit der Subsidiarität über den unmittelbaren Bezug zur EU und dem europäischen Einigungsprozeß hinaus. Der gelegentlich auftauchende schnellzüngige Analogieschluß, der Subsidiarität mit

---

[10] Adam 1998, S. 1.

[11] Vgl. Humboldt 1797, endgültig veröffentlicht 1848. Die bildungspolitische Dimension von Humboldts „Ideen" wird auch verhandelt in: Knoll, Siebert 1969.

[12] Vgl. hierzu u.a. Merten ²1994 (¹1993), Pieper 1994, Doering 1994. Beide Publikationen beziehen sich besonders auf die durch den Maastrichter Vertrag ausgelöste Subsidiaritätsdiskussion und die Folgen für ein umfassenderes Verständnis.

[13] Merten 1994, S. 77.

dem Grundsatz des Föderalismus in eins setzt, wird zumeist klar zurückgewiesen: „So läßt sich feststellen, daß Subsidiaritätsprinzip und Föderalismus keine einander zwangsläufig bedingenden Modelle sind, wenn sie auch ähnliche Strukturen aufweisen. Aus dem Befund, daß es sich um ein föderatives System handelt, läßt sich damit also noch keineswegs auf die Geltung des Subsidiaritätsprinzip schließen."[14] An dieser Stelle mache ich für die Erwachsenenbildung schon darauf aufmerksam, daß sie als non-formal adult education zwar nach dem bei uns geltenden Kulturföderalismus der Zuständigkeit der Landespolitik unterliegt, aber keineswegs per se von der Zurückhaltung staatlicher Intervention gegenüber der gesellschaftlichen Initiative ausgehen kann. Vielmehr nimmt der fälschliche und überdehnte Zuständigkeitsanspruch der politischen Parteien, - die gem. GG. 21,1 „nur" bei der Willensbildung *mitwirken* - über die von ihnen gebildete Exekutive bei der Gestaltung und Steuerung (Aufsicht, Finanzierung, Akkreditierung von neuen Einrichtungen usw.) weitreichende Funktionen wahr. Damit widersprechen die politischen Mandatsträger eindeutig dem Verfassungsgrundsatz der Subsidiarität. Gleichzeitig darf man sich allerdings auch nicht aus der Aktualität ausklammern und die Realität der Verfassungswirklichkeit außer Acht lassen, die den Grundgedanken einer extensiven Subsidiarität nicht mehr kennt.

Lassen wir historische Abfolgen, die Subsidiarität aus den Schriften von Aristoteles und Thomas von Aquin ableiten, ebenso außerhalb der vorliegenden Betrachtungen, wie die Hinweise auf Althusius und des von ihm gegründeten Prinzips des Föderalismus[15], so wollen wir uns schließlich doch auf den Zusammenhang von Subsidiarität und katholischer Soziallehre kurz einlassen, weil von dort aus letztlich eine organisch denkende, gesellschaftlich orientierte Verfassungstheorie beeinflußt ist.[16]

Unbeschadet historischer Ungenauigkeiten, von denen wir bereits sprachen, wird der klassisch gewordene Ausdruck des Subsidiaritätsprinzips im Sinne der katholischen Soziallehre im Rahmen der Sozialenzykliken aufgesucht; hierbei ist konkreter zu verweisen auf die Enzyklika „Quadrogesimo anno" von 1931 (Papst Pius XI), in der es heißt: „Wie dasjenige, was der Einzelmensch aus eigner Initiative und mit seinen eigenen Kräften leisten kann, ihm nicht entzogen und der Gesellschaftstätigkeit zugewiesen werden darf, so verstößt es gegen die Gerechtigkeit, das, was die kleineren und untergeordneten Gemeinwesen leisten und zu einem guten Ende führen können, für die weitere und übergeordnete Gemeinschaft in Anspruch zu nehmen; zugleich ist es überaus nachteilig und verwirrt die ganze Gesellschaftsordnung. Jedwede Gesellschaftstätigkeit ist ja ihrem Wesen nach subsidiär, sie soll die Mitglieder des Sozialkörpers unterstützen, darf sie aber niemals zerschlagen oder aufsaugen." Wenden wir diese Umschrift auf unser Thema, so heißt dies konkret, daß eine gesellschaftliche Begründung des Staates die Subsidiarität einschließt und Einzelaktivitäten gesellschaftlichen Gruppen eine Bestandsgarantie im Grundsatz von formaler Gleichrangigkeit und Gleichwertigkeit, bei inhaltlicher Unterschiedlichkeit zuspricht. Wie mit diesem Gedanken im praktischen Handeln umzugehen ist, löst natürlich da und dort nicht unerhebliche

---

[14] Pieper 1994, S. 59.

[15] Pieper 1994.

[16] Ausführlich dazu: Waschkuhn 1995.

Bedenken aus. Diejenigen, die von einem monolithischen, politikzentrierten Staatsverständnis argumentieren, werden darin eine Verschiebung des Gewichts staatlichen Handelns zugunsten einer gesellschaftlichen Selbstregulation sehen, die so rein und idealtypisch heute gar nicht mehr funktioniert und in großflächigen und massenhaften demokratischen Gemeinwesen auch gar nicht funktionieren kann. Diejenigen wiederum, die der Subsidiarität im Sinne der katholischen Soziallehre folgen, geben allzu rasch zu erkennen, daß es ihnen dabei um die Verteidigung von traditionalen Besitzständen geht und sie von einem Mißtrauen gegenüber der vermutbaren Neutralität und Sachgerechtigkeit staatlichen Handelns geleitet sind.

Subsidiarität kann im Zusammenhang der Erwachsenenbildung eigentlich nur meinen, daß vormalige und eher diffamierende Abhebungen von „Freier" und „Gebundener" Erwachsenenbildung der *gesellschaftlichen* Dimension staatlichen Handelns widerspricht, daß mit der Subsidiarität die Gleichrangigkeit und Gleichwertigkeit unterschiedlicher Partner reklamiert werden darf und daß gleichzeitig die Träger und Einrichtungen gesellschaftlicher Initiativen um die begrenzte Reichweite ihres Handelns wissen. Von daher müßte auch dem Satz widersprochen werden, daß im Konzert der an der Erwachsenenbildung teilhabenden Partner jeder alles kann und darf, konkreter alles anbieten kann und darf, sondern daß sie alle nur das anbieten können und dürfen, was ihrem gesellschaftlichen Partikularinteresse entspricht. Von daher hat Roman Herzog 1987 unmißverständlich gemeint, daß hinsichtlich der praktischen Handhabbarkeit des Prinzips der Subsidiarität erheblicher Zweifel anzumelden sei. Der Zweifel verstärkt sich unter gegenwärtiger Perspektive noch, wenn die Subsidiarität im Maastrichter Vertrag, zunächst geographisch-kulturell gemeint und auf die Regionalisierung Europas bezogen, eigentlich eine Re-nationalisierung befördert und den Eigengeist nationalstaatlicher Ordnungen gegenüber dem europäischen Einigungsprozeß zementieren kann. Gleichzeitig sehe ich im Subsidiaritätsprinzip eine Garantie für das *plurale System* der Erwachsenenbildung in der Bundesrepublik, sofern sich die Partner einem übergeordneten Verständnis von Kooperation und Koordination zuordnen.

• Es gibt einmal der Vielfalt weltanschaulicher Positionen eine Chance,

• es eröffnet kompetitive Möglichkeiten in einem auch als Markt zu denkenden quartären Bildungsbereich,

• es kann durch den Vergleich konkurrierender Partner zu einer überverbandlichen Qualitätssicherung anleiten und

• es kann die Gleichbehandlung von öffentlichen und nichtöffentlichen Einrichtungen, einschließlich deren finanzieller und personeller Förderung, einfordern.[17]

Damit sind wir an den zweiten, das System der Erwachsenenbildung hierzulande konstituierenden Begriff, den Pluralismus (oder die Pluralität von organisatorisch und weltanschaulich unterschiedlichen Einrichtungen) herangekommen. Die Auseinander-

---

[17] Sieht man auf die „Thesen zur Weiterbildung" des BMBW 1984, so kann man dort eine heute mögliche, wiewohl prononcierte Form des Subsidiaritätsprinzip sehen. Vgl. auch die zeitgenössische Literaturauswahl in: Knoll 1988, S. 22.

setzung mit diesem systemspezifischen Aspekt von hiesiger Erwachsenenbildung füllt fürwahr endlose Regale und allein schon die Literaturrecherche erbringt Titel sonder Zahl.[18] Dabei fällt zunächst auf, daß die sich dem Gegenstand nähernde Literatur nur zum Geringsten auf Aspekte der Pluralismus-Theorien eingeht und daß im Vordergrund die Phänomenbeschreibung der Einrichtungen und Träger und deren Abgrenzung hinsichtlich ihrer Inhalte und ihrer Rechtsqualität steht.[19]

Für Tippelt stehen zwei Aspekte, die mit dem Pluralismus zu verbinden sind, im Vordergrund, wobei er sich auf die aktuelle Situation und Diskussion einläßt. Einmal sei der Pluralismus ein konstitutives Steuerungselement staatlichen Handelns und sodann müsse der Pluralismus darauf sehen, daß die soziale Integration nicht zu kurz komme, wolle er nicht einer Ghettoisierung und Parzellierung Vorschub leisten. So heißt es bei ihm zunächst: „Modernisierungstheoretiker halten die Ausweitung der Steuerungs- und Leistungskapazitäten in Gesellschaften, aber auch zur Spannungsminderung rivalisierender und sich soziokulturell unterscheidender, sozialer Gruppen Differenzierungsprozesse für unabdingbar." Ich meine, daß ein derartiger Differenzierungsprozeß natürlich mit den Erscheinungsformen von Pluralismus in enger Verbindung steht. Und sodann wird weiter und einschränkend formuliert: „Wenn Vielfalt und Pluralität zum Selbstzweck würden, gehe die soziale Integration verloren. Integration ist aber in der Weiterbildung als ein Programm zu verstehen, das gegen Ghettoisierung, Isolation, Stigmatisierung und soziale Ungleichheit wirkt."

*Ähnlich wie im Falle der Subsidiarität muß allgemein und nachdrücklich gesagt werden, daß es sich bei dem Pluralismus wohl um ein **Prinzip** handelt, das dem Sozialstaatsgedanken zugehörig ist, daß Pluralismus aber keinen Verfassungstatbestand kennzeichnet.*

Wir folgen Ingo Richter: „Sieht man von der besonderen Stellung der politischen Parteien einmal ab, so sieht die Verfassung nicht ausdrücklich vor, daß bestimmte gesellschaftliche Organisationen an der Ausübung der staatlichen Macht beteiligt werden."[20] Aber gleichzeitig sollte man nicht übersehen, daß auch in diesem Fall Verfassungsstaat und politische Realität deutlich auseinanderfallen. Theodor Eschenburg und Werner Weber haben von politik- und staatswissenschaftlicher Perspektive aus in den 60er Jahren Klage über die „Herrschaft der Verbände" als Form einer nicht verfassungsgemäß-intervenierenden Instanz geführt. Heute weiß man demgegenüber, daß der Korporatismus[21] die Ansprüche gesellschaftlicher Gruppen, Verbände und Organisationen auf politische Teilnahme unausgesprochen sanktioniert, zumindest davon ausgeht, daß sie

---

[18] Der Recherche-Dienst von DIE listet aus jüngster Zeit 56 Titel zum Thema Pluralismus auf und weist gleichzeitig daraufhin, daß der Begriff Subsidiarität für eine Recherche kaum geeignet sei (Aufstellung vom 14.4.1998).

[19] Vgl. Richter 1989 ff.; van Cleve 1995, dort bes. die Formulierung der pluralismustheoretisch geleiteten Forschungsperspektive für die politische Erwachsenenbildung, S. 203; Tippelt, Eckert 1996, dort wird vor allem auf Trägerforschung und Milieuforschung in der Weiterbildung mit weiblichen Teilnehmern abgehoben, S. 668.

[20] Richter 1989 ff., S. 30.

[21] Vgl. dazu jetzt: Theisen 1998.

eine sozialstaatliche Realität darstellen; korporatistisch verfaßte Gremien (Beiräte der Rundfunk- und Fernsehanstalten, Enquete-Kommission, Koordinationsgremien in der Erwachsenenbildung) räumen Chancen für sozialstaatliche Mitwirkung ein.

Der Pluralismus als Gruppentheorie verfügt auch über staatsphilosophische Ableitungen und Begründungen, die zumindest in Kant und Rousseau auf „zwei Antipoden des Pluralismus"[22], als Protagonisten von Differenzierung oder Homogenität treffen. Auch Montesquieu und Locke erscheinen in der Ahnengalerie der Pluralismus-Theorien auf. Davon soll hier nicht weiter die Rede sein, der Blick soll sich aufs Aktuelle einrichten.

Der Pluralismus geht von der gesellschaftlichen Dimension des Staates und damit von Differenzierung und Vielfalt aus, er kann daher in Staaten, in denen eine Identität von Gesellschaft und Staat vorhanden ist oder angestrebt wird, keinen Raum finden. Das gilt weithin für alle Formen totalitärer Staatsverfassungen, gleich ob sie von Carl Schmitt zunächst nur vorgedacht werden oder später im Ost-West-Gegensatz greifbare Gestalt annehmen. Dieser Tatbestand der Interessenidentität von Staat und Gesellschaft, eine Annahme, die Qualifizierungsmotivation und -praxis in sozialistischen Staaten fundierte, hat im Zusammenhang der internationalen Erwachsenenbildung eine nicht unerhebliche Rolle gespielt. So waren etwa die UNESCO „Recommendation on the development of adult education"[23] in der globalen Ansicht von Systemen der Erwachsenenbildung vom Gedanken pluralistischer Verfassung ausgegangen, und diese Überzeugung ist auch in nachfolgenden Dokumenten und Konferenzen als die UNESCO-"Philosophie" eingegangen. Die Zustimmung der sozialistischen Staaten zu den „Recommendation" war eigentlich nur mit einem sprachlichen Trick zu erreichen, indem Pluralismus einfach als „Vielheit" organisatorischer und struktureller Art verstanden und die Pluralität im Sinne unterschiedlicher Weltanschauungen, Überzeugungen oder Haltungen nicht erwähnt wurde.[24]

Erst in der Endphase der sozialistischen Staaten ist hier eine gelinde Kehrtwende festzustellen; so werden zunächst kirchliche Einrichtungen der Erwachsenenbildung für den Ausweis einer pluralistischen Struktur ausdrücklich genannt (z. B. CSSR) und im Nachhinein hat man die neuen sozialen Gruppen (Chartisten in Prag, kirchlich orientierte Protestgruppen in der DDR) ebenfalls in einen solchen Zusammenhang hineingebracht.

Insgesamt kann hier ein Merkmalskatalog von Pluralismus aufgemacht werden, der wesentlich die Vorzüge aufführt:

- Pluralismus findet im Korporatismus eine sozialstaatliche Akzeptanz für quasipolitisches Handeln.

---

[22] van Cleve 1995, S. 206.

[23] Adopted by the General Conference at its 19th session Nairobi, 26.11.1976.

[24] Darauf gehe ich ausführlicher ein in: Joachim H. Knoll, Konvergente und divergente Erscheinungen in der Erwachsenenbildung in Zentraleuropa - eine vergleichende Darstellung wesentlicher Strukturelemente, Universität Debrecen, Ungarn 29.6.1998. Erscheint demnächst in der Schriftenreihe des Verbandes der Österreichischen Volkshochschulen und des IIZ/DVV, Budapest.

- Pluralismus bringt den gesellschaftlichen Gruppen eine Mitwirkung und Teilhabe ein, die auch im Subsidiaritätsprinzip der (katholischen) Soziallehre aufgehoben ist.

- Pluralismus drückt Vielfalt aus und entspricht der Vielfalt gesellschaftlicher und bildungspolitischer Orientierungen.

- Pluralismus erleichtert die Regionalisierung und stellt damit auch die bürgernahe Zugänglichkeit von Erwachsenenbildung her.

- Pluralismusmodelle erleichtern neuen sozialen Bewegungen die Ausbreitung ihrer innovativen Potentiale.

3. Aus der deutschen Diskussion: öffentlich - nicht-öffentlich

Nachdem wir vorab versucht haben, Konstituanten einer Erwachsenenbildung im pluralen Netz zu beschreiben, wollen wir der Frage nachgehen, inwieweit derartige Überlegungen auch in hiesige Diskussionen Eingang finden.

Es gibt eine Reihe von Chiffren, von nicht näher, historisch oder verfassungsgeschichtlich überprüften Annahmen, die aus Gründen von Unkenntnis oder Taktik in bildungspolitischen Diskussionen einfach ausgespart werden. Ich will nicht im allgemeinen bleiben: Eine dieser Chiffren besteht darin, daß die in bildungspolitischen Dokumenten auftauchende Formulierung „Weiterbildung oder Erwachsenenbildung sei eine öffentliche Aufgabe" kurzschlüssig so interpretiert wird, als sei *öffentliche Aufgabe* ein Reservat der *öffentlichen Erwachsenenbildung*, also zuvörderst der Volkshochschulen. Daran anschließend lese ich gelegentlich, daß aus dieser „öffentlichen Aufgabe" auch die unterschiedliche Alimentierung und Unkostenerstattung abgeleitet werden können. Zu den eher alltäglichen, auch positionell kontaminierten Annahmen gehört die, daß Steuerung nur durch den Staat, durch die ihm zugehörige Administration mit ihrem scheinbar erprobten Regelwerk erfolgen könne. Daß darin auch politische Orientierungen ihren Ausdruck finden, ist natürlich und liegt auf der Hand. Man kann zunächst, wohl in gewisser Vereinfachung sagen, daß monolithische Positionen, etwa die Bildungspolitik der SPD und der Gewerkschaften[25], dazu neigen, die gesellschaftliche Teilhabe zu minimalisieren und Erwachsenenbildung eher der Steuerung durch den Staat zu überantworten. Pluralistische Konzepte, etwa die Bildungspolitik der CDU, werden eher auf die Selbstregulation von gesellschaftlichen Teilkräften und Gruppen vertrauen. Und besieht man die vorliegenden Gesetze zur Erwachsenenbildung, so ließen sich solche Positionen auch einfach ausmachen. Dazu könnte man überprüfen, ob die unterschiedlichen Träger und Einrichtungen der Erwachsenenbildung/ Weiterbildung im pluralen Netz auch die gleichen Rechte und Titel besitzen, über gleiche Anspruchsrechte verfügen, oder ob etwa die Erwachsenenbildung in öffentlicher Träger-

---

[25] Vgl. dazu die prononcierte Stellungnahme in: Neue Deutsche Schule, 1993, S. 10 „... allerdings gilt für die GEW ... der Primat der öffentlichen Trägerschaft"; s. auch die Dokumentation in: Deutscher Volkshochschul-Verband Magazin 2/98; Otto 1998, steht für eine moderate marktwirtschaftliche Orientierung.

schaft, trotz gewiß gegenteiliger Beteuerungen, einen Vorrang gegenüber den anderen Einrichtungen und Trägern genießt. Auf dieser Linie liegt auch ein Satz von Rita Süßmuth in der ersten Nummer der Zeitschrift DIE, der nachgerade klassisch geworden ist: „Die Meßlatte der Erwachsenenbildung ist die Volkshochschule."

Obwohl wir grundsätzlich davon ausgehen, daß Pluralismus und Subsidiarität Wesensmerkmale von Erwachsenenbildung/Weiterbildung in unserem System sind, so treffen wir gleichzeitig auf Systematisierungsversuche, mit denen die Vielfalt gleichsam inhaltlich und von der Trägerschaft her in Großgruppen oder Säulen zusammengefaßt wird. Diese Zusammenschlüsse sind relativ kohärent, da sie durch ähnliche Zwekke und Strategien verbunden sind und neigen insgesamt zu einer Versäulung, die Querverbindungen oft ausschließen. Ein klassisches Beispiel sind die Formen der Erwachsenenbildung in der DDR, die sich in den Säulen berufliche, schulische und kulturelle Massenarbeit darstellte.

Gegen Ende der DDR sollte, nicht zuletzt unter dem Eindruck der internationalen Diskussion, eine stärkere Ausgewogenheit zwischen der qualifikatorischen und soziokulturellen Bildung hergestellt werden; der Ruf nach einer Entsäulung des Systems wurde immer stärker.[26] Aber auch in der Bundesrepublik zeigen sich vergleichbare Tendenzen von Versäulung und Entsäulung, wodurch das bisher in Balance gehaltene Netz von pluraler Erwachsenenbildung „in Unordnung" zu geraten droht. Die hier stattfindende Entsäulung kommt indes dadurch zustande, daß die Grenzen der Säulen überschritten werden, weil, zufolge von finanziellen Anreizen, andere als die bisher versehenen Terrains als „lukrativ" erscheinen. Hier sind wir mit dem planen Sachverhalt konfrontiert, daß finanzielle Zuwendungen und Attraktionen einzelne Einrichtungen der Erwachsenenbildung von ihren bisherigen Aufgabenfeldern entfernen. Hier legt sich eine Analogie zu einer Beobachtung der UNESCO nahe, die bereits in den 80er Jahren die zentrifugalen und zentripedalen Kräfte der Flucht- und Suchbewegungen diagnostizierte. Die kurze Abschweifung sei gestattet:

Die UNESCO unterscheidet im Blick auf die Strukturen - fast im Sinne einer Versäulung - zwischen formal, non-formal und informal adult education[27] und faßt unter formal adult education die betriebliche und beruflich abschlußbezogene Bildung, unter non-formal adult education die soziokulturelle und schulabschlußbezogene Bildung und unter informal adult education das, was man auch mit kommunikativer Bildung in „alternativen Einrichtungen" umschreiben könnte.[28] Diesen unterschiedlichen Aufgabenfeldern der Erwachsenenbildung/Weiterbildung können Institutionen zugeordnet

---

[26] Die Tendenz drückt sich bereits frühzeitig aus in: Für eine weitere Erhöhung des Niveaus der Erwachsenenbildung. Gemeinsamer Beschluß des Ministerrats der DDR und des Bundesvorstandes des FDGB vom 21. Juni 1979, Verfügungen und Mitteilungen des Staatssekretariats für Berufsbildung 1979, Nr. 6, S. 73. Der vormalige Direktor des Zentralinstituts für Berufsbildung, Wolfgang Rudolph, hat in der Rückschau die Elemente der zentralen Steuerung und die Ausschaltung von pluralen Formen der Weiterbildung deutlich diagnostiziert und darauf hingewiesen, daß das „international beachtliche Niveau" der Erwachsenenqualifizierung letztlich auf der „festen Einbindung in die zentralistische Planwirtschaft beruhte", in Rudolph 1990, S. 196.

[27] Vgl. dazu jetzt Hüfner, Reuther 1996.

[28] Dies habe ich an anderer Stelle breiter ausgeführt: vgl. Knoll 1996.

werden, so daß ein plurales Netzwerk entsteht, dessen einzelne Teile zunächst durchaus aufeinander bezogen sind.

Tabelle 1 (Knoll 1996, S. 6)

	formal adult education	non-formal adult education	informal adult education
Profile	abschlußbezogene Bildung, Weiterbildung, Fortbildung, Umschulung	nichtberufliche, abschluß-bezogene sozio-kulturelle Bildung	alternative, nicht-institutionalisierte Erwachsenenbildung
Lernorte	betriebliche Einrichtungen, überbetriebliche Einrichtungen	öffentliche Einrichtungen, nichtöffentliche Einrichtungen der EB (z.B. VHS, konfessionelle Träger)	u.a. Kommunikationszentren
Inhalte	berufliche EB	allgemeine EB	Bildung durch Kommunikation

Um ein derartiges System ohne gesetzliche Regulierung funktionsfähig zu machen, bedarf es eines gesellschaftlichen Konsenses über die Kompetenzattribuierung, das heißt, die Teilnehmer an Veranstaltungen der Erwachsenenbildung treffen aufgrund gesellschaftlicher Übereinkunft und fachlicher Vermutung eine Entscheidung für einen Partner, dem sie die meiste Kompetenz bei ihrer Wahl zusprechen. Dieses Regelwerk bleibt solange in Takt, als nicht durch finanzielle Anreize die Kompetenz fragwürdig wird oder sich auf andere Partner verlagert. Konkreter gesprochen: Einrichtungen der Erwachsenenbildung werden zu Kompetenzen ermuntert, die sie nicht ursprünglich besitzen, sondern die sich ihnen aufgrund finanzieller Alimentierung nahelegt. Wir können seit der Mitte der siebziger Jahre derartige zentrifugalen Kräfte feststellen, womit gemeint ist: Partner begeben sich auf Terrains, die ihnen nicht ursprünglich im Sinne ihrer Kompetenz zugesprochen wurden, sondern die sie aus einer neuen Ausstattung ableiten. Das System kann nurmehr durch Regulierung, kraft entsprechender Gesetze, die den Nachweis der Kompetenz einfordern und überprüfen, in der Balance gehalten werden, eine Balance, die sich auf das Prinzip der Gleichrangigkeit und Gleichwertigkeit aller Partner berufen kann.

Tabelle 2 (Knoll 1996, S. 7)

formal adult education		non-formal adult education		informal adult education
betriebliche überbetriebliche, berufliche WB	←	berufliche EB sozio-kulturelle EB kommunikative Bildung	→	Bildung durch Kommunikation

Diese auch mit ausländischen Erfahrungen deckungsgleiche Veränderung der pluralen Subsysteme von Erwachsenenbildung/ Weiterbildung stellt sich natürlich in der Detailansicht keineswegs so schroff dar, wie hier idealtypisch mitgeteilt. Zwar läßt sich beobachten, daß die VHS ihre Terrains erheblich in die Bereiche der beruflichen oder beruflich orientierten Bildung vorgeschoben hat, sie reklamiert indes nicht, jedenfalls offiziell nicht, daraus und aus ihrer kommunalen Organisationsform einen Primat im pluralen Netz abzuleiten. Die „Weimarer Erklärung" des Deutschen Volkshochschul-Verbandes geht auf Fragen eines neuen Aufgabenverständnisses ebenso ein wie auf Fragen des Binnen- und Außenpluralismus.[29] Dabei kommt auch zur Ansicht, daß die Andersartigkeit von privaten und kommerziellen Anbietern durchaus betont und die „öffentliche Aufgabe Weiterbildung" in der Zuständigkeit der Volkshochschule gesehen wird: „Weiterbildung ist eine öffentliche und keine überwiegend private oder kommerzielle Aufgabe." In einer jüngsten Äußerung von Volker Otto, dem Verbandsdirektor des DVV, wird freilich die Pluralität auch in der Form des pluralen Netzes und nicht nur als Innengebot für die Volkshochschule akzeptiert; dabei gilt dann die nüchterne Feststellung: „Die Forderung der Meinungsvielfalt und Pluralität hatte für die Erwachsenenbildung zur Folge, daß die Arbeit der Volkshochschulen mit Angeboten zahlreicher Träger konfrontiert wurde."[30] Und an anderer Stelle findet sich auch das Einverständnis mit dem ökonomischen Marktmodell von Weiterbildung, wenn er konstatiert daß: „... ökonomische Anforderungen des Marktes, der Konkurrenz unterschiedlicher Anbieter von Weiterbildung und der Reduzierung öffentlicher Zuweisungen erheblich an Bedeutung (gewinnen)." In Wiederholung sei an dieser Stelle noch darauf hingewiesen, daß sich bei den Gewerkschaften eher der Gedanke einstellt, daß die „reine Lehre" öffentlicher Steuerung und monolithischer Modelle eingehalten werden solle.

Offensichtlich haben die Meinungsführer des DVV Schwierigkeiten damit, sich in Modellentwürfen wieder zu finden, in denen die Volkshochschulen unter „öffentliche Erwachsenenbildung" subsumiert werden.[31] Sie wollen den Sondercharakter der Volkshochschule schon strukturell dadurch bewußt machen, daß sie einen nicht rechtsfähigen Begriff wie den der „Kommunalität" verwenden, den sie wie folgt definieren: „Kommunalität meint also nicht nur Rechtsbeziehung und organisatorische Einbindung der Erwachsenenbildung in die Verantwortung der Kommune, sondern signalisiert auch einen Beziehungsrahmen, in dem Bildung und Lernen Erwachsener als etwas Gemeinschaftliches aller Beteiligten verstanden und die Fähigkeit des Weiterlernens als Prozeß begriffen wird, der im Gemeinwesen verwirklicht, unter den Bedingungen der Selbstverwaltung erprobt und mit dem Ziel der sozialen Begegnung und Verantwortung verfolgt wird."[32] Wiederholt wird in der Verbandspresse das Thema des Plu-

---

[29] Deutscher Volkshochschul-Verband 1997.

[30] Volker Otto, Die Erwachsenenbildung in Mittel-Ost-Europa von 1945 bis zum Zusammenbruch der sozialistisch-kommunistischen Gesellschaftssysteme, Universität Debrecen, 2. bis 4. Juli 1998, als MS; erscheint demnächst in der Schriftenreihe des Österreichischen Volkshochschul-Verbandes.

[31] Ein früheres Schema, das sich an der Rechtsnatur der Träger von Hammacher orientierte, wird heute von V. Otto ganz ins Abseits verwiesen.

[32] Otto 1986, S. 311.

ralismus aufgenommen. Das Pluralitätsgebot, wiewohl nicht ausdrücklich als verfas-
sungsrelevanter Begriff ausgewiesen, aber inzwischen über Subsidiarität und Sozial-
staatsprinzip ein Bestandteil politischer Gestaltung, auch in der Form von korporativen
Modellen akzeptiert, beschäftigt die wissenschaftliche Expertise wiederholt[33], wobei
vor allem die Frage nach dem Rechtscharakter der *„öffentlichen Aufgabe"*, etwa im
Sinne politischer zentraler Steuerung[34], thematisiert wird.

4. Zur „öffentlichen Aufgabe"

Die „öffentliche Aufgabe", der Begriff kommt so eindeutig im Zusammenhang mit
Weiterbildung im „Bildungsgesamtplan" vor, scheint ein in der Wissenschaft von der
Erwachsenenbildung noch keineswegs hinreichend diskutiertes Thema zu sein; hier
bringe ich nur einige Notationen vor, die vielleicht eine größere Bedenklichkeit veranlassen können[35].

Mit zahlreichen Autoren, etwa Rupert Scholz, Hans Peter Bull, Wolfgang Martens[36]
läßt sich prononciert festhalten, daß der Begriff der „öffentlichen Aufgabe" rechtswis-
senschaftlich eher unerheblich, allenfalls irritierend, keineswegs eindeutig ist. Auf jeden Fall ist die Gleichsetzung von „öffentlich" mit „staatlich" vorschnell und rechtlich
unzulässig. Der Staat muß zur Wahrnehmung einer öffentlichen Aufgabe nicht unbedingt öffentliche Einrichtungen hinzuziehen. Er könnte in Wahrung seiner Interessen,
um im Falle der Weiterbildung z. B. die Sicherstellung eines flächendeckenden Ange-
bots zu gewährleisten, auch andere, gesellschaftliche Einrichtungen mit der
„öffentlichen Aufgabe" betrauen, sofern sie die erforderlichen Qualifikationen nachgewiesen haben. Ein Beispiel aus anderem Zusammenhang: Im neuen Kommunikati-
onsdienstgesetz vom 22. Juli 1997 werden Einrichtungen der Freiwilligen
(gesellschaftlichen) Selbstkontrolle erstmals als Subjekte des Jugendmedienschutzes
aufgeführt. Die Funktion der Freiwilligen Selbstkontrolle als ein mediatisierendes Instrument zwischen Mediennutzung und staatlich beaufsichtigter Einhaltung des Ju-
gendschutzes gründet sich auf das Prinzip gesellschaftlicher Teilhabe an der öffentlichen Kommunikation und Meinungsfreiheit. Dieses und andere Beispiele eines pluralistischen Verbunds gesellschaftlicher Teilkräfte zur Realisierung einer öffentlichen
Aufgabe, zunächst außerhalb der Erwachsenenbildung/ Weiterbildung, gestatten den
Nachweis, daß die Ausführung einer öffentlichen Aufgabe nicht notwendig bei Einrichtungen der öffentlichen oder teilöffentlichen Rechtsbeziehung liegen muß. Im Fall

---

[33] Vgl. auch dazu: Prokop 1989.

[34] Eine geschönte Verzeichnung des Verhältnisses von Subsidiarität und politischer Eingriffs- und Steue-
rungspraxis in: Degen 1986. Die Formulierung „bei den sozialdemokratischen Weiterbildungsgesetzen ..."
nimmt etwas wunder, da hier der parteipolitische Gestaltungsanspruch gleichsam ungeschminkt auftritt.

[35] Ich beziehe mich hier u.a. auf Bunke 1995, aus dieser Arbeit interessieren vor allem die Passagen zur Rechtsnatur von öffentlicher Aufgabe.

[36] Vgl. Scholz 1971; Martens 1969; Bull 1973.

der Erwachsenenbildung gibt es indes den Vertrauensbeweis des Staates gegenüber den Volkshochschulen, die zur Wahrnehmung einer öffentlichen Aufgabe durch die Flächendeckung und das Prinzip der Grundversorgung im Sinne eines allgemeinen gesellschaftlichen Interesses besonders effizient sind. An dieser Stelle konfligiert das eng verfassungsrechtliche Denken mit der inzwischen eingetretenen Realität staatlichen Handelns. Ob solche Zuweisungen von zunächst staatlichen Aufgaben an nichtstaatliche Einrichtungen im Sinne des geltenden Verfassungsrechts sind, wäre insofern unstrittig, wenn dafür nicht der Begriff der „öffentlichen Aufgabe" eingesetzt würde. Wir wiederholen die weithin geltende Ansicht, daß der Begriff nicht taugt, rechtlich als irrelevant gilt und durch einen anderen Begriff ersetzt werden sollte. Hans Peter Bull schlägt dafür „gemeinwohlbezogene" oder „gesellschaftliche" Aufgabe vor, und insinuiert, daß der Begriff der öffentlichen Aufgabe auch eine besondere Form öffentlichen Anspruchs ausdrücke: „Häufig soll die Formel von der öffentlichen Aufgabe ganz offensichtlich nur dazu dienen, eine aus dem geltenden Recht nicht überzeugend ableitbare Befugnis oder auch Pflicht zu begründen."[37] U. Bunke, der eine Hierarchie der „mittelbaren Staatsverwaltung" aufstellt, faßt in einer ersten Kategorie zusammen: „Öffentliche Aufgaben sind solche, an deren Erfüllung die Öffentlichkeit maßgeblich interessiert ist. Sie können durch Private so gut erledigt werden, daß der Staat weder ein Bedürfnis anzuerkennen noch den Wunsch zu haben braucht, sie zu regeln oder sie gar in eigene Regie zu nehmen."

Wenn aus dem Gesagten gefolgert werden kann, daß sich die „öffentliche Aufgabe", so sie denn in staatlichen Formulierungen aufscheint, zunächst nur auf solche „Angelegenheiten bezieht, deren Besorgung im öffentlichen Interesse liegen"[38], wenn des weiteren gegenüber der juristischen Fassung Bedenken bestehen und andere Begriffe vorgeschlagen werden, die stärker auf den sozialen Charakter von Allgemeinheit oder Allgemeinwohl abheben, so wird man sich gleichwohl an das tatsächliche Erscheinungsbild dessen zu halten haben, was sich bei der Wahrnehmung einer öffentlichen Aufgabe abbildet. Es handelt sich in der Regel um die Erfüllung von Aufgaben, die von einem Interesse der Gesamtgesellschaft ausgehen und nicht von einem Partikularinteresse, wobei sich das gesamtgesellschaftliche Interesse aus der Quersumme gesellschaftlicher Teilinteressen definiert. Bei der Erfüllung von Interessen der Allgemeinheit stehen demzufolge weniger organisatorische und mehr inhaltliche Fragen zur Diskussion. Die Entscheidung des Staates für einen Vorrang der Volkshochschulen ergibt sich nach unserer Ansicht, wie schon beschrieben, aus der Garantie, die Flächendeckung und die Grundversorgung zu gewährleisten, und nicht aus ihrem Organisationscharakter. Nun wäre es freilich dem Gleichheitsgrundsatz widersprechend, wenn diese Aussage so pauschal bestehen bliebe; der Vorrang kann entweder ausdrücklich (z. B. Gesetz über Volkshochschulen) oder durch die zusätzliche Erwähnung von Volkshochschulen im Kontext anderer Anbieter von Volksbildung oder Erwachsenenbildung zum Ausdruck kommen. Die Weimarer Reichsverfassung und das Zuschußgesetz des Landes Nordrhein-Westfalen von 1953 erwähnen z. B. die Volkshoch-

---

[37] Bull 1973, S. 49.
[38] Martens 1969, S. 99, vgl. auch Scholz 1971, S. 216: „Die öffentliche Aufgabe kann nach alledem nur in sehr unbestimmter Form als eine für die „Allgemeinheit" bedeutsame Angelegenheit umschrieben werden."

schulen ausdrücklich neben anderen Einrichtungen der Volksbildung und Erwachsenenbildung. Das 1. Gesetz zur Ordnung und Förderung der Weiterbildung im Lande
Nordrhein-Westfalen 1974[39] bringt den Vorrang nicht zuletzt durch unterschiedliche
Förderungsmodalitäten für die „öffentlichen" und „nichtöffentlichen" Anbieter zum
Ausdruck. Kommt hinzu, daß wohl nur von den Volkshochschulen ein Angebot quer
durch die, im Gesetz vorgesehenen sieben Aufgabenfelder der Weiterbildung geleistet
werden kann. Eine Auflage, die aus Gründen der spezifischen Interessen der Klientel
nichtöffentlicher Anbieter, wohl nur gegenüber den Volkshochschulen gestellt werden
kann. Es stünde natürlich dem Staat frei, andere Einrichtungen - etwa in einem kooperativen Verbund - mit der Wahrnehmung einer „öffentlichen Aufgabe" (im Sinne der
Wahrnehmung eines Interesses der Allgemeinheit) zu betrauen, wenn die hypotheti-
sche Vermutung bestehen würde, daß das Interesse nicht in qualitativ angemessener
Weise wahrgenommen wird oder der Wettbewerbsvorteil zu Lasten anderer Anbieter
ausgenutzt würde. Von da aus ergeben sich Anforderungen an Qualität und Qualitätssicherung, denen sich die Volkshochschulen in letzter Zeit ohnedies vermehrt zugewandt haben.

5. Noch einmal: zum Besonderen

Wir wollen die Einzigartigkeiten unseres Systems von Erwachsenenbildung/ Weiterbildung nicht zu stark unterstreichen, auch nicht in der Weise idealisieren, als wollten
wir die hier ausgeprägten Formen von Pluralität und Subsidiarität und die Realität der
„öffentlichen Aufgabe" als die finale Gestalt eines pluralen Netzes mit kooperativen
und koordinierenden Verknüpfungen darstellen. Nur sollten die Fixpunkte, die unser
System charakterisieren, in Erinnerung gehalten werden, daß wir hierzulande ein breit
ausgelegtes System unterschiedlicher Träger und Einrichtungen besitzen, deren Eigen-
und Gesamtinteresse unterschiedlich ausgeprägt ist, deren Vernetzung ebenfalls unterschiedlich ausfällt, deren Rechtsqualität unterschiedlich verfaßt ist und deren Selbst-
verständnisse in einem kompetitiven Markt von Weiterbildungsangeboten durchaus
von einander abweichen. Wir haben darüber hinaus eine Regelungsdichte, vor allem in
Form von Ländergesetzen, die anderwärts so nicht vorhanden ist. Wir verfügen mit den
Volkshochschulen über eine Form der Erwachsenenbildung, die Flächendeckung und
Grundversorgung garantiert.

Es fehlen uns gewiß auch Akzente, die anderwärts besser ausgebildet sind, so die Verbindung von Universität und Erwachsenenbildung, so das Community Development
und die rural adult education, so auch die Alphabetisierung für unterschiedliche Zielgruppen, so auch die unzulängliche Reformdiskussion internationaler Ansätze
(Lifelong education, human capital, environmental education).

---

[39] Dazu auch: Knoll 1980 und ders.1988.

Der Vergleich mit Systemen in anderen Ländern weist die Besonderheit sofort nach. Das Besondere unserer Erwachsenenbildung liegt zumal im kooperativen Verbund gesellschaftlicher Teilkräfte und in der Subsidiarität, die zu Regionalität verhilft und die Übermacht zentraler Harmonisierungsabsichten begrenzt. Der Hinweis auf die weltanschaulichen Begründungen für Erwachsenenbildung in der Geschichte würde den Eindruck noch verstärken, daß die Subsidiarität offenbar so eng mit der deutschen Situation verbunden ist, daß sie schon „vor der Zeit" eine quasi rechtliche Position eingenommen hat.[40] Vielleicht ist es gar nicht übertrieben, in der Subsidiarität gar ein wesentliches Charakteristikum eines Systems zu sehen, das dem Eigengeist unterschiedlicher Partner und den Prinzipien von Bürgernähe und Dezentralität entspricht. Die vormalige plakative Reformüberschrift der amerikanischen Gould-Commission „Diversity by Design"[41], würde auch über dem vielgestaltigen System hierzulande stehen können. Die Besonderheit des Subsidiaritätsprinzips empfinden zumal Beobachter aus England, Amerika und Australien, die mit dem Begriff „subsidiarity" eigentlich erst in den 80er Jahren Bekanntschaft geschlossen haben und in ihm, gleichsam als ungeklärte Erklärungsformel, ein Element der Erwachsenenbildung in europäischen Ländern erkennen. In einem australischen Kommentar heißt es: „News reports in early 1990s suggested that the principle of subsidiarity was a talking point in Europe. It is little difficult to understand why people would want to talk about such an obscure concept as a matter of common discourse. Subsidiarity does not sound like a word just to drop into a normal conversation. But happened because the principle of subsidiarity is a key to understanding some of Europe's problems in this decade."[42] Hier wird Subsidiarität wesentlich, m. E. zu stark, auf den europäischen Einigungsprozeß bezogen und seiner sozialstaatlichen Herkunft und Begründung entzogen.

Unsere Revue hat wohl gezeigt, daß sich das hiesige System von Erwachsenenbildung mit einigen Begriffen, die Prinzipien beschreiben und eine Rechtsqualität andeuten wollen, charakterisieren läßt: Pluralismus, Subsidiarität, Kommunalität, „öffentliche Aufgabe"; Begriffe, die Sonderheit und Eigengeist signalisieren, die aber bei genauerem Besehen auch zwiegesichtig, verdreht und manipulativ sind. Zur Klärung der Begriffe sollte hier beigetragen werden, auch im Gegenlauf zur „gemeinen Ansicht".

Literatur

Adam, K.: Solidarität contra Subsidiarität. In: FAZ, 7. 7. 1998, S. 1

Anweiler, O. u. a. (Hrsg.): Vergleich von Bildung und Erziehung in der Bundesrepublik Deutschland und in der Deutschen Demokratischen Republik. Materialien zur Lage der Nation. Köln 1977, S. 617

---

[40] „Vor der Zeit" soll sich hier auf das Subsidiaritäts-Gebot der EU beziehen; vgl. z. B. Feuchthofen 1992, Strohmeier 1992 und Wolfgramm 1992. Ausführlicher: Hrbek 1995, Lecheler 1993.

[41] Die Verbindung von diversity und subsidiarity wird jetzt hervorgehoben in „The Cork declaration - A living countryside" (1996) nach ESVA News, Vol. 3, Dec. 1997, No. 10, S. 2. Vgl. im weiteren dazu Tietgens 1995.

[42] Vgl. Mason, Randell 1995. Der Begriff wird hier zu stark auf dem Hintergrund zentralistischer Tendenzen in der EU gesehen: „In Europe, subsidiarity is the potential foil to the Brussels bureaucracy".

Bildungsgesamtplan der Bund-Länder-Kommission für Bildungsplanung (und Forschungsförderung). Stuttgart 1973

Bull, H. P.: Die Staatsaufgaben nach dem Grundgesetz. Frankfurt am Main 1973

Bundesministerium für Bildung und Wissenschaft (Hrsg.): Fortschreibung des Bildungsgesamtplans, 1982. Thesen zur Weiterbildung. Bonn 1984

Bunke, U.: Die öffentliche Aufgabe der Landesmedienanstalten. München 1995

Cleve, B. van: Erwachsenenbildung und Europa. Weinheim 1995

Degen, G. R.: Staat und Steuerung. In: Zur Entwicklung der Erwachsenenbildung aus wissenschaftlicher Sicht. Universität Bremen, Tagungsberichte Nr. 16. Bremen 1996, S. 177

Deutscher Volkshochschul-Verband: Weimarer Erklärung des Deutschen Volkshochschul-Verband zum lebenslangen Lernen. Beschluß der 45. Mitgliederversammlung des DVV. Weimar 16. 6. 1997

Doering, Th.: Subsidiaritätsprinzip und EG-Regionalpolitik. Bonn 1992

Dokumentation des DGB-Aufrufs „Allianz des Aufbruchs - Plattform Weiterbildung. In: Deutscher Volkshochschul-Verband Magazin 1998, Heft 2, S. 53

Feuchthofen, J. E.: EG-Bildungspolitik: Durchbruch in Maastricht. In: Grundlagen der Weiterbildung Zeitschrift 1992, Jg. 3/Heft 1, S. 1

GEW - Positionen zur Erwachsenenbildung. In: Neue Deutsche Schule 1993, Jg. 45/Heft 12, S. 10

Grundlagen der Weiterbildung e. V., Hagen (Hrsg.): Grundlagen der Weiterbildung, Recht Band 1-4, Loseblatt-Sammlung. Neuwied 1980 ff.

Hrbeck, R. (Hrsg.): Das Subsidiaritätsprinzip der Europäischen Union. Baden-Baden 1995

Hüfner, K./Reuther, W. (Hrsg.): UNSECO-Handbuch. Neuwied 1996

Humboldt, W. von: Ideen zu einem Versuch die Grenzen der Wirksamkeit des Staates zu bestimmen. 1797, endgültig veröffentlicht 1848

Jehne, M.: Dem Kaiser nur das, was des Kaisers ist. In: DIE WELT, 18. 4. 1998, G 1

Keim, H./Olbrich, J./Siebert, H.: Strukturproblem der Weiterbildung. Kooperation, Koordination, Integration. Düsseldorf 1973

Knab, D. u. a. (Hrsg.): Gutachten und Empfehlungen des Deutschen Ausschusses . Suttgart 1965

Knoll, J. H./Siebert, H.: Wilhelm von Humboldt. Politik und Bildung. Heidelberg 1969

Knoll, J. H.: Von der Nationalerziehung zur Weiterbildung. Köln 1980

Knoll, J. H.: Erwachsenenbildung und berufliche Weiterbildung in der Bundesrepublik Deutschland. Grafenau 1980

Knoll, J. H.: Erwachsenenbildung vor der dritten industriellen Revolution. Ehningen bei Böblingen 1988, S. 22

Knoll, J. H.: Von der freien Initiative zur perfekten Reglementierung? Jugendwohlfahrt, Jugendpflege, Jugendhilfe. Stuttgart 1992

Knoll, J. H.: Internationale Weiterbildung und Erwachsenenbildung. Darmstadt 1996

Knoll, J. H. (Hrsg.): Erwachsenenbildung und berufliche Weiterbildung in Deutschland. Selbstbilder ihrer Träger und Einrichtungen. Köln, Weimar, Wien 1997

Knoll, J. H.: Staat, Gesellschaft, Selbstkontrolle. In: tv diskurs. Verantwortung in audiovisuellen Medien April 1998, Ausgabe 4, S. 46

Knoll, J. H.: Konvergente und divergente Erscheinungen in der Erwachsenenbildung in Zentraleuropa - eine vergleichende Darstellung wesentlicher Strukturelemente. 2.-4. 7. 1998 Universität Debrecen, Ungarn. Demnächst in der Schriftenreihe des Österreichischen Volkshochschul-Verbandes und des IIZ/DVV, Budapest

Lecheler, H.: Das Subsidiaritätsprinzip: Strukturprinzip einer europäischen Union. Berlin 1993

Martens, W.: Öffentlich als Rechtsbegriff. Bad Homburg 1969

Mason, R./Randell, Sh.: Democracy, subsidiarity and community based Education. In: Convergence 1995, Vol. XXVIII/No. 1, S. 31

Mertens, D. (Hrsg.): Die Subsidiarität Europas. Berlin ²1994 (¹1993)

Ministerrat der DDR/Bundesvorstand des FDGB: Für eine weitere Erhöhung des Niveaus der Erwachsenenbildung. Gemeinsamer Beschluß vom 21. 6. 1979. In: Verfügungen und Mitteilungen des Staatssekretariats für Berufsbildung 1979, Nr. 6, S. 73

Otto, V.: Kommunalität und Öffentlichkeit - zum politischen Standort der Volkshochschule. In: Volkshochschule im Westen 1986, Jg. 38/Heft 5, S. 311

Otto, V.: Quo vadis Volkshochschule? In: Deutscher Volkshochschul-Verband Magazin 1998, Heft 2, S. 19

Otto, V.: Die Erwachsenenbildung in Mittel-Ost-Europa von 1945 bis zum Zusammenbruch der sozialistisch-kommunistischen Gesellschaftssysteme. 2.-4. 7. 1998 Universität Debrecen, Ungarn, als MS. Demnächst in der Schriftenreihe des Österreichischen Volkshochschul-Verbandes

Pieper, St.-U.: Subsidiarität. Ein Beitrag zur Begrenzung der Gemeinschaftskompetenzen. Köln 1994

Prokop, E.: Erwachsenenbildung unter dem Pluralitätsgebot. In: Volkshochschule im Westen 1989, Jg. 41/Heft2, S. 76

Raapke, H.-D.: Erwachsenenbildung. In: Ch. Führ/C.-C. Furck (Hrsg.): Handbuch der deutschen Bildungsgeschichte. München 1998, S. 549

Richter, I.: Weiterbildung - Verfassungsrechtliche Voraussetzungen. In: Grundlagen der Weiterbildung e. V., Hagen (Hrsg.): Grundlagen der Weiterbildung Praxishilfen, Loseblatt-Sammlung. Neuwied 1989 ff., Kap. 2.10

Rudolph, W.: Berufsbildung in der Umgestaltung. In: Forschung zur Berufsbildung 24 (1990), 5, S. 106

Scholz, R.: Die Koalitionsfreiheit als Verfassungproblem. München 1971

Senzky, K.: Systemorientierung in der Erwachsenenbildung. Stuttgart 1977

Strohmeier, R.: Grundzüge der europäischen Bildungspolitik. In: Grundlagen der Weiterbildung Zeitschrift 3 (1992), 2, S. 69

„The Cork declaration - A living countryside" (1996). In: ESVA News Dec. 3 (1997), 10, S. 2

Theisen, H.: Korporalismus und Konfliktkultur als Ursache der „Deutschen Krankheit". In: Aus Politik und Zeitgeschichte. Beilage in „Das Parlament", B 289-30/98, 10. Juli 1998

Tietgens, W.: Einheit in der Mannigfaltigkeit. In: DIE. Zeitschrift für Erwachsenenbildung 4/1995, S. 39

Tippelt, R./Eckert, Th.: Differenzierung der Weiterbildung. In: Zeitschrift für Pädagogik 42 (1998), 5, S. 67

UNESCO (Hrsg.): Recommendation on the development of adult education. Adopted by the General Conference at its 19th session, Nairobi 26. 11. 1976

Waschkuhn, A.: Was ist Subsidiarität? Ein sozialphilosophisches Ordnungsprinzip von Thomas von Aquin bis zur Civil Society. Opladen 1995

Wolfgramm, Th.: Weiterbildung für Europa. In. Grundlagen der Weiterbildung Zeitschrift 3 (1992), 2, S. 70

DETLEF KUHLENKAMP

Weiterbildung als Politikfeld - Ausgewählte Entwicklungslinien seit 1970

1. Vorbemerkung

Im Jahre 1973 veröffentlichte Horst Siebert gemeinsam mit Helmut Keim und Josef Olbrich das Buch „Strukturprobleme der Weiterbildung. Kooperation, Koordination und Integration in Bildungspolitik und Bildungsplanung." Dieser Band faßte den weiterbildungspolitischen Diskussionsstand um 1970 in der Bundesrepublik zusammen, dokumentierte das Spektrum der damaligen weiterbildungspolitischen Positionen, ordnete und erläuterte sie; setzte sie in Beziehung zu den Entwicklungen in der Weimarer Republik und kontrastierte sie zu den Konstellationen der Weiterbildung in der damaligen DDR.

Die darauf folgenden 25 Jahre weiterbildungspolitischer Entwicklung in der Bundesrepublik haben die damaligen Konstellationen und Programmatiken teilweise prolongiert und variiert, aber auch ignoriert, revidiert und konterkariert. Die Vergewisserung darüber läßt sich auch als eine Rückblende der Entwicklung wichtiger Bedingungsfaktoren der Berufsarbeit des Weiterbildungs-Wissenschaftlers Horst Siebert verstehen.

2. Das Pluralismusproblem in der Weiterbildung

Die weiterbildungspolitischen Auseinandersetzungen um 1970 kreisen vor allem um das Pluralismusproblem in der Weiterbildung. Dahinter verbarg sich die Frage, wie weitgehend der gesellschaftliche Pluralismus unterschiedlicher Werthaltungen, Interessen und Ziele sich in der institutionellen Struktur der Weiterbildung widerspiegeln solle und in welcher Weise der Staat mit gesetzlichen und finanziellen Regelungen den Pluralismus in der Weiterbildung zu unterstützen habe.

Die Bedeutsamkeit der Pluralismusfrage lag zum Teil in der geschichtlichen Entwicklung der Weiterbildung begründet. Die Ansätze einer organisierten Weiterbildung entstanden am Ende des 18. und in der ersten Hälfte des 19. Jahrhunderts außerhalb staatlicher Zuständigkeiten und richteten sich teilweise auch gegen sie. Ihnen lag entweder ein vorwiegend politisches, ökonomisches oder kulturelles Interesse zugrunde, zu dessen Umsetzung das organisierte Lernen Erwachsener erforderlich schien oder auch mehr oder weniger deutlich instrumentalisiert wurde. Weiterbildungsaktivitäten entstanden dabei größtenteils als private oder genossenschaftliche Initiativen, die im Verlauf des 19. Jahrhunderts - sofern sie überdauerten - in die Organisationsform des Vereins und schließlich des Verbandes überführt wurden, mit insgesamt bis heute heterogener institutioneller Struktur. Ein Teil der zahlreichen Institutionen der Weiterbildung wurde - und wird auch heute - von gesellschaftlichen Großorganisationen getragen, deren Engagement in der Weiterbildung auch als Ausdruck der jeweils primären Funktionsbestimmungen von Kirchen, Parteien, Gewerkschaften, Arbeitgeberverbänden oder sonstigen Verbänden zu verstehen ist. Weiterbildung steht so im übergeordneten Interesse der jeweiligen Trägerorganisation. Das heißt, die politischen Auseinandersetzungen um Ermöglichung und Bewahrung einer pluralistischen Weiterbildungsstruktur waren nicht nur weiterbildungspolitische Auseinandersetzungen, sondern auch Ausdruck gesellschaftspolitischer Konkurrenzen unter den Trägerorganisationen und ihrer Versuche, ihre gesellschaftlichen Primärinteressen auch auf dem Felde der Weiterbildung zur Geltung zu bringen.

Diese politischen Auseinandersetzungen wurden auch vor dem Hintergrund eines Pluralismusverständnisses geführt, das in diesem nicht nur ein empirisch beschreibbares Muster von Interessen- und Meinungsvielfalt sah. Vielmehr war in der Bundesrepublik der Nachkriegszeit Pluralismus auch ein normativ-programmatischer Begriff, der in dezidierter Abwendung von der „Gleichschaltung" von Staat und Gesellschaft im Nationalsozialismus und - im Zuge des „Kalten Kriegs" - von der Einheitsgesellschaft der DDR gebraucht wurde. Gesellschaftlicher Pluralismus erschien in der Bundesrepublik insbesondere in den fünfziger und sechziger Jahren als ein bedeutsamer Garant einer rechtsstaatlichen und sozialen Demokratie gegenüber einem totalitären Staatswesen. Die Konkurrenz einer Vielzahl unterschiedlicher gesellschaftlicher Gruppen und Organisationen um gesellschaftlichen, ökonomischen und politischen Einfluß mit dem vorrangigen Ziel, damit auf staatliches Handeln einzuwirken, schien gerade unter dem Eindruck des Ost-West-Konflikts und der damit verbundenen Systemkonkurrenz die beste Voraussetzung zu sein, den sozialen und freiheitlichen Rechtsstaat zu sichern. Teilweise wurde „Pluralismus" zu einem politischen Kampfbegriff und die Problematisierung des gesellschaftlichen Einflusses partikularer Interessen als Ausdruck eines gestörten Demokratieverständnisses bewertet. Da aufgrund von Vergesellschaftungsprozessen in modernen Industriegesellschaften pluralistische Interessenvielfalt individuell sich kaum widerspiegeln kann, bedarf es der Interessenorganisation durch Vereine, Verbände und Parteien, die damit zu einem intermediären Machtsektor sowohl zwischen als auch in Staat, Wirtschaft und Gesellschaft wurden. Gerade die gesellschaftlichen Großorganisationen profitierten in den fünfziger und sechziger Jahren vom politisch-normativen Muster der pluralistisch-freiheitlichen Demokratie in der Bundesrepublik. Sie standen damals in höherer Blüte als heutzutage und litten noch nicht unter Mitgliederschwund, kanalisierten gesellschaftliche Interessen stärker als in der Gegenwart und überlagerten parteipolitische, staatliche sowie verbandliche Einflußsphären. Dies wirkte sich auch auf die Organisationsstruktur der Weiterbildung aus.

Das Gutachten „Zur Situation und Aufgabe der deutschen Erwachsenenbildung" des „Deutschen Ausschusses für das Erziehungs- und Bildungswesen" von 1960 gilt für die Weiterbildung in der Bundesrepublik als das erste bildungspolitisch bedeutsame Dokument von überregionaler und überinstitutioneller Bedeutung. Es forderte, der

Staat solle *„die Erwachsenenbildung als freien aber unentbehrlichen Teil des öffentlichen Bildungswesens anerkennen und fördern"*, er solle *„ihre Arbeit insbesondere durch regelmäßige Zuschüsse unterstützen"* und diese und andere Forderungen *„zu gegebener Zeit in Gesetzen über das Volkshochschulwesen und Volksbüchereiwesen"* festlegen und sichern. Die Erwartungen gesellschaftlicher Großorganisationen an den Staat, als Träger von Weiterbildung gleichberechtigt neben den Kommunen als Trägern der Volkshochschulen bei der nach dem Gutachten des „Deutschen Ausschusses" von 1960 zu erwartenden Verrechtlichung der Weiterbildung berücksichtigt und als bezuschussungsfähig anerkannt zu werden, waren jedoch beträchtlich. Sie wurden in zahlreichen verbandlichen Stellungnahmen deutlich artikuliert. Als weiterbildungspolitische Legitimationsfigur diente in den Diskussionen der sechziger - und teilweise auch noch in den siebziger Jahren - die Argumentation, der gesellschaftliche Pluralismus müsse auch in der institutionellen Struktur der Weiterbildung gleichberechtigt wiederkehren. Sie erfuhr bedeutsame Unterstützung durch die „Niedersächsische Studienkommission für Fragen der Erwachsenenbildung", die im August 1961 vom Niedersächsischen Kultusminister mit dem Auftrag berufen worden war, auf der Grundlage des Gutachtens des „Deutschen Ausschusses" Empfehlungen zur Weiterentwicklung der niedersächsischen Erwachsenenbildung und zur Erarbeitung eines Gesetzes vorzulegen. Mitglieder der Kommission waren neben Vertretern der Hochschulen und der Verwaltungen die der verschiedenen organisierten Gruppen der Erwachsenenbildung in Niedersachen. Die Kommission legte ihr Gutachten 1965 mit der Empfehlung vor, bei der öffentlichen Förderung der Erwachsenenbildung gesellschaftliche Gruppen, kommunale Gebietskörperschaften und den Staat als deren Träger gleich zu behandeln (Gotter 1973, S. 17). Eine weitere - und massive - Verstärkung erfuhr diese Position durch den Abschluß des „Konkordat(s) zwischen dem Heiligen Stuhle und dem Lande Niedersachsen" vom 26.02.1965. Dieses bestätigt der Kirche das Recht, mit eigenen Einrichtungen an der Erwachsenenbildung teilzunehmen und garantiert der katholischen Erwachsenenbildung die gleichberechtigte Förderung bei Beachtung der Bewilligungsbedingungen für die staatliche Förderung (Niedersächsische Landeszentrale für Politische Bildung 1965). Allein schon aufgrund des Gleichheitsgrundsatzes von Artikel 3 des Grundgesetzes mußten diese Regelungen dann auch für die Einrichtungen anderer gesellschaftlicher Großorganisationen als Teil des gesellschaftlichen Pluralismus gelten. Das niedersächsische „Gesetz zur Förderung der Erwachsenenbildung" vom 13.01.1970 folgt diesen Grundsätzen, die auch für die meisten anderen Weiterbildungsgesetze in der Bundesrepublik stilbildend wirkten. Nur in Hessen und Nordrhein-Westfalen erhielten die Volkshochschulen gegenüber den Einrichtungen in anderer Trägerschaft eine finanzielle und politische Präferenz bei gleichzeitiger gesetzlicher Absicherung der finanziellen Förderung der anderen Einrichtungen. Die politische Festschreibung des gleichberechtigten institutionellen Pluralismus bei der gesetzlichen Weiterbildungsförderung ist von Vertretern der kirchlichen und verbandlichen Weiterbildung zutreffend als politischer Sieg über das noch im Gutachten des „Deutschen Ausschusses" durchscheinende Konzept der Differenzierung der Förderungsansprüche von Einrichtungen von öffentlich-rechtlicher und privatrechtlicher Trägerschaft gewertet worden (Gotter 1973, S. 17 f.), hatte doch der „Deutsche Ausschuß" 1960 noch Gesetze „über das Volkshochschulwesen und das Volksbüchereiwesen" gefordert.

Die Durchsetzung des Pluralismuskonzepts für die Organisationsstruktur der Weiterbildung wurde durch zahlreiche politische Bekundungen aus Großorganisationen, Verbänden und Parteien unterstützt. Von den politischen Parteien hat sich die CDU am stärksten und durchgängig für die pluralistische Organisationsstruktur der Weiterbildung eingesetzt. Der Bundeskulturausschuß der CDU forderte 1971 zur Weiterbildung: *„Die freien Träger werden bei entsprechenden Leistungen an allen Maßnahmen und Einrichtungen sowie an der öffentlichen Förderung gleichberechtigt beteiligt"* (Bundeskulturausschuß der CDU 1971, S. 17). Mit ähnlicher Formulierung erklärte die CDU/CSU-Fraktionsvorsitzendenkonferenz der Länder und des Bundes im gleichen Jahr: *„Einrichtungen Freier Träger sollen bei gleicher Leistung gleichberechtigt neben den öffentlichen Einrichtungen gefördert werden"* (Keim/Olbrich/Siebert 1973, S. 278). Farbiger klingt dies in einer Rede von Hanna-Renate Laurien - damals Kultusministerin von Rheinland-Pfalz und dann Schulsenatorin in Berlin - aus dem Jahre 1973: *„Pluralismus schützt uns vor der Diktatur des Staates, und er schützt uns vor der Diktatur bestimmter Gruppen, die heute unter der Überschrift, daß sie das Heil gepachtet hätten, nur noch ihre Wertung setzen....Wir sagen in Offenheit, in Hochachtung ja zu den Volkshochschulen. Sie sind ein selbstverständlicher Teil unserer Erwachsenenbildung. Aber wir sagen ganz nachdrücklich nein zu einem Monopolanspruch der Volkshochschulen"* (Laurien 1973, S. 2). Der Bundesfachausschuß Kulturpolitik der CDU hat 1990 noch einmal das Plädoyer für die *„Pluralität als Grundprinzip der Weiterbildung"* bekräftigt und der *„öffentlichen Hand"* eine eher nachrangige und komplementäre Rolle in der Weiterbildung zugemessen, nämlich die *„Rahmenverantwortung dafür, daß die Bürger ein ausreichendes Weiterbildungsangebot vorfinden"* und die Aufgabe dafür, *„in Teilbereichen eigene Einrichtungen, insbesondere Volkshochschulen in kommunaler Selbstverwaltung, Familienbildungsstätten, berufliche Schulen, Akademien, Hochschulen und Stätten des zweiten Bildungsweges, für Weiterbildungsangebote zur Verfügung"* zu stellen (CDU-Dokumentation 16/1990, S. 2 f.). Die F.D.P. erklärte 1972 in ihren „Stuttgarter Leitlinien einer liberalen Bildungspolitik": *„Der Staat hat zu gewährleisten, daß der Einzelne sein Recht auf Weiterbildung tatsächlich wahrnehmen kann.... Wie für die anderen Bereiche des Bildungswesens gilt auch für den Bereich der Weiterbildung das Prinzip der öffentlichen Verantwortung"* (Keim/Olbrich/Siebert 1973, S. 278 f.). 1988 allerdings - nun nicht mehr Partnerin der SPD sondern der CDU/CSU in der Bundesregierung - erklärt die FDP in ihrem „Bildungspolitischen Programm" ähnlich wie die CDU: *„Weiterbildung lebt von der Vielfalt und dem Ideenreichtum der Träger. Diese Pluralität und ein fairer Wettbewerb sind zu sichern. Staatliche Einrichtungen sollten Weiterbildungsangebote nur dort selbst erbringen, wo andere Träger nicht in Betracht kommen oder nicht leistungsfähig sind"* (FDP 1988, S. 8). Hingegen hat die SPD durchgängig die Verantwortlichkeit der öffentlichen Hände für die Weiterbildung betont. So forderte sie 1975, in Gesetzen müsse geregelt werden, *„daß Weiterbildungseinrichtungen in Trägerschaft der öffentlichen Hand in zumutbarer Entfernung ein nach Art und Umfang bedarfsdeckendes Mindestangebot bereitzustellen haben"* (SPD 1975, S. 22). 1991 stellte die SPD klar: *„Öffentliche Verantwortung ist nicht gleichzusetzen mit Verstaatlichung. Der vierte Bildungsbereich bleibt* *gleichermaßen gekennzeichnet durch die Weiterbildung als öffentliche Pflichtaufgabe (von Staat und Kommunen), durch die Verpflichtung der Wirtschaft, die Qualifizierung der Arbeitnehmerinnen und Arbeitnehmer sicherzustellen, und die Pluralität der Träger und der Lernorte"* (SPD 1991, S. 6).

Von den parteipolitischen Positionen entsprachen die der SPD am stärksten den weiterbildungspolitischen Forderungen, die der „Strukturplan für das Bildungswesen" des Deutschen Bildungsrats als wohl wichtigstes Dokument der bundesrepublikanischen Bildungsreform von 1965 bis 1975 im Jahre 1970 formuliert hatte: *„Mit der Einbeziehung in das Bildungssystem wird der wachsenden Bedeutung des ständigen Weiterlernens entsprochen; Weiterbildung unterliegt damit der öffentlichen Verantwortung wie alle anderen Teile des Bildungssystems"* (Deutscher Bildungsrat 1970, S. 208). Der Deutsche-Volkshochschul-Verband versuchte in mehreren Erklärungen, das Postulat der „öffentlichen Verantwortung" für die Weiterbildung zugunsten der Volkshochschule als öffentliches Weiterbildungszentrum aufzunehmen und erklärte 1978: *„Erwachsenenbildung ist eine fundamentale Gemeinschaftsaufgabe, die von öffentlichen Weiterbildungszentren wahrgenommen werden muß.... Als öffentliche Weiterbildungszentren unterliegen die Volkshochschulen den Bestimmungen demokratisch legitimierter Gebietskörperschaften.... Durch institutionelle Bindung und organisatorische Struktur gewinnt die Volkshochschule demokratische Legitimation, bewahrt sie ihre relative Autonomie als Bildungsinstitut und wird sie zur umfassenden Transparenz ihrer Arbeit verpflichtet"* (Deutscher Volkshochschul-Verband 1978, S. 7 u. 38 f.). Die Versuche, den kommunalpolitisch kontrollierten Volkshochschulen innerhalb der Organisationsstruktur der Weiterbildung eine Sonderstellung abzusprechen hatte der SPD-Bundestagsabgeordnete Dietrich Sperling bereits 1970 angegriffen: *„Unter dem Stichwort des Kampfes gegen den „Staatsmonopolismus" und für den Pluralismus gehen die „Bildungsinteressentengruppen" daran, die völlige Gleichbehandlung kommunaler und nichtkommunaler Einrichtungen zu fordern und durchzusetzen.... Altliberal bekämpfen sie auch heute noch den autoritären Obrigkeitsstaat, wenn sie ihre Bildungsanliegen unbedingt im „staatsfreien Raum" verwirklichen wollen"* (Sperling 1970, S. 212).

Jedoch hatte sich Mitte der siebziger Jahre der gleichberechtigte institutionelle Pluralismus als Organisationsmodell des Weiterbildungsbereichs durchgesetzt und die Ländergesetzgebung zur Weiterbildung weitgehend bestimmt. Verantwortlich dafür war das Zusammenwirken von staatsfernen bzw. staatsdistanzierten Traditionen der Weiterbildung mit dem Pluralismus als bedeutsamem politischen Strukturelement der Bundesrepublik in der Nachkriegszeit, die Organisationsmacht der gesellschaftlichen Großorganisationen - vor allem von Kirchen, Gewerkschaften, Bauernverband und Wirtschaftsverbänden -, die politische Reichweite des Subsidiaritätsprinzips als politischem Ordnungsmodell und die Zögerlichkeit des Staates, sich rechtlich und finanziell verbindlich für die Weiterbildung zu engagieren. Das Konzept des gleichberechtigten institutionellen Pluralismus auch bei der Weiterbildungsgesetzgebung der Länder konnte jedoch nicht nur als ein Konzept gesellschaftspolitischer Realpolitik, sondern auch als eines realistischer Weiterbildungspolitik gelten. Es kanalisierte in der Weiterbildung gesellschaftliche Interessen in der Weise, daß im Prinzip gleichberechtigte Trägerorganisationen staatlich geförderte Weiterbildungseinrichtungen unterhalten;

dies schien partikulare gesellschaftliche Interessen zu befrieden und den Staat von direkter Verantwortung für die Weiterbildung zu entlasten. Dieses Politikkonzept konnte auch Weiterbildungsinteressen entsprechen, sofern die gesellschaftlichen Großorganisationen aus institutionellem Eigeninteresse einerseits ihre Einrichtungen als Transferorgan ihrer politischen und weltanschaulichen Präferenzen hinreichend mit Ressourcen ausstatteten und andererseits ihre Einflüsse auf Administration und Parlamentsfraktion zugunsten finanzieller Bewilligungen für die Weiterbildung nutzten. Zudem beinhalten die Gesetze Regelungen, daß die unter Staatsaufsicht stehenden Kommunen für die von ihnen getragenen Volkshochschulen Fördermittel erhalten; der Ausbau des Weiterbildungsbereichs war also nicht nur dem Verbändepluralismus überlassen. Die subsidiäre Zuschußgewährung durch den Staat versprach dabei einerseits einen hinreichenden Druck auf Nutzer und Trägerorganisationen der Weiterbildung, sich mit eigenen Finanzmitteln zu beteiligen und schien andererseits das von den Gesetzen ausgehende finanzielle Risiko für den Staat kalkulierbar zu machen, zudem wurde in die meisten Gesetze als weitere finanzielle Absicherung eine Haushaltsvorbehaltsklausel eingefügt.

Fünfundzwanzig Jahre nach den teilweise äußerst heftig geführten ordnungspolitischen Auseinandersetzungen über den Stellenwert der institutionellen Pluralität für die Verfaßtheit des Weiterbildungsbereichs spielen diese in der Weiterbildungspolitik keine Rolle mehr. Die Frage ist in den siebziger Jahren politisch zugunsten des gleichberechtigten institutionellen Pluralismus entschieden worden und die Träger und Einrichtungen der Weiterbildung haben sich darauf eingestellt.

3. Kooperation und Koordination

Auch von den entschiedenen Anhängern des gleichberechtigten institutionellen Pluralismus in der Weiterbildung wurde nicht bestritten, daß die Summe der Weiterbildungsangebote in unterschiedlicher institutioneller Trägerschaft Weiterbildung noch nicht zu „einem ergänzenden nachschulischen, umfassenden Bildungsbereich" (Deutscher Bildungsrat 1970, S. 51) und „zu einem Hauptbereich des Bildungswesens als öffentliche Aufgabe" (Bund-Länder-Kommission für Bildungsplanung 1973, S. 59) macht. Weiterbildung als gleichberechtigter vierter Bereich des Bildungswesens sollte deshalb durch „Kooperation" hergestellt werden, worunter nicht nur eine praxis- und aufgabenbezogene Zusammenarbeit verstanden wurde. Vielmehr war „Kooperation" als grundsätzliches Strukturmodell des Weiterbildungs-Bereichs gemeint und wurde so bereits im „Strukturplan für das Bildungswesen" eingeführt: „Kooperation (muß) selbst als ein wesentliches Element der Organisation institutionalisiert werden. So zweckmäßig und wünschenswert das Wirken verschiedenartiger Träger ist, da es den notwendig mannigfaltigen Weiterbildungsaufgaben und -formen entgegenkommt, so muß doch ein Gesamtbereich von einer weit wirksameren Kooperation der Träger bestimmt sein, als es bisher in der Weiterbildung der Fall ist" (Deutscher Bildungsrat 1970, S. 208). Der Bildungsgesamtplan versuchte in ähnlicher Weise Kooperationsge-

bot und institutionellen Pluralismus zu verknüpfen: *„Es muß... durch eine institutiona-*
lisierte Zusammenarbeit ein Mindestmaß an Systematik und Übersichtlichkeit sicher-
gestellt sein.... Eine derartige Konzeption steht nicht im Widerspruch zur pluralisti-
schen Struktur der Träger politischer Bildung" (Bund-Länder-Kommission für Bildungsplanung 1973, S. 59). Die Formulierung von Kooperationsgeboten, die dann
auch mit unterschiedlichen Formulierungen in die meisten Weiterbildungsgesetze der
Länder eingegangen sind, war der Versuch, die politischen Forderungen gesellschaftlicher Großorganisationen mit dem bildungspolitischen Ziel eines Gesamtbereichs Weiterbildung zu verbinden. Das Verbändeinteresse nichtkommunaler Weiterbildungsträ-
ger gegenüber der öffentlichen Hand wird in einer Stellungnahme des Deutschen Bauernverbandes aus dem Jahre 1970 deutlich: *„Wesentliche Prinzipien der Erwachse-*
nenbildung sind demnach: Kooperation anstelle von Gleichschaltung, Austragung von
Konflikten anstelle unfruchtbarer Harmonisierung, Gleichrangigkeit der Trägerorga-
nisationen als konstruktives (begründendes) Element der Erwachsenenbildung anstelle
beanspruchter Vorrangigkeit von Verbänden und Institutionen. Es darf also auch keine
grundsätzlich ungleiche Förderung seitens der öffentlichen Hand geben, auch dort
nicht, wo diese in Konkurrenz zu anderen Trägerorganisationen eigene Erwachsenen-
bildunginstitutionen unterhält" (Deutscher Bauernverband, Zur Bildungspolitik 1970,
S.14).

Die Erwartungen, die hinter der Forderung nach Kooperation standen, richteten sich
auf die

- optimale Ausnützung aller für die Weiterbildung vorhandenen Ressourcen,
- die Sicherung eines breitgefächerten Bildungsangebots der Weiterbildung,
- die Ausnützung der Affinität bestimmter Organisationen zu bestimmten Bevölkerungsgruppen für Weiterbildungszwecke und
- die Auspendelung der partikularen Interessen im öffentlich geförderten Weiterbildungsbereich in Richtung auf das „Allgemeinwohl".

Dieses Vertrauen in die Kooperation als Strukturprinzip der Weiterbildung erinnert an
die soziale Markwirtschaft, bei der darauf vertraut wird, daß das Wechselspiel von Angebot und Nachfrage dazu führt, daß eine annähernd optimale Befriedigung materieller
Bedürfnisse gesichert wird. Die staatliche Aufforderung zur Kooperation in der Weiterbildung ist als Appell zu verstehen, im freien Spiel der Kräfte von Angebot und
Nachfrage unter Zuhilfenahme institutioneller Verabredungen ohne staatliche Koordination ein ausreichendes Weiterbildungsangebot zur Verfügung zu stellen. Das soziale
Element versucht der Staat, durch eigene Angebote, durch die Praxis finanzieller Förderung und durch rechtliche Vorgaben gegenüber der Weiterbildung zu sichern.

Es gab zwar durchaus auch Skepsis gegenüber der Leistungsfähigkeit eines „kooperativen Systems" der Weiterbildung, das sich nur auf die Kooperationsbereitschaft der
Träger und Einrichtungen der Weiterbildung sowie die dann in die Weiterbildungsgesetze der Länder eingegangenen Kooperationsaufforderungen stützen konnte. Der
Deutsche Städtetag hatte zwar mehrere Versuche unternommen, die Volkshochschulen
als Koordinationsinstanz oder doch wenigstens Initiator einer örtlichen Weiterbil-

dungskooperation zu installieren (Keim/ Olbrich/ Siebert 1973, S. 284), war bei diesen Versuchen jedoch auf heftige Ablehnung der nicht-kommunalen Träger gestoßen. Der Deutsche Gewerkschaftsbund hatte zwar schon 1972 gefordert: *„Die Bildungspolitik der Länder und des Bundes muß auch im Bereich der Weiterbildung koordiniert werden, damit nicht unterschiedliche gesetzliche Regelungen ein Bildungs- und Chancengefälle fördern oder hervorrufen."* Die politische Konsequenz dieser Forderung war für den DGB jedoch *"eine Rahmenkompetenz des Bundes"*, war hingegen nicht die Forderung nach regionalen oder länderspezifischen Koordinationsinstanzen (DGB 1972, S. 12). Auch auf Bundesebene hatten allerdings nach der politischen Wende von 1982 Koordinationsinstanzen oder auch -impulse, die unter Einschluß einer Steuerungsfunktion von der öffentlichen Hand hätten wahrgenommen werden müssen, um Kooperation zu veranlassen, keine Chance mehr. So erklärte 1985 die damalige Bundesministerin für Bildung und Wissenschaft: *„Zielvorstellung der nachfolgenden Thesen ist ein offener Weiterbildungsmarkt mit einem vielfältigen Angebot, das sich im Wettbewerb bewähren muß und rasch auf neue Anforderungen und eine veränderte Nachfrage reagiert. Gestaltungsfreiheit und Raum für vielfältige Initiativen sind dafür der beste Garant. Staatliche Planung und Lenkung oder ein staatlich koordiniertes Weiterbildungssystem, bei dem sich die einzelnen Angebote als genormte Bestandteile in einen vorgegebenen Rahmen einfügen müssen, lehnt die Bundesregierung ab"* (Bundesminister für Bildung und Wissenschaft 1985, S. 6). Dies galt allerdings nicht für die von der Bundesanstalt für Arbeit wahrgenommenen Steuerungsfunktionen gegenüber der beruflichen Fortbildung, Umschulung und Einarbeitung nach dem Arbeitsförderungsgesetz (AFG). Denn im Laufe der Geltungsdauer des AFG wurde die Bundesanstalt für Arbeit zunehmend zu einer bedeutsamen Strukturierungsinstanz der beruflichen Weiterbildung. Dies betraf jedoch nicht die Weiterbildung als Bildungsbereich und dessen institutionelle Struktur insgesamt. Hier hatte sich als Strukturierungsprinzip durchgesetzt, was im Schlußbericht der Enquete-Kommission *„Zukünftige Bildungspolitik - Bildung 2000"* als Mehrheitsauffassung 1990 formuliert wurde: *„Das marktwirtschaftliche Prinzip gewährleistet eine Vielfalt von Trägern und aktuellen praxisorientierten Angeboten... Dagegen würde eine auf ordnungspolitisch stärkere Planung abzielende grundsätzliche Veränderung zu einer gefährlichen Erstarrung führen..."* (Deutscher Bundestag 1990, S. 88). Die oft formulierte weiterbildungspolitische Koordinierungsabstinenz zugunsten des Strukturmusters „Kooperation" irritierte teilweise auch die gesellschaftlichen Großorganisationen, die weiterbildungspolitisch durchgängig Distanz zum Staat hielten. So führte der DGB zur Eröffnungsveranstaltung der vom Bundesminister für Bildung und Wissenschaft im Dezember 1987 einberufenen „Konzertierten Aktion Weiterbildung" aus: *„Insgesamt stehen die Veranstaltungen der Weiterbildung in privater und öffentlicher Hand bisher teilweise unkoordiniert und unverbunden nebeneinander, festzustellen sind mangelnde Transparenz und Unübersichtlichkeit für die Interessenten, ruinöse Konkurrenz um Ressourcen und Teilnehmer. Wenn sich auch die Pluralität der Träger insbesondere in der politischen Weiterbildung bewährt hat, weil in einer demokratischen Gesellschaft die unterschiedlichen Interessen durch unterschiedliche Weiterbildungsveranstalter vertreten werden, darf Pluralität nicht zum Chaos führen"* (DGB 1987, S. 1). Mit anderem Akzent, aber doch mit ebenfalls herauszuhörender Sorge erklärte 1991 die

Deutsche Evangelische Arbeitsgemeinschaft für Erwachsenenbildung (DEAE): *„Das Weiterbildungssystem verträgt weder ordnungspolitische Gleichgültigkeit (Deregulierung) noch ein Mehr an staatlicher Steuerung und Koordinierung. Mit einer Deregulierung liefe das Weiterbildungssystem Gefahr, in enger Analogie zu marktwirtschaftlichen Modellen verstanden zu werden. Bildung ist jedoch keine Ware, sondern ein elementares Recht und Gut, das dem Einzelnen zur sozialen Daseinsvorsorge geschuldet ist. Gebietskörperschaftliche Instrumentarien zur Koordinierung der Angebotsplanung lehnen wir ab. Das geeignete Instrument für das plurale Weiterbildungssystem heißt Kooperation"* (DEAE 1991, S. 3). Schließlich formulierte auch die Katholische Bundesarbeitsgemeinschaft für Erwachsenenbildung (KBE) 1992: *„Die staatlich anerkannte und geförderte Erwachsenenbildung steht in verschiedenen Bereichen im Wettbewerb untereinander und mit anderen Anbietern. Bei aller notwendigen Konkurrenz darf sie aber nicht allein dem Markt überlassen werden"* (KBE 1992, S. 11).

Die Ambivalenz der zuletzt zitierten Stellungnahmen spiegelt Entwicklungen der Weiterbildung in den achtziger Jahren wider. Der die siebziger Jahre weitgehend bestimmende Dualismus von Deutschem Städtetag, Landkreistag sowie den von ihnen getragenen Volkshochschulen einerseits, die vom Staat eine Präferenz bei finanzieller Förderung und Gestaltungsfähigkeit des Weiterbildungsangebots erwarteten, und den gemeinnützigen Weiterbildungseinrichtungen gesellschaftlicher Großorganisationen andererseits, die finanzielle und politische Gleichbehandlung mit den Volkshochschulen forderten, hatte sich aufgefächert in eine bundesrepublikanische Weiterbildungsszene, in der Volkshochschulen, staatlich anerkannte gemeinnützige Einrichtungen in nicht-kommunaler Trägerschaft, nicht-anerkannte gemeinnützige Einrichtungen, kommerzielle Einrichtungen, betriebliche Weiterbildungseinrichtungen und teilweise auch Einrichtungen aus dem Schul- und dem Hochschulbereich um knappe öffentliche Ressourcen und die anteilmäßig steigenden Eigenbeiträge von Teilnehmerinnen und Teilnehmern miteinander konkurrierten. Angesichts dieser - gegenüber der Ausgangskonstellation um 1970 - veränderten Sachlage beharrten die Einrichtungen in nicht-kommunaler Trägerschaft zwar weiterhin auf Kooperation und Gleichberechtigung, kritisierten jedoch auch das sich vermindernde finanzielle und strukturierende Engagement des Staates bei verstärkter Wirksamkeit von Marktmechanismen. Die staatlichen Aufforderungen zur Kooperation in der Weiterbildung blieben allerdings unverändert, umfaßten nun aber - entsprechend der veränderten Weiterbildungsszene - mehr Adressaten: *„Das gewachsene Nebeneinander von staatlichen und privaten, gemeinnützigen und gewinnorientierten, betrieblichen und öffentlichen Bildungseinrichtungen sowie von Bildungseinrichtungen der Kirchen, der Gewerkschaften und anderer gesellschaftlicher Gruppen kann durch Kooperation zunehmend effizienter werden"* (Kultusministerkonferenz 1994, S. 5). Allerdings blieb der Optimismus gegenüber der Wirksamkeit von Kooperationsappellen und -postulaten nicht ungebrochen. So enthält das Brandenburgische Weiterbildungsgesetz vom Dezember 1993 Regelungen zur Koordination der Weiterbildung statt der sonst in den Ländergesetzen zur Weiterbildung üblichen Kooperationsaufforderung. Das Gesetz macht kreisfreien Städten und Landkreisen jeweils die Errichtung eines „regionalen Weiterbildungsbeirats" zur Aufgabe, der zur *„Kooperation der anerkannten Einrichtungen der Weiterbildung beizutragen*

und die Zusammenarbeit mit Einrichtungen anderer Bildungsbereiche zu unterstützen"
hat (§ 10 (2)). Die anerkannten Einrichtungen sind zur Mitarbeit im regionalen Weiter-
bildungsrat oder im auf Landesebene agierenden Landesbeirat für Weiterbildung verpflichtet. Die regionalen Weiterbildungsbeiräte haben durchaus initiierende, planende
und koordinierende Aufgaben und Kompetenzen. Allerdings bleiben die Sanktionen
bei einer nur symbolischen Mitwirkung einer Weiterbildungseinrichtung unklar; nur
als ultima ratio droht, daß die Anerkennung zurückgenommen werden kann, wenn die
Mitarbeit im regionalen Weiterbildungsbeirat unterbleibt.

Das Postulat der Kooperation als Strukturprinzip des Weiterbildungsbereichs ermöglicht dem Staat, sich partiell von der Verantwortlichkeit für den Weiterbildungsbereich
zu entlasten. Defizite im Weiterbildungsangebot können der Planungsautonomie der
Weiterbildungseinrichtungen und ihrer tendenziell unzureichenden Kooperation zugeschoben werden. Zugleich entlastet das Kooperationsmodell den Staat von Auseinandersetzungen mit einflußreichen organisierten gesellschaftlichen Interessen, weil er
sich mit koordinierenden Interventionen zurückhält und sich demzufolge auch nicht
mit von diesen induzierten gesellschaftlichen Widerstandshandlungen und Pressionen
auseinandersetzen muß. Für die Träger und Einrichtungen der Weiterbildung beinhaltet
das Kooperationsmodell den Vorzug, daß sie auf die damit verbundenen Appelle, von
denen durchaus auch Legitimationszwänge ausgehen, mit einer beträchtlichen Band-
breite - je nach spezifischer Interessenlage - reagieren können, ohne unter eventuelle
Zwänge koordinierender staatlicher Interventionen zu geraten. Sie stehen unter dem
Druck, ihre Kooperationsbereitschaft zugunsten von Weiterbildung als Bildungsbereich zu erklären, viel mehr wird ihnen allerdings nicht abverlangt. Dieser Sachverhalt
bringt das Kooperationspostulat in die Gefahr, als politische Beschwörungsformel ohne das Risiko negativer Sanktionen zu erscheinen, die auch mit Rhetorik und symboli-
schem Handeln ausgefüllt werden kann. Das Kooperationspostulat hat in den vergangenen 25 Jahren in der Weiterbildung einen „atmenden" Zusammenhang gestiftet, der
auch dann noch als lebendig ausgegeben werden kann, wenn er äußerst kurzatmig und
unregelmäßig wirkt.

4. Aufgabenverständnis und inhaltliche Prioritäten

Der Deutsche Bildungsrat hatte 1970 mit seinem „Strukturplan für das Bildungswesen"
der konzeptionellen Diskussion über Aufgabenverständnis und inhaltliche Prioritätensetzung in der Weiterbildung eine neue Akzentsetzung verliehen. Weiterbildung wurde
in bis dahin bildungspolitisch nicht gekannter Deutlichkeit als gesellschaftlich notwendige Fortsetzung von Schule und beruflicher Ausbildung definiert: *„Immer mehr Menschen müssen durch organisiertes Weiterlernen neue Kenntnisse, Fertigkeiten und Fähigkeiten erwerben können, um den wachsenden und wechselnden beruflichen und gesellschaftlichen Anforderungen gerecht zu werden.... Weiterbildung als Fortsetzung
oder Wiederaufnahme früheren organisierten Lernens bildet mit vorschulischen und
schulischen Lernprozessen ein zusammenhängendes Ganzes"* (Deutscher Bildungsrat

1970, S. 51). Zwar hieß es auch: *„Weiterbildung bezieht sich auf alle Lebensberei-che.... Der Themenkatalog der Weiterbildung reicht von lebenspraktischen Notwendig-keiten des Alltags bis zu religiösen Fragen. Weiterbildung umfaßt sowohl eine primär beruflich orientierte Fortbildung und Umschulung als auch die nicht primär unter be-ruflichen Vorzeichen stehende Erweiterung der Grundbildung sowie die politische Bil-dung"* (ebd., S. 53). Jedoch strahlte der Weiterbildungsteil des „Strukturplans" eine Präferenz für die Fortsetzung organisierten Lernens im Anschluß an die Erstausbildung sowie für den Erwerb von Qualifikationen und für ein durch die gesellschaftliche Dy-namik fast erzwungenes Weiterlernen aus, wie sie im zehn Jahre vorher veröffentlich-ten Gutachten des „Deutschen Ausschusses" *„Zur Situation und Aufgabe der Erwach-senenbildung"* noch undenkbar gewesen wäre. Der „Strukturplan" war weitgehend Ergebnis der bildungspolitischen Diskussionen der sechziger Jahre, die einen bedeut-samen Ausgangspunkt in einer Washingtoner OECD-Konferenz im Jahre 1961 hatte, die sich mit den Entwicklungsperspektiven der OECD-Länder befaßt hatte und vor allem von bildungsökonomischen Konzepten geprägt war; insbesondere standen ame-rikanische Forschungen zur Bedeutung des „Humankapitals" als Faktor des wirt-schaftlichen Wachstums im Mittelpunkt des Interesses (vgl. Kuhlenkamp 1993, S. 90). Dies erklärt auch die im „Strukturplan" durchscheinende Präferenz für die berufliche Weiterbildung: *„Durch die enge Verknüpfung des Berufs- mit dem Lebensschicksal fällt der primär beruflich orientierten Weiterbildung eine Schlüsselrolle bei der Ver-teilung von sozialen Chancen und Lebenserwartungen zu"* (Deutscher Bildungsrat 1970, S. 55).

Darauf bezog sich 1971 die Kultusministerkonferenz der Länder mit einem Impuls, der die Zielsetzungen des „Strukturplans" relativieren sollte: *„Obwohl der Strukturplan auf das Nebeneinander von freier Zeit und Arbeitszeit hinweist, unterschätzt er doch den zukünftigen Stellenwert der Freizeit. Die Erwachsenenbildung hat die Bedeutung der Freizeit schon immer besonders berücksichtigt. Da der Anteil der arbeitsfreien Zeit gegenüber der Arbeitszeit wächst, verdient kreative Tätigkeit stärkere Beachtung. Nur so wird erreicht, daß das stark an der Leistungsgesellschaft orientierte Konzept der Weiterbildung im Strukturplan seinen humanen Sinn behält und der Erweiterung der persönlichen Autonomie dient"* (Keim/ Olbrich/ Siebert 1973, S. 273). Auch die FDP nahm 1972 die am „Strukturplan" vielfach geübte Kritik, er verfolge vor allem ein Konzept der Anpassung an die Leistungsanforderungen der modernen Industriegesell-schaft, auf und erklärte: *„In keinem dieser Teilbereiche darf Weiterbildung nur In-strument der Anpassung an veränderte Situationen sein. Weiterbildung muß vielmehr den Bürger zu Kritik, Kontrolle, Selbstbestimmung und aktiver Mitbestimmung in allen Lebensbereichen befähigen, nicht zuletzt im ständig wachsenden Bereich der Freizeit"* (Keim/ Olbrich/ Siebert 1973, S. 279). Die SPD bekräftigte in ihren „Sozialdemokratischen Grundsätzen zur Weiterbildung" zwar 1975 auch, daß berufli-che Qualifizierung ein Schwerpunkt der Weiterbildung sein müsse, noch davor war ihr jedoch wichtig: *„Die Demokratisierung der Gesellschaft erfordert, daß informierte Bürger an ihrer Gestaltung Anteil nehmen. Deshalb muß politische Bildung ein Schwerpunkt im Angebot der Weiterbildung sein"* (SPD 1975, S. 10).

In den achtziger Jahren weisen die weiterbildungspolitischen Erklärungen jedoch einen anderen Tenor auf. Lag die Zahl der Arbeitslosen in der Bundesrepublik 1973 noch bei

0,27 Millionen, stieg sie 1975 auf 1,074 Millionen und erreichte 1985 mit 2,304 Millionen einen vorläufigen Höchststand, der erst 1994 übertroffen wurde. Berufliche Qualifizierung wurde zur primären Zielsetzung der Weiterbildung erklärt. So stellt der im Auftrag der Landesregierung von Baden-Württemberg 1984 vorgelegte Bericht der Kommission „Weiterbildung" die berufliche Weiterbildung in den Mittelpunkt und begründet dies mit der *„zentralen Bedeutung der Erwerbsarbeit für den Menschen"* und der *„technologischen und ökonomischen Situation."* Zwar habe auch die der beruflichen Weiterbildung gegenübergestellte allgemeine Weiterbildung - zu der auch die politische gezählt wird - ihre Bedeutsamkeit, dies jedoch vor allem, weil sie *„in vielen Fällen und zunehmend eine Voraussetzung für eine qualifizierte Berufsausübung"* sei (Kommission Weiterbildung 1984, S. 10). Die „Thesen zur Weiterbildung" des Bundesministers für Bildung und Wissenschaft aus dem Jahre 1985 stellen den Zusammenhang von beruflicher Weiterbildung und Arbeitsmarktpolitik heraus: *„Berufliche Weiterbildung ist ... in besonderem Maße auf die Anforderungen des Beschäftigungssystems und des Arbeitsmarktes ausgerichtet. Als wichtiges Instrument aktiver Beschäftigungspolitik trägt sie dazu bei, die berufliche Mobilität zu verbessern und eine berufliche Neuorientierung zu ermöglichen. Somit wirkt sie der Gefahr von Arbeitslosigkeit entgegen oder kann dazu beitragen, aus der Arbeitslosigkeit herauszuführen"* (Bundesminister für Bildung und Wissenschaft 1985, S. 18). Die vom Bundesminister für Bildung und Wissenschaft im Herbst 1987 initiierte „Konzertierte Aktion Weiterbildung" fußte auf einer Begründung, die neben der Verknüpfung von beruflicher Weiterbildung und Arbeitsmarkt auch den gesellschaftlichen Strukturwandel und die Bewahrung ökonomischer Standards einschloß: *„Der fortdauernde Strukturwandel unserer Gesellschaft, der beschleunigte technologische Wandel, die zunehmende Freizeit, die demographische Entwicklung, aber auch der bevorstehende Europäische Binnenmarkt machen die Weiterbildung zu einer bildungspolitischen Herausforderung für das vor uns liegende Jahrzehnt. Die traditionelle Abfolge von Ausbildung und Berufsausübung wird den immer schnelleren Veränderungen nicht mehr gerecht. Nur durch die systematische Verknüpfung von Bildung, Ausbildung und Berufserfahrung mit Weiterbildung kann die persönliche Entfaltung des einzelnen und der hohe wirtschaftliche und soziale Standard unserer Gesellschaft erhalten und ausgebaut werden"* (Bundesminister für Bildung und Wissenschaft 1989, S.155).

In den neunziger Jahren verstärkten sich noch einmal die politischen Erwartungen und Anforderungen an die Weiterbildung, durch Ausweitung der beruflichen Weiterbildung zur Lösung der manifesten Arbeitsmarktprobleme beizutragen. Dies lag zum einen an der fortbestehenden Wirksamkeit bildungsökonomischer Konzepte und dem Vertrauen in die Wirksamkeit von arbeitsmarktbezogenen Investitionen in das „Humankapital", zum anderen lag es an dem akuten politischen Druck, der von den weiter steigenden Arbeitslosenzahlen ausging. Der Höchststand der Arbeitslosenzahl in den westlichen Bundesländern von 1985 wurde 1994 noch einmal überschritten und lag 1997 um gut 30 Prozent über dem Stand von 1985, während in den östlichen Bundesländern der Stand von 1991 im Jahre 1997 um 50 Prozent überschritten war. (Bundesanstalt für Arbeit 1998 b, S.10 ff. u. S. 169 ff.) Obwohl sich zunehmend die Einsicht durchsetzte, daß das strukturelle Ungleichgewicht von Arbeitsplatzangebot und Arbeitsplatznachfrage auch durch noch so umfangreiche Qualifizierungsprozesse nicht auszugleichen ist, blieb doch das politische Vertrauen in die Brücken- und die Ersatzfunktion beruflicher Weiterbildung als vor allem arbeitsmarktpolitische Intervention bestehen. Als Brückenfunktion kann vor allem gelten, daß Qualifizierung als investive Leistung in das von Ökonomen so bezeichnete „Humankapital" die Voraussetzungen für gewinnorientiertes Wirtschaften verbessert und die Attraktivität regionaler Standorte für private Investitionen erhöht. Die Ersatzfunktion materieller Art besteht darin, daß berufliche Umschulung und Fortbildung in Vollzeitform durch Unterhaltszahlungen Ersatzeinkommen bereitstellen; als immaterielle Ersatzfunktion ist anzusehen, daß berufliche Fortbildung und Umschulung ihre Teilnehmerinnen und Teilnehmer in einem „Vorhof" des Beschäftigungssystems halten und damit Gefühle sozialer Deklassierung und Erfolglosigkeit verringern. Entsprechend der politischen Vorgaben stiegen die Ausgaben der Bundesanstalt für Arbeit für Unterhaltsgeld, Fortbildung, Umschulung und Einarbeitung nach dem Arbeitsförderungsgesetz 1992 auf den vereinigungsbedingten Höchststand von 18,92 Mrd. DM (Bundesanstalt für Arbeit 1998 a, S.76), während die Gesamtsumme aller Zuschüsse nach den Weiterbildungsgesetzen der Länder unter 0,6 Mrd. DM blieb. Neben den massiven Arbeitsmarktproblemen führten allerdings auch die Prozesse des technologischen Wandels sowie der Intensivierung internationaler Handelsbeziehungen und der Verschärfung ökonomischer Konkurrenzen durch Globalisierungsprozesse zur weiteren Aufwertung der beruflichen Weiterbildung.

Am deutlichsten wurde dies in der Programmatik der CDU. So heißt es im Grundsatzprogramm der CDU von 1994: „Die dauernden und tiefgreifenden Veränderungen der Arbeitswelt bedingen in allen Berufen sich wandelnde und neue Qualifikationen. Die Anforderungen, denen sich der einzelne sowohl im privaten und persönlichen als auch im öffentlichen und beruflichen Leben gegenübersieht, machen umfassende Angebote zu kontinuierlicher Fort- und Weiterbildung notwendig.... Arbeitsmarkt und Bildungssystem können dadurch wieder stärker miteinander verbunden und auch die Rückkehr ins Berufsleben nach der Familienphase erleichtert werden" (CDU 1994, S. 33). Im „Zukunftsprogramm" von 1998 erklärt die CDU: „Für die Berufstätigen muß Weiterbildung zum festen Bestandteil der Berufsplanung werden. Das Lernen im Arbeitsprozeß und selbstorganisiertes Lernen - auch außerhalb des Arbeitslebens - sind unverzichtbar. Berufliche Fort- und Weiterbildung liegt in erster Linie in der Verantwortung des einzelnen und der Betriebe" (CDU 1998, S. 25). Die SPD begründet die Notwendigkeit von Weiterbildung mit dem „raschen Strukturwandel" und erklärt, deshalb müsse „die allgemeine, die berufliche, die politische und die kulturelle Weiterbildung als kommunale Pflichtaufgabe zur vierten Säule des Bildungswesens ausgebaut werden" (SPD 1998 a, S. 31). In ihrem Wahlprogramm 1998 wird „ständige Weiterbildung" primär mit schneller Wissensvermehrung und schnellem Wandel der Qualifikationsanforderungen begründet, jedoch auch erklärt: „Wir werden die politische Jugend- und Erwachsenenbildung stärken" (SPD 1998 b, S. 54). Die FDP erklärt 1997, sie wolle die Bildungspolitik zum politischen Schwerpunkt machen, dabei legt sie das Schwergewicht jedoch vor allem auf Qualifikationsvermittlung: „Aus- und Weiterbildung eröffnen Chancen für Erfolge auf dem Arbeitsmarkt. Notwendig ist eine flexible Anpassung und Weiterentwicklung beruflicher Qualifikation in allen Bereichen" (FDP 1997, S. 43).

In den neunziger Jahren verstärkten sich jedoch auch Überzeugungen, die davon ausgehen, daß eine berufliche Weiterbildung, die nur auf die geforderten beruflichen
Qualifikationen zentriert ist, zu kurz greift. Eine derart reduzierte Weiterbildung verfehle die Anforderungen, die an die Individuen als soziale Wesen und an eine demokratische Gesellschaft zu stellen seien. Schließlich verfehle sie aber auch die komplexen Qualifikationen, die heute im Beschäftigungssystem gefordert würden. Die erste
Form von Komplexität des Weiterbildungsbedarfs findet sich als Forderung in der
dritten Empfehlung der Kultusministerkonferenz zur Weiterbildung von 1994:
*„Unbeschadet der besonderen Ausprägung der allgemeinen, beruflichen, politischen,
kulturellen und wissenschaftlichen Weiterbildung sind die bereichsübergreifenden sozialen und kreativen Kompetenzen angemessen zu fördern. Mit einem solchen Verständnis von Weiterbildung kann erreicht werden, daß nicht nur die technisch-
ökonomische Entwicklung in Industrie und Handel die Weiterbildungsinhalte und -
ziele bestimmt, sondern auch die Auswirkungen dieser Entwicklung auf die Entfaltung
der menschlich-sozialen Fähigkeiten in den Lernprozeß einbezogen werden"*
(Kultusministerkonferenz 1994, S. 10). Für das Postulat der komplexen Qualifikations-
ansprüche an die Beschäftigten, aus denen umfassendere Aufgaben für die berufliche
Weiterbildung als nur die Qualifizierung für bestimmte Arbeitsplätze entstehen, können die Empfehlungen des Arbeitgeberverbandes „Gesamtmetall" von 1992 als Beispiel dienen: Berufliche Weiterbildung solle

- *"Tätigkeitsorientiert weiterbilden...*
- *die Lernfähigkeit erhalten...*
- *nicht nur Fachkompetenz erhöhen, sondern auch Methoden- und Sozialkompetenz
  vermitteln...*
- *Weiterbildung nicht auf Führungskräftenachwuchs und Spezialisten beschränken...*
- *Frauen beruflich fördern...*
- *betrieblichen Qualifikationsbedarf vorausschauend ermitteln...*
- *Personal- und Bildungsplanung in die Planung von Technik und Arbeitsorganisation integrieren"* (Arbeitgeberverband Gesamtmetall 1992, S. 28 ff.).

Die in dieser Empfehlung durchscheinende Empfehlung, Inhalte der allgemeinen Bildung in die berufliche Weiterbildung zu integrieren, war bereits 1970 im
„Strukturplan" angeklungen, in dem es geheißen hatte: *„Die ständige Steigerung beruflicher Anforderungen und die Bereitschaft zur Umstellung erfordern die Ergänzung
der fachlichen Qualifikationen durch allgemeine"* (Deutscher Bildungsrat 1970, S. 55).
Mit einem anderen Akzent hatte auch 1984 die „Kommission Weiterbildung" die Integration von beruflicher und allgemeiner Weiterbildung begründet: *„Die allgemeine
und berufsorientierte Weiterbildung haben das gemeinsame Ziel, dem modernen Menschen die personale Annahme seines Berufes auch in einer hochtechnisierten Arbeitswelt zu ermöglichen"* (Kommission Weiterbildung 1984, S. 10). In derartigen Konzepten gelten die aus dem technologischen Wandel herrührenden komplexen Qualifikationsanforderungen als Begründung dafür, daß Ziele und Inhalte der allgemeinen
Weiterbildung in die berufliche als deren Teil integriert werden sollen.

Die den Weiterbildungsbereich kennzeichnende Pluralität und Heterogenität hat lineare Entwicklungen und ein klar umgrenztes Aufgabenverständnis verhindert. Auffällig ist jedoch an den Entwicklungstendenzen der vergangenen 25 Jahre und deren konzeptioneller Begründung der außerordentliche Bedeutungszuwachs der beruflichen Qualifizierung und die damit verbundene Funktionalisierung der Weiterbildung zugunsten von gewinnorientierter Ökonomie, technologischem Fortschritt und internationaler Wettbewerbsfähigkeit bei sich verstärkender Marginalisierung der politischen Weiterbildung. Als eine Reaktion auf diese Entwicklungstendenz ist der Appell im vom Deutschen Gewerkschaftsbund initiierten Aufruf „Allianz des Aufbruchs - Plattform Weiterbildung" zu werten, der von zahlreichen Weiterbildungs-Verantwortlichen mit unterzeichnet wurde: *„Weiterbildung läßt sich nicht auf einen einzigen Zweck oder Nutzen reduzieren, weder auf einen individuellen, noch einen betrieblichen noch auf einen politischen. Mündige und selbstverantwortliche Menschen lassen sich nur dann erreichen, wenn Bildung als ganzheitliche Prozeß verstanden wird, bei dem alle Kompetenzen entwickelt werden"* (Deutscher Gewerkschaftsbund 1998, S. 2).

5. Eigenständigkeit und Abhängigkeit der Weiterbildung

Der „Strukturplan für das Bildungswesen" des Deutschen Bildungsrats ging von dem Modell der Weiterbildung als eines vierten Bildungsbereichs aus, der - wenn auch anders finanziert und organisiert als die anderen Bildungsbereiche - auf Bildung und Lernen zentriert strukturiert sowie bildungspolitisch inspiriert und verantwortet werden sollte. Dieses Konzept ist jedoch in den mehr als 25 Jahren nach dem „Strukturplan" nicht realisiert worden. Zwar hat die Weiterbildung durchaus von 1970 an einen beträchtlichen Bedeutungsgewinn verzeichnen können. Jedoch ist die Einschätzung, der Ausbau der Weiterbildung zu einem eigenständigen und gleichberechtigten vierten Bereich des Bildungswesens sei gescheitert, kaum umstritten: *„Weiterbildung... ist eigentlich kein 'System' (keine vierte Säule), sondern eine Mischung aus marktmäßig organisierten Elementen und unkoordinierten, punktuellen Interventionen. Nur ein kleiner Teil der Weiterbildung ist dem klassischen schulmäßig organisierten Bildungssystem zuzurechnen. Die Systembildung insgesamt hat nicht stattgefunden und muß als mißlungen gelten"* (Sauter 1997, S. 19). Weiterbildung wurde als Interventionsform der unterschiedlichsten Politikfelder genutzt und von diesen teilweise auch mit Ressourcen ausgestattet, insgesamt jedoch nicht bildungspolitisch strukturiert und verantwortet. Trotz durchgehender politischer Bekräftigung ihrer Bedeutsamkeit bei allen Parteien und gesellschaftlichen Großorganisationen blieb sie am Rande staatlicher Aufmerksamkeit, obwohl sie seit 1970 ein Teil staatlicher Aufgaben und Verantwortlichkeit geworden ist.

Das Prinzip der subsidiären Förderung der Weiterbildung entspricht dem Muster, staatliche Verantwortung mit Distanz wahrzunehmen. Das Subsidiaritätsprinzip ist für den Staat vorzüglich geeignet, eigene politische Verpflichtungen zu vermindern und politische Verantwortung zu delegieren, ohne ein Aufgabenfeld ganz aus staatlicher Verantwortlichkeit zu entlassen. Insofern folgt die Art staatlicher Interventionen ge-

genüber der Weiterbildung mit Hilfe der Weiterbildungsgesetze der Logik des Subsidiaritätsprinzips: Reichweite und Intensität bleiben vergleichsweise gering, die Instrumente beschränken sich auf finanzielle Anreize sowie rechtliche Normierung und die
Funktion wird zurückhaltend als vorwiegend unterstützend und nur partiell strukturie-
rend wahrgenommen. Der Staat vertraut auf gesellschaftliche Großorganisationen als
Träger und Betriebe als Anbieter von Weiterbildung, sowie auf die Bereitschaft der
Nutzer, aus beruflichem oder persönlichem Interesse, finanzielle Aufwendungen für
die Weiterbildung zu tragen. Ein großer Teil des Weiterbildungsangebots unterliegt
dabei dem Mechanismus von Angebot und Nachfrage, ist also Marktmechanismen
unterworfen und wird nicht bildungspolitisch strukturiert.

Der Staat hat die Strukturierungsfähigkeit gegenüber der Weiterbildung auch durch die
Segmentierung eigener Zuständigkeiten und Interventionen geschwächt. Denn die unter DM 0,6 Mrd. liegenden staatlichen Zuschüsse für die Weiterbildung sind nur die
Haushaltsmittel, die in den Ländern zur Umsetzung der mit den Weiterbildungsgesetzen verbundenen Zielsetzungen zur Verfügung stehen. Daneben erhält die Weiterbildung nicht unerhebliche Finanzmittel aus anderen Ressorts, die den Intentionen anderer Politikfelder folgen. So ist es in den Bundesländern vielfache politische Praxis, daß
Wirtschaftsministerien die berufliche Qualifizierung der Angehörigen kleiner und
mittlerer Unternehmen als Teil der Wirtschaftsförderung und Weiterbildung sowie Beratung durch Verbraucherzentralen finanziell unterstützen, Landwirtschaftsministerien
die Weiterbildung ländlicher Bevölkerungsschichten als Teil der Landwirtschaftsförde-
rung mitfinanzieren, Sozialministerien mit Hilfe von Fördermitteln der Sozialpolitik
benachteiligte Bevölkerungsgruppen an die Teilnahme von AFG- oder jetzt SGB III-
geförderten Veranstaltungen heranführen, Gesundheitsministerien Kurse zur gesund-
heitlichen Prävention und gesunden Ernährung und Bauministerien Veranstaltungen
zur Energieeinsparung finanzieren. *„Die Entwicklung der Weiterbildung in den vergangenen 25 Jahren läßt sich kennzeichnen als eine vom institutionellen Pluralismus
zur polyzentrischen und polyvalenten Segmentierung durch unterschiedliche politische
Interessen bei Beibehaltung des rhetorischen Anspruchs von der Weiterbildung als
eigenständigem und gleichberechtigten vierten Bildungsbereich"* (Kuhlenkamp 1997,
S. 47 f.).

Literatur

Arbeitgeberverband Gesamtmetall: Mensch und Unternehmen. Mit qualifizierten und motivierten Mitarbeitern
    die Wettbewerbsfähigkeit stärken. Köln 1992

Bund-Länder-Kommission für Bildungsplanung (Hrsg.): Bildungsgesamtplan, Bd. 1. Stuttgart 1973

Bundesanstalt für Arbeit: Förderung der beruflichen Bildung. Nürnberg 1998 a

Bundesanstalt für Arbeit: Arbeitsstatistik 1997 - Jahreszahlen. Nürnberg 1998 b

Bundesminister für Bildung und Wissenschaft: Thesen zur Weiterbildung. Bonn 1985

Bundesminister für Bildung und Wissenschaft: Informationen Bildung und Wissenschaft 11/89. Bonn 1989

Bundeskulturausschuß der CDU: Bildungsreform auf klaren Wegen. Bonn 1971

CDU: Leitsätze zur Weiterbildung. CDU-Dokumentation 16/1990

CDU: Freiheit in Verantwortung. Grundsatzprogramm der Christlich-Demokratischen Union Deutschlands. 1994

CDU: Zukunftsprogramm der CDU Deutschlands. 1998

Deutscher Bauernverband: Zur Bildungspolitik. Stellungnahme des Deutschen Bauernverbandes. Bonn 1970

Deutscher Bildungsrat (Hrsg.): Strukturplan für das Bildungswesen. Stuttgart 1970

Deutscher Bundestag: Schlußbericht der Enquete-Kommission „Zukünftige Bildungspolitik - Bildung 2000". Drucksache 11/7820. Bonn 1990

Deutsche Evangelische Arbeitsgemeinschaft für Erwachsenenbildung e. V.: Recht auf Bildung für alle. Zu den Grundaufgaben der Bildungspolitik. (Als Manuskript gedruckt) Karlsruhe 1991

Deutscher Gewerkschaftsbund: Bildungspolitische Vorstellungen des Deutschen Gewerkschaftsbundes. Düsseldorf 1972

Deutscher Gewerkschaftsbund: Statement zur Eröffnungsveranstaltung der „Konzertierten Aktion Weiterbildung" vom 03.12.1987 (als Manuskript vervielfältigt)

Deutscher Gewerkschaftsbund: Allianz des Aufbruchs – Plattform Weiterbildung. 1998. In: DVV-Magazin Volkshochschule, Heft 2/98, S. 53 ff. Bonn

Deutscher Volkshochschul-Verband: Stellung und Aufgabe der Volkshochschule. Bonn 1978

F.D.P.: Bildungspolitisches Programm. Beschluß des 39. Bundesparteitags der F.D.P. als Manuskript gedruckt. 1988

F.D.P.: Wiesbadener Grundsätze. Für die liberale Bürgergesellschaft. 1997

Gotter, W.: Entstehung und Auswirkungen des Niedersächsischen „Gesetzes zur Förderung der Erwachsenenbildung" vom 13.01.1970. Hannover 1973

Katholische Bundesarbeitsgemeinschaft für Erwachsenenbildung: Bildungspolitische Grundsätze. Hirschberger Erklärung der KBE. Bonn 1992

Keim, H./ Olbrich, J./ Siebert, H.: Strukturprobleme der Weiterbildung. Kooperation, Koordination und Integration in Bildungspolitik und Bildungsplanung. Düsseldorf 1973

Kommission Weiterbildung: Bericht. Stuttgart 1984

Kultusministerkonferenz: Dritte Empfehlung der Kultusministerkonferenz zur Weiterbildung vom 02.12.1994. Bonn 1994

Kuhlenkamp, D.: Weiterbildung und Bildungsplanung. In: Mader, W. (Hrsg.): Weiterbildung und Gesellschaft, 2. Aufl., Bremen 1993, S. 81 - 117

Kuhlenkamp, D.: Regelungen und Realpolitik in der Weiterbildung. In: Derichs-Kunstmann, K. u. a. (Hrsg.): Weiterbildung zwischen Grundrecht und Markt. Opladen 1997, S. 31 - 48

Laurien, H.-R.: „Erziehung zum Miteinander" In: Erwachsenenbildung. Jahrg. 1973, S. 1 - 5

Niedersächsische Landeszentrale für politische Bildung. Die niedersächsische Schule vor und nach dem Konkordat. Hannover 1965

Sauter, E.: 20 Jahre Recht der Weiterbildung. Ist die rechtliche Integration gelungen? In: Recht der Jugend und des Bildungswesens 1997, Heft 1, S. 18 - 22

SPD: Sozialdemokratische Grundsätze zur Weiterbildung 1975

SPD: Weiterbildung für eine menschliche Zukunft. 1991

SPD: Grundsatzprogramm der Sozialdemokratischen Partei Deutschlands i. d. F. vom 17.04.1998. Bonn 1998

SPD: Arbeit, Innovation und Gerechtigkeit. SPD-Programm für die Bundestagswahl 1998. Bonn 1998

Sperling, D.: Kooperation in oder mit der Volkshochschule? Zum Pluralismus in der Weiterbildung. In: Tietgens, H./ Mertineit, W./ Sperling, D.: Zukunftsperspektiven der Erwachsenenbildung. Braunschweig 1970, S. 206 - 215

JOSEF OLBRICH

Reflexionsprobleme im Weiterbildungssystem: Sinn und Weiterbildung

„Reflexive Modernisierung erfordert reflexives Lernen, d.h. die Besinnung auf menschliche Bedürfnisse, auf vernünftige Werte und Lebensstile" (Siebert 1993, S. 101-102).

Zu den Reflexionsproblemen des Weiterbildungssystems gehört seit seiner Entstehungsgeschichte - spätestens jedoch seit der Reflexivität des sozialen Systems Erwachsenenbildung im Hinblick auf seine eigenen erziehungstheoretischen Grundlagen - die Frage nach den allgemeinsten Zielen des Weiterbildungssystems für die Gesellschaft, für das lernende Subjekt, und schließlich auch für die lernende Organisation Erwachsenenbildung. In der Gegenwart hat unter radikal veränderter Perspektive, wie Horst Siebert also schreibt - die „Besinnung auf menschliche Bedürfnisse, auf vernünftige Werte und Lebensstile" und man könnte hinzufügen, auf den im europäischen Denken verankerten Begriff des „Sinns" den erwachsenenpädagogischen Diskurs erreicht, spätestens seitdem Begriffe wie „Pluralität der Werte," Individualisierung, Pluralisierung, Expansion und Fragmentarisierung des Wissens, Mediatisierung, Ambivalenzen der Lebensgestaltung, Entgrenzung, und Innenorientierung (Schulze), Differenzen, Unübersichtlichkeit, Virtualisierung (Marotzki), Flexibilität, Unlesbarkeit (Sennett) usw. eine unaufhaltsame Karriere gemacht haben und zu kaum mehr hinterfragten Topoi allgemein sozialwissenschaftlicher und erwachsenenpädagogischer Diskussionen geworden sind (vgl. Brödel, Engelhardt, Kade, Mader, Siebert, Tippelt, Weinberg, Zech, Kick, v. Hentig u.a.).

1. Die Pluralität von Rationalisierungsformen unter Verlust traditioneller Orientierungen

Rolf Arnold und Horst Siebert verweisen vor dem Hintergrund der „Pluralität von Rationalitätsformen" auf die paradoxe - und man könnte es positiv wenden - die ambivalente, sich gegenseitig verstärkende Funktion von Pluralisierungen biographischer, lebensweltlicher und sozialer Kontexte und deren Deutungen in der Weise, daß eine angebotsorientierte Erwachsenenbildung einerseits von Erwartungen der Teilnehmer auf Vergewisserung und Sinnstiftung profitiert und daß sie zum anderen dadurch die Komplexität von Wirklichkeitswahrnehmungen und deren Deutungen erhöht und so auch das Risiko von Kontingenzen vertieft (vgl. Arnold/Siebert 1995, S. 36f.). Damit werden Problemlagen des einzelnen, aber auch charakteristische Grundprobleme mo-

derner Gesellschaften angesprochen, die zur subjektiven Verarbeitung und zu Steue-
rungsproblemen der Gesellschaft herausfordern, auch angesichts der, wie Karl Otto
Hondrich schreibt, „Revolution steigender Erwartungen", d.h. der Tatsache, daß dem
Niveau der Bedürfnisse psychischer und sozialer Systeme keine hinreichenden Ressourcen der Befriedigung gegenüberstehen (vgl. Hondrich 1979, S. 70).

Der gesellschaftliche Struktur- und Wertewandel und die Individualisierung als ge-
samtgesellschaftlicher Prozeß scheinen reflexive Lernprozesse im Hinblick auf Besinnung, auf Selbstvergewisserung, auf „Orientierung und Reorientierung" (Friedenthal-
Haase), auf „Vervollkommnung und Selbstverwirklichung" (Zdarzil) - und schließlich
im Sinne Arnolds und Sieberts - auf Sinnstiftung notwendig zu machen, vorausgesetzt,
daß die Frage S. H. Klausens, ob die Sinnfrage eine sinnvolle Frage ist, positiv beantwortet werden kann (Klausen 1997, S. 363). Allerdings gilt auch in einer radikal säkularisierten Welt noch die Feststellung Simmels, daß es Erfahrungen und Bedürfnisse
nach Antworten gibt, die über den Horizont eines säkularisierten und entzauberten
Denkens hinausgehen (vgl. auch T. Luckmann 1980, S. 161ff.: „Säkularisierung - ein
moderner Mythos").

Reflexives Lernen, das sich mit Grundfragen nach Werten, Normen und Sinn auseinandersetzt, wird angesichts einer permanenten, gleichsam über den Köpfen schweben-
den gesellschaftlichen Aufforderung zur Flexibilität, zum Wandel und zum Neubeginn
im gesellschaftlichen, beruflichen und auch persönlichen Bereich immer zwingender,
auch deshalb, da sich die Menschen aus den traditionellen Sozialformen und Stützsy-
stemen wie Kirche, Partei, Schicht, Interessenvertretungen, Familie, Betrieb u.a. her-
ausgelöst haben, die wesentliche Elemente der Sinnbegründung in früheren Zeiten für
die Individuen übernommen haben und die nun, nachdem diese Stützsysteme auch angesichts der Pluralität von Werten, durch die sie heute selbst gekennzeichnet sind, anstelle von Sicherheit risikohafte Freiheit für den einzelnen freigesetzt haben und freisetzen (Beck 1986, Offe 1989 u.a.). So stellt Peter Berger fest, daß an die Stelle der
Gewißheiten Meinungen getreten seien und er verweist auf den „Taumel der Befreiung
und das wachsende Unbehagen darüber" (FAZ vom 7.5.1998, nach v. Hentig 1999, S.
155). Auch Rudolf Tippelt hat entlang dem Individualisierungstheorem hervorgehoben, daß die Befreiung von traditionellen Zwängen und Kontrollen, etwa des Standes
oder der Religion, zwar zu einer Zunahme an innerer Autonomie führe und so Frei-
heitsspielräume eröffne, daß damit jedoch auch ein Verlust an Sicherheit und Stabilität
und ein Verlust an Gemeinschaft, der hohe Risiken und Bedrohungen im Lebenslauf
nach sich ziehen kann, verbunden sei (Tippelt 1997, S. 54f.). Unbestimmtheit und Unsicherheit ist das Ergebnis dieses kollektiven Befreiungsaktes im Zeitalter der Be-
schleunigung des Wandels. Die „Akkumulation" und die „Akzeleration" nennt Hartmut von Hentig die zwei allgemeinsten und wirksamsten Prinzipien unserer Zivilisation (von Hentig 1999, S. 22).

Die Unbestimmtheit, die „Reise ins Unbekannte", ist nach Richard Sennetts neuesten
Reflexionen über den „flexible(n) Mensch" eine allgemeine Zeiterfahrung: „Die mo-
derne Kultur des Risikos weist die Eigenheit auf, schon das bloße Versäumen des
Wechsels als Zeichen des Mißerfolgs zu bewerten, Stabilität erscheint fast als Läh-

mung. Das Ziel ist weniger wichtig als der Akt des Aufbruchs. Gewaltige soziale und ökonomische Kräfte haben an dieser Insistenz auf ständige Veränderung gearbeitet: Die Entstrukturierung von Institutionen, das System der flexiblen Produktion - auch die handfestesten Immobilien scheinen in Fluß geraten zu sein. Da will niemand zurückbleiben. Wer sich nicht bewegt, ist draußen" (Sennett 1998, S. 115).

Auch der Erwachsene, der sich einläßt, wieder zu lernen, begibt sich gleichsam ebenfalls auf eine Zeitreise ins Ungewisse. Er überläßt sich dem Risiko, neues Wissen zu wissen, das sein bisheriges Wissen und seine Weltsicht in Frage stellt, umwertet oder sogar entwertet. Neue Sichtweisen, neue „vernünftige" Werte, neue Sinnperspektiven muß der Lernende in seine bisherige Sicht von Welt und von sich selbst integrieren. Erwachsenenlernen produziert in diesem Sinne auch Sozialisationseffekte eigener Art und kann „als Beitrag zur Selbstbeobachtung des Systems und als laufende Korrektur einer selbstgeschaffenen Wirklichkeit" verstanden werden (Luhmann 1991, S. 331). Auch für den Erwachsenen bedeutet also Lernen eine Reise ins Unbekannte, bedeutet Schreiben einer neuen Seite seiner Biographie. So überläßt er sich der Dialektik von Neuanfang, von Dekonstruktion und Rekonstruktion. Lernen ist die produktive Form, mit Risiko umzugehen, deren Gegenbild die Angst vor dem Wechsel, die Angst, Neues zu lernen und zu erfahren, und schließlich die Apathie ist (vgl. Sennett 1998, S. 202).

Deshalb ist hier nun der Ort, um die Diskussion auf die Frage zu lenken, ob die Erwachsenenbildung als soziales System angesichts vielfältiger Risiken, dem Zwang zum Wandel sowie vermehrter Entscheidungsoptionen und Kontingenzen in der Lage sein kann, einige Funktionen der eben genannten Sozialformen wahrzunehmen, um so den Bedürfnissen der Teilnehmer nach offensichtlicher Wertorientierung und Sinnstiftung gerecht werden zu können. Die Wertproblematik ist für Hartmut von Hentig eine der zentralen Fragen für einen Entwurf der Erziehung im 21. Jahrhundert.

Allerdings ist auf den Doppelcharakter der Erwachsenenbildung im Hinblick auf Werte und Normen hinzuweisen: Erwachsenenbildung ist selbst dem Wandel von Werten und Normen im Prozeß der Modernisierung der Gesellschaft unterworfen, insofern auch deren Ambivalenzen und schließlich auch deren Erosion; zum anderen stiftet sie selbst Werte und Normen. Sie ist so Mitgestalterin der „gesellschaftlichen Konstruktion von Wirklichkeit" (Berger/Luckmann 1980; vgl. auch Mader 1980). Im Zusammenhang des Konzeptes von Aneignungsverhältnissen weist Jochen Kade daraufhin, daß zwischen Subjekten und Erfahrungswelten eine Vermittlungszone etabliert wird und so ein Konstitutionsprozeß der Subjekte, wie umgekehrt auch von Welt, hergestellt wird. Welt wird nicht nur vermittelt, sondern auch durch die Erwachsenenbildung produziert (vgl. Kade 1993, S. 400). Erwachsenenbildung ist so Kontingenz zur Aneignung von Welt, sie ist aber zugleich auch Subjekt und Objekt der Reproduktion diesbezüglicher Werte und Normen psychischer und sozialer Systeme.

Der Rekurs auf „Sinn" im Kontext psychischer und sozialer Systeme legt es nahe, beide Begriffs-Implikationen in loser Kopplung zur Systemtheorie kurz zu entfalten, bevor die oben gestellte Frage sowohl unter historischen als auch systematischen Aspekten konkret aufgegriffen wird. Im Prozeß der funktionalen Differenzierung der Gesellschaft haben sich Subsysteme herausgebildet wie das Sozialsystem Erwachsenenbildung. Sowohl die Gesellschaft als Ganzes als auch die verschiedenen Systeme und Subsysteme werden im Hinblick auf ihre jeweiligen Kommunikationsmedien bestimmt. So werden beispielsweise für das politische System „Macht", für das Wirtschaftssystem „Geld", für das Wissenschaftssystem „Wahrheit", als ordnungsstiftende, die „Anschlußfähigkeit begründenden spezialisierten Kommunikationsmedien im Rahmen der funktional-strukturellen Theorie theoretisch und semantisch bestimmt" (Olbrich 1999). Für das Erziehungssystem sowie das Teilsystem Erwachsenenbildung ist der Lebenslauf - entlang der jüngsten Überlegungen Niklas Luhmanns (1997a) - das strukturierende Kommunikationsmedium. Die verschiedenen Systeme sind durch eine Leitdifferenz etwa des Rechtssystems auf die Binarität „Recht/Unrecht", das Wissenschaftssystem durch den Code „wahr/unwahr" und das Erziehungssystem durch das Differenzschema „irritierbar/nicht irritierbar" (Olbrich 1999) gekennzeichnet.

Alle gesellschaftlichen Operationen verweisen jedoch auf Sinn als das allgemeinste Kommunikationsmedium (Luhmann 1997, S. 44ff.). Sinn ist das zentrale Steuerungskriterium komplexer Systeme, auf dessen Basis Sozialsysteme organisiert sind. Helmut Willke (1996) hat dieses Steuerungskriterium im Hinblick auf nicht-triviale Systeme wie folgt schematisiert:

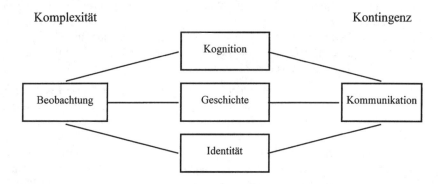

Sinn ist keine ontologische Kategorie, keine „Weltqualität", sondern ausschließlich als Element der Operationen zu verstehen, die sich auf Sinn beziehen. In dem Maße gibt es keine zeitüberdauernde Identität. Bezogen auf die Frage der Differenz von Medium und Form und die damit verbundene Thematik loser und strikter Kopplung im Hinblick auf Autopoiesis geht Luhmann dezidiert auf den Zeitbezug von Sinn ein. Sinn kann nur ereignishaft aktualisiert werden und geschieht nur in Horizonten, die weitere Aktualisierungsmöglichkeiten eröffnen (vgl. Luhmann 1997, S. 199). Lediglich das Gedächtnis konstruiert Strukturen „für den momentanen Gebrauch zur Bewahrung von Selektivität und zur Einschränkung von Anschlußfähigkeit" (Luhmann 1997, S. 44). Sinnstiftung in Aneignungsverhältnissen innerhalb des Weiterbildungssystems ist somit an den aktualisierten Prozeß des Lernens und den jeweiligen Möglichkeiten von Anschlußoperationen gebunden. An dieser Stelle könnte man auf Horst Sieberts jüngste Veröffentlichung (1998) zum Problem des Lehrens und Lernens in der Erwachsenenbildung im Hinblick auf den lernenden Erwachsenen als ein autopoietisches, selbstreferentielles System verweisen, das insbesondere auf Anschlußfähigkeit orientiert ist. Hier zeigt sich eine Verbindungslinie zwischen einer theoretischen Konstitution der Erwachsenenbildung aus systemtheoretischer als auch aus konstruktivistischer Perspektive.

Für unsere Fragestellung nach Sinnstiftung durch Erwachsenenbildung ist jener Gedanke besonders hervorzuheben, daß Sinn gleichsam nur als Sinn innerhalb von Operationen und Zeitsegmenten verstanden werden kann, das heißt: es gibt keinen Sinn auf Dauer. Sinnstiftung durch Lernen ist somit immer Sinn im Zusammenhang von Dialog, Diskurs, Begegnung und Rückverweisung auf Operationen, die sich selbstreferentiell auf den lernenden Erwachsenen beziehen.

2. Erwachsenenbildung zwischen Sinnstiftung und Ideologie

Bereits ein kurzer Blick in die Geschichte der Erwachsenenbildung macht deutlich, daß die Frage nach übergreifenden Zielen seit der Konstitution dieses Feldes von Erziehung und Bildung die gesellschaftspraktische und die theoretische Diskussion für die lernende Organisation wesentlich bestimmt hat. So fragt Hilde Reisig in ihrem berühmten Buch nach dem „politischen Sinn der Arbeiterbildung", nach den Werten und Normen, die für die Bildung des vierten Standes grundlegend waren. Sie sieht die „gesellschaftlich/politische Relevanz von Bildung (S. 10) in der Veränderung der Gesellschaft. Sie thematisiert, in welcher Weise Erwachsenenbildung einen Beitrag zur Befreiung der Arbeiter zu leisten in der Lage ist. Die Transformation der Gesellschaft ist der zentrale Begründungszusammenhang der Bildung für und durch den Arbeiter. Diese gesellschaftliche Perspektive von Arbeiterbildung hat auch einen selbstreflexiven Bezug. Der lernende Arbeiter hat durch die Erwachsenenbildung zugleich die Möglichkeit der Aufklärung über sich selbst, über die Fixpunkte der Orientierung für seine politische und persönliche Lebensgestaltung gewonnen. Damit wird auch eine anthropologische Fundierung der Erwachsenenbildung/Arbeiterbildung erkennbar und zwar so, daß die Sinngestaltung der Lebensformen des Arbeiters nur im Kontext gesellschaftlicher Formation begründbar wird. Die Mitwirkung an der Befreiung des Arbeiters an einer gesellschaftstransformierenden Perspektive wird in der Weise selbstreflexiv, als daß damit die Befreiung aus eigenen sozialen, fremddefinierten Zwängen im Denken und Handeln in den Blick gerät.

Eine Zuspitzung auf eine gesellschaftspolitisch fixierte Sinnkonstitution zeigt sich in der Theorie revolutionärer Klassenkampfbildung, wie sie etwa in den Schriften Hermann Dunckers, Clara Zetkins, Edwin Hoernles und Max Adlers begründet wird (vgl. Olbrich 1977, S. 18f.). Bildung hat einerseits einen theoretischen Bezugspunkt im wissenschaftlichen Sozialismus, im Marxismus und einen übergeordneten gesellschaftlichen, politischen und strategischen Orientierungspunkt: die radikale Umgestaltung und

Überwindung der Klassengesellschaft, hin zu einer Gesellschaft, in der „es keine Klassen, also auch keine Proletarier mehr gibt, sondern nur mehr eine Gemeinschaft solidarisch arbeitender Menschen" (Adler, 1926). Seit den Anfängen der Erwachsenenbildung haben die hier inhärenten Wert- und Normorientierungen in Hinblick auf evolutionäre, respektive revolutionäre Gesellschaftstransformation den Gang der Arbeiterbildung im Kern bis in die Weimarer Zeit begleitet.

Im Gegensatz zur Theorie und Praxis revolutionärer Arbeiterbildung, deren Sinnperspektive rationalen Kriterien zugänglich ist, hat die bürgerliche Erwachsenenbildung ihre Wert- und Normorientierung für das lernende soziale System Erwachsenenbildung stärker ideologisch ausgerichtet, wobei Intention und Realität weit voneinander entfernt waren. Zwei Beispiele aus dem Ende des 19. Jahrhunderts und der Weimarer Zeit sollen den partiell ideologischen Charakter der Volksbildung im Hinblick auf die Gesellschaftsformation unter der zentralen Sinn-Kategorie der Integration verdeutlichen.

Das Bündnis des liberalen Bürgertums mit der preußischen Machtpolitik, das mit der Reichsgründung manifest wurde, veränderte nicht nur die politische Landschaft, sondern auch die Landschaft der Erwachsenenbildung. Die im Gefolge der Reichsgründung 1871 konstituierte „Gesellschaft für Verbreitung von Volksbildung" hat sich an nationalen Ideen und volksintegrativen, respektive volksideologischen Zielsetzungen ausgerichtet und in diesen Kategorien der Orientierung ihre zentralen Antriebskräfte gewonnen. Die Gesellschaft, die sich nun als „wirkliche Bewegung" von unten verstand, hat sich die Aufgabe gestellt, alle Mitglieder des Volkes jenseits von Schicht und Klasse zu einer „geistigen und sittlichen Gemeinschaft" zusammenzuführen und das, was Bismarck durch „Blut und Boden" geeint hat, nun durch „innere Bande" zusammenzuführen. Nationale und kulturelle Identität sind das übergeordnete Ziel der neuen Volksbildung in einem zu einenden Volk und einer zu einenden Nation.

Durch Vermittlung der „deutschen Kulturgüter" an alle, ungeachtet der krassen Unterschiede an Bildungschancen und politischer Partizipation, sollte durch Popularisierung wissenschaftlichen Wissens und durch Vermittlung „deutscher Kulturgüter" eine homogene Gesellschaft scheinbar gleichberechtigter Bürger geschaffen werden. Höchste Werte und Normen dieser Volksbildung orientierten sich nicht an den objektiven Bildungsinteressen und der Lebens- und Gesellschaftssituation der Teilnehmer, besonders der Arbeiterschaft, die in die neue Nation zu integrieren als die vorrangigste Verpflichtung des liberalen Bürgertums angesehen wurde, sondern an einem von der gesellschaftlichen und sozialen Realität abgehobenen Einheitsgefühl, um so potentiellen Umtrieben revolutionärer Arbeiterbildung und der neu formierten Arbeiterbewegung entgegenzutreten. So schreibt Horst Siebert: „'Volksbildung' als Popularisierung von Kultur und Wissenschaft war gleichsam der Regenschirm, der alle Sozialschichten unter sich vereinte, und gegen fremdländische und staatsgefährdende Einflüsse stützte" (Siebert 1993, S. 78). Der Sinn der Volksbildung ist somit nicht reflexiv auf den Teilnehmer gerichtet, sondern auf übergeordnete Werte und Normen des neuen, geeinten Reiches und eines machtpolitisch ausgerichteten Staates. Sinnstiftung der Volksbildung ist Sinnstiftung in Richtung einer volksideologischen Integrationsphilosophie.

Unter völlig veränderten bildungstheoretischen, bildungsmethodischen und gesellschaftlich-politischen Voraussetzungen lassen sich dennoch Elemente dieser Volksbildungsphilosophie der „Gesellschaft" bis hin zur Neuorientierung der Volksbildung in der Weimarer Zeit auffinden. Denn die Neue Richtung hat sich zunächst nur didaktisch und methodisch entschieden von der Bildungs-Verbreitungsideologie der Bismarck-schen Erwachsenenbildung radikal abgesetzt.

In Anknüpfung an die Lebensphilosophie Diltheys und Simmels und mit Rekurs auf die Phänomenologie Edmund Husserls tritt an die Stelle der Vermittlung nationaler Kultur die Bildungsarbeit aus der Perspektive und in Richtung des Teilnehmers. Im Gegensatz zur Verbreitung von ubiquitärem Wissen in enzyklopädischer Tendenz gewinnt das Prinzip der Lebensnähe und Lebenshilfe der Teilnehmer eine orientierende Funktion. Die didaktisch-methodische Idee der „Arbeitsgemeinschaft" bedeutet didaktische Partizipation. Insgesamt besteht der Neuansatz der Weimarer Erwachsenenbildung in der Hinwendung zum Teilnehmer, der nun selbst zum Subjekt der Bildung wird. Insofern kann hier bereits von einer reflexiven Wende der Erwachsenenbildung gesprochen werden.

Allerdings zeigt die gesellschaftspolitische Dimension der „Arbeitsgemeinschaft" als der zentralen Kategorie der Neuen Richtung zugleich seine gemeinschaftsideologischen Implikationen: „Volkbildung durch Volksbildung" wird zum Schlüsselbegriff. Alle namhaften Theoretiker der Weimarer Erwachsenenbildung von Rosenstock-Huessy über Flitner und Mann bis hin zu Weitsch haben die Idee von der Erneuerung des Volkes und der Integration der verschiedenen gesellschaftlichen Gruppen zu einer nationalen Einheit und zu einer Volksgemeinschaft propagiert. Häufig wurde die Sehnsucht nach „Gemeinschaft" und „Ganzheit" auf dem Hintergrund von Zivilisationskritik in das Gewand pädagogischer Prinzipien gekleidet, so daß der gemeinschaftsideologische Charakter der bürgerlichen Erwachsenenbildung der Weimarer Republik durchaus noch Verbindungslinien zur Gesellschaft für Verbreitung von Volksbildung aufwies. Elemente der Realitätsverschleierung u.a. liegen darin, daß die Neue Richtung von den gesellschaftlichen und sozialen Bedingungen der Zeit absehen zu können glaubte. Sie erweckte so den Eindruck, daß mit der Abkehr von der verbreitenden, extensiven Volksbildung auch eine Abkehr von den Harmonisierungstendenzen der Erwachsenenbildung der Wilhelminischen Epoche verbunden seien.

Der entscheidende Fortschritt jedoch liegt darin, daß die Wert- und Sinnorientierung der Neuen Richtung gleichsam in dialektischer Weise reflexive Elemente, auf die Sinndeutung der eigenen Lebensgestaltung ausgerichtete Bildungsarbeit mit ideologischen Versatzstücken einer sozialen Verwandlungsaufgabe der Volksbildung verband (vgl. Weniger 1930, S. 65ff.). In welchem Maße jedoch die an der Idee der Arbeitsgemeinschaft und des „Volksdenkens" orientierten Erwachsenenbildner der Neuen Richtung traditionelle pädagogische Konzepte mit neuen Theorieperspektiven zu verbinden verstanden, dafür steht Alfred Mann, der Leiter der Breslauer Volkshochschule. In seinem bekannten, 1928 erschienenen und 1948 wieder aufgelegten Buch „Denkendes Volk - volkhaftes Denken" hat Alfred Mann, ausgehend von konkreten Bildungserfahrungen, etwa mit schlesischen Bauern, wie Tietgens, Arnold und Siebert eingehend dargelegt haben, bereits Elemente einer auf Deutung und Konstruktion von Wirklichkeit ausgerichteten Erwachsenenbildungstheorie herausgearbeitet. In der

Mann'schen Konzeption lassen sich durchaus Ansätze dessen ausmachen, was wir heute unter „konstruktivistischer Erwachsenenbildung" verstehen.

Darüber hinaus zeigt die Umsetzung des Integrationskonzepts einer gemeinschaftsbildenden Erwachsenenbildung jedoch bereits den Versuch, an konkreten Projekten die Idee der gemeinschaftsstiftenden Volksbildung im Sinne einer Zusammenführung unterschiedlicher sozialer Gruppen und Schichten gesellschaftsnah zu gestalten, so wie sie Rosenstock-Huessy in seinen Schlesischen Arbeitslagern umzusetzen versuchte: Kopf- und Handarbeiter, Arbeiter, Bauern und Intellektuelle zu intensiver, gleichberechtigter Bildungsarbeit zusammenzuführen, um so die Trennung von „Gebildeten" und „Ungebildeten", in der Flitner'schen Sprache von „Priestern" und „Laien" aufzuheben. „Nicht 'Popularisierung von Wissenschaft', sondern Begegnung, Gemeinschaft, Verständigung waren die Schlüsselbegriffe" (Siebert 1993, S. 78-79). Sinnstiftung durch Erwachsenenbildung heißt: im Bildungsprozeß in Form von Reflexion und Selbstreflexion, durch Dialog und Begegnung, den eigenen Ort des Teilnehmers in seinen verschiedenen Lebenskreisen, von der persönlichen Lebensgestaltung bis hin zur Teilhabe am öffentlichen Leben zu finden.

3. Von der Emanzipation zur Reflexivität des Weiterbildungssystems

Seit der Phase der tiefgreifenden Strukturreform des Bildungswesens in den 60er Jahren, die auch das Weiterbildungssystem wesentlich bestimmt hat, hat es auf verschiedenen Ebenen intensive Versuche der Neuorientierung und theoretischen Reorganisation der Erwachsenenbildung gegeben. Auf der gesellschaftlich-politischen Ebene haben intensive Kontroversen um System- und Sinnfragen auch in die konkrete Bildungsarbeit der Erwachsenenbildung hineingereicht, die bestimmt waren durch Begriffe wie Systemstabilisierung versus Systemveränderung, Affirmation versus Kritik, Chancengleichheit versus Chancengerechtigkeit und die damit auch eine Diskussion über gesellschaftlichen Wertpluralismus diesseits und jenseits der Erwachsenenbildung evoziert haben. Auf der Theorieebene sind Fragen nach den teleologischen Kontingenzen des Weiterbildungssystems seit einer langen Phase der Theorieabstinenz in das Zentrum des erwachsenenpädagogischen Diskurses gerückt.

Zu einer zentralen Leitidee avancierte die Vorstellung von Emanzipation, die zwar am Beginn der Erwachsenenbildung bereits zu einem Schlüsselbegriff, etwa der gesellschaftskritischen Arbeiterbildung geworden war, die aber im Verlaufe der historischen Entwicklung mehr und mehr aus dem Blickfeld der Erwachsenenbildung geraten ist. Emanzipation wurde zu einer alles überragenden Metapher des Weiterbildungssystems, ohne jedoch auf seine privilegierte Etablierung und allseitige Geltung Anspruch erheben zu können.

Emanzipation durch Erwachsenenbildung als Möglichkeit lebenslangen Lernens bedeutet Überschreitung der Grenzen des Nicht-mehr-Lernen-Könnens, der Loslösung aus unreflektierten Traditionen, bedeutet Steigerung von Selbstentfaltung und Sinnkonstitution in Richtung größerer individueller Vollkommenheit. Hier liegt die anthropologische Dimension dieses Schlüsselbegriffs der Erwachsenenbildung Ende der 60er, Anfang der 70er Jahre, der unter diesem Aspekt, den Individualisierungsdiskurs aufnehmend, zugleich eine Neuformulierung des Bildungsbegriffs ermöglichte (vgl. Kade/Seitter 1998, S. 58). Emanzipation zielt auf die Selbstgestaltung der eigenen Biographie und verweist zugleich auf die Steigerung von Handlungskapazität und Autonomie in allen Lebensbereichen des Teilnehmers.

Neben dieser auf das Subjekt bezogenen Bedeutung von Emanzipation als der Möglichkeit temporaler, thematischer und sozialer Entgrenzung wird zugleich seine gesellschaftspolitische Dimension erkennbar: Durch Bildung, durch lebenslanges Lernen in der Form von Vermittlung und Aneignung, kann nun der Erwachsene gleichberechtigt an der Gestaltung der gesellschaftlichen Transformation in Richtung Demokratisierung und sozialer Gerechtigkeit teilhaben. Chancengleichheit und Emanzipation, Leitideen individueller und gesellschaftlicher Sinnstiftung gehen hier eine Verbindung ein. Detlef Oppermann hat die „Schöne neue (Weiterbildungs-)Welt" gekennzeichnet als einen Weg von der Emanzipation durch Bildung „zu selbstorganisiertem Lernen und Produkten" (Oppermann 1998, S. 331ff.).

Dieses zentrale Theorieelement „Emanzipation" in der Erwachsenenbildung der 60er, 70er Jahre eröffnete zum einen größeren Freiheitsspielraum, heißt Steigerung von Entscheidungsoptionen für den einzelnen, aber zugleich auch gesellschaftliche Verpflichtung zum lebenslangen Lernen. Jochen Kade und Wolfgang Seitter sprechen in diesem Zusammenhang von lebenslangem Lernen zwischen „Obligation" und Freiheit zum Lernen (1998, S. 52). Rainer Brödel konstatiert eine problematische Verengung des Bildungsdiskurses dadurch, daß ein permanenter Druck auf die lernenden Subjekte ausgeübt wird, „Weiterbildung als lebenslängliche Handlungsnorm für sich zu akzeptieren" (Brödel 1998, S. 14). Jürgen Wittpoth sieht die Weiterbildung im Spannungsfeld zwischen Recht auf Bildung und Zwang zu lebenslangem Lernen.

Dagegen steht die Selbstvergewisserung des Weiterbildungssystems in Richtung Reflexivität, die bereits partiell im Emanzipations-Konzept sichtbar geworden ist. Sie findet eine prägnante Form und Ausprägung in der subjektiven Wende der Erwachsenenbildung Mitte der 70er Jahre, die mit einem Perspektivwechsel von der Gesellschaft hin zum Subjekt, zur Lebenswelt der Individuen verbunden ist.

Die Desillusionierung der großen Gesellschaftsversprechen auf evolutionäre Veränderung, die Projektion einer besseren Welt durch aufklärerische Bildungsarbeit und die Entwürfe von einem Fortschritt, der nicht nur linear und rationalitätsbezogen, sondern selbstreflexiv ist, all diese Szenarien einer optimistischeren Zukunft haben ihre Leucht- und Wirkungskraft verloren, nachdem, wie Luhmann konstatiert, die „Gläubigen (gemeint der Emanzipation) ihren Kult wohl aufgegeben haben". Die im Kontext der Emanzipationseuphorie übersteigerten Erwartungen an die gesellschaftsverändernde Kraft der Erwachsenenbildung mußte wohl enttäuscht werden, auch deshalb, weil die intendierten Ziele, etwa der politischen Erwachsenenbildung dann vornehmlich erreicht werden, wenn die begleitende Sozialisation in der Erwachsenenbildung so laufengelassen wird „wie sie nun mal läuft und die Belehrung der Welt zu überlassen" (Luhmann 1997, S. 67).

Vor diesem Hintergrund hat sich der erwachsenenpädagogische Diskurs, beginnend mit der Betonung des interpretativen Paradigmas, der allseitigen Etablierung des Deutungsmusteransatzes als eines wesentlichen Theorieelements (vgl. Arnold, Dewe, Schäffter, Siebert, Gieseke, Kade, Tietgens) auf einen konsequenten Weg hin zur Megatheorie des Konstruktivismus begeben, mit den für die praktische Bildungsarbeit relevanten Schlüsselbegriffen wie Anschlußfähigkeit, Viabilität, Kontingenz und Perturbation, die über den aktuellen Stand der erwachsenenpädagogischen Rezeptionsversuche hinaus, im Hinblick auf mögliche Elemente einer neuen Sinnkonstitution des Erwachsenenbildungssystems, näher zu untersuchen sind. Arnold und Siebert haben in mehreren Schriften die Perspektiven einer konstruktivistischen Erwachsenenbildung, in deren Mittelpunkt im Anschluß an Maturana und Varela der Begriff der Autopoiesis steht und der eine Verbindungslinie zwischen dem Konstruktivismus und der neueren Systemtheorie (seit 1984) herstellt, systematisch herausgearbeitet. Sie haben die für die Erwachsenenbildung relevanten Dimensionen in Richtung auf Wahrnehmung, auf Interdisziplinarität und Interkulturalität aufgezeigt (Arnold/ Siebert 1997, S. 127ff.).

Sowohl die Systemtheorie als auch der Konstruktivismus nehmen Bezug auf die Metapher des „Lebendigen". In diesem Sinne haben die Systemtheorie seit der paradigmatischen Wende und der Konstruktivismus sich in Richtung einer Theorie entwickelt, die auch Evolution in diesem Theoriekonstrukt für beide Megatheorien erklärbar macht. In einem selbstreferentiellen, weitgehend operational geschlossenen System werden durch Emergenzen Lernprozesse für die Natur, für soziale und psychische Systeme möglich. Sie verweisen auf die Kontingenz und die Notwendigkeit von Selbstorganisation. In diesem Kontext gewinnt reflexives, selbstrefentielles Lernen eine neue Dimension: Lebenslanges Lernen ist zugleich in der Weise evolutionär, daß damit nicht nur eine kulturelle und soziale Integrationsleistung verbunden ist, sondern daß Erwachsenenbildung auch an der Gestaltung und der Weiterentwicklung psychischer und sozialer Systeme im Prozeß der Selbstorganisation beteiligt ist. In der Relationierung von Selbstreferentialität (subjektbezogen) und Synreferentialität (sozialbezogen) vollzieht sich das Lernen als ein „Lern- und Erkenntnisprozeß" (Siebert 1997a, S. 287).

Kösel, Arnold und Siebert haben die Konsequenzen aus dem Prinzip der Selbstorganisation von Lernprozessen für die Lehr- Lerntheorie herausgearbeitet, besonders im Hinblick auf die Vermittlungs- und Aneignungsproblematik von Information und Wissen, das selbst in einem autopoietischen Akt der Selbstvergewisserung in Richtung Anschlußfähigkeit und Viabilität jeweils reformiert wird (vgl. Arnold/Siebert, S. 88ff.).

Lebenslanges Lernen „schließt auch die Fähigkeit ein, im Sinne eines Lernens von 'sinnhaft-intersubjektiven Interaktionen', zukunftsoffene Unbestimmtheit zu akzeptieren. Das bedeutet, daß lebenslanges Lernen im Prozeß gesellschaftlichen Wandels das voraussetzt, was Luhmann 'Systemvertrauen' nennt" (Olbrich 1981, S. 64). Damit wird die autopoietische Perspektive von Bildung und Weiterbildung anschlußfähig. Selbstbezügliches Lernen Erwachsener verweist auf Prozesse der Orientierung und Reorientierung. Es steht zugleich in einem Zusammenhang von Deutungsverfahren, die an die eigene Biographie anschließen. Reflexives, selbstreferentielles Lernen verläßt sich jedoch nicht nur auf emergente Verfahren, um so die Elemente des eigenen Systems evolutionär zu konturieren. Vielmehr ist es auch mit Blick auf die vielfältigen

Friktionen und Brüche der eigenen Biographie in loser Kopplung zu Umweltsystemen und Milieus verwiesen (vgl. Bourdieu 1982, Tippelt 1997), indem Wahrnehmung, Erkenntnis und Deutung sich auf die Differenz von psychischem System (Subjekt) und Umwelt (Gesellschaft) beziehen. Lernen stellt die Strukturkopplung, „die Passung zwischen Mensch und Milieu" sicher. So wird „eine Brücke zur Sozialpsychologie und auch zur Gesellschaftstheorie geschlagen" (Arnold, Siebert 1997, S. 85).

Hier verknüpfen sich die Konzepte reflexiven Lernens und des Deutungslernens als „Identitätslernen". Zwei Aspekte sind im Zusammenhang unserer Fragestellung theorierelevant, auf die Bernd Dewe hingewiesen hat: Zum einen bedeutet organisiertes „Identitätslernen" einen Eingriff in biographisch konturierte Sinnzusammenhänge. Es leistet zugleich Vorschub einer immer „wertgebundenen Pädagogisierung des gesellschaftlichen Lebens" (Dewe 1997, S. 83). Zum anderen steht das Konzept des selbstorganisierten Lernens, des biographischen, reflexiven Lernens, in einem Relationszusammenhang zu Formen didaktischer Fremdzuweisungen. Eine völlige Entgrenzung von zeitlichen, sachlich-thematischen und sozialen, die Lerngruppe, die professionelle Tätigkeit des Lehrenden betreffend, in das Kalkül zu ziehen, wäre schon aus der Logik des Konstruktivismus und vor allem der Systemtheorie nicht angemessen, da eine operative Geschlossenheit von einem lernenden System zu seiner Umwelt evolutionäre Prozesse im Sinne von Anschlußfähigkeit an die Umweltsysteme kaum ermöglicht.

Für die Frage der Sinnstiftung durch lebenslanges Lernen mag hier nur ein kritischer Einwand gegenüber der Theorie des Konstruktivismus aufgegriffen werden, den Hans Tietgens bereits angesprochen hat. Tietgens spricht von einer „zwiespältigen Situation, weil der Konstruktivismus die erwachsenenpädagogische Grundüberzeugung von der Rolle des Subjektiven stützt und zum anderen auch Verunsicherung mit sich bringt und so Erwartungen der Teilnehmer der Erwachsenenbildung enttäuscht, die mit dem Lernen auch eine Vergewisserung erwarten" (vgl. Tietgens 1992, S. 165).

4. Sinn und Weiterbildung

Angesichts der „Pluralität von Rationalitätsformen", der Pluralität von Wahrnehmung und Deutung, sowie der Dekadenz von Wahrheit, Einheit und Funktionalität, die Lyotard mit Bezug auf Friedrich Nietzsche konstatiert (vgl. Siebert 1993, S. 136), angesichts der Erosion bürgerlicher Werte und der Pluralität von Lebensformen und deren unterschiedlichen Legitimationsversuchen, stellt sich hier die Frage, ob die Erwachsenenbildung der Ort ist, relative Gewißheiten und Sicherheiten zu schaffen. Es ist die Frage, ob sie, wenn auch nicht auf Dauer, wenn auch nicht ontologisch, Sinn zu stiften in der Lage ist und damit zugleich Werte und Normen zu restituieren vermag. Hier ist der Zusammenhang zwischen Sinn und Weiterbildung angesprochen. Es geht also darum, den konstruktivistischen Ansatz und den Deutungsmusteransatz gleichsam zu einem Ende zu bringen, so wie Brian Eno es formuliert: „I live beyond Interpretation" (nach Klausen 1997, S. 378).

Unterhalb der Bedeutungsebene von Sinnstiftung ist zu verweisen auf die Begriffe von Orientierung und Reorientierung, die in der Geschichte der Erwachsenenbildung nach 1945, besonders in der Geschichte der Volkshochschule eine besondere Rolle gespielt haben. In dem berühmten Dokument der Selbstinterpretation stellt die Deutsche Volkshochschule ihre zentrale Aufgabe in dreifacher Hinsicht fest:

- als Hilfe „für das Lernen"

- als Hilfe „für die Orientierung und Urteilsbildung"

- als Hilfe „für die eigene Tätigkeit" (Erklärung des deutschen Volkshochschulverbandes 1966).

Martha Friedenthal-Haase ist der Dimension von Orientierung und dem komplementären Begriff der Reorientierung in der jeweiligen Bedeutung für die Erwachsenenbildung systematisch nachgegangen. Sie kommt zu dem Ergebnis, auch mit Rückgriff auf die Kategorien der Begegnung und des Dialogs in der Auseinandersetzung mit dem Werk Martin Bubers, daß Orientierung verstanden werden kann als eine „Aufgabe der Standort- und Zielfindung in einer wissenschaftsbestimmten Zivilisation ..." (Friedenthal-Haase 1998, S. 67).

Im Hinblick auf Orientierung und Sinnstiftung ist die Erwachsenenbildung einer der herausragenden, privilegierten, gesellschaftlich legitimierten, im Erwartungshorizont von potentiellen Teilnehmern der Erwachsenenbildung liegenden Orte, die dadurch gekennzeichnet sind, daß Lernen nahezu für jeden Erwachsenen ohne soziale Begrenzung, zu jeder Zeit, räumlich allseits zugänglich, für alle Themen offen, möglich ist. Es ist nahezu ein Auftrag der Erwachsenenbildung, alle Themen zur Sprache zu bringen, die Lebenserfahrungen der Teilnehmer ernst zu nehmen, das Erzählen der eigenen Geschichte zu legitimieren, und damit auch - in der medienoffenen Gesellschaft häufig tabuisierte - Gefühle und Erwartungen zum Gegenstand von Wahrnehmung, Deutung und Diskurs zu machen, und schießlich auch Raum zu geben zu „gemeinsamem Erleben" (Barz/ Tippelt 1994, S. 133). Hans Thiersch konstatiert, daß in unserer säkularisierten Gesellschaft „Trauer, Tod, Versagen und Schmerz" tabuisiert werden und daß wir das Problem der Kontingenz unseres Lebens durch Wegsehen, durch Institutionalisierung und Ausgrenzung zu bewältigen versuchen (Thiersch 1986, S. 275). Deshalb sollten auch anthropologische Grundfragen, nach der Sinnhaftigkeit bestimmter biographischer Erfahrungen, oder die nicht zu beantwortende Frage nach dem letztendlichen Telos des Lebens, jenseits von Metaphysik, als Thema in der Erwachsenenbildung legitimer Weise zugelassen werden.

Heiner Barz und Rudolf Tippelt weisen daraufhin, daß in den gesellschaftlichen Umbruchsituationen der Zeit, in der Identitätskrisen allgemein geworden sind, die Selbstsuche - auch in Auswirkung der New-Age-Bewegung - hohe Priorität hat und damit auch Themen, die der „Kultur des Innenraums" dienen (beispielsweise Esoterik), bei den Teilnehmern der Erwachsenenbildung auf große Zustimmung stoßen (vgl. Barz/Tippelt 1994, S. 133). Erwachsenenbildung wird auch als Bühne der Selbstinszenierung, zur „Befriedigung narzistisch anmutender Neigungen" benutzt (Brödel 1997, S. 21).

Besonders jene Ereignisse im Lebenslauf, die als biographische Schaltstellen (Griese) oder critical life events bezeichnet werden (vgl. u.a. die empirischen Studien von S. H. Filipp), liefern entscheidende Anlässe für Lernprozesse (vgl. Siebert 1985, S. 42ff.). Die Perturbation, die Erschütterung, der Wechsel an Perspektiven, macht Lernen als Dekomposition und Restitution von Wissen, Erfahrungen, von Werten und emotionalen Einstellungen möglich.

Kritische Lebensereignisse, die eine emotionale, aber auch eine kognitive Dimension aufweisen, die zwischen Lebenswelt und Wissenschaft zirkulieren und die für die Gestaltung des weiteren Lebenslaufs wichtig sind, verweisen auf Probleme, die mit Erkenntnis, Deutung und Selbstinterpretation verbunden sind. Sie können ein Antrieb zur biographischen Wende, zum völligen Neuanfang in der Lebensgestaltung sein. Sie können jedoch auch zu Resignation bis hin zu Apathie führen. Existentielle Krisen sind potentiell Momente lernintensiver Lebensphasen. Der Psychoanalytiker H.E. Erikson verweist auf die psychoanalytische Deutung dieser „kritischen Lebensphasen" im Hinblick auf Triebe und Abwehrmechanismen (Erikson 1995, S. 142ff.).

Diese Schaltstellen des Lebens sind häufig Anlaß, nach Ursachen und Wirkungen solcher Erfahrungen zu suchen. Sie sind so auch die gegebene Zeit, um nach Sinn zu fragen. Und die Erwachsenenbildung ist ein genuiner Ort, Fragen dieser radikalen Art im Diskurs, im Dialog mit anderen Teilnehmern, mit professionellen Pädagogen aufzugreifen, ohne jedoch den Versuch zu unternehmen, therapeutische Hilfe zu geben. In diesem Kontext ist auf die Überlegungen Horst G. Pöhlmanns zu einer Ethik des Gesprächs zu verweisen (Pöhlmann 1986, S. 13ff.). Der Diskurs über Sinnfragen im Laufe biographischer Brüche setzt, so schreibt Pöhlmann, zugleich die Wahrung der eigenen Identität voraus. Er ist dialektisch mit der Identität des Fremden verbunden. Im Sinne E.H. Eriksons bedeutet Identitätswahrung im Dialog, in der Begegnung „Selbstgleichsein im Umweltbezug". Die Ethik des Dialogs in besonders sensiblen Problemlagen von Teilnehmern in Lernprozessen setzt die Fähigkeit voraus, aufeinander zu hören, und die Bereitschaft, voneinander zu lernen. Sie ist in der Auseinandersetzung mit kritischen Lebenssituationen auf offene Zukunft gerichtet.

Die kollektive Auseinandersetzung mit solchen Lebenseinschnitten, wobei der Zusammenhang zwischen individuellen und gesellschaftlichen Krisen noch nicht hinreichend erforscht ist (vgl. Siebert 1985, S. 47), verweist also auf die Möglichkeit von Sinndeutung und Sinnstiftung durch Erwachsenenbildung, nicht als ontologische Gegebenheit, sondern als Verfahren, als Methode der intellektuellen und der selbstreflexiven Auseinandersetzung, als Interaktionsprozeß. Sinn wird im Gespräch, in der rationalen Auseinandersetzung mit individuellen und gesellschaftlichen Problemlagen jeweils im entsprechenden Lernkontext, gebunden an Zeitsequenzen, an den Ort des Lernens und die an dem Diskurs beteiligten Personen gleichsam ereignishaft aktualisiert, durch Lernoperationen mit Bezug auf wissenschaftliches Wissen und Alltagswissen erkenn- und deutbar gemacht. Sinn kann nicht als zeitüberdauernde Orientierung für das weitere Leben im Lernprozeß hergestellt werden. M.a.W. kann Sinn nicht, gleichsam als fester objektivierter Bestandteil für die weitere Biographie, als Lernergebnis festgehalten und auf Dauer gestellt werden.

Was man für Sinn in dem entsprechenden Kontext hält, mag in der Tat kein Sinn sein. Was im Augenblick des Diskurses und der Begegnung im Lernprozeß als sinnvolle Interpretation von kritischen Lebensereignissen erscheinen mag, ist möglicherweise nur eine zeitlich begrenzte Erinnerung für den momentanen Gebrauch zur aktuellen Bewältigung von Krisen zwischen Chance und Verlust. Dennoch hat auch diese Form von Sinnkonstitution ihre Bedeutungsintention und ihren relativen Eigenwert, weil sie Grundlage für die Anschlußfähigkeit und Viabilität für die weiteren Entwicklungen freisetzt und weil sie möglicherweise im Sinne eines Reframing, um einen weiteren zentralen Begriff des Konstruktivismus hier aufzugreifen, als Dekomposition bisherigen Wissens, bisheriger Wertorientierung und -einstellung und zugleich als Rekontextualisierung für neue Lebensformen und -gestaltungen verstanden werden kann. Die Grenzen der Erwachsenenbildung im Zusammenhang dieser biographischen Schnittstellen sind jedoch dort angezeigt, wo sie sich als Instrument von „Identitätskrisenbewältigung" verstehen würde (vgl. Arnold/Siebert 1997, S. 118). Die Auseinandersetzung mit Werten, Normen und schließlich auch mit der Sinnfrage, ist nicht an diese „lernintensiven Phasen" gebunden, sie ist - wenn auch nicht immer bewußt thematisiert - potentieller Gegenstand in der sozio-kulturellen und politischen Erwachsenenbildung, besonders im Kontext mitlaufender Sozialisation, im systemtheoretischen Begründungszusammenhang: von Sozialisation und Selbstsozialisation (Luhmann).

Nicht Sinn als metaphysische Kategorie, als teleologische Orientierung, als das „fraglos Gegebene" (Schütz/Luckmann) wird im erwachsenenbildnerischen Diskurs und Dialog hergestellt. Vielmehr vermag die Erwachsenenbildung, wie keine andere gesellschaftliche Institution, Verfahren zum Umgang mit der Sinnfrage im Spannungsfeld von Erklärung und Deutung, von Wissenschafts- und Subjektbezug zu entwickeln. Darin liegt ihre genuine Leistung. Aspekte der Sinnfrage und der Sinnstiftung durch erwachsenenbilderisches Lernen meinen nicht Objektivität und allgemeine Geltung, nicht Wirklichkeit schlechthin, auch nicht feststehende Normen und regulative Ideale (vgl. Klausen 1997, S. 18ff.), sondern verweisen auf Sinn als schöpferischer Akt durch Lernen, also nochmals: nicht als etwas Seiendes, sondern als etwas, das für den Augenblick durch organisierte Lernprozesse hergestellt wird. Sinnstiftung durch Weiterbildung kann damit nicht jenem Anspruch in der Frage Wilhelm Diltheys gerecht werden, ob die Pädagogik und damit auch die Erwachsenenpädagogik „Regeln über das, was sein soll" zu vermitteln in der Lage ist.

Unter didaktischer Perspektive ist nun nach den Kategorien und den Verfahren von Sinnstiftung durch Lernen zu fragen. Wenn die Sinnfrage in diesem Zusammenhang nicht metaphysischen und teleologischen Grundannahmen unterliegt, dann ist an erster Stelle hier die Rolle der Wissenschaft als die Quelle von Wissen über das Leben, also auch über Weltbilder angesprochen und zugleich die Frage, wie im Lernprozeß die kognitive Dimension der Sinnfrage erschlossen werden kann. Denn der Sinnfrage geht ein Erkenntnisprozeß voraus, der eine scheinbare Brücke zwischen „Objektivem" und „Subjektivem" zu schlagen in der Lage wäre (vgl. Friedenthal-Haase 1998, S. 66).

Hier ist auf eine zentrale Funktion der Erwachsenenbildung zu verweisen, sich mit dem Wissen von Welt und damit auch den Lebensformen der Teilnehmer auseinanderzusetzen (vgl. Kade 1993, S. 398-399). Erwachsenenbildung ist so mit unterschiedlichen Wissensformen befaßt, übernimmt die Aufgabe der Konstitution von Welt und leistet zugleich eine „biographische Konstruktionsarbeit" (Dewe 1997, S. 70). Deshalb ist unter dem Gesichtspunkt von Programmen der Erwachsenenbildung die Spannweite von Erklärungs-, Deutungs- und schließlich Handlungswissen curricular zu berücksichtigen. Der professionstheoretische Aspekt richtet sich auf den Modus, wie Wissen - das sich auch im jeweiligen Kontext zwischen objektiver Erkenntnis und deren Deutung bewegt - in einen Zusammenhang zu der jeweiligen Lebenssituation der Teilnehmer gebracht werden, und wie durch Wissen Aufklärung über generelle Konstitutionsbedingungen von biographischen Entwicklungen gewonnen werden kann. Es geht um die Differenz verschiedener Wissens- und Wertsphären und es geht um die Zirkulation zwischen „Verfügungs- und Orientierungswissen" (vgl. Friedenthal-Haase 1998, S. 63). Im Hinblick auf die Frage der Wertorientierung soll in diesem Zusammenhang nur der Aspekt wieder aufgegriffen werden, wie „Wertwissen" im Lernprozeß als Orientierung für „vernünftige Werte" aktualisiert werden kann (vgl. Wall 1992, S. 208ff.).

Die Relationierung von wissenschaftlichem Wissen und dem Wissen der Teilnehmer, von Wissenschaft und Lebenswelt, die Differenz von verschiedenen Wissens- und Werttypen, die Differenz pädagogischen Wissens, berührt das Verhältnis von Wissenschaftlern, von Experten und Laien, das in der Theorie der Erwachsenenbildung eine eigene Geschichte hat (vgl. Flitners „Laienbildung" u.a.). Entsprechend dem jeweiligen sozialen Kontext haben die Menschen in einer Bildungsgesellschaft an den verschiedenen Formen des Wissens teil. Dieses gilt insbesondere im Hinblick auf die kognitive Ebene der Wert- und Sinnfrage im Lernkontext der Erwachsenenbildung. Aus dem lebensgeschichtlichen Wissens- und Erfahrungshintergrund der Teilnehmer, auch angesichts steigender Arbeitsteilung, im Hinblick auf soziale Kompetenzen und entsprechende divergierende Relevanzstrukturen (vgl. Brödel 1997, S. 18) kann die Thematisierung von Wert- und Sinnfragen in der Erwachsenenbildung als eine Form betrachtet werden, in der wissenschaftliches Wissen, Expertenwissen und Laienwissen aufeinander Bezug nehmen und sich gegenseitig ergänzen. Bernd Dewe hat die Strukturtypen modernen Wissensvorrats in der Figur des „Experten" und „Laien" im Hinblick auf den Prozeß steigender Institutionalisierung der Erwachsenenbildung herausgearbeitet. Im Gegensatz zur sozialen Dimension von Problemlösungen, die zunehmend beruflich organisiert und ausdifferenziert werden, sowie der sachlichen Dimension von Sonderwissen, kann für unsere Problemstellung gelten: Gesellschaftliches Allgemeinwissen besteht im Kern „im lebenspraktischen Alltagswissen von jedermann/ jederfrau... " (Dewe 1997, S. 71f.). Allerdings ist dieses Allgemein- und Alltagswissen in bestimmbaren Grenzen auf Erklärungs- und Deutungsmodi der Wissenschaft verwiesen. Die Wissenschaft vermag zwar nicht umstandslos Wert- und Sinnstiftung normativ zu generieren, ihre Relevanz besteht nicht so sehr im Verweis auf wissenschaftliche Ergebnisse, sondern im Anschluß an deren wissenschaftsmethodologischen Prinzipien (vgl. Friedenthal-Haase 1997; vgl. auch Zdarzil 1986 S. 66). Mit Rückverweis auf den Gedanken „reflexiver Erwachsenenbildung" kann hier eine Relation zweier Wissenschaftstypen in Anspruch genommen werden, von denen Jochen Kade sagt, daß hier die Erwachsenenbildung zur „Lebensform" wird und zugleich als „Sozialisation" stattfindet (vgl. Kade 1993, S. 399).

Sinnorientierung und Sinnstiftung hat neben der kognitiven zugleich eine emotionale, möglicherweise auch eine ästhetische Dimension. Die emotionale Seite liegt unter anderem darin, daß der Teilnehmer erfahren kann, daß eine allgemein anerkannte gesellschaftliche Institution Gefühle zuläßt, und daß über diese kommuniziert werden kann. Insofern kann Lernen auch als eine Form der Entlastung begriffen werden, daß es unterschiedliche Vorstellungen über Werte und Lebensformen gibt, ja, daß der allgemeinen Erwartung, einen eindeutigen Sinn den jeweiligen biographischen Entwicklungen und gesellschaftlichen Prozessen zuzuordnen, keine unabdingbare Korrespondenz in den Erwartungen der Lernenden Subjekte entsprechen muß. So wie es nach Luhmann die Kontingenz und die Differenz von Lernen und Nichtlernen gibt, so kann auch der Absolutheitsanspruch auf Sinnstiftung, die Differenz von Sinnfindung und Nicht-Sinnfindung durch die gesellschaftliche Institution Erwachsenenbildung gerechtfertigt werden. Schon die Tatsache, daß sich der Teilnehmer in der Erwachsenenbildung mit Wert- und Sinnfragen auseinandersetzt, bedeutet keine Verweigerung und auch keine Abstinenz gegenüber Werten und dem Anspruch, bestimmten Sinn zu finden, sondern verweist auf die Kontingenz von Sinn: die Rückbeziehung auf individuelle und möglicherweise auch gesellschaftliche Freiheiten zukunftsoffener Lebens- und Weltorientierung ohne normative Festlegung. Dieses ist auch Ausdruck reflexiver Lebensführung und Weltdeutung. So wie die „intelligente Selbstbeschränkung" (Offe) angesichts der Universalisierung lebenslanger Aneignungsverhältnisse sich nicht in Widerstand und Ablehnung manifestiert, sondern auf Mischformen freizeit- und alltagsbezogener Lerntypen verweist (vgl. Kade 1998), so kann der Umgang mit Sinn und Werten in der Erwachsenenbildung offen und schwebend gehalten werden und sich an Lebensentwürfen orientieren, die nicht als Pflicht, gesellschaftliche Normen zu übernehmen, gekennzeichnet sind, sondern sich demgegenüber an Lebensentwürfen ausrichten, die sich von Verpflichtungen befreien und Sinn auch in Richtung der ästhetischen und individuellen Selbstthematisierung verstehen. Erwachsenenbildung wird so ein Ort „dramaturgischen Handelns", der Raum für Erleben eröffnet und so auch als eine Form der Selbstgestaltung im Sinn der von Schulze proklamierten „Erlebnisgesellschaft" gedeutet werden kann. Sinnstiftung und Sinnorientierung im kommunikativen Prozeß macht so „innenorientiertes Lernen" möglich (vgl. auch Brödel 1997, S. 16).

Ästhetische Kategorien der Sinnenorientierung, der Bildlichkeit, sind nicht nur in der dezidierten Auseinandersetzung mit Werken der Kunst aktuell (vgl. Faulstich 1998), sondern können auch eine allgemeine Bedeutung, etwa in der außerschulischen Jugendbildung oder sogar der beruflich ausgerichteten Erwachsenenbildung haben. Sie können auch in besonderer Weise in Kursen, die sich mit Wert- und Sinnorientierung auseinandersetzen, bildungswirksam werden und damit einen Spielraum für Bildung als „Lerngenuß" eröffnen. Damit ist keine Ubiquität und Beliebigkeit des Umgangs mit partiell existentiellen Problemen gemeint, sondern eine auch in institutionalisierter Lernorganisation erkennbare Tendenz, einen sanften „reflexiven Gegenhorizont" (vgl. Brödel 1997, S. 17) zu außengeleiteten Qualifizierungsmaßnahmen zu etablieren und sich so den anfangs beschriebenen Tendenzen von Pluralisierung der Lebensformen erwachsenenpädagogisch zu nähern.

Die eingangs gestellte Frage, ob die Erwachsenenbildung eine kompensatorische Funktion für historisch abgelöste Stützsysteme übernehmen kann, läßt sich nicht eindeutig beantworten. Sicherlich ist die Erwachsenenbildung die Institution, die jener Tendenz entsprechen kann, wie sie in der Allgemeinen Frankfurter Zeitung vom 15. April 1988 zum Ausdruck kommt, nämlich dem Bedürfnis auf die „Lust an der Moral" und wie sie in den Aufrufen führender deutscher Intellektueller erkennbar wird zu einer „Verständigung über Grundwerte" (Werteinitiative 93) (vgl. von Hentig 1999, S. 17). Erwachsenenbildung kann jedoch nicht den Verlust normativer Orientierung kompensieren. Sie kann kein Angebot zu einer neuen gesellschaftlichen und subjektiven Gewißheit in Grundfragen des Lebens machen, das bisher das gescheiterte „sozialpsychologische Rezept aller totalitären Bewegungen" gewesen ist (P. Berger). Allerdings ist die Erwachsenenbildung in der Weise, und nur in der Weise, eine Instanz zur Wahrnehmung, Deutung und Selbstinterpretation grundlegender biographischer und gesellschaftlicher Prozesse, indem sie Raum und Zeit gibt zum Dialog und zur Begegnung. Nicht normative Gewißheit, nicht einmal phänomenologische Gewißheit im Hinblick auf Werte und Sinn vermag die Institution Erwachsenenbildung zu vermitteln. Sie ist vielmehr eine Instanz, um sich mit Werten und Sinn gleichsam in der Sokratischen Methode zu nähern, wobei sie sich mäeutischer Verfahren bedienen kann und so Referentialität und Synreferentialität in einen inneren Zusammenhang zu bringen versucht. Sie ist insofern ein Stützsystem, weil sie für diesen Dialog und diese Begegnung zwischen Wissenschaft, Experten und Laientum institutionell verfügbar ist. Diese Formen der Auseinandersetzung mit Sinn- und Wertfragen erfordern professionelles und speziell professionsethisches Handeln der Pädagogen (vgl. Gieseke 1997, S. 277ff.). Damit ist ein weiteres Reflexionsproblem im Weiterbildungssystem angesprochen, das eigener Forschungen und weiterer Reflexionen bedarf.

Literatur

Adler, M.: Die Aufgaben der marxistischen Arbeiterbildung. In: Olbrich, J. (Hrsg.): Arbeiterbildung in der Weimarer Zeit. Braunschweig 1977, S. 58-75

Arnold, R./Siebert, H.: Konstruktivistische Erwachsenenbildung. Von der Deutung zur Konstruktion von Wirklichkeit. Baltmannsweiler 1995

Arnold, R.: Konstruktion und Interpretation in der Erwachsenenbildung und ihre Forschung. In: Hessische Blätter für Volksbildung 42 (1992b), 1, S. 26-32

Arnold, R.: Weiterbildung. München 1996

Barz, H./Tippelt, R.: Lebenswelt, Lebenslage, Lebensstil und Erwachsenenbildung. In.: Tippelt, R. (Hrsg.): Handbuch Erwachsenenbildung/Weiterbildung. Opladen 1994, S. 123-146

Beck, U.: Risikogesellschaft. Frankfurt/M. 1986

Berger, P.L./ Luckmann, T.: Die gesellschaftliche Konstruktion der Wirklichkeit. Eine Theorie der Wissenssoziologie. Frankfurt/M. 1980

Biller, K.: Kann „Sinn" letztbegründendes Prinzip pädagogischen Erkennens und Handelns sein? In: Hessische Blätter für Volksbildung 1986.

Böhme, G.: Zur existentiellen Bedeutung der Sinnfrage. In Hessische Blätter für Volksbildung 1986, S. 69ff.

Bourdieu, P.: Die feinen Unterschiede. Frankfurt/M. 1982

Brödel, R. (Hrsg.): Erwachsenenbildung in der Moderne. Opladen 1997

Brödel, R. (Hrsg.): Lebenslanges Lernen - lebensbegleitende Bildung. Neuwied 1998

Brödel, R.: Erwachsenenbildung in der gesellschaftlichen Moderne. In Brödel. R.: (Hrsg.): Erwachsenenbildung in der Moderne. Opladen 1997

Dewe, B.: Die Relationierung von Wirklichkeiten als Aufgabe moderner Erwachsenenbildung - wissenschafts-theoretische und konstruktivistische Beobachtungen. In: Brödel. R.: (Hrsg.): Erwachsenenbildung in der Moderne. Opladen 1997, S. 70-90

Dewe, B/ Frank, G./ Huge, W.: Theorien der Erwachsenenbildung. Ein Handbuch. München 1988

Erikson, E.: Identität und Lebenszyklus. 15. Aufl. Frankfurt/M. 1995

Faulstich, P.: Über die Aktualität des Ästhetischen in der Erwachsenenbildung. In: Hessische Blätter für Volks-bildung 4/1998, S. 316-322

Filipp, S.- H.: Kritische Lebensereignisse. München 1981

Friedenthal-Haase, M.: Erwachsenenbildung im Prozeß der Akademisierung. Frankfurt/M. 1991

Friedenthal-Haase, M.: Orientierung und Reorientierung - Kategorien und Aufgaben lebensbegleitender Bil-dung. In: Brödel, R. (Hrsg.): Lebenslanges Lernen - lebensbegleitende Bildung. Neuwied 1998, S. 60-72

Giddens, A.: Die Konstitution der Gesellschaft. Grundzüge einer Theorie der Strukturierung. Frankfurt/M. 1988

Gieseke, W.: Professionalität in der Erwachsenenbildung - Bedingungen einer Gestaltungsoption. In: Brödel, R. (Hrsg.): Erwachsenenbildung in der Moderne. Opladen 1997, S. 273-284

Hentig, von H.: Ach, die Werte! Über eine Erziehung für das 21. Jahrhundert. München 1999

Hondrich, K.-O.: Bedürfnisse, Werte und Soziale Steuerung. In: Klages, H./ Kmieciak, P. (Hrsg.) Wertwandel und gesellschaftlicher Wandel. Frankfurt/M. 1979, S. 67 - 83

Kade, J./Seitter, W.: Bildung - Risiko - Genuß: Dimensionen und Ambivalenzen lebenslangen Lernens in der Moderne. In: Brödel, R. (Hrsg.): Lebenslanges Lernen/ lebensbegleitende Bildung. Neuwied 1998, S. 51-59

Kade, J.: Aneignungsverhältnisse diesseits und jenseits der Erwachsenenbildung. In: Zeitschrift für Pädagogik 39 (1993), 3, S. 391-408

Kick, H. A.: Wertewandel und institutionelle Krise: Konstruktivismus als Chance und Risiko der Wirklichkeits-erfassung und -gestaltung. In: Beckers, E. u.a. (Hrsg.): Pluralismus und Ethos der Wissenschaft. Gießen 1999, S. 37-45

Klages, H./Kmieciak P. (Hrsg.): Wertewandel und gesellschaftlicher Wandel. Frankfurt/M. 1979

Klausen, S.H.: Verfahren oder Gegebenheit? Zur Sinnfrage in der Philosophie des 20. Jahrhunderts. Tübingen 1997

Knoll, J.: Internationale Weiterbildung und Erwachsenenbildung. Darmstadt 1996

Lenzen, D/Luhmann, N.: Bildung und Weiterbildung im Erziehungssystem. Frankfurt/M. 1997

Luckmann, T.: Lebenswelt und Gesellschaft. Paderborn 1980

Luhmann, N.: Die Gesellschaft der Gesellschaft. Frankfurt/M. 1997

Luhmann, N.: Erziehung als Formung des Lebenslaufs. In: Lenzen, D./Luhmann, N.: Bildung und Weiterbil-dung im Erziehungssystem. Frankfurt/M. 1997a

Luhmann, N.: Soziale Systeme. Grundriß einer allgemeinen Theorie. 4. Aufl. Frankfurt/M. 1991

Mader, W.: Legitimitätsproduktion und soziale Erwachsenenbildung. In: Olbrich, J. (Hrsg.): Legitimationspro-bleme in der Erwachsenenbildung. Stuttgart 1980, S. 69-86

Mann, A.: Denkendes Volk - volkhaftes Denken. 2. Auflage. Braunschweig 1948

Offe, C.: Die Unübersichtlichkeit von Selbstbeschränkungsformen. In: Honnett, A. u.a. (Hrsg.): Zwischenbe-trachtungen. Frankfurt/M. 1989

Olbrich, J.: Arbeiterbildung in der Weimarer Zeit. Konzeption und Praxis. Braunschweig 1977

Olbrich, J.: Aspekte einer funktional-strukturellen Theorie der Erwachsenenbildung. In: Pöggeler, F./Wolterhoff, B. (Hrsg.): Neue Theorien der Erwachsenenbildung. Stuttgart 1981

Olbrich, J.: Systemtheorie und Erwachsenenbildung. In: Tippelt, R. (Hrsg.): Handbuch Erwachsenenbildung/Weiterbildung. Neuauflage, Opladen 1999

Oppermann, D.: Schöne neue (Weiterbindungs-)Welt. Von der Emanzipation durch Bildung zu selbstorganisiertem Lernen und Produkten. In: Hessische Blätter für Volksbildung 4/1998, S. 331-341

Pöhlmann, H.G.: Der Dialog als Sinn der Weiterbildung. In: Hessische Blätter für Volksbildung 1986, S. 11-17

Reisig, H.: Der politische Sinn der Arbeiterbildung. Wiederherausgegeben von L. v. Werder, Berlin 1975

Schäffter, O.: Weiterbildung in der Transformationsgesellschaft. Zur Grundlage einer Theorie der Institutionalisierung. Berlin 1999

Schulze, G.: Entgrenzung und Innenorientierung. Eine Einführung in die Theorie der Erlebnisgesellschaft. In: Gegenwartskunde 4/1993, S. 405-419

Sennett, R.: Der flexible Mensch - Die Kultur des neuen Kapitalismus. New York 1998

Sennett, R.: Verfall und Ende des öffentlichen Lebens. Frankfurt/M. 1986

Siebert, H.: Didaktisches Handeln in der Erwachsenenbildung. Didaktik aus konstruktivistischer Sicht. 2. Auflage. Neuwied 1997

Siebert, H.: Konstruktivistische (Theorie-)Ansichten der Erwachsenenbildung. In: Brödel, R. (Hrsg.): Erwachsenenbildung in der Moderne. Opladen 1997a, S. 285-299

Siebert, H.: Lernen als Konstruktion von Lebenswelten. Entwurf einer konstruktivistischen Didaktik. Frankfurt/M. 1994

Siebert, H.: Lernen im Lebenslauf. Reinheim 1985

Siebert, H.: Theorien für die Bildungspraxis. Bad Heilbrunn 1993

Siebert, H.: Zur Diskussion des Lehrens und Lernens in der Erwachsenenbildung. In: Knoll, H.: Internationales Jahrbuch der Erwachsenenbildung 26 (1998) Köln 1998, S. 173-182

Thiersch, H.: Das Konfessionsmonopol und Sinnfragen in der säkularisierten Erziehung. In: Hessische Blätter für Volksbildung 1986, S. 267-276

Tietgens, H.: Zwischenpositionen in der Geschichte der Erwachsenenbildung seit der Jahrhundertwende. Bad Heilbrunn 1994

Tietgens, H: Reflexionen zur Erwachsenendidaktik. Bad Heilbrunn 1992

Tippelt, R.: Sozialstruktur und Erwachsenenbildung: Lebenslagen, Lebensstile und soziale Milieus. In: Brödel, R. (Hrsg.): Erwachsenenbildung in der Moderne. Opladen 1997, S. 53-69

Wall, Ch.: Wittgensteins 'Lebensform' als Methodo-logischer Ort des Zusammenhangs von Wahrheit und Wert. In: Poser, H. (Hrsg.): Wahrheit und Wert. Zum Primat des praktischen vor der theoretischen Vernunft. Berlin 1992, S. 195-214

Weinberg, J.: Der Sinn der Bildung. In: Hessische Blätter für Volksbildung 1986, S. 25-30

Weinert, F.; Mandl, H.: Psychologie der Erwachsenenbildung. Göttingen, Bern, Toronto, Seattle 1997

Weniger, E.: Volksbildung 1930. In: Schulenberg, W. (Hrsg.): Erwachsenenbildung. Darmstadt 1978, S. 65-70.

Willke, H.: Systemtheorie I: Grundlagen, 5. Auflage. Stuttgart 1996

Zdarzil, H.: Sinnfragen in der Weiterbildung aus anthropologischer Sicht. In: Hessische Blätter für Volksbildung 1986, S. 18-24

Zech, R. (Hrsg.): Pädagogische Antworten auf gesellschaftliche Modernisierungsanforderungen. Bad Heilbrunn 1997

Roswitha Peters

Erwachsenenbildungs-Professionalität als theoretische Konstruktion

1. Konturen erwachsenenpädagogischer Professionalität?

Horst Siebert, der sich während seines bisherigen Berufslebens als Hochschullehrer für Erwachsenenbildung immer wieder mit der Entwicklung von Erwachsenenbildung als Beruf und Profession beobachtend, reflektierend, anteilnehmend und aktiv unterstützend beschäftigt hat (nicht zuletzt für die eigenen Absolventen), konstatierte 1990:

„Mit der Erosion des Professionalisierungskonzeptes zerfasern auch die Konturen erwachsenenpädagogischer Professionalität" (Siebert 1990, S. 284). Besonders deutlich können diese Konturen ihm jedoch auch früher nicht erschienen sein, denn trotz aller theoretischen Klärungsversuche sei eher blaß geblieben, was das Besondere dieser Professionalität ausmache, schreibt er weiter. Immerhin ließen sich die folgende Dimensionen derselben unterscheiden:

- die Beherrschung funktionaler Fertigkeiten und Techniken,
- ein Relationsbewußtsein und eine Transformationskompetenz,
- eine reflexive Sensibilität,
- eine ethische Verantwortung.

Fünf Jahre später beschreibt Horst Siebert erwachsenenpädagogische Professionalität erneut, diesmal konstruktivistisch: Zu dieser gehöre die Sensibilität für die Wirklichkeitskonstruktionen und Deutungsmuster anderer, die Einsicht in die lebensgeschichtlichen und gesellschaftlichen Bedingungen dieser „Welt-Anschauungen", die Fähigkeit zur Wahrnehmung von Differenzen sowie die Fähigkeit, Rahmenbedingungen herzustellen, die die Möglichkeiten der Lernfähigkeit Erwachsener erweitern. Diese beträfen das Bildungsmanagement ebenso wie die Programmplanung, die „support structures" wie die Seminargestaltung.

Erwachsenenpädagogische Professionalität beginne mit einer Selbstanalyse; zu ihren Grundlagen gehöre eine Berufsethik, deren einzelne Maßgaben er im weiteren ausführlich erläutert (vgl. Siebert 1995).

Im Vergleich beider Beschreibungen fällt auf, daß trotz teilweise veränderter Terminologie die vormals genannten Dimensionen wiederkehren, wenn auch mit Akzentverschiebungen und Erweiterungen, außer einer: Relationsbewußtsein und Transformationskompetenz.

Dies mag in der Logik konstruktivistischen Denkens begründet sein, das dem Bewußtsein (dem Wissen) von den Beziehungen zwischen Allgemeinem und Besonderem oder zwischen den (Einfluß-)Faktoren erwachsenenbildnerischen Handelns vielleicht deshalb keine besondere Bedeutung beimißt, weil diese möglicherweise wie die gesamte Wirklichkeit außerhalb der jeweils beobachtenden, erkennenden oder wissenden Person nur insofern als existent gelten, als sie von dieser wahrgenommen werden; jegliches Wissen über „die Wirklichkeit" gilt ohnehin als „viabel", als zu den Zwecken passend bzw. passend gemacht, für das es jeweils gebraucht wird (vgl. zum konstruktivistischen Denken auch E. Schlutz in diesem Band). Transformationskompetenz im Sinne der Fähigkeit, Wissen und Erkenntnis in didaktischer Absicht umzuformen oder zu übersetzen, ist aus konstruktivistischer Sicht möglicherweise entbehrlich, weil Transformation in engem Zusammenhang mit Vermittlung steht, insbesondere mit der von Horst Siebert für obsolet erklärten Handlungsfigur des Lehrens: „Wir alle sind lernfähig, aber unbelehrbar" (Siebert 1995, S. 337).

So naheliegend und interessant es wäre, Konsequenzen solchen und anderen konstruktivistischen Denkens für die professionstheoretische und -praktische Entwicklung von Erwachsenenbildung zu diskutieren oder sich mit der Frage auseinanderzusetzen, in welchem Zusammenhang die von H. Siebert als „blaß" und „zerfasert" bezeichnete erwachsenenpädagogische Professionalität mit dem „erodierenden" Professionalisierungskonzept der Erwachsenenbildung steht, soll dies im folgenden nicht geschehen. Stattdessen werden Konturen erwachsenenpädagogischer Professionalität in theoretischen Konstrukten nachzuzeichnen, anders zu verorten und neu zu beschreiben versucht. Faktisch ist - so I. Lisop - pädagogische Professionalität jeder Art im gesamten Bildungssystem unterentwickelt (vgl. Lisop 1995). Für die Erwachsenenbildung, wo Professionalisierung und Professionalität bis in die jüngste Vergangenheit vielfach mit der Verberuflichung der Planungstätigkeiten gleichgesetzt wurde und man sich nach W. Giesekes Einschätzung immer noch mehr mit dem eigenen Träger als mit seiner Aufgabe im engeren Sinne identifiziert (vgl. Gieseke 1996), liegen m.W. keine Untersuchungsergebnisse vor, die verallgemeinerungsfähige Rückschlüsse auf die real vorfindliche Existenz, Beschaffenheit und Verbreitung von Erwachsenenbildungs-Professionalität zuließen.

2. Vorstellungen von Erwachsenenbildungs-Professionalität

Zu den wohl bekanntesten Vorstellungen von Erwachsenenbildungs-Professionalität gehört die im Jahr 1988 von H. Tietgens beschriebene, wonach das, was die Erwachsenenbildung aller Sparten brauche, Professionalität als *situative Kompetenz* sei. Dies heiße, breit gelagerte, wissenschaftlich vertiefte und damit vielfältige abstrahierte Kenntnisse in konkreten Situationen angemessen anwenden zu können oder umgekehrt in Situationen zu erkennen, welche Bestandteile aus dem Wissensfundus relevant sein können. Es gehe also darum, im einzelnen Fall das allgemeine Problem zu entdecken, immer wieder Relationen herzustellen zwischen gelernten Generalisierungen und eintretenden Situationen, zwischen einem umfangreichen Interpretationsrepertoire und dem unmittelbar Erfahrbaren. Dies gelte im Prinzip für alle in der Erwachsenenbildung

Tätigen, unabhängig davon, ob ihre jeweiligen Tätigkeiten mehr planende oder beratende, lehrende oder moderierende seien (vgl. Tietgens 1988).

Auch S. Kade bezeichnete 1990 mit explizitem Bezug auf H. Tietgens situative Kompetenz als „Kern der Professionalität" (S. Kade 1990, S. 54). Sie differenziert den von H. Tietgens genannten Wissensfundus der professionell handelnden Person in Theorie- und Handlungswissen, hebt die Unterschiede zwischen dessen jeweiliger Entstehung, Reichweite und Funktion hervor und revidiert im Rekurs auf neuere Forschungsergebnisse zur beruflichen Verwendung sozialwissenschaftlichen Wissens die bis dahin herrschende Vorstellung, wissenschaftliches Wissen könne in beruflichen/ professionellen Handlungssituationen umstandslos „angewendet" werden.

Professionelles Handeln - darauf deuten in der Tat alle einschlägigen Forschungsergebnisse hin - erfordert u.a. die Verknüpfung verschiedener, sich ergänzender Wissenstypen; speziell das sozialwissenschaftliche Wissen muß dabei situationsspezifisch selektiert und transformiert werden, bevor es außerhalb des wissenschaftlichen Arbeitens praktische Verwendung finden kann. Damit ist die Vorstellung von der unmittelbar praxisanleitenden Funktion sozialwissenschaftlichen Wissens und der Möglichkeit dessen linearen Transfers in berufliche Praxen, insbesondere in professionelle, wohl endgültig obsolet geworden, allerdings nicht das dafür notwendige wissenschaftliche Wissen selbst. Zusammen mit anderen Formen des Wissens und Könnens wird es weiterhin als zentrale *Voraussetzungen* für professionelles Handeln und der Entwicklung von Professionalität verstanden. Wissenschaftliches Wissen schließt dabei immer auch das Wissen von der Entstehung des Wissens ein.

So wie H. Tietgens und S. Kade Professionalität als herausragende Kompetenz bzw. Kernkompetenz im Zusammenhang mit vorgelagerten oder begleitenden Kompetenzen beschreiben, z.B. die Verfügung über Relevanzkriterien, die Fähigkeit, das Allgemeine im Besonderen zu erkennen und umgekehrt sowie im Handeln Relationen zwischen beidem herstellen zu können, sind auch die anfangs genannten Beschreibungen erwachsenenpädagogischer Professionalität durch H. Siebert solche von Kompetenzen und darüber hinaus von *Einstellungen* und *Haltungen*.

Knoll/Pöggeler/Schulenberg bezeichneten 1983 Professionalität in der Erwachsenenbildung sowohl als Kompetenz wie auch als deren *Ergebnis*: „Professionalität konstituiert sich durch pädagogische und fachliche Kompetenz und durch die Fähigkeit, disponierend und lehrend tätig sein zu können" (Knoll/Pöggeler/Schulenberg 1983, zit. n. Koring 1992, o.S.).

Ebenfalls als *Folge* des Einsatzes von Kompetenzen formuliert H. Bastian die These, „daß die 'Professionalität' einer von freiberuflichen MitarbeiterInnen getragenen Erwachsenenbildung nicht als Folge einer Zuschreibung von Qualifikationsanforderungen an diese Personengruppe zu verstehen ist, sondern als Folge eines bewußten Einsatzes ihrer fachlich fundierten Kompetenzen. Dieser ist dann als ein professionell gesteuerter anzusehen, wenn die hauptberuflichen PädagogInnen sich der Bedingungen und Auswirkungen ihrer Personalpolitik bewußt sind. Damit wird die Frage nach ihrem eigenen Qualifikationsprofil zentral, denn sie erweisen sich als die Schlüsselfiguren für den professionellen Einsatz der von den freiberuflichen KursleiterInnen eingebrachten Kompetenzen" (Bastian 1997, S. 170).

Dieses Konzept, das an den beruflichen Arbeitsstrukturen von Volkshochschulen und hier insbesondere der Kursleiter orientiert ist, verzichte - so Bastian weiter - auf jenen unrealistischen Überhang umfassender pädagogischer Anforderungskataloge und gebe den „Blick frei auf die je spezifische Qualität dessen, was einzelne Kursleiter zu leisten imstande sind - und erweitert ihn insofern, als er auch deren jeweilige Begrenztheit wahrnimmt, die planerisch im Kontext des Gesamtangebotes auszugleichen ist" (S. 170). Bewußte Wahrnehmung bzw. *Bewußtheit des eigenen Handelns* wird hier als Professionalitäts-Merkmal hervorgehoben, wenn auch nicht darauf reduziert, wie E. Fuchs-Brüninghoff dies tut, wenn sie formuliert: „Professionalität ist, wenn die Personen wissen, was sie tun und wozu sie es tun" (Fuchs-Brüninghoff 1997, S. 116).

Hinter diesem erfahrungsinduzierten Reduktionismus verbirgt sich die explizit geführte Kritik am Reflexionsniveau von alltäglicher Erwachsenenbildungspraxis und die Feststellung von H. Tietgens, die Professionalisierung sei steckengeblieben, „weil kein Bewußtsein dafür entstanden ist, was Professionalität in der Erwachsenenbildung ausmacht" (ebd., S. 115)

Diese Feststellung wiederum wurde empirisch gestützt durch Ergebnisse einer von W. Gieseke durchgeführten Studie, die hauptberufliche pädagogische Mitarbeiter zu ihrer Berufsarbeit befragte (vgl. Gieseke 1988).

B. Koring, der „Die Professionalisierungsfrage der Erwachsenenbildung" 1992 vor allem mit dem Interesse diskutierte, ob und wieweit diese als pädagogische verstanden werde/ werden könne, bezeichnete pädagogische Professionalität in der Erwachsenenbildung als einen *„eigenen Typus professionellen Handelns"*, der sich auf die zwei Komponenten erwachsenenpädagogischer Tätigkeit, „situationsbezogene" und „organisatorische" beziehe (Koring 1992, S. 187).

Schließlich sei noch E. Nuissl mit seinen Professionalitätsvorstellungen zitiert: „Wenn wir über Professionalität sprechen, sprechen wir nicht über Professionalisierung. Letztere ist der arbeits- und tarifrechtliche Aspekt, bei ihm geht es um Festeinstellung, Status und Bezahlung. Bei Professionalität aber geht es darum, die *Qualität* beruflichen Handelns zu erörtern. Professionalität ist gewissermaßen *der ideologisch überhöhte Beruf, die Philosophie, die in der Arbeit steckt.* Die 'Profession' ist mehr als der Beruf, der Beruf ist mehr als die Arbeit. Arbeit wird zum Beruf, wenn sie bestimmte Kriterien wie Kontinuität, Ausbildung, Profil erfüllt. Beruf wird zur Profession, wenn Selbstverständnis, gesellschaftliche Wertigkeit und Tradition hinzukommen. Professionalität als Begriff für die ausgeübte Profession transportiert all diese Elemente mit sich. Professionalität ist immer auch ein Begriff, der suggeriert, das jeweilige Handeln sei sowohl effektiv (ich tue das Richtige!) als auch effizient (ich tue es richtig!)" (Nuissl 1997, S. 13).

Es dürfte deutlich geworden sein, daß verbreitete Vorstellungen über Erwachsenenbildungs-Professionalität ähnlich heterogen sind wie die beruflichen Tätigkeitsfelder und -formen, die Qualifikationen und Selbst- und Aufgabenverständnisse von ErwachsenenbildnerInnen (vgl. Faulstich 1996).

3. Professionalisierung und Profession

Wenn in der theoretischen Erwachsenenbildungs-Diskussion so Unterschiedliches wie Kompetenzen, Ergebnisse deren Einsatzes, Bewußtsein von der Art des eigenen Tuns, Berufsphilosophie oder -ideologie, erkenntnistheoretische Einstellungen, ethische Haltungen, Handlungstypen von ErwachsenenbildnerInnen, Handlungsqualität, -effektivität und -effizienz oder - je nach Autor - Kombinationen dieser Faktoren unter Professionalität gefaßt werden, hat der Begriff kaum noch einen Erklärungswert.

Es scheint mir daher eine Besinnung darauf nützlich zu sein, was professionstheoretisch und auch unabhängig von Erwachsenenbildung mit dem Professionalitätsbegriff bezeichnet wird bzw. werden kann. Dazu ist zunächst dessen Abgrenzung von Begriffen notwendig, die (auch in der Erwachsenenbildungsliteratur) mitunter synonym oder als kompensatorische Umschreibung verwendet werden. Die bereits erwähnte Feststellung E. Nuissls, „wenn wir über Professionalität sprechen, sprechen wir nicht über Professionalisierung", ist daher durchaus keine Banalität. Allerdings irrt E. Nuissl m.E. mit seiner Verortung von Professionalisierung, denn zumindest professionstheoretisch wird darunter mehr gefaßt als arbeits- und tarifrechtliche Aspekte, Festeinstellung, Status und Bezahlung von Berufsgruppen, auch wenn diese im Hinblick auf Erwachsenenbildung bildungspolitisch und erwachsenenbildungswissenschaftlich lange Zeit so verstanden wurde.

Selbst traditionell machttheoretisch orientierte Professionalisierungsmodelle (vgl. Daheim 1992) schließen neben solchen Strategien der Berufsaufwertung Faktoren wie die Verfügung über spezifisches, in der Regel wissenschaftliches Wissen, berufliche Handlungsautonomie sowie die Kontrolle des Berufszugangs ein.

Ein neueres machttheoretisches Professionalisierungsmodell (Forsyth/Daniewics 1985) „stellt auf den Charakter der Dienstleistung ab, der mit den Dimensionen der Wesentlichkeit, der Exklusivität und Komplexität induziert wird. Danach ist Ziel der Dienstleister die Zuerkennung von Autonomie durch potentielle Klienten und durch die relevante Öffentlichkeit. Zwischen der Autonomie und der Dienstleistung vermittelt das mit Bezug auf diese propagierte Image" (Daheim 1992, S. 25). Die durch diese Modellvariablen indizierte Professionalisierung läuft in drei Phasen ab: „In der ersten bauen die für die Dienstleister agierenden Personen und Gruppen ein Image auf, das die Dienstleistung als wesentlich, exklusiv und komplex darstellt. Damit wenden sie sich an potentielle Klienten und an die relevante Öffentlichkeit. In der zweiten Phase evaluieren die Adressaten die Dienstleistung im Verhältnis zum Image. Sind sie überzeugt, erkennen sie Autonomie zu. Weist die Dienstleistung nur einige der in Anspruch genommenen Attribute auf, ist also das Image nur partiell glaubwürdig, kann Autonomie nicht erreicht werden: es reicht nur zur 'mimic profession'. Eine solche kann es in der dritten und letzten Phase noch einmal versuchen. Für die erfolgreichen geht es in dieser Phase um Präzisierung und Stabilisierung des professionellen Status. Dabei wird zwischen Organisations- und Klientenautonomie unterschieden, was der Tatsache der sog. Organisationsgesellschaft Rechnung trägt. 'Wirkliche' Professionen sind dadurch definiert, daß ihnen als Gruppe sowohl von den Klienten wie auch von den beschäftigenden Organisationen Autonomie zuerkannt wird" (Daheim 1992, S. 26).

Unabhängig davon, ob Professionalisierung wie hier machttheoretisch oder aus anderen theoretischen Perspektiven beschrieben wird, stimmen doch alle professionstheoretischen Richtungen darin überein, daß unter Professionalisierung der Prozeß der Entwicklung von Professionen zu verstehen ist, die ihrerseits wiederum das Ergebnis gelungener Professionalisierung darstellen.

Systemtheoretisch erklärt R. Stichweh beispielsweise: „Die Entstehung der modernen Professionen hat also etwas mit der Ausdifferenzierung von Funktionssystemen (und mit der korrespondierenden Auflösung der ständischen Ordnung) zu tun, und sie verweist, insofern Professionelle mit der Applikation von Wissen befaßt sind, in gewisser Hinsicht auf die Beziehungen von Funktionssystemen zu ihrer gesellschaftlichen Umwelt. Die Kombination dieser beiden Überlegungen führt zu dem Vorschlag, daß man vielleicht von einer *Profession* nur dann sprechen sollte, wenn *eine Berufsgruppe in ihrem beruflichen Handeln die Anwendungsprobleme der für ein Funktionssystem konstitutiven Wissensbestände verwaltet* und wenn sie dies in entweder *monopolistischer* oder *dominanter* - d.h. den Einsatz der anderen in diesem Funktionsbereich tätigen Berufe steuernder oder dirigierender - Weise tut" (Stichweh 1992, S. 40).

4. Professionelles Handeln als Schlüsselkategorie neuerer Professionstheorien

Das Handeln (die Dienstleistung) in entstehenden oder bereits etablierten Professionen ist eine Schlüsselkategorie aller neueren Professionstheorien. Dessen Art, Struktur, Begründung und Zweck unterscheiden es nicht nur von anderen Handlungsformen: auch dessen spezifische Qualität und Nützlichkeit entscheidet nicht zuletzt über den Bestand oder Nicht-Bestand von Professionen. Vom Alltagshandeln und vom Expertenhandeln kann professionelles Handeln zunächst dadurch unterschieden werden, daß es zentrale lebenspraktische Fragen und Probleme einer Klientel, die zugleich von gesellschaftlicher Relevanz sind, bearbeitet.

Zu den Besonderheiten professionellen Handelns wird weiterhin gerechnet, daß die zu bearbeitenden „Gegenstände" im Unterschied zum Alltagshandeln nicht in ihrer ganzheitlich-lebensweltlichen Vorfindlichkeit behandelt, sondern (daraus) isoliert, entsprechend dem gesellschaftlichen System „zubereitet" werden, dem die jeweils professionell Handelnden angehören. Professionelles Handeln kann insofern als funktional arbeitsteiliges Handeln verstanden werden. Obwohl letzteres auch auf Expertenhandeln zutrifft, kann professionelles Handeln von diesem darüber hinaus unterschieden werden durch die ihm eigenen strukturellen Technologiedefizite im Sinne prinzipiell erfolgsunsicherer Anwendung von Handlungsregeln.

So erscheinen professionelle Arbeitsprozesse und deren Ergebnisse nur bedingt plan- und steuerbar, weil deren Bedingungen niemals vollständig überschaut werden können und weil die Handlungsfreiheit der jeweiligen Klientel immer berücksichtigt werden muß. Deren unerläßliche Mitwirkung in professionellen Handlungsprozessen kann als ein weiteres Unterscheidungsmerkmal zu Expertenberufen angesehen werden.

Sinn und Funktion professionellen Handelns – und damit dessen Abgrenzung von anderen Handlungstypen - werden je nach professionstheoretischer Auffassung jedoch unterschiedlich gesehen. Während U. Oevermann beispielsweise die Bearbeitung von Geltungsfragen als dessen allgemeinen Sinn sieht und speziell das Bildungshandeln der Funktion der Aufrechterhaltung und Gewährleistung von leiblicher und psychosozialer Integrität des einzelnen im Sinne eines geltenden Entwurfs der Würde des Menschen subsumiert (vgl. Oevermann 1996), sieht R. Stichweh im Rückbezug auf N. Luhmann die Funktion aller Professionen in der auf Personen gerichteten Vermittlung zwischen dualen Zuständen - wie etwa gesund/krank, gebildet/ungebildet - zu deren Überbrückung der Ausgleich technologischer Defizite notwendig und für die daher letztlich soziale Interaktion erforderlich sei. Da es immer um die Vermittlung von etwas gehe - wie etwa Gesundheit oder Bildung - sei professionelles Handeln immer ein „dreistelliges" Vermittlungshandeln: Klientel (1), das zu Vermittelnde (2), professionell Handelnde (3) (vgl. Stichweh 1992).

Ein solches Verständnis professionellen Handelns erscheint mir im Hinblick auf Erwachsenenbildung plausibler als das U. Oevermanns, der professionelles pädagogisches Handeln als eine Variante therapeutischen Handelns klassifiziert, als dessen zentrale Handlungsfigur er die der „stellvertretenden Deutung" sieht. Das zu Vermittelnde spielt in diesem Verständnis professionellen Handelns keine wesentliche Rolle, weshalb R. Stichweh dessen Handlungsstruktur als „zweistellig" bezeichnet (vgl. ebd.).

(Erwachsenen-)Pädagogisches Handeln kann m.E. jedoch nur um den Preis seiner Identität auf das zu Vermittelnde (Themen, Inhalte) verzichten, und wenn dies zutrifft, müßte es in besonderer Weise für professionelles Erwachsenenbildungs-Handeln gelten. Zur Marginalität bzw. der Abwesenheit expliziter Thematiken problematisiert R. Stichweh: „Das kann in der Erwachsenenbildung zu einem 'geselligen Klientelismus' führen, der persönliche Beziehungen (unter Kursleitern/Kursteilnehmern) dort dominieren läßt, wo es in professioneller Hinsicht um die Vermittlung des Kontakts zu einer Sachthematik gehen müßte" (Stichweh 1992, S. 46 mit Bezug auf K. Harney u. J. Markowitz 1987). Auf erwachsenenbildnerisches Handeln als Idealtypus, hier verstanden als zielgerichtete Dienstleistung zur Anregung und Unterstützung des bewußten Lernens Erwachsener im Sinne der Aneignung, Erweiterung und Modifizierung von Wissen und Können, treffen m.E. alle bisher erwähnten Kriterien für professionelles Handeln zu. Erscheint zudem die Prämisse der Dreistelligkeit und deren Begründung plausibel, dann kann erwachsenenbildnerisches Handeln idealtypisch als essentiell didaktisches Handeln bezeichnet werden.

Das didaktische Dreieck, wie es K. Prange (1986, S. 35 ff.) entwickelt hat, bildet m.E. dann zutreffend die drei „Stellen" bzw. Seiten erwachsenenbildnerisch-professionellen Handelns ab, die dieses auf allen didaktischen Handlungsebenen zu berücksichtigen hätte.

5. Professionelles Erwachsenenbildungs-Handeln und Erwachsenenbildungs-Professionalität

Vor dem dargelegten theoretischen Hintergrund läßt sich nunmehr feststellen, daß professionelles erwachsenenbildnerisches Handeln - sowohl von ProgrammplanerInnen und BildungsmanagerInnen als auch von KursleiterInnen und TrainerInnen drei essentielle Handlungsfaktoren zu berücksichtigen hat:

• die TeilnehmerInnen und AdressatenInnen, und hier vor allem deren Lerninteressen, Lernfähigkeiten und Lernbereitschaften,

• das zu Vermittelnde, und hier vor allem dessen Relevanz, Nützlichkeit und Richtigkeit/Wahrhaftigkeit,

• die ErwachsenenbildnerInnen, und hier vor allem deren erwachsenenbildungsspezifische Kompetenzen und Haltungen sowie das Bewußtsein ihrer spezifischen „Aufgabe und Verantwortung" (vgl. Schulenberg 1972).

Die Qualität professionellen Erwachsenenbildungs-Handelns wird nach meinem Verständnis wesentlich dadurch bestimmt, wie kompetent, bewußt und ethisch fundiert der Zweck des Handelns - gelingende Lernprozesse Erwachsener - verfolgt wird und in welchem Maße es dabei gelingt, die drei essentiellen Handlungsfaktoren auf lernfördernde Weise miteinander in Verbindung zu bringen. Der Grad der Relationierung von TeilnehmernInnen (z.B. deren Lernfähigkeiten), Themen (z.B. deren Relevanz) und ErwachsenenbildnerInnen (z.B. deren Wissen und Können) kann daher als Qualitäts-Indikation für Erwachsenenbildungs-Handeln auf allen Handlungsebenen gelten, die selbstverständlich weiter zu differenzieren ist. Gleichzeitig kann gelingende Relationierung und deren jeweilige qualitative Ausprägung als Indikation für vorhandene Professionalität verstanden werden.

Auf eine knappe Formel gebracht, läßt sich Erwachsenenbildungs-Professionalität daher als eine didaktische Handlungs-Qualität bezeichnen, die sich in der faktorenadäquaten Relationierung durch die beruflich Handelnden zeigt. Sie ist weder mit ihren konstitutiven Voraussetzungen zu verwechseln, noch ist sie Berufsideologie oder -philosophie.

Als *didaktische* Handlungs-Qualität von ErwachsenenbildnerInnen läßt sie sich in gewissen Grenzen durchaus „managen" und „sichern". Qualitätsmanagement und -sicherung in der Erwachsenenbildung bedeutet daher nicht zuletzt Management und Sicherung von Professionalität.

Das für alle Handlungsebenen und Berufskategorien innerhalb institutionalisierter Erwachsenenbildung/Weiterbildung operationalisierbare didaktische Prinzip der Teilnehmerorientierung ist - so gesehen - nur *ein* wichtiges Kriterium professionellen Handelns. Die Orientierung an den Erfordernissen der jeweiligen Lehr- und Lerngegenstände ist ebensowenig zu vernachlässigen wie die Orientierung an den Möglichkeiten und Grenzen der ErwachsenenbildnerInnen selbst.

So wie Lernprozesse sich nicht restlos vermarkten lassen, sind die AdressatInnen und TeilnehmerInnen auch nur bis zu einem gewissen Grade KundInnen, die in dieser Rolle weder als Königinnen/Könige, noch als „Objekte" der Fürsorge zu verstehen sind: sie können Lernerfolge nicht als fertige Dienstleistung und ohne ihr Zutun geliefert bekommen, sondern müssen sich dafür aktiv auf die Unwägbarkeit von Lernprozessen einlassen. Als Erwachsene sind sie dafür selbst verantwortlich, ebenso wie ErwachsenenbildnerInnen für ihr eigenes Handeln verantwortlich sind.

Th. Fuhr hat zu Recht darauf hingewiesen, daß ErwachsenenbildnerInnen - zumindest solche mit professionellem Anspruch, wäre hinzuzufügen - eine bestimmte Tätigkeit nicht versprechen können, „weil nicht schon im voraus in allen Einzelheiten erkannt werden kann, welches Verhalten des Erwachsenenbildners dazu geeignet ist, das Lernen der Teilnehmer optimal zu unterstützen. Aber auch das Ergebnis unbestimmter Tätigkeiten kann nicht versprochen werden, denn der Lernerfolg ist nie sicher. Weder die Tätigkeiten des Erwachsenenbildners selbst noch deren Ergebnis können also im erwachsenenbildnerischen Kontrakt (zwischen Teilnehmer und Erwachsenenbildner, zumindest fiktiv R.P.) garantiert werden. Dennoch muß der Erwachsenenbildner seinem Vertragspartner eine Leistung garantieren, da er sonst keinen Tauschwert einbringt. *Der Erwachsenenbildner garantiert, daß er nach dem zur Verfügung stehenden Wissen und in Besitz der Fähigkeiten, die zur Unterstützung des Lernens erforderlich sind, innerhalb der vertraglich vorgesehenen Rahmenbedingungen (vor allem: innerhalb der ihm zur Verfügung stehenden Zeit) und entsprechend bestimmter ethischer Standards sich bemühen wird, zu einem vereinbarten Ergebnis zu kommen. Dies ist die Struktur der professionellen erwachsenenbildnerischen Beziehung"* (Fuhr 1991, S. 41).

Die Kenntnis des zur Verfügung stehenden Wissens, der Besitz von bestimmten Fähigkeiten und die Beachtung bestimmter ethischer Standards können demnach als Voraussetzungen angesehen werden, die ErwachsenenbildnerInnen in professionelle erwachsenenbildnerische Beziehungen einzubringen haben und die somit *Voraussetzungen* erwachsenenbildnerischer Professionalität darstellen, nicht diese selbst. Eine weitere Voraussetzung, welche die professionalitätskonstituierende Handlungsfigur der didaktischen Relationierung der drei essentiellen Faktoren verlangt, ist ein artikulationsfähiges, reflektiertes Bewußtsein der Handlungs-Aufgabe und von Erwachsenenbildung als gesellschaftlicher (System-)Funktion.

6. Voraussetzungen von Erwachsenenbildungs-Professionalität

Die Voraussetzungen von Erwachsenenbildungs-Professionalität, die sich allein schon aus ihrer theoretischen Definition und Beschreibung ergeben, sind hoch. Und es sind ganz überwiegend spezifische, weil das Handeln, für das sie gebraucht werden, ein spezifisches ist. „Pädagogen von Profession müssen etwas können, was andere nicht können, und dieses 'Etwas' muß zugleich etwas sein, was gewußt und theoriegestützt gelernt werden kann" (Prange 1998, S. 42). Mit Persönlichkeit, Kommunikationsfähigkeit oder Flexibilität kann fehlende Kompetenz für erwachsenenbildnerisches Handeln nicht (mehr) kompensiert werden. Auch macht eine beliebige akademische Qualifikation allein nicht kompetent für professionelles Erwachsenenbildungs-Handeln.

Unter Erwachsenenbildungs-Kompetenz verstehe ich ein spezifisches Leistungsvermögen (Voraussetzung für ein Leistungsversprechen), das Lernen Erwachsener zu ermöglichen, zu fördern, zu unterstützen. Unter den gegebenen gesellschaftlichen Bedingungen der Bundesrepublik Deutschland sind dies im wesentlichen didaktische Kompetenzen, Beratungs-Kompetenzen und Kompetenzen für Programmplanung und Bildungsmanagement (vgl. dazu auch Fuhr 1991).

Zu den didaktischen Kompetenzen von ErwachsenenbildnerInnen gehört dabei nicht nur die Fähigkeit, in direktem Kontakt mit Lernenden Lernen zu ermöglichen, z.B. durch Lehren, was lange Zeit als das „eigentlich Pädagogische" galt, sondern es gehören auch solche Fähigkeiten dazu wie die zur didaktische Konzeptionierung, zum ästhetischen oder kommunikativem didaktischen Arrangement, zur Supervision und Evaluation von Lehr-Lern-Prozessen. Als Beratungs-Kompetenz kann außer der Fähigkeit, Interessenten die für sie geeigneten Erwachsenenbildungsangebote oder Lernstrategien empfehlen zu können, auch die Fähigkeit zur Beratung von Politikern oder Unternehmensleitungen in Bildungsfragen gehören. Kompetenzen für Programmplanung und Bildungsmanagement umfassen Fähigkeiten wie die, Bildungsbedarfe mit angemessenem Aufwand zu ermitteln und in nachgefragte Programmangebote „übersetzen" sowie organisatorische, finanzielle und personelle Voraussetzungen für Bildungsprozesse schaffen zu können.

Spezifische Erwachsenenbildungs-Kompetenzen „müssen sich nicht auf Handlungsformen beziehen, die in keinem anderen Beruf verlangt werden, sondern spezifisch erwachsenenbildnerisch ist eine Fähigkeit dann, wenn das entsprechende Handeln unter Gesichtspunkten geschieht, die den Kern dessen treffen, was Erwachsenenbildung ausmacht" (Fuhr 1991, S. 100). Dies aber setzt wiederum spezifisches Wissen, Übung und Praxiserfahrung voraus und ist auch an persönliche Voraussetzungen gebunden. Als spezifisches Wissen kann auf Erwachsenenbildung focussiertes wissenschaftliches Wissen einerseits und berufliches Handlungswissen andererseits gelten. Zu letzterem gehören Techniken der Gesprächs- und Verhandlungsführung ebenso, wie Unterrichtsrezepte und berufliche Verhaltensnormen. Als spezifisches wissenschaftliches Wissen können nicht nur Kenntnisse über Theorien und Geschichte, Didaktik und Methodik, Management, Recht und Politik der Erwachsenenbildung gelten, sondern alles Wissen aus anderen Wissenschaftsgebieten, das für kompetentes Erwachsenenbildungs-Handeln bedeutsam ist, vor allem jedoch human- und sozialwissenschaftliches Wissen. Damit die unterschiedlichen Arten des Wissens nicht naiv, sondern reflektiert eingesetzt werden können, sind auch Kenntnisse über deren Entstehung, Reichweite und Funktion wichtig.

Wissen allein genügt jedoch nicht als Voraussetzung kompetenten Handelns. Einzelne Fähigkeiten, Fertigkeiten und Verhaltensformen müssen auch eingeübt und zusammen mit dem angeeigneten Wissen in Praxisfeldern von Erwachsenenbildung verwendet und erprobt werden.

Schließlich scheint mir die Entwicklung solcher Erwachsenenbildungs-Kompetenz an persönliche Voraussetzungen wie eine „Grundausstattung" mit sozialen Kompetenzen und Interesse an Bildungsfragen gebunden zu sein, über die ErwachsenenbildnerInnen oder solche, die es werden wollen, als gewissermaßen natürliche Ressource verfügen sollten.

Durch eine erwachsenenbildungswissenschaftliche Ausbildung kann wissenschaftliches Wissen, auch Wissen über Aufgabenverständnisse und ethische Theorien erwachsenenbildnerischen Handelns erworben werden; darüber hinaus können einzelne Fähigkeiten, Fertigkeiten und Verhaltensformen eingeübt werden. Berufliches Handlungswissen, ein Bewußtsein eigener Aufgaben und Verantwortung, ethische Standards und praktische Erfahrungen, die für die Entwicklung von Erwachsenenbildungs-Kompetenz ebenfalls unerläßlich sind, müssen hingegen ganz überwiegend in den entsprechenden beruflichen Praxisfeldern selbst erworben werden. Korporative Zusammenschlüsse von ErwachsenenbildnerInnen, z.B. in Form eines Berufsverbandes, könnten u.a. für die Entwicklung der zuletzt genannten Kompetenzen von großem Wert sein. So kann die bewußte Wahrnehmung des eigenen und fremden Handelns gefördert und geschärft werden durch Austausch und gemeinsame Reflexion. Die Verschränkung der eigenen Perspektiven mit denen anderer, die eine ähnliche Tätigkeit ausüben, vermag Distanz zu schaffen, die für professionelles Handeln notwendig und kennzeichnend ist: Distanz gegenüber der eigenen Rolle und persönlichen Interessen, gegenüber Auftraggebern und Beschäftigungsinstitutionen, gegenüber Teilnehmererwartungen und gegenüber den Themen und Inhalten, um die es in der eigenen Arbeit geht. Vereinseitigungen und Überidentifikationen können so eher vermieden werden.

Ein erwachsenenbildnerisches Handlungsethos, das m.E. von ErwachsenenbildnerInnen selbst entwickelt werden muß, wenn es handlungsorientierenden Charakter haben soll, müßte sich auf solche erwachsenenbildnerischen Tätigkeiten und Bereiche beziehen, die von moralischer Bedeutung sind oder es werden können - und sich auf diese beschränken. Politische und ethische Werte wie soziale Gerechtigkeit, Frieden, Demokratie oder Schutz der natürlichen Lebensgrundlagen können zwar ein persönliches Handlungsethos begründen, jedoch kein erwachsenenbildungsspezifisches. Für professionelles Erwachsenenbildungs-Handeln maßgebliche Werte sollten m.E. vor allem und maßgeblich von den Handelnden selbst formuliert werden. Wissenschaftlich sind Werte letztlich nicht begründbar, durch politische Macht, sozialen Druck oder ökonomische Abhängigkeit sind sie letztlich nicht vermittelbar und als „Bildungsgegenstände" letztlich wohl auch nicht lehrbar.

Nicht angesonnene, aus anderen Zusammenhängen resultierende Ethiken oder „Philosophien", sondern die Professionalität erwachsenenbildnerischen Handelns als didaktische Qualität könnte so Wert, Bezugspunkt und zugleich Maßstab eines verpflichtenden Handlungs-Ethos sein.

7. Möglicher Nutzen der theoretischen Konstruktion von Erwachsenenbildungs-Professionaltiät

Was nützt die theoretische Beschreibung und Abgrenzung von Erwachsenenbildungs-Professionalität und ihrer Voraussetzungen? Sie kann als theoretische Konstruktion die wissenschaftliche Diskussion präzisieren und für die praktische Konstruktion von Erwachsenenbildungs-Professionalität möglicherweise insoweit hilfreich sein, indem sie zur kritischen Auseinandersetzung anregt und so das Bewußtsein davon schärft, was Professionalität in der Erwachsenenbildung ausmacht oder ausmachen könnte.

Die Arbeit am Begriff ist auch für dessen Verwendung in wissenschaftlichen, ökonomischen, berufs- oder bildungspolitischen Zusammenhängen sinnvoll. So macht es durchaus einen Unterschied zu betriebswirtschaftlich orientierten Qualitätsattributionen auch in der institutionalisierten Erwachsenenbildung, ob Professionalität als operationalisiertes Qualitätsattribut erwachsenenbildnerischen Handelns das Wissen und den Anspruch einschließt, daß Erwachsenenbildung zwar unter diesem Aspekt als Dienstleistung verstanden, aber seriöserweise dennoch letztlich nicht als gegen Geld zu tauschende Ware verkauft und konsumiert werden kann, weil professionell vermittelte Erwachsenenbildung zwar ein Qualitätsversprechen beinhaltet, aber keine Qualitätsgarantie: die erreichbare Qualität von Lernprozessen ist abhängig von der Mitwirkung aller Beteiligten.

„Qualität in der Erwachsenenbildung/Weiterbildung umfaßt daher mehr als 'Kundenorientierung und -zufriedenheit'. (...) Der oft mühevolle Weg, (...) die Umstrukturierung von Deutungs- und Erfahrungsmustern ist häufig genug mit Widerständen seitens der Lernenden selbst verbunden. Die Erarbeitung von Einsicht, Erkenntnis und neuen Handlungskompetenzen ist in aller Regel kein Spaziergang durch einen Vergnügungspark und steht im Widerspruch zu dem allgemeinen Trend einer Erlebnisgesellschaft, in der es um das Abfeiern von Vergügungen geht. Ein wesentliches Qualitätskriterium von Weiterbildung stellt deshalb auch die Lernzumutung an die Teilnehmer dar. *Qualität und Professionalität von Weiterbildung bemessen sich gerade daran, daß solche Lernzumutungen durchgehalten werden und das Vertrauen der Subjekte in ihre eigenen Kräfte gestärkt wird.* Weiterbildungsansätze, die demgegenüber Rezepte 'frei Haus' liefern, d.h. Lernanstrengungen minimieren und nicht selten in eine Kuschel- und Unterhaltungsdidaktik abgleiten, bewirken zwar oft Jubel, zementieren aber gleichzeitig auch eine Dauer-Abhängigkeit von Vorgaben, Vordenkern o.ä." (Arnold/Krämer-Stürzl 1995, S. 138).

Im Durchhalten von „Lernzumutungen" - was auch heißen kann, im Interesse der Ermöglichung von Lernen dafür zu sorgen, daß Lerngegenstände/Themen, Lernarrangements und das Handeln der ErwachsenenbildnerInnen im Interesse der Ermöglichung von Lernen die nötigen Herausforderungen und nötigenfalls auch Widerstände bietet, an denen man sich abarbeiten kann, im Vermeiden nicht einzuhaltender Versprechungen, im Verzicht auf die Erzeugung von Abhängigkeiten zugunsten der Freiheit der Lernenden - liegen denn auch Gründe für die Notwendigkeit eines erwachsenenbildnerischen Handlungsethos als einer *Voraussetzung* von Professionalität.

Die theoretische Auseinandersetzung mit und die möglichst genaue Beschreibung von Erwachsenenbildungs-Professionalität kann schließlich auch vor unangemessenen Erwartungen bewahren, z.B. an die Leistungsfähigkeit einer wissenschaftlichen Ausbildung. Selbst die gründlichste und auf alle tatsächlichen und vorstellbaren berufspraktischen Anforderungen von ErwachsenenbildnerInnen vorbereitende Hochschul-Ausbildung kann nur Voraussetzungen von Professionalität schaffen. Diese selbst muß von erwachsenenbildnerisch Handelnden in entsprechenden Handlungsprozessen immer wieder neu hergestellt werden.

Eine dem beruflichen Handlungstyp angemessene wissenschaftliche Ausbildung, das berufliche Handeln einübende Berufseinstiegsmaßnahmen und berufliche Fortbildung, sind daher nur Bedingungen ihrer Möglichkeit (vgl. auch Vogel 1996). Sich dafür einzusetzen wäre m.E. neben der öffentlichen Bewußtmachung erwachsenenbildnerischer Leistungen der eigentliche Sinn und die wichtigste Funktion eines zu schaffenden Berufsverbandes von ErwachsenenbildnerInnen.

Literatur

Arnold, Rolf / Krämer-Stürzl, Antje: Neuere Tendenzen in der Weiterbildung, illustriert am Beispiel der betrieblichen Weiterbildung. In: Grundlagen der Weiterbildung, Heft 6, 1995, S. 134 - 139

Bastian, Hannelore: Kursleiterprofile und Angebotsqualität. Bad Heilbrunn 1997

Daheim, Hansjürgen: Zum Stand der Professionssoziologie. Rekonstruktion machttheoretischer Modelle der Profession. In: Bernd Dewe/Wilfried Ferchhoff/Frank-Olaf Radtke (Hrsg.): Erziehen als Profession. Zur Logik professionellen Handelns in pädagogischen Feldern. Opladen 1992, S. 21 - 35

Faulstich, Peter: Höchstens ansatzweise Professionalisierung. Zur Lage des Personals in der Erwachsenenbildung. In: Wolfgang Böttcher (Hrsg.): Die Bildungsarbeiter - Situation - Selbstbild - Fremdbild. Weinheim und München 1996, S. 50 - 80

Fuchs-Brüninghoff, Elisabeth: Professionalität und Bewußtheit - Positionen - Fragen - Anstöße. In: Deutsches Institut für Erwachsenenbildung (DIE): Materialien für Erwachsenenbildung 12, Veränderungen in der Profession Erwachsenenbildung. Frankfurt/M. 1997, S. 110 - 117

Fuhr, Thomas: Kompetenzen und Ausbildung des Erwachsenenbildners. Bad Heilbrunn 1991

Gieseke, Wiltrud: Zu den Unwegsamkeiten der Professionalitätsentwicklung in der Erwachsenenbildung - Forschungsergebnisse zu einer inneren Bestandsaufnahme. In: Erhard Schlutz/Horst Siebert (Hrsg.): Ende der Professionalisierung? Die Arbeitssituation in der Erwachsenenbildung als Herausforderung für Studium, Fortbildung und Forschung, (Tagungsbericht). Bremen 1988, S. 233 - 256

Gieseke, Wiltrud: Der Habitus von Erwachsenenbildnern: Pädagogische Professionalität oder plurale Beliebigkeit? In Arno Combe und Werner Helsper (Hrsg.): Pädagogische Professionalität - Untersuchungen zum Typus pädagogischen Handelns. Frankfurt/M. 1996, S. 678 - 713

Harney, Klaus/ Markowitz, Jürgen: Geselliger Klientelismus: Zum Aufbau von Beteiligungsformen und Lernzusammenhängen in der Erwachsenenbildung. In: Harney K. und Jütting D. (Hrsg.): Professionalisierung der Erwachsenenbildung. Frankfurt/M. 1987, S. 305 - 357

Kade, Sylvia: Handlungshermeneutik - Qualifizierung durch Fallarbeit. Bad Heilbrunn 1990

Knoll, Joachim H. / Pöggeler, Fritz / Schulenberg, Wolfgang: Zur Erwachsenenbildung in Niedersachsen 1970 - 1981. Köln 1983

Koring, Bernhard: Die Professionalisierungsfrage der Erwachsenenbildung. In: Bernd Dewe u.a. (Hrsg.): a.a.O., S. 171 - 199

Lisop, Ingrid: Effizienzsteigerung durch Pädagogik? In: P. Diebold (Hrsg.): Lernen im Aufbruch. Frankfurt/M. 1995, S. 137 ff.

Nuissl, Ekkehard: Professionalität, Dilettantismus und Qualifikation. In: Deutsches Institut für Erwachsenenbildung (DIE): Materialien für Erwachsenenbildung 12, Veränderungen in der Profession Erwachsenenbildung, a.a.O., S. 13 - 20

Prange, Klaus: Bauformen des Unterrichts. Bad Heilbrunn 1986

Prange, Klaus: Was muß man wissen, um erziehen zu können? Didaktisch-theoretische Voraussetzungen der Professionalisierung von Erziehung. In: Vierteljahresschrift für wissenschaftliche Pädagogik, Heft 1, 1998, S. 39 - 50

Oevermann, Ulrich: Theoretische Skizze einer revidierten Theorie professionalisierten Handelns. In: Arno Combe und Werner Helsper (Hrsg.), a.a.O., S. 70 - 182

Schlutz, Erhard: Wirklichkeit widerfährt - Zu Anregungspotential und Kritik der Konstruktivismus-Rezeption, 1999, in diesem Band

Schulenberg, Wolfgang: Erwachsenenbildung als Beruf. In: ders. u.a.: Zur Professionalisierung der Erwachsenenbildung. Braunschweig 1972, S. 7 - 23

Siebert, Horst: Von der Professionalisierung zur Professionalität? In: Hessische Blätter für Volksbildung. Frankfurt/M. , Heft 4, 1990, S. 283 - 289

Siebert, Horst: Professionalisierung, Professionalität und Berufsethik. In: Jagenlauf, Michael/ Schulz, Manuel/ Wolgast, Günther(Hrsg.): Weiterbildung als quartärer Bereich: Bestand und Perspektiven nach 25 Jahren, Neuwied; Kriftel; Berlin 1995, S. 329 - 342

Stichweh, Rudolf: Professionalisierung, Ausdifferenzierung von Funktionssystemen, Inklusion. Betrachtungen aus systemtheoretischer Sicht. In: Bernd Dewe (Hrsg.), a.a.O., S. 36 - 48

Tietgens, Hans: Professionalität für die Erwachsenenbildung. In: Wiltrud Gieseke u.a.: Professionalität und Professionalisierung. Bad Heilbrunn 1988, S. 28 - 75

Vogel, Norbert: Professionalisierung versus Qualitätssicherung. Überlegungen zu einem integrativen Konzept erwachsenenpädagogischen Handelns. In: Karin Derichs-Kunstmann, Peter Faulstich, Rudolf Tippelt (Hrsg.): Qualifizierung des Personals in der Erwachsenenbildung (Beiheft zum Report). Frankfurt/M. 1996, S. 168 - 178

LOTHAR SCHÄFFNER

Transfersicherung in der Betrieblichen Weiterbildung - Bildungsarbeit unter Legitimationsdruck

In diesem Beitrag wird der Legitimationsdruck, unter dem die betriebliche Weiterbildung steht, thematisiert. Dabei werden Modelle skizziert, die dazu dienen, den Nutzen der betrieblichen Weiterbildung deutlich bis berechenbar zu machen. Vor diesem Hintergrund ist es wichtig, die Verantwortlichkeiten des Managements einerseits und der Weiterbildner andererseits abzugrenzen. Nach meiner Auffassung endet die Verantwortung des Weiterbildners bei der Sicherung des Transfererfolges. Transfersicherungsmaßnahmen als ein zentraler Bestandteil des Kontraktes zwischen Bildungskunden und „Bildungslieferanten" beschränken sich jedoch nicht auf die Psychologik und die Soziologik des Bildungsprozesses. Sie müssen unbedingt die Zielsetzung im Sinne klassisch operationalisierter Lernziele mit einbeziehen. In Dienstleistungssituationen ist es der Kunde, der das gewünschte beobachtbare Verhalten der Dienstleister bestimmt. Daß auf dieser Zielebenen unerwartet viele Unklarheiten vorhanden sind, zeigt der Beitrag auf, in dem ich auf ein vom mir durchgeführtes Forschungsprojekt verweise. Wie solch ein Klärungsversuch mit Hilfe eines empirischen Analyseinstruments gestaltet werden kann, wird ebenfalls am Beispiel des Forschungsprojektes deutlich gemacht, das als Pilotversuch bei der Deutschen Lufthansa AG realisiert wurde.

In Zeiten knappen Geldes stehen diejenigen, die in der Bildungsarbeit tätig sind, unter verstärktem Legitimationsdruck. Diese Feststellung stützt sich auf vielfältige Erfahrungen, die ich während mehr als 25 Jahren hauptberuflicher Tätigkeit in unterschiedlichen Bildungseinrichtungen gewonnen habe.

Soweit es sich um öffentliche geförderte Bildungsbereiche handelte, hat intensive Lobbyarbeit in solchen Zeiten einen wesentlichen Teil der Arbeitsressourcen beansprucht. All die Anstrengungen wurden jedoch unter der Perspektive ertragen, daß auf magere auch wieder fette Jahre folgen werden. Diese tröstende Perspektive gibt es jedoch seit längerem nicht mehr.

Die betriebliche Bildungsarbeit blieb als aufblühender Bildungsbereich der achtziger Jahre noch eine geraume Zeit von dieser Trostlosigkeit verschont. Hohe Zuwachsraten in den Bildungsbudgets vor allem der großen Unternehmen versprachen zukünftigen Lehrern und Weiterbildnern Zuflucht vor der drohenden Arbeitslosigkeit.

Der Wettbewerbsdruck, dem sich die Unternehmen zunehmend ausgesetzt sehen, führt zu einem kontinuierlichen Bemühen, die Kosten zu senken. Um verläßliche Daten zu erhalten, wo an der „Kostenschraube" gedreht werden kann, werden Controllingapparate auf- oder ausgebaut. Dieser Tendenz kann sich auch die betriebliche Bildungsarbeit nicht entziehen.

Der Abschied von zentralen Bildungsbudgets hin zu einem Verfahren, das die Kosten der Weiterbildung auf die verlagert, die die Bildungsmaßnahmen in Anspruch nehmen, konkret: zu Lasten der Kostenstelle der entsendenden Abteilung bzw. deren Führungskraft, ist neben der Auslagerung der Bildungsabteilungen als selbständige Profitcenter eine der Maßnahmen, durch eine Marktgesetzlichkeit die Ausgaben für die Weiterbildung zu begrenzen. Dahinter steckt der Glaube, der Markt regele das Verhältnis von Kosten und Nutzen gewissermaßen automatisch.

Die Skepsis, ob Bildung ein Gut ist, dessen Wert von den potentiellen Kunden auf dem Markt so einfach eingeschätzt werden kann, hat einen weiteren Diskussionsstrang eröffnet, der sich darum bemüht, den Nutzen der betrieblichen Weiterbildung berechenbar zu machen.

Im Vergleich zu allgemeinbildenden Schulen und zu den Hochschulen kommt den Betrieben dabei zugute, daß das Ziel ihrer Bildungsarbeit weit präziser auf eine konkrete Verwendungssituation ausgerichtet und operationalisiert werden kann.

Nutzen von Bildungsveranstaltungen

Donald Kirkpatrick hat ein Modell erstellt, das den Nutzen von Bildungsveranstaltungen auf vier Evaluationsebenen bewerten läßt (Kirkpatrick 1959). Dieses Modell, das in der betrieblichen Bildungslandschaft am meisten verbreitet ist, hilft den Erfolg der Bildungsmaßnahmen wie folgt auszudifferenzieren:

- Zufriedenheitserfolg
- Lernerfolg
- Transfererfolg
- Unternehmenserfolg

J. Philips hat diese vier Ebenen durch eine weitere ergänzt und zwar durch die des „Return on investment" (Philips 1991).

Hat man sich soweit in die Berechenbarkeit von Bildungsnutzen vorgewagt, ist es selbstverständlich, daß entsprechende Meßverfahren und Formen aufgestellt werden, so unter anderem von Philips, Gülpen und Wittmann. Über die Instrumente hinaus kommen die Verfechter solcher Maßnahmen nicht über das fast gleichlautende Ergebnis hinaus, daß vor allem die Parameter, die den Nutzen von Bildungsmaßnahmen faßbar machen sollen, einen hohen Interpretationsspielraum haben. Die Frage ist, wer soll diese Interpretation leisten und wie nachvollziehbar wird sie sein?

Nun erscheint der Nutzen einer Weiterbildungsmaßnahme für einen Anlagenführer zum störungsfreien Bedienen einer neuen Produktionsanlage über die nachweisbare Senkung von Störungen leichter greifbar als der in Dienstleistungssituationen geschulte Blickkontakt oder die Anrede des Kunden mit seinem Namen. Wie dieser Nutzen jeweils zu beziffern ist, bleibt ebenso offen, wie die Antwort auf die Frage, welchen berechenbaren Beitrag die Weiterbildung zu eben diesem Nutzen leistet.

Ein Versuch, den Nutzen von Weiterbildung in Zahlen zu fassen, wurde in einem Erfahrungsaustausch unter Weiterbildungsverantwortlichen von dem Vertreter eines Automobilkonzerns wie folgt beschrieben: *„Ich fragte die Führungskräfte, wieviel Kosten dem Unternehmen durch Rückrufaktionen, Kulanzfälle, Störungen etc. entstehen. Die Antwort war: Rund 400 Mio. DM. Auf die Frage, wieviel davon auf mangelnde Qualifikation zurückzuführen sei, antworteten die Führungskräfte mit rund 60%. Meine Antwort war: Gebt mir von den so errechneten 240 Mio. DM die Hälfte, also 120 Mio. DM und ich bringe die Sache in Ordnung."* Hinter diesem Vorschlag steckt der ebenso unerschütterliche wie unbewiesene Glaube, Bildungsmaßnahmen ließen sich so steuern, daß der gewünschte Effekt zu 100% deckungsgleich eintritt.

Die in diesem Bericht entwickelte Faustformel ist hinsichtlich der Beweiskraft kaum größer als die an den Eingangstüren zu Bildungsabteilung allenthalben angeschlagenen Sprüche, wie zum Beispiel *„If you think education is expensive - try incompetence".* Faustformel und Spruch sind allerdings geeignet, Aha-Effekte zu erzielen, die Bedeutung der Weiterbildung nicht zu unterschätzen.

Sowohl von meinem Selbstverständnis als Weiterbildner aus als auch aufgrund meiner Erfahrungen mit finanziell begründeten Legitimationsversuchen, ergibt sich für mich die Konsequenz, die exakte Berechenbarkeit eines Weiterbildungserfolges nicht in die Verantwortung der Bildungsabteilung zu übernehmen. Wie der Erfolg von Weiterbildung in Zahlen zu fassen ist, muß Aufgabe des Managements sein. Das Management ist Auftraggeber, der sich von Qualifizierungsmaßnahmen etwas verspricht. Daß dies nicht ein bloßes Abschieben der Verantwortung ist, kann dadurch verhindert werden, daß die Bildungsabteilung den Prozeß moderiert, bei dem sich das Management darüber klar wird, was Bildung wert ist.

Der Schnittpunkt, in dem die Verantwortlichkeiten aufeinandertreffen, liegt im Kontrakt zwischen den Bildungskunden und denen, die den Auftrag annehmen und zeigt sich in der Bestimmung des Verhaltens, das von den Teilnehmern nach Seminarende erwartet wird. Das Management, das seine Mitarbeiter in die Bildungsmaßnahmen schickt, muß das gewünschte Verhalten definieren und dessen Wert bestimmen. Das Bildungswesen kann zwar dazu beitragen, durch Kunden- und Mitarbeiterbefragung zu ermitteln, welches Verhalten erwünscht wird. Die Entscheidung, welches es nun sein soll, trifft das Management.

Der Vertragsgegenstand des Bildungswesens umfaßt den Prozeß, der zu dem erwarteten Verhalten als definiertes Ziel einer Bildungsmaßnahme führt. Bezogen auf die vier Ebenen nach Kirkpatrick endet die Verantwortung der Bildungsarbeit beim Transfererfolg.

Verantwortlichkeiten des Managements und der Bildungsverantwortlichen

Es ist Aufgabe des Bildungswesens im Prozeß der Bildungsmaßnahme - von der Bedarfsergründung bis hin zu Aktivitäten nach Abschluß eines Seminars im Berufsalltag der Teilnehmer - dafür Sorge zu tragen, daß der Transfer gesichert wird. Sorge tragen bedeutet, über ein entsprechendes Know-how zu verfügen, Vorschläge zu machen und geeignete Rahmenbedingungen zu definieren. Die Entscheidung, ob den Vorschlägen zugestimmt wird, bleibt beim Management.

Mit der Feststellung der Verantwortlichkeiten hinsichtlich der Zielsetzung einerseits und der Zielerreichung andererseits sind wir auf die Curriculumdiskussion Anfang der siebziger Jahre verwiesen, die zum einen um Klärung bemüht war, wie ein Programm für Lernprozesse zielgerichtet gestaltet werden kann, zum anderen sich um die Frage bemühte, wer im Sinne der Legitimation Ziele setzen konnte.

Übertragen auf das Bildungswesen in Betrieben bedeutet dies, daß die Zielsetzung in den Händen des Managements liegt, die Verantwortung für die Zielerreichung obliegt den Bildungsverantwortlichen. Dies darf jedoch nicht in der Hinsicht mißverstanden werden, daß einzelne Führungskräfte willkürlich Ziele setzen können. Die Zielsetzung ist vielmehr eingebunden sowohl in die Strategie als auch in die Willensbildung- und Entscheidungskultur des Unternehmens. Strategie und Unternehmenskultur spiegeln im übertragenen Sinn die Legitimationsfrage wider, die hier nicht weiter thematisiert werden soll.

Die weiteren Ausführungen konzentrieren sich vielmehr auf die Aufgabe der betrieblichen Bildungsarbeit, Lernprozesse effektiv zu gestalten. Kriterium für Effektivität ist dabei der Grad des Transfers des in den Bildungsmaßnahmen Gelernten. Weiterbildungsmaßnahmen sind dann effektiv, wenn die Teilnehmer das Gelernte tatsächlich, das heißt beobachtbar in ihrem Berufsalltag zeigen. Damit wird nicht impliziert, daß es alleine in der Verantwortung der Teilnehmer liegt, ob sie das erlernte Verhalten zeigen. Es hängt ebenso von den Rahmenbedingungen ab, die ein solches Verhalten fördern oder behindern können.

Transfererfolg und Transfersicherung

Aktivitäten, die dazu beitragen, daß sich ein Transfererfolg einstellt, werden gemeinhin als Transfersicherungsmaßnahmen bezeichnet. Wie Qualitätssicherung impliziert Transfersicherung eher ein Verteidigungsverhalten. Das heißt, der Transfer muß gegen oder vor etwas gesichert werden. Dahinter steckt die bittere Erkenntnis, daß das in Qualifikationsmaßnahmen Gelernte nicht konsequent in die Praxis umgesetzt wird.

Transfererfolg ist also im wesentlichen davon abhängig, wie Hindernisse überwunden werden, die dem Transfer im Wege stehen. Transferhindernisse aufzuspüren wird so zur grundlegenden Voraussetzung, daß ein Transfer stattfinden kann. Insofern richtet sich zwangsläufig das Augenmerk auf Strategien, diese Hindernisse zu überwinden. Je besser es gelingt, präventiv zu handeln, desto eher gelingt es, Transfer zu ermöglichen.

Transferhemmnisse

Die Hemmnisse werden in der Literatur vorwiegend in den Widerstandskräften gesehen, die einerseits in den Teilnehmern und andererseits in den betrieblichen Strukturen liegen. Deutlich wird dies vor allem in der zusammenfassenden Darstellung der Transfermodelle durch Stefan G. Lemke. Der Autor unterscheidet in

- lernpsychologisch
- psycho-sozial
- verhaltensmodifikations und
- arbeitsumfeldorientierte Lerntransfermodelle (Lemke 1995, S. 15 ff).

Versteht man wie Siebert Didaktik als „die Vermittlung zwischen der *Sachlogik*, des Inhalts und der *Psychologik* des/der Lernenden" (Siebert 1996, S.2), so sind die ersten drei Modelle der Ebene der Psychologik zuzuordnen, das vierte der *Soziologik* (vgl. Geißler 1995).

Zielbeschreibung und Transfer

In der Sachlogik selbst werden Transferhindernisse kaum gesehen. Dies ist meines Erachtens ein Trugschluß. Wenn man die Sachlogik der betrieblichen Weiterbildungsmaßnahmen umfangreicher sieht als Siebert, gehört zur Sachlogik auch die Zielbeschreibung, unter denen Weiterbildungsangebote gemacht werden. Diese sind, so meine eigenen Erfahrungen als Leiter des Bildungswesens eines großen Industriekonzerns und auch als Trainer, häufig nicht so klar, wie sie den Ausschreibungstexten nach erscheinen mögen.

Die klassische Frage aus der Lernzieldiskussion der siebziger Jahre „Was soll der Lerner nach der Bildungsmaßnahme beobachtbar tun, um zu zeigen, daß er das Lernziel erreicht hat?" steht häufig auf dem Papier. Ob dieses Ziel aber zutreffend aus den Unternehmenszielen abgeleitet werden kann, muß bezweifelt werden und es wird im Berufsalltag von den Betroffenen, also den Teilnehmern und deren Vorgesetzten, tatsächlich sehr verschwommen und vor allem nicht einheitlich gesehen.

Schlüsselsituationen als Zielorientierung - Am Beispiel eines Pilotprojektes

Eine eigene Untersuchung aus den Jahren 1997 und 1998 bei der Deutschen Lufthansa AG zur Transfersicherung in der Aus- und Weiterbildung hat die oben aufgestellte Behauptung nachdrücklich belegt. Die Untersuchung war als Pilotprojekt konzipiert, das den Check-In im Flughafen Frankfurt zum Fokus hatte. Ziel war, für verhaltensorientierte Weiterbildungsmaßnahmen, wie sie zum Beispiel für das Servicepersonal des Check-Ins und des Gates angeboten werden, Muster zu entwickeln, mit dessen Hilfe die Wirksamkeit der zentralen transfersichernden Faktoren analysiert werden kann. Dieses Muster sollte den Rahmen liefern, der für andere Schulungsfelder jeweils spezifisch gefüllt werden kann. Darauf aufbauend sollten transfersichernde Maßnahmen für die Trainings- und die berufliche Alltagspraxis in einer Art „Handwerkskasten" zusammengefaßt und für andere nutzbar gemacht werden.

Entgegen unserer Vermutungen, hat sich der Schwerpunkt unserer Forschungsarbeit auf den ersten Gesichtspunkt verlagert. Dabei interessierte vor allem die Frage, auf welche Praxissituationen die Aus- und Weiterbildungsmaßnahmen abzielen. Eine Antwort auf die Frage sollte eine Ist-Analyse bieten, der folgendes Muster zugrunde lag:

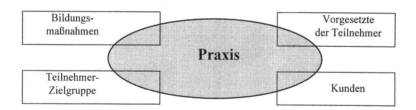

Konkret bedeutet dies in einem ersten Schritt eine halbstandardisierte Praxisbeobachtung mit dem Ziel, typische morphologische Interaktionsmuster und vor allem konfliktträchtige Situationen - hier bezeichnet als critical incidences - zu ermitteln, die Kundenkontakte am Check-In und am Gate bestimmen. Die critical incidences wurden dann in Workshops mit den Mitarbeitern des Check-Ins und der Gates (im folgenden bezeichnet als Servicepersonal) verifiziert, ergänzt und ausdifferenziert. Achtzehn dieser Schlüsselsituationen boten die Grundlage für eine Befragung der Fluggäste. Sie wurden danach gefragt, wie sie auf die Versuche des Servicepersonals reagieren, diese Situation entweder im Sinne des Kundenwunsches oder gegen diesen zu lösen. Ziel war es Differenzierungsmöglichkeiten zwischen *Hygienefaktoren* und *Motivatoren* auszuloten und Ausprägungen der einzelnen Faktoren zu ermitteln. Unter Motivatoren verstehe ich: >Handeln im Sinne des Kundenwunsches schafft Freude. Gegen den Kundenwunsch wird akzeptiert bzw. hingenommen<. Unter Hygienefaktor verstehe ich: >Handeln im Sinne der Kundenerwartung ist selbstverständlich, gegen die Kundenerwartung handeln schafft Ärger<.

Das Ergebnis der Kundenbefragung führte zur eindeutigen Identifizierung von vier Hygienefaktoren und fünf Motivatoren. Zur Verdeutlichung: Zu den Motivatoren gehören zum Beispiel eine großzügige Regelung mit dem Handgepäck oder die Anrede beim Check-In-Verfahren mit dem Namen. Zu den Hygienefaktoren gehört zum Beispiel der Umgang mit Verspätungen. Das heißt, die Anrede mit Namen wird von den Fluggästen besonders honoriert; werden die Fluggäste beim Check-In nicht mit Namen angesprochen, wird dies hingenommen, bzw. akzeptiert. Dagegen wird das Verhalten des Servicepersonals bei Verspätungen als Hygienefaktor wahrgenommen. Bemüht sich zum Beispiel das Servicepersonal bei einem verspäteten Abflug, den Fluggästen die Umstände der Verspätung deutlich zu machen und sich für die Fluggäste, die auf Anschlußflüge angewiesen sind, um Anschlußmöglichkeiten zu bemühen, wird dies für selbstverständlich gehalten. Dies nicht zu tun oder sich darauf zurückzuziehen, daß man selbst keine Information habe, verärgert die Kunden.

Vor dem Hintergrund einer konsequenten Kundenorientierung wird der Kundenwunsch zum Maßstab für das Servicepersonal und dessen Vorgesetzten. Dieser Maßstab wurde folgendermaßen angewandt. Den Servicemitarbeitern und deren Vorgesetzten wurden dieselben Situationen vorgelegt und nach der Einschätzung gefragt, wie die Fluggäste wohl reagieren würden. So war ein unmittelbarer Vergleich zwischen den Antworten der Fluggäste und den Vermutungen des Servicepersonals und dessen Vorgesetzten hinsichtlich der Antworten ihrer Kunden möglich.

Was dieser Vergleich an Ergebnissen gebracht hat, soll an den zwei Beispielen für Motivatoren und dem einen Beispiel für Hygienefaktoren aufgezeigt werden. Eine kulante Handhabung der Schlüsselsituation „zu viel Stücke Handgepäck", das von den Fluggästen als Motivator eingeschätzt wird, wird von den Vorgesetzten des Servicepersonals ebenso gesehen, nicht aber von dem Servicepersonal selbst. Die Anrede der Fluggäste mit Namen wird im Gegensatz zur Reaktion der Fluggäste weder von dem Servicepersonal noch von den meisten Vorgesetzten als Motivator gesehen.

Eine Übereinstimmung zwischen der erfragten Fluggastreaktion und der Einschätzung durch das Servicepersonal und dessen Vorgesetzten ist bei dem critical incidence „Umgang mit Verspätungen" dagegen erzielt worden. Alle drei befragten Gruppen schätzen diese Situation deutlich als Hygienefaktor ein.

Kundenerwartung und Lernziele

Diese drei Beispiele zeigen, wie unterschiedlich die Beteiligten an einer Kunden-Lieferanten-Interaktion, diese einschätzen. Es reicht von völliger Übereinstimmung bis zum krassen Unterschied. Machen wir die Kundenerwartung zum Maßstab des Handeln, für die, die diese Erwartungen erfüllen sollen, ist es unbedingt erforderlich, genau zu wissen, was der Kunde tatsächlich will. Nur so kann die Sachlogik, so wie sie von mir verstanden wird, richtig erfaßt und in konkrete Verhaltensziele übersetzt werden. Bleibt diese Ebene unklar, wird wie so häufig der Bildungsarbeit die Aufgabe übertragen „es doch irgendwie zu richten". Was bleibt, ist ein Stochern im Nebel, das wenn es nicht zu irgendwelchen greifbaren und vorzeigbaren Erfolgen führt, dem Bildungswesen leicht die Rolle des Sündenbocks zukommen läßt. Diese Rolle kann man durch Strategien verhindern, in dem man vor allem bei verhaltensorientierten Seminaren auf bewährte Modelle zurückgreift, die zumindest den Zufriedenheitserfolg bei den Teilnehmern sichert. So sind die „Vier Seiten einer Nachricht" von Schulz von Thun, „der kontrollierte Dialog" zum Training „aktiven Zuhörens", „die Transaktionsanalyse" oder Techniken des „Neurolinguistischen Programmierens" Klassiker, die immer noch von Seminarteilnehmern begeistert rezipiert werden, v.a. dann, wenn man einen Trainer hat, der dies „gut rüberbringt". Was diese Modelle leisten können, ist zumindest die Entwicklung und Verstärkung von Sensibilität für soziale Situationen.

Lernzieloperationalisierung in der Arbeitsteilung zentraler/dezentraler Weiterbildungsstrukturen

Eine Analyse der Bildungsangebote der Lufthansa für das Servicepersonal läßt erkennen, daß solche Sensibilisierungsprozesse in zentralen Schulungsmaßnahmen geleistet wird. In einer dezental/zentralen Struktur der innerbetrieblichen Weiterbildung eines großen Unternehmens erscheint es sinnvoll, der zentralen diese Aufgabe zuzuweisen, während dezentrale Bildungseinrichtungen an den einzelnen Standorten aufgrund ihrer Praxisnähe eher geeignet sind, auf konkrete Verhaltensweisen abzuzielen.

Auch dies scheint die Analyse des Bildungsangebotes für die Zielgruppe im Rahmen unseres Pilotprojektes zu bestätigen. Konkretes Verhalten gegenüber den Kunden, wie zum Beispiel die Gestaltung des Gesprächsbeginns und des Gesprächsendes, das Erläutern der Serviceschritte und das Herstellen von Blickkontakt, wird auf der Station des Frankfurter Flughafens geschult.

Offen bleibt, und dies ist nun nicht lufthansaspezifisch, sondern auf andere Unternehmen ebenso zu übertragen, ob die zugrunde gelegten Verhaltensweisen tatsächlich die sind, die Zufriedenheit der Kunden hervorrufen. Unklar bleibt in Bildungsstrukturen großer Unternehmen auch, inwieweit für die betroffenen Teilnehmer-Zielgruppen der Zusammenhang zwischen zentraler Grundlagenschulung und dezentralem Verhaltenstraining leicht nachvollziehbar ist. Ein meines Erachtens falscher Weg, diesen Zusammenhang darzustellen, ist die Herstellung und Anwendung von computer-based-Trainings (CBT's). Die in CBT's inszenierten Situationen stellen häufig den kleinsten gemeinsamen Nenner für eine möglichst große Anzahl von Anwendern dar, die dann wiederum die Verwendungssituation verwässern. Solch kleine gemeinsame Nenner stellen u.a. Themen dar, die sich mit dem Management von Beschwerden befassen. Da werden Beschwerdeanlässe gezeigt, wie zum Beispiel defekte Drucker, gestörte Telefone oder zerrissene Strümpfe. Die Gefahr besteht, daß diese Szenen eingesetzt werden, weil sie - teuer eingekauft - zur Verfügung stehen.

Zwar kann man den Zusammenhang zwischen einer Beschwerde und einer „beschwerdefreien" Dienstleistung irgendwie herstellen. Bildungsaktivitäten sollten jedoch mit dem Anspruch verbunden sein, es den Teilnehmern möglichst leicht zu machen, das angestrebte Verhalten zu erlernen und anzuwenden.

Um das Beispiel Check-In in einem Flughafen aufzugreifen, wären Szenen erforderlich, die typische Check-In-Muster aufweisen. Damit die Teilnehmer nicht von Nebensächlichkeiten der Inszenierung abgelenkt werden, ist es nicht angebracht, Szenen aus einer Check-In-Station auf dem Flughafen zu drehen. Die Gefahr ist zu groß, daß sich die Teilnehmer nicht auf die soziale Interaktion konzentrieren, sondern auf Gegenstände, die aus ihrer Sicht falsch, nicht mehr aktuell bzw. nicht angebracht sind. Wie zum Beispiel: „Der Computer ist veraltet" und „Die Uniform ist nicht mehr up to date". Insofern ist es sinnvoll, das morphologische Muster des Check-In-Vorgangs aufzuspüren und vergleichbare, diesem Muster entsprechende Situationen, zu wählen. Dies könnte für unser Beispiel das Einchecken im Hotel oder auf einem Kreuzfahrtschiff oder das Warten auf einem Bahnhof sein.

Damit ist der Übergang zur Ebene der Psychologik und Soziologik hergestellt. Diese Ebene soll in dem vorliegenden Beitrag bis auf Strukturhinweise, wie diese Fragestellung zu bearbeiten ist, nicht behandelt werden. Horst Siebert selbst hat in seinem Buch „Didaktisches Handeln in der Erwachsenenbildung" (Siebert 1996) Strukturhinweise gegeben. Die Diskussion transfersichernder Maßnahmen auf der Ebene der Psycho-und Soziologik könnte entweder entlang der beschriebenen didaktischen Prinzipien oder auch entlang der didaktischen Handlungsfelder geführt werden.

Ein dritter Weg, der mir persönlich leichter gangbar zu sein scheint, ist die zeitliche Abfolge eines organisierten Lernprozesses im Rahmen der betrieblichen Weiterbildung von der Ermittlung des Bildungsbedarfs bis hin zur Beobachtung des Verhaltens der Teilnehmer in deren Berufsalltag nach Abschluß der Bildungsmaßnahme. Die didaktischen Elemente von Siebert, ob Prinzipien oder Handlungsfelder, könnten in eine so strukturierte Diskussion sinnvoll einfließen. Der vorliegende Aufsatz sollte einen Beitrag liefern, die Basis für eine fundierte Gestaltung von Bildungsprozessen zu leisten, in dem ein Aspekt beleuchtet wird, der ansonsten leider vernachlässigt wird: eine sorgfältig begründete Zielorientierung.

Literatur

Geißler, K.: Lernprozesse steuern. Weinheim und Basel 1995

Gülpen, B.: Evaluation betrieblicher Verhaltenstrainings. München und Mering 1996

Kirkpatrick D.L.: Technics für evaluations training programms. Alexandria 1959

Lemke, S.: Transfermanagement. Göttingen 1996

Philips, J.: Handbook of training evaluation and messurement methods. Houston 1991

Siebert, H.: Didaktisches Handeln. Neuwied, Kriftel Berlin 1996

Wittmann, W.: Brunswik-Symmetrie und die Konzeption der 5-Daten-Box - ein Rahmenkonzept für umfassende Evaluationsforschung. In: Zeitschrift für pädagogische Psychologie 4/1990

CHRISTIANE SCHIERSMANN

Veränderungen der Funktion und Aufgaben des Weiterbildungspersonals vor dem Hintergrund prozeßorientierter beruflicher Weiterbildung

Das institutionelle und gesellschaftliche Bedingungsgefüge von Weiterbildung hat sich in den letzten Jahren nachhaltig verändert. Ausgehend von der These, daß sich die (berufliche) Weiterbildung in einem gravierenden Strukturwandel befindet, beschreibe ich im ersten Teil meines Beitrags dessen Elemente exemplarisch auf der Ebene von Lernzielen und Lerninhalten, Lernarrangements sowie institutionellen Kontexten[1]. Anschließend reflektiere ich dessen Konsequenzen für die Funktionen bzw. Aufgaben und das Selbstverständnis des Weiterbildungspersonals und erörtere die Notwendigkeit der Neuakzentuierung der Ausgestaltung von Professionalität.

1   Von einer berufs- und funktionsbezogenen zu einer prozeßorientierten beruflichen Weiterbildung

1.1   Didaktisch-konzeptionelle Ebene

Veränderte Zielperspektiven und Inhalte beruflicher Weiterbildung

Bislang orientierte sich die berufliche Weiterbildung weitgehend am Konstrukt des Berufs sowie einer kontinuierlichen Erwerbsbiographie und konzentrierte sich vorrangig auf fachbezogene Qualifizierung. Sowohl aufgrund der Interessenlage der Betriebe als auch aus der Perspektive der Subjekte erweist sich diese Zielperspektive als nicht länger hinreichend: Die Komplexität der betrieblichen Probleme erfordert neben fachbezogenen auch berufs- und berufsfeldübergreifende Fähigkeiten, die mit Schlagworten wie Selbstmanagement, Problemlösekompetenz, Teamfähigkeit umschrieben werden. Darüber hinaus wächst für die Individuen angesichts der sich abzeichnenden Instabilität von Beschäftigungsverhältnissen und daraus resultierenden Diskontinuitäten von Berufsbiographien die Notwendigkeit, sich Fähigkeiten anzueignen bzw. zu erweitern, mit deren Hilfe sie größere Souveränität im Umgang mit den unsicheren Arbeitsmarktperspektiven und dem raschen gesellschaftlichen Wandel erwerben können.

In der aktuellen Weiterbildungsdebatte wird dieser bereits auch als Paradigmenwechsel etikettierte Wandel der Perspektiven vielfach mit dem Übergang von der

---

[1] Diese Überlegungen basieren im wesentlichen auf einem Forschungsgutachten, das die Verfasserin zusammen mit Martin Baethge (1998) veröffentlicht hat.

(betrieblichen) Weiterbildung zur Kompetenzentwicklung beschrieben (vgl. Sauer 1998). Zwar erscheint fraglich, ob es klug ist, damit vorschnell den Begriff der Bildung über Bord zu werfen und ihn durch einen Begriff zu ersetzen, der eher einer Persönlichkeits- als einer Bildungstheorie zuzuordnen ist (vgl. Baitsch 1996, S. 6 f.), zumal viele der mit dem Begriffswechsel verbundenen Intentionen auch unter Rekurs auf die tradierten Kategorien bereits diskutiert worden sind (vgl. Arnold 1997). Diese Vorsicht im Hinblick auf die Orientierung an einer neuen Begrifflichkeit erscheint insbesondere auch angesichts der Tatsache angebracht, daß es bislang nicht in überzeugender Weise gelungen ist, den Begriff der Kompetenzentwicklung zu operationalisieren (vgl. Baethge/ Schiersmann 1998). Dessen ungeachtet wird mit der neuen Begrifflichkeit zweifelsohne auf eine zentrale Auswirkung der veränderten Anforderungen in Richtung stärkerer Selbstorganisation und Gestaltungsfähigkeiten aufmerksam gemacht. Es ist weitgehend unbestritten, daß einer subjektbezogenen Gestaltung von Bildungsprozessen größere Bedeutung bei der Bewältigung aktueller und zukünftiger Anforderungen zukommt.

Eng verknüpft mit der Frage nach den Zielperspektiven beruflicher Weiterbildung ist die nach den *inhaltlichen Schwerpunkten*. Beobachtet man die aktuelle Diskussion in bezug auf diesen Punkt aufmerksam, so gewinnt man den Eindruck von der Dominanz sozial-kommunikativer (bzw. auf die Kategorie der Sozialkompetenz bezogener) Inhalte. Allerdings ist eine solche Verlagerung empirisch bislang kaum belegt, vielmehr bestätigen die vorliegenden Untersuchungen eher die These von der Dominanz gewerblich-technischer und kaufmännischer Themen[2]. Da unbestritten ist, daß angesichts der veränderten Anforderungen an die Beschäftigten sozial-kommunikative Kompetenzen an Bedeutung gewinnen, ist unter Umständen erneut eine Schieflage in der Diskussion zu konstatieren, die sich bereits in der Debatte um die Schlüsselqualifikationen gezeigt hat: Soziale Kompetenzen lassen sich nur in begrenztem Umfang losgelöst von fachlichen Gegenständen vermitteln. Folglich ist davon auszugehen, daß die stärkere Betonung sozial-kommunikativer Dimensionen sich weniger in einem zusätzlichen, separierten Themenkonvolut niederschlägt (mit Ausnahme der Führungskräftefortbildung, bei der die soziale und kommunikative Dimension schon immer eine große Rolle gespielt hat), sondern diese Fähigkeiten zum Großteil durch ein verändertes methodisches Vorgehen vermittelt werden - sei es durch neue Formen wie Qualitätszirkel oder Projektarbeit oder interaktive Lernmethoden in Seminaren (siehe dazu weiter unten). Ein solches integriertes Vorgehen ermöglicht es, fachliches Wissen und Können in einer Art und Weise zu erarbeiten, bei der die Lernenden gleichzeitig im Zuge eines

---

[2] Die Studie des Instituts der deutschen Wirtschaft zur betrieblichen Weiterbildung (vgl. Weiß 1994, S. 95) verweist in bezug auf die Themenangebote lediglich darauf, daß die Themenpalette überaus vielfältig und in Anbetracht der unklaren Begrifflichkeit eine Zuordnung zu einer eindeutigen Systematik nur mit einem hohen Erhebungsaufwand möglich sei. Daher wurde in dieser Untersuchung die Erhebung auf einige zentrale Themenfelder begrenzt. Dabei zeigt sich, daß gewerbliche und naturwissenschaftlich-technische Themen (mit 36 % des betrieblichen Weiterbildungsvolumens) nach wie vor an erster Stelle stehen, gefolgt von kaufmännischen Themen mit 30 %, EDV mit 19 % und fachübergreifende Themen mit 15 %.

Wenngleich unklar bleibt, was mit der Kategorie „fachübergreifende Themen" im einzelnen erfaßt wurde, so ist doch naheliegend, daß die sozial-kommunikative Weiterbildung als Teilbereich hierunter zu subsumieren ist. Folglich läge ihre faktische Bedeutung nachhaltig unter ihrem Stellenwert in der aktuellen Diskussion.

ganzheitlich angelegten Lernprozesses ihre methodischen und sozialen Kompetenzen weiterentwickeln können (vgl. Arnold, 1995, S. 295 ff.). Diese Einschätzung leitet über zu dem Aspekt veränderter Lernarrangements.

Neue Lernarrangements

Die Frage nach der Relevanz neuer Lernformen bzw. Lernarrangements stellt einen Kern der aktuellen Weiterbildungsdebatte dar und kann als entscheidende Konsequenz der Entwicklung zu einer prozeßbezogenen Betriebs- und Arbeitsorganisation angesehen werden (vgl. Baethge/ Schiersmann 1998). Mit dem Begriff des Lernarrangements beschreibe ich im wesentlichen die situativen Kontexte der Lernprozesse sowie die eingesetzten Lernmethoden. Im Hinblick auf die Hauptstoßrichtungen der Veränderungstendenzen besteht weitgehend Konsens: Die Bedeutung von Weiterbildungsangeboten in Form von Kursen und Seminaren, die bislang den Schwerpunkt der (beruflichen) Weiterbildung ausmachten, verringert sich relativ zugunsten einer stärkeren Integration der Lernprozesse in den Arbeitsprozeß, der Zunahme selbstorganisierten Lernens und des Einbezugs multimedialer Angebote. Trotz der weitreichenden Übereinstimmung in der Trendbestimmung einer Zunahme arbeitsintegrierter bzw. prozeßbezogener Vermittlungsformen offenbart eine genauere Betrachtung dessen, was hier jeweils als Veränderungstendenz beschrieben wird, vielfältige Probleme und offene Fragen:

Es existiert kein schlüssiges theoriegeleitetes Konzept zur Abgrenzung "arbeitsintegrierter" bzw. "arbeitplatznaher" oder "weicher" Formen der Weiterbildung gegenüber "traditionellen" Vermittlungsformen auf der einen Seite und dem (lernfördernden) Prozeß der Arbeit auf der anderen Seite[3]. Zudem werden die Effekte und die Effizienz arbeitsplatznahen bzw. arbeitsintegrierten Lernens bislang eher unterstellt als nachgewiesen. Es entbehrt sicher nicht einer gewissen Plausibilität, daß das zeitliche und organisatorische Zusammenrücken bzw. die Integration von Lernen und Arbeit ein hohes produktives Potential beinhalten kann, insbesondere durch einen schnelleren und intensiveren Transfer des Gelernten in den konkreten Arbeitszusammenhang. Eine empirische Überprüfung, insbesondere der Fragen, für welche Lerninhalte und -kontexte sowie für welche Zielgruppen es sich dabei um ein geeignetes Lernarrangement handelt, steht demgegenüber noch aus. Insbesondere ist bislang ungeklärt, ob bzw. in welchem Umfang der Handlungsdruck des Arbeitsvollzugs reflexives Lernprozesse zuläßt. Schließlich bleibt noch genauer auszuloten, in welchem Umfang es sich wirklich um neue Lernarrangements handelt (was zumindest für viele der immer wieder zitierten Formen wie Einweisung durch Vorgesetzte oder Einarbeitung nicht zutrifft).

Neben dem Bemühen um eine engere Verknüpfung von Lern- und Arbeitsprozessen gewinnt im Kontext der veränderten Arbeitsanforderungen und betrieblichen Kontexte *selbstorganisiertes* bzw. *selbstgesteuerten Lernens* einen zentralen Stellenwert, das klassische Kurse bzw. Seminarangebote in den Hintergrund drängt. Selbstlernzentren,

---

[3] So verwundert es kaum, daß in den vorliegenden empirischen Untersuchungen (vgl. Weiß 1994, S. 103, Grünewald/ Moraal 1996, Kuwan/ Waschbüsch 1994, S. 18 ff.) keine einheitlichen Definitionen verwandt werden.

Selbstlerngruppen sowie Lerninseln, denen die Funktion institutioneller Supportstrukturen für die selbstgestaltete Bildungsarbeit der Beschäftigten zugewiesen wird (vgl. Friebel/ Winter 1995, S. 235), erhalten in der betrieblichen Weiterbildung eine größere Bedeutung und werden auch für die außerbetriebliche Weiterbildung propagiert. Die Orientierung an den Prinzipien der Selbstorganisation und Selbststeuerung impliziert bedeutsame didaktische Akzentverschiebungen von einem dozenten- zu einem lerner-zentrierten Ansatz (vgl. Arnold 1995). Wenn selbstorganisiertes Lernen gelingt, dann kann damit eine Lernkultur entwickelt werden, die den neuen betrieblichen Arbeitsformen mit ihren hohen Anforderungen an Selbstorganisation und Selbststeuerung entgegenkommt bzw. entspricht. Allerdings setzen selbstorganisierte Lernprozesse umfangreiche Kompetenzen zur eigenständigen Gestaltung des Lernprozesses voraus, die in unserem Bildungssystem bislang in der Regel nicht in hinreichendem Umfang vermittelt werden, sowie eine hohe Lernmotivation, die häufig unhinterfragt als gegeben angenommen wird (vgl. Staudt/ Meier 1996, S. 264f.).

Die dritte - eng mit der zweiten verknüpfte - Neuakzentuierung der Lernarrangements liegt in der intensiveren Nutzung multimedialer Lernangebote. Allerdings sei einschränkend angemerkt, daß auch in bezug auf computerunterstützes Lernen erst noch die euphorischen Erwartungen bzw. Hoffnungen von der realen Praxis zu trennen sind. Vorliegende Untersuchungen belegen eine eher geringe Nutzung medial gestützter Lernprogramme sowie eine Beschränkung der Lernsoftware auf wenige Inhaltsbereiche (vorrangig handelt es sich um EDV-Anwendungen, mit großem Abstand gefolgt von Einführungen in technische und kaufmännische Bereiche sowie um Programme zum Erlernen von Sprachen). Wiederum liegen auch für diese Lernform keine empirischen Ergebnisse über die Lernerfolge und die Kosten-Nutzen-Relation vor. Schließlich zeigt sich, daß ein sinnvoller Einsatz computergestützten Lernens auf eine geeignete Lernumgebung angewiesen ist, d.h. es bedarf einer Konzeption für die Organisation mediengestützten Lernens in der betrieblichen Praxis, und es bedarf der personalen Unterstützung (vgl. Kerres/Gorhan 1998).

1.2   Institutionelle Ebene

Mit der skizzierten Veränderung von Lernzielen, Lerninhalten und Lernformen steht auch die bisherige Struktur der Weiterbildungsinstitutionen zur Disposition. In der aktuellen Debatte wird den bestehenden Einrichtungen häufig der Vorwurf gemacht, sie seien erstarrt, hätten die Zeichen der Zeit nicht erkannt, die Dominanz traditioneller institutioneller Formen des Weiterlernens sei immer weniger geeignet, maßgeblich zur Lösung der wirtschaftlichen und gesellschaftlichen Aufgaben beizutragen (vgl. Sauer 1998, S. 3).

In historischer Perspektive ist in bezug auf die Debatte um die verkrusteten institutionellen Strukturen zunächst darauf aufmerksam zu machen, daß der Aufbau von Bildungsinstitutionen einen erheblichen Fortschritt gegenüber dem individuellen Lernen darstellte und diese Entwicklung Bildung erst zu einer gesellschaftlich relevanten und öffentlich eingeforderten Aufgabe machte (vgl. Nuissl 1997, S. 42). Kerres/ Gorhan (1998) weisen darauf hin, daß selbst ein sinnvoller Einsatz multimedialer Lernangebote sich nicht ohne eine angemessene institutionelle Umgebung realisieren läßt. Dies heißt freilich nicht, daß die bestehenden institutionellen Formen den Anforderungen an eine ausdifferenzierte und individualisierte Gestaltung von Lernprozessen gerecht würden, es relativiert jedoch die aktuelle Institutionenkritik. Zumindest die folgenden neuen Herausforderungen stellen sich für die Weiterbildungsinstitutionen:

Bezugsrahmen für Bedarfsdefinition und Planungsmodus

Bislang war die Programmplanung in Einrichtungen der beruflichen Weiterbildung mittelfristig angelegt, orientierte sich an berufs-, branchen- und sektorspezifischen Anforderungen und basierte auf mehr oder weniger expliziten Bedarfserhebungen bzw. Entwicklungsszenarien und Extrapolationen für Berufsstrukturveränderungen. Die dabei zugrunde gelegten Zeithorizonte waren schon immer problematisch, erweisen sich heute aber immer mehr als nicht mehr adäquat angesichts der raschen Wandlungsprozesse und der zunehmenden Prozeßorientierung der Betriebs- und Arbeitsorganisation. Gefordert ist in verstärktem Maße eine Bedarfsdefinition, die sich an kurzfristigen Prozeßanforderungen auf der Basis von Marktdynamiken und betrieblichen Organisationsveränderungen ausrichtet. Dies impliziert eine situationsbezogene Angebotsplanung, die in enger Abstimmung zwischen inner- bzw. außerbetrieblichen Weiterbildungsanbietern und Betrieben erfolgen muß.

Aufgabenschwerpunkte

Im Hinblick auf die Aufgaben von Weiterbildungseinrichtungen dürfte sich - wenngleich die bisher im Vordergrund stehende Vermittlung von Wissen ohne Frage eine zentrale Funktion bleiben wird - in der Tendenz eine Schwerpunktverlagerung von den Lehraufgaben im engeren Sinne hin zu einer Expansion von beratenden und *lernunterstützenden Aufgaben* ergeben. Führte die Weiterbildungsberatung in der Bundesrepublik - trotz bereits am Ende der siebziger Jahre im Interesse der Ansprache Bildungsbenachteiligter initiierter Modellprogramme - bislang weitgehend ein Schattendasein, so werden Informationssysteme und Beratungsangebote angesichts des gewachsenen und veränderten Stellenwertes von Weiterbildung im Rahmen der (Erwerbs-)Biographie an Bedeutung gewinnen (vgl. Eckert/ Tippelt/ Schiersmann 1997; Frank 1996, S. 36; Kuwan/ Waschbüsch 1994, S 84 ff; Schuler/ Bausch 1992, S. 43). Dies betrifft zum einen die Beratung von (potentiellen) Teilnehmern und kann sich dabei sowohl auf Lernberatung im engeren Sinne (z.B. im Kontext selbstorganisierter und medialer Lernprogramme) als auch die Bildungslaufbahnberatung beziehen. Zum anderen dürfte im Zuge der stärkeren Öffnung, Kooperation und Vernetzung von Institutionen auch der Institutionenberatung ein größerer Stellenwert zukommen. Diese Beratungsaufgaben können zum Teil von den bisherigen Weiterbildungseinrichtungen mit übernommen, zum Teil aber auch durch neu aufzubauende Institutionen der Bildungsberatung oder Bildungszentren mit einem breit angelegten Aufgabenspektrum wahrgenommen werden.

Zertifizierung

Die Weiterbildung wird auch in Zukunft nicht auf Systeme und Regeln einer systematischen Überprüfung von Lernprozessen durch Prüfungen, Zertifikate und andere Nachweise erfolgreich absolvierter Lernprozesse verzichten können. Dies ist für Betriebe wie für Erwerbstätige im Interesse wechselseitiger Transparenz von Anforderungen und Qualifikationen in gleicher Weise wichtig. Die Gestaltung von Zertifikaten und Prüfungen, die sich bisher entweder auf Fortbildungsordnungen bezogen oder sich auf die Bestätigung der Teilnahme an Kursen oder Seminaren beschränkten, wird jedoch in dem Maße komplizierter und differenzierter, in dem ihr Erwerb auf der Verknüpfung von organisierten institutionellen Lernprozessen mit selbstorganisierten und selbstgesteuerten basiert und flexible Übergänge zwischen verschiedenen Bildungsgängen gewährleistet werden sollen. Bei dieser Debatte ist auch die zunehmende Internationalisierung von Bildungsabschlüssen bzw. deren Kompatibilität im Auge zu behalten.

Qualitätssicherung

Sowohl aus Sicht der Betriebe als auch aus Sicht der Individuen gewinnt die Qualitätssicherung an Bedeutung. Sie hat die Funktion eines Auswahlkriteriums. Die als eher traditionell zu kennzeichnenden inhaltsbezogenen Qualitätskonzepte, bei denen die kursbezogene Evaluation im Mittelpunkt stand, erweisen sich für eine prozeßorientierte Weiterbildung als unzureichend. Die zur Zeit intensiv diskutierten Formen einer Qualitätssicherung, die sich insbesondere auf die Überprüfung des Leistungserstellungsprozesses konzentrieren (insb. ISO 9000ff.), werden allerdings prinzipiell der Spezifik von Bildungsprozessen nicht gerecht. Gerade beim Ausbau der arbeitsintegrierten Weiterbildung könnte die Gefahr entstehen, daß inhaltsbezogene Qualitätsstandards vernachlässigt werden. Es käme zukünftig darauf an, integrierte Konzepte auf theoretischer Ebene auszuarbeiten und für ihre träger- und betriebsübergreifende Implementation einen breiten politischen Konsens zu finden.

Struktur der Einrichtungen

Wiesen die Weiterbildungseinrichtungen bzw. die innerbetrieblichen Weiterbildungsabteilungen bislang eine eher klassische, hierarchisch angelegte Organisationsstruktur auf, so wird für die oben beschriebene Aufgabenerledigung eine Öffnung und Flexibilisierung der institutionellen Struktur erforderlich.

Im Hinblick auf die Organisation der betrieblichen Weiterbildung ist als entscheidende Veränderung eine Verlagerung der Verantwortlichkeiten von den in Großbetrieben in der Regel bislang anzutreffenden zentralen Weiterbildungsinstanzen in die Fachabteilungen zu konstatieren, ohne daß in der Regel erstere ganz aufgelöst würden. Diese Tendenz zur Dezentralisierung impliziert eine stärkere Delegation der Verantwortlichkeit für Weiterbildung an die Führungskräfte. In dem Maße, in dem die Weiterbildung stärker mit Aufgaben der Personal- und Organisationsentwicklung verknüpft wird, erhält die verbleibende Weiterbildungsabteilung in Betrieben in verstärktem Maße Funktionen eines Schnittstellenmanagements (vgl. Frank 1996, S. 392).

Auch die außerbetrieblichen Anbieter beruflicher Weiterbildung öffnen sich im Interesse einer situations- bzw. betriebsspezifischen Konzipierung ihrer Angebote. Damit gewinnt die Vernetzung und Kooperation von Bildungseinrichtungen untereinander sowie mit Betrieben an Bedeutung. Severing (1998) unterstreicht, daß insbesondere mit Blick auf die Bedingungen von Klein- und Mittelbetrieben Bildungsinstitutionen keineswegs überflüssig werden, sondern neue Kooperationsformen entstehen. Auch eine stärkere Verzahnung von beruflicher Aus- und Weiterbildung ist auf eine Kooperation der jeweiligen Anbieter angewiesen. Schließlich reduziert sich generell die Trennschärfe zwischen den Anteilen, die als innerbetriebliche und denjenigen, die als außerbetriebliche Weiterbildung einzustufen wären in dem Maße, in dem betriebliche Weiterbildungsabteilungen durch Prozesse des Out-Sourcing ausgegliedert werden und diese ausgelagerten Weiterbildungsabteilungen auch anderen Interessenten offenstehen.

2 Das Ringen um Professionalität

Mit der stärkeren Betonung arbeitsintegrierten, selbstorganisierten und mediengestützten Lernens sowie der insgesamt stärkeren Einbindung der Weiterbildung in die betrieblichen Abläufe und Wandlungsprozesse und neuer Kooperationsformen vollzieht sich eine nachhaltige Veränderung der Rolle und Funktion derjenigen, die für die Planung, Durchführung und Evaluation der Weiterbildung verantwortlich sind. Die beschriebenen Entwicklungstendenzen implizieren nachhaltige Konsequenzen für die Ausgestaltung der Professionalität des Personals in der Weiterbildung.

Ein Kennzeichen professionellen Handelns im Allgemeinen ist, daß es um geplantes, zielgerichtetes Handeln geht, das der ständigen Rücküberprüfung im Reflexionsprozeß unterliegt (bzw. unterliegen sollte). Das professionelle pädagogische Handeln im Bereich der (beruflichen) Weiterbildung läßt sich ausdifferenzieren in unterrichtsbezogenes didaktisches Handeln sowie planend-disponierendes pädagogisches Handeln im weiteren Sinne. Teilweise werden diese Aufgabenfelder auch mit den Begriffen der Mikrodidaktik und der Makrodidaktik umschrieben. Im ersteren Handlungsfeld geht es um die direkte *Interaktion mit Adressaten* (Einzelnen oder Gruppen), z.B. Unterrichten, Beraten, Begleiten, Unterstützen. Beim zweiten Handlungsfeld steht die *Gestaltung der Lernumgebungen* im Mittelpunkt. Dies betrifft z. B. Fragen der Programm- bzw. Angebotsplanung, der Erschließung von Finanzierungsquellen, der Auswahl und Fortbildung von Personal. Ich gehe davon aus, daß diese Systematisierungsansätze sich nach wie vor als tragfähig erweisen, daß sich jedoch innerhalb der beiden Handlungsformen neue Akzentuierungen herausbilden und der zweite Bereich relativ an Bedeutung gewinnt. Diese Ausdifferenzierungen und Neuakzentuierungen skizziere ich im folgenden.

Mikrodidaktischer Bereich

In bezug auf die Vermittlungsfunktion der Weiterbildner wird der bereits erwähnte verstärkte Wandel von einer dozentenorientierten zur lernerzentrierten Didaktik deren Rolle nachhaltig verändern. Es wird eine verstärkte Sensibilität für die Unterstützung von Selbstorganisation notwendig. Dazu ist - in deutlich höherem Ausmaß als bereits bisher - *situationsspezifisches pädagogisches Handeln* erforderlich (vgl. Frank 1996), wenngleich diese Dimension des pädagogischen Handelns - bislang eher unter dem Stichwort der Adressaten- oder Teilnehmerorientierung - schon immer ein zentrales Merkmal organisierter Lernprozesse mit Erwachsenen darstellte. Selbstverantwortliche Produktionsteams brauchen nicht mehr in erster Linie die Bildungsabteilung, die Seminare für sie konzipiert, sondern den Lernberater, der bei Bedarf hinzugezogen werden kann. Die Weiterbildner kommen häufiger zu den Beschäftigten an den Arbeitsplatz, während die Beschäftigten seltener den Seminarraum aufsuchen. Gefordert ist der Prozeßberater für Bildung und Organisationsentwicklung.

Sowohl die Zunahme selbstorganisierter und computerbasierter Lernprozesse als auch die generell zunehmende Bedeutung von Weiterbildung für die berufliche Entwicklung impliziert einen wachsenden *Beratungsbedarf* seitens der Teilnehmer. So konstatiert Frank (1996, S. 366) aufgrund seiner empirischen Erhebung eine Aufgabenverlagerung vom Seminaranbieter zum Betreuer, Begleiter und Berater innerbetrieblicher Veränderungsprozesse und zur Steuerung von Gruppen- und Teamprozessen, und die Befragung von Schuler/ Bausch (1992, S. 43) ermittelte bezüglich der unterschiedlichen Arbeitsschwerpunkte betrieblicher Weiterbildner den größten Zuwachs bei den Beratungstätigkeiten. Auch die Studie von Kuwan/ Waschbüsch (1994, S 84 ff.) kommt zu dem Ergebnis, daß die Bildungsverantwortlichen u.a. aufgrund der Zunahme von Teamschulungen zunehmend zu betriebsinternen Beratungsinstanzen werden.

Makrodidaktischer Bereich

Der oben herausgearbeitete wachsende Stellenwert von Verfahren der situativen Bedarfsermittlung und Transferunterstützung (Qualitätssicherung) stellt sich als ein wachsendes Aufgabenfeld des Weiterbildungspersonals dar. Um eine prozeßorientierte Weiterbildung planen und steuern zu können, sind zudem detailliertere Kenntnisse betrieblicher Abläufe notwendig. Die Weiterbildner können im Kontext einer Integration von Weiterbildung, Qualitätssicherung und Organisationsentwicklung als "pädagogisch motivierte *'chance-agents'*" charakterisiert werden (vgl. Rottmann 1997, S. 248 f.). Die Planungshorizonte verkürzen sich, die finanzielle Ressourcen sind immer wieder neu zu erschließen, und das Personal wechselt eher häufiger. Zur Ausfüllung dieser Aufgaben sind neue Kompetenzen erforderlich, die zusammenfassend als *Managementkompetenz* beschrieben werden können.

Konsequenzen für die Professionalität

Wenngleich die Konsequenzen einer prozeßorientierten (beruflichen) Weiterbildung hier nur sehr knapp skizziert wurden, so erscheint unabweisbar, daß unter inhaltlichen

Gesichtspunkten die Anforderungen an die Professionalität des Personals keineswegs sinken, sondern eher steigen. Dies betrifft in bezug auf die pädagogischen Aufgaben im engeren Sinne (die mikrodidaktische Ebene) die geforderte diversifizierte Methodenkompetenz und Fähigkeit zur situationsangemessenen Gestaltung der Lernsituation; dies betrifft die bereits charakterisierte, unterschiedliche Gruppen und Ebenen betreffende Beratungskompetenz sowie die betriebs- und organisationsbezogenen Kompetenzen in bezug auf die Integration von Weiterbildung in die Personal- und Organisationsentwicklung. So kommt auch der Leiter der Weiterbildungsabteilung der Bayer AG (vgl. Söhngen 1995, S. 9) zu folgendem Resultat: "Für unsere Mitarbeiter in den Fortbildungsabteilungen bedeutet dieser Trend zur spezifischen, bereichsorientierten Weiterbildung, Beratung und Organisationsentwicklung einen gestiegenen Aufwand und gestiegene Anforderungen an die Kompetenz und Flexibilität."

Elemente der Deprofessionalisierung lassen sich demgegenüber insbesondere im Hinblick auf die Rahmenbedingungen beobachten, unter denen sich professionelles pädagogisches Handeln vollzieht. So führt die in den Betrieben zu beobachtende (Rück-)Verlagerung eines Teils ihrer ursprünglichen Aufgaben in die Fachabteilungen zu einem Verlust an Eigenständigkeit der Weiterbildner (vgl. Frank 1996, S. 375). Diese Entwicklung dürfte eher zu einer Reduzierung als einer Ausweitung des fest angestellten Weiterbildungspersonals führen.

Auch generell läßt die Tatsache einer zunehmenden Flexibilisierung der institutionellen Kontexte, in denen Weiterbildung realisiert wird, die Anstellung unbefristet Beschäftigter immer unwahrscheinlicher werden. Gerade die Notwendigkeit, schnell auf neue Anforderungen und Bedarfe reagieren zu sollen, macht es aus der Sicht der Anstellungsträger plausibel, auf Honorarkräfte oder befristet Beschäftigte zu setzen.

Die unsicheren Beschäftigungsverhältnisse dürften ihrerseits wiederum insofern die Tendenz einer Deprofessionalisierung verstärken, als diese schlechte Rahmenbedingungen für die Aufrechterhaltung der erworbenen Professionalität bieten. So erschweren unterschiedliche temporäre und wenig umfangreiche Beschäftigungsangebote die Koordination der Vor- und Nachbereitung, die im übrigen nicht bezahlt wird, die Fortbildung bleibt den Individuen auf eigene Kosten und in ihrer freien Zeit überlassen und die Identifikation mit einer Institution reduziert sich.

Hinzu kommt, daß in dem Maße, in dem auf der einen Seite beratende, coachende oder allgemein lernunterstützende Formen an Bedeutung gewinnen, und auf der anderen Seite die Integration von Bildung, Personal- und Organisationsentwicklung zunimmt, Absolventen anderer Disziplinen als der Erziehungswissenschaft verstärkt in dieses Berufsfeld drängen. Um so wichtiger ist es, die spezifische pädagogische Kompetenz, die sich auf die Gestaltung von Lernsituationen und -kontexte konzentriert, zu profilieren und nach außen offensiv zu vertreten.

3   Zusammenfassung

Mit dem Wandel der Lernformen und Lernarrangements sowie der institutionellen Kontexte, in denen gelernt wird, verändern sich auch die Funktionen und Aufgaben des Weiterbildungspersonals nachhaltig. Im Hinblick auf die Professionalität, die in diesem Bereich gerade in Anfängen etabliert ist, zeichnen sich dabei ambivalente Entwicklungen ab. Die inhaltlichen Anforderungen steigen, während die institutionellen und arbeitsrechtlichen Kontexte pädagogischen Handelns sich destabilisieren. Mit dieser Situation muß sich die Wissenschaft von der Weiterbildung offensiv auseinandersetzen, will sie ihren Einfluß auf die Gestaltung einer prozeßorientierten Weiterbildung gewährleisten. So gesehen ist die Frage nach der „Eigenlegitimation" und dem besonderen Qualitätsmerkmal von Erwachsenenbildung, auf die Siebert (1995, S. 331) hingewiesen hat, in der Tat nach wie vor wissenschaftlich, bildungspraktisch und bildungspolitisch von hoher Bedeutung. Dabei besteht die anzustrebende realistische Chance aus meiner Perspektive in der Aktualisierung und Ausgestaltung pädagogischer Professionalität, weniger in der Perspektive der Professionalisierung im Sinne der Absicherung eines sozialen Status. Um so mehr kommt es darauf an, die Arbeitsbedingungen für die Realisierung von Professionalität kritisch im Auge zu behalten.

Literatur

Arnold, R.: Neue Methoden betrieblicher Bildungsarbeit. In R. Arnold/ A. Lipsmeier (Hrsg.): Handbuch der Berufsbildung (S. 294-307). Opladen 1995

Arnold, R.: Von der Weiterbildung zur Kompetenzentwicklung. Neue Denkmodelle und Gestaltungsansätze in einem sich verändernden Handlungsfeld. In Kompetenzentwicklung '97. Berufliche Weiterbildung in der Transformation - Fakten und Visionen. Münster 1997, S. 253-307

Baethge, M./ Schiersmann, Ch.: (1998): Prozeßorientierte Weiterbildung - Perspektiven und Probleme eines neuen Paradigmas der Kompetenzentwicklung für die Arbeitswelt und Zukunft. In: Kompetenzentwicklung '98. Münster 1998, S. 15-87.

Baitsch, C.: Lernen im Prozeß der Arbeit - ein psychologischer Blick auf den Kompetenzbegriff. In: QUEM-Bulletin, 1/ 1996, S. 6-8.

Eckert, T./ Schiersmann, Ch./ Tippelt, R.: Beratung und Information in der Weiterbildung. (Grundlagen der Berufs- und Erwachsenenbildung. Bd.12). Baltmannsweiler 1997

Frank, G. P.: Funktionen und Aufgaben des Weiterbildungspersonals. In Kompetenzentwicklung '96. Strukturwandel und Trends in der betrieblichen Weiterbildung. Münster 1996, S. 337-298

Friebel, H./ Winter, R.: Betriebliche Weiterbildung in der Automobilindustrie: „Learning Company"? In:Grundlagen der Weiterbildung, 6/ 1995, S. 234-243

Grünewald, U./ Moraal, D.: Betriebliche Weiterbildung in Deutschland. Gesamtbericht. Bielefeld 1996

Kerres, M./ Gorhan, E.: Multimediale und telemediale Lernangebote. In: Kompetenzentwicklung '98. Forschungsstand und Forschungsperspektiven. Münster 1998, S. 143-162.

Kuwan, H./ Gnahs, D./ Kretschmer, I/ Seidel, S.: Berichtssystem Weiterbildung VI. Integrierter Gesamtbericht zur Weiterbildungssituation in Deutschland. Bonn 1996

Kuwan, H./ Waschbüsch, E.: Betriebliche Weiterbildung. Bonn 1994

Kuwan, H./ Waschbüsch, E.: Zertifizierung und Qualitätssicherung in der beruflichen Bildung. Zertifizierungs-aktivitäten, Qualitätsstandards und Qualitätssicherungssysteme in der beruflichen Weiterbildung - Ansätze und Perspektiven. Bielefeld 1996

Nuissl, E.: Institutionen im lebenslangen Lernen. In: Literatur- und Forschungsreport Weiterbildung, Nr.39, 1997, S. 41-49

QUEM (Hrsg.): Von der beruflichen Weiterbildung zur Kompetenzentwickung. (Schriften zur beruflichen Wei-terbildung, H.40). Berlin 1995.

Rottmann, J.: Zur Professionalisierung von Diplom-Pädagogen und Diplom-Pädagoginnen in beruflich-betrieblichen Handlungsfeldern. Frankfurt/m. 1997

Sauer, J.: Von der Weiterbildung zur Kompetenzentwicklung als politischer Auftrag. In: QUEM-Bulletin, 2/3/ 1998, S. 1-6

Schuler, K./ Bausch, V.: Einblicke in das Berufsfeld der Bildungsmanager. Die Ergebnisse der Fragebogenakti-on "Interne Weiterbilder". Ein Kooperationsprojekt der Tübinger Weiterbildungsberatung WWB mit Mana-gement & Seminar. München 1992

Severing, E.: Bildungsmarketing für die Weiterbildung am Arbeitsplatz. In: Faulstich, P./ Bayer, M./ Krohn, M. (Hrsg.): Zukunftskonzepte der Weiterbildung. Projekte und Innovationen. Weinheim 1998

Siebert, H.: Professionalisierung, Professionalität und Berufsethik. In: Jagenlauf, M. (Hrsg.): Weiterbildung als quartärer Bereich. Bestand und Perspektiven nach 25 Jahren. Neuwied 1995, S. 329-342

Söhngen, B.: Qualität beruflicher Weiterbildung: Praxis der Unternehmen. In Institut der Deutschen Wirtschaft (Hrsg.), Qualität beruflicher Weiterbildung. Praxis der Unternehmen - Beiträge der Bildungsanbieter. 2. Fachtagung „Weiterbildung für die Wirtschaft". Dokumentation (S. 8-20). Köln 1995

Stahl, Th.: Innerbetriebliche Weiterbildung: Trends in europäischen Unternehmen. GdWZ, 8 (1997),5, S. 216-217.

Staudt, E./ Meier, A.J.: Reorganisation betrieblicher Weiterbildung. In: Kompetenzentwicklung '96. Struktur-wandel und Trends in der betrieblichen Weiterbildung (S. 263-336). Münster 1996

Weiß, R.: Betriebliche Weiterbildung. Ergebnisse der Weiterbildungserhebung der Wirtschaft. Köln 1994

WILTRUD GIESEKE

Vernetztes Planen als Angleichungshandeln

Merkwürdigerweise haben Arbeiten zum Programmplanungshandeln zur Zeit keine Konjunktur, obwohl sich bei den Weiterbildungsinstitutionen, seien es kommerzielle Träger, eingetragene Vereine oder die klassischen Volkshochschulen, hierfür eine neue Aufmerksamkeit entwickelt. Dies liegt zum einen daran, daß die Arbeitsämter ihre Gelder für die berufliche Weiterbildung inzwischen nur vergeben, wenn zusätzliche, neue Planungsanstrengungen unternommen worden sind, um für die arbeitslose Klientel Angebote zu konzipieren, die auf dem Arbeitsmarkt attraktiv sind. Eigene Planungsinitiativen werden notwendig, man bedient sich in den beruflichen Weiterbildungszentren jetzt ähnlicher Vorgehensweisen wie in den klassischen Bildungsinstitutionen. Soweit entsprechende Kenntnisse vorhanden sind, werden verfügbare Instrumente genutzt, oder man stößt im intuitiven Arbeitshandeln auf gleiche oder ähnliche Verfahren.

Besonders die Qualitätssicherungssysteme haben in den Institutionen zu einer intensiveren analytischen Betrachtung des Programmplanungshandelns geführt. Immer häufiger wird hier anscheinend auf die ähnlichen Instrumentarien der Betriebswirtschaft zurückgegriffen, obwohl die Erwachsenenpädagogik, gerade in deutlicher Unterscheidung zur Schulpädagogik, curriculare und makrodidaktische Überlegungen zum zentralen Instrument aller disponierenden Arbeiten in Theorie und Praxis der hauptberuflich Tätigen erklärt hat. Dieser zentrale Inhalt erwachsenenpädagogischen Handelns ist weder theoretisch, noch empirisch mit sehr viel Aufmerksamkeit bedacht worden. Verfolgt man die Diskussion der letzten zwanzig Jahre, dann kann man zwischen klassischen Entwürfen zur Programmplanung (Siebert 1991, Tietgens 1978 und 1982, Schlutz 1991, Arnold/Wiegerling 1983, Gerhard 1992) und einem aktuellen Begründungsmix unterscheiden. In den klassischen Konzepten werden die Instrumentarien vorgestellt und in unterschiedlichen Auslegungen als makrodidaktische Ansätze entwickelt. Diese Ende der 70er Anfang der 80er Jahre entwickelten Systematisierungsansätze haben aber keine Forschungsbemühungen und neuen theoretischen Initiativen freigesetzt. Professionsuntersuchungen (vgl. Gieseke 1989) in den 80er Jahren haben verschärft auf diese Anforderungen aufmerksam gemacht. Es gab aber keine getrennten wissenschaftlichen Bemühungen, sondern lediglich Umstellungen in der Praxis, die als Folge größerer finanzieller Knappheit, den Blick von der Programmplanung als erwachsenenpädagogisches Handlungsfeld auf die Umstrukturierung der Institution lenkten. Managementfragen traten in den Vordergrund oder wurden neu bedacht. Betriebswirtschaftlich begründete Bildungsmanagementkonzepte, gekoppelt mit einem Qualitätsmanagement, sollten aus der lange gewohnten Angebotsentwicklung herausführen und die Weiterbildung auf verschärfte Marktbedingungen vorbereiten. Die stagnierende Diskussion zur Programmentwicklung wurde dabei mit vereinnahmt, so daß man bei den neueren Arbeiten zur Programmplanung von einem Begründungsmix sprechen kann. Programmplanung und Managemententwicklung werden nicht mehr unterschieden, aber die Managementtätigkeiten werden ausdifferenziert, und die Programmplanungstätigkeit wird quasi mit hineingearbeitet. Verstehen kann man diesen Prozeß der begrifflichen Entdifferenzierung nur, wenn man die Begriffsentwicklung entsprechend einer erwarteten Deprofessionalisierung ausrichtet oder wenn man - im bildungspolitischen Trend - mit dem Managementbegriff auf breiter Basis operiert, um einem damit verbundenen marktwirtschaftlichen Modernisierungsanspruch zu genügen. Die Erwachsenenpädagogik, auch wenn sie sich nur über interdisziplinäre Ansätze (vgl. Siebert 1998) begründen kann, sollte zur Ausdifferenzierung ihres genuinen Gegenstandes mehr Mühe aufwenden.

Im Kontext unserer Untersuchungen zum Programmplanungshandeln sind wir zu der Überzeugung gekommen, daß wir eine Unterscheidung zwischen Programmplanung und Management weiterhin für wichtig halten, um die Leitungs- und Strukturierungsaufgaben eines Bildungsinstituts und die Planung von Programmen und Projekten oder beratende Suchbewegungen als neue Strategie der Angebotsfindung systematisch einordnen zu können (vgl. Schäffter 1998). Vielleicht wird in Zukunft, wenn andere Planungsformen wie Projektarbeit, offene Feldarbeit, Suchbewegungen im Feld, beratendes Lernen oder internetbegleitende Zirkel sich herausbilden, ein neuer Begriff gewählt werden können. Er stände dann aber auch für eine sich verändernde Realität. Hier virtuell vorzugehen, ohne begriffliche Ausdifferenzierungen aus pädagogischer Sicht vorzunehmen und diese Begriffe auch pädagogisch zu beheimaten, führt in letzter Konsequenz zur Selbstauflösung.

Andererseits sprechen ausdifferenzierte Programmanalysen seit Mitte der 90er Jahre eine andere Sprache (vgl. Körber 1995, Henze 1998, Siebert 1998, Kade 1992, Tietgens 1994, Borst 1995, Nolda 1998). Sie geben aus unterschiedlichen Perspektiven einen Überblick über die Programmentwicklung in der Weiterbildung und belegen dabei auch die fachübergreifend wirksamen Mechanismen, auf die die Weiterbildungsinstitutionen seismographisch reagieren. Deutlich wird auch, daß bildungspolitische Absichtserklärungen und scheintheoretische Bekundungen wenig Einfluß auf die Entwicklung des Programmplanungshandeln hatten. Auch Konstruktionsprozesse von Wissenschaftlern haben also ihre Grenzen.

Siebert, der die konstruktivistische Erkenntnistheorie auf die handlungstheoretischen Ebenen der Erwachsenenpädagogik anwendet, löst in seinem neuen Didaktikkonzept für die Erwachsenenbildung (vgl. Siebert 1996) die bisherige innere Systematik der Didaktikvorstellungen auf, stellt dafür mehrere didaktische Aspekte und Kriterien vor, die isoliert nebeneinander stehen und nach Verbindungen suchen, die der jeweilige Planer auf seine Bedürfnisse bezogen herstellen muß und kann. Mit Sieberts Vorstellungen läßt sich weiterhin eine Ausdifferenzierung zwischen Management und Programmplanung aufrechterhalten, nur legt er eher die Nutzung des Didaktikbegriff auch für die Programmplanung nahe, weil er die Übergänge zwischen Programmplanung und Kursplanung fließend sieht. Für die neuen Planungsformen, die mehr in die Richtung der begleitenden Lernberatung weisen, könnten sich hier weitere Ausdifferenzierungen ankündigen.

An dem bisherigen Stand der Diskussion und des vorliegenden Wissens fällt auf, daß noch keine empirischen Untersuchungen über das faktische Planungshandeln vorliegen. Besonders wenn es darum geht, die Bedingungen und Veränderungen im Feld des Programmplanungshandeln zu bestimmen, um neue Kompetenzanforderungen deutlich zu machen, fehlt es an alltagstheoretischen Arbeiten. Für die kirchliche Bildungsarbeit konnten wir, wenn auch nur in sehr reduzierter Form, eine entsprechende Untersuchung durchführen.

Untersuchung zum Planungshandeln

Die folgende Untersuchung versteht sich als ein Einstieg in die empirische Erforschung makrodidaktischen Handelns in der Weiterbildung. Sie fordert dazu auf, bei anderen Trägern gleiche oder ähnliche Untersuchungen durchzuführen und diese dann umfangreicher anzulegen.

Bei dem von uns geplanten Setting wurde folgendermaßen vorgegangen: Ein/e pädagogische/r Mitarbeiter/in wurde von einer Forscherin eine Woche lang begleitet. Alle Tätigkeiten wurden in eine Zeitleiste eingetragen und dabei bereits klassifiziert nach Handlungsform, Handlungsinhalt, Handlungsstrategie, Anschlußhandeln und Ergebnissen. Am Ende jedes Arbeitstages wurden Erklärungen, ergänzende Interpretationen und die Einordnung in einen Handlungszusammenhang von der/dem Handelnden eingeholt. In der gleichen Woche fand ein umfangreiches leitfadenorientiertes Interview zum Programmplanungshandeln und zum institutionellen Handeln statt, um interpretierende Sinnbezüge für die eigene Arbeit gut erschließen zu können. So ließen sich zwei Auswertungsdurchgänge realisieren: zum einen die Identifikation der dominanten Handlungsinstrumente und gleichzeitig eine Beurteilung der inhaltlichen Aussagen zur Programmplanung mit Hilfe der kategorialen Zuordnung. Aus der punktgenauen Verschränkung verschiedener Untersuchungsinstrumente und dem erweiterten Interpretationsrecht der von der Erhebung Betroffenen läßt sich eine gute Feldvalidität sichern. Ein weiterer Schritt, um diese Feldvalidität herzustellen, vollzog sich durch das Berichten über die Forschungsergebnisse oder noch offene Interpretationen auf Tagungen im Kontext kirchlicher Erwachsenenbildung. Die Akzeptanz war höher als erwartet, das Vertrauen wuchs, gleichzeitig konnte durch eine breitere Diskussion ein differenzierteres Verständnis bei den Forscherinnen erreicht werden.

Ergebnisse

Beim vollständigen Rekonstruieren einer einzelnen Handlung wird deutlich, wie stark das Planungshandeln durch die Kommunikation/Interaktion bestimmt ist. Schon kurze Verständigungen bringen den Prozeß voran. Der größte Teil der Aktionen mündet sofort in ein Ergebnis, interessant für größere curriculare Vorhaben ist, daß sie ganze Handlungsketten auslösen, weil viele Individuen angeschlossen werden: Die Kommunikation muß sich vernetzen. Gleichzeitig kündigen einzelne Handlungen an, daß sie noch kein deutliches Ziel haben, es handelt sich um freie Enden einer Kommunikation, die man begonnen hat, weil sich aus einer bestimmten Kooperation heraus Ideen entwickeln könnten. Man hält Kontakt, pflegt ihn und wartet auf Konstellationen, die neue Richtungen für planerische Aktivitäten freigeben. Warten können, eigene Ideen haben und umsetzen, sie aber auch so zu plazieren, daß sie im eigenen Netzwerk und beim eigenen Träger akzeptiert sind, darin liegt die kommunikative Planungskunst.

Bei der genauen Analyse der Handlungen fällt weiter auf, daß sie auf extrem unterschiedlichen Abstraktionsebenen liegen: Sie reichen von der Vorbereitung einer Kooperationssitzung über die Besprechung eines Ankündigungstextes, finanzielle Absprachen, Terminabsprachen für ein Seminar und die Formulierung eines Zeitungsartikel bis hin zur Verbandsarbeit. Die Tätigkeitsvoraussetzungen sind dabei ein hoher Grad an Flexibilität, schnelles Reagieren auf Veränderungen, das flexible Umstellen auf unterschiedliche Kommunikationsmilieus und gleichzeitig langfristiges Denken bei den Planungsüberlegungen.

Bei einer erwachsenenpädagogischen kategorialen Zuordnung fiel uns auf, daß die Untersuchungsphasen wahrscheinlich zu kurz waren, um eine ausdifferenzierte Vielfalt zu identifizieren. Deutlich geworden ist, daß die hauptberuflichen MitarbeiterInnen sich am stärksten mit dem Programmplanungshandeln und der Programmrealisierung beschäftigen. Managementaufgaben, die die Verantwortung für die ganze Institution betreffen, waren jedoch auch anzutreffen, ebenso wurde die Verbandsarbeit wahrgenommen, die besonderen Einfluß auf größere curriculare Aktivitäten hat, weil hier in der Regel zusätzliche Gelder eingeworben werden müssen. Weniger entwickelt war die Evaluation, dafür gab es ein deutliches Interesse an der Form des Selbstmanagements, um sich den Überblick über die Anforderungsvielfalt zu erhalten.

Das wichtigste Ergebnis unserer Untersuchung scheint zu sein, daß deutlich geworden ist, warum es den hauptberuflichen MitabeiterInnen so schwer fällt, ihre Hauptaufgabe, nämlich die Programmplanung, zu beschreiben: Ein Programm entsteht nicht am Reißbrett, es vollzieht sich im Sinne von Suchbewegungen (Tietgens 1992), es folgt keinem eindeutig festgelegten Kreislauf und keiner konsequenten Wenn-dann-Abfolge. Programmplanung geschieht in einer Facettenvielfalt von Abstimmungsprozessen. Vernetzung ist hierfür nur ein unspezifischer Oberbegriff. In einem solchen Beziehungsnetz wird jede/r Beteiligte zum Ideenträger und zeitweisen Helfer für einen Planungsvorgang oder für entsprechende Realisierungsschritte. Jeder Vorgang im Planungshandeln wird nicht von *einer* Person bestimmt, sondern bildet sich über Abstimmungsprozesse heraus. Man holt unterschiedliche Meinungen und Einschätzungen ein, koordiniert Planungen mit anderen Trägern oder Institutionen innerhalb des Verbandes und stimmt mit den Kursleitern das Vorgehen bei der Themengewinnung, bei der Erarbeitung der Konzeptionen, bei der Bestimmung der Rahmenbedingungen, bei der Zusammenarbeit mit anderen Kursleitern, bei der Erstellung des Ankündigungstextes, bei der Öffentlichkeitsarbeit usw. gemeinsam ab. Das Programm ist also ein Gesamt(kunst)werk, das durch ein vernetztes Abstimmungssystem unter allen kommunizierenden Personen im Umfeld der Erwachsenenbildungsinstitutionen zustande kommt. Dabei ist die Planerin/der Planer die moderierende, strukturierende, aber auch die letztlich entscheidende Person, die die inhaltlichen, persönlichen, institutionellen, trägerspezifischen u.a. Abstimmungsprozesse herstellt.

Die Anforderungen eines veränderten, modernen Arbeitshandelns brauchen nicht mehr theoretisch verkündet zu werden, allerdings scheint die seismographische Funktion der Erwachsenenbildung noch nicht ausreichend begriffen worden zu sein. Für die Erwachsenenpädagogik ist es unabdingbar, das für die einzelnen Entscheidungsetappen notwendige Wissen zu produzieren. Die extrafunktionalen Kompetenzen - zu kommunizieren und dabei zu verstehen, zu analysieren, zu beurteilen und zu verändern, sich einzuordnen und zu plazieren - können aber nur professionelle Tiefe bekommen, wenn man auf theoretisches Wissen und praktische Instrumente für die einzelnen Phasen - in welcher Verbindung und in welchen Bezügen auch immer sie sich realisieren - zurückgreifen kann.

Wenn wir in diesem Sinne Programmplanungshandeln als ein vernetztes Handeln auf der Basis von Abstimmungsprozessen beschreiben konnten, dann mußten wir darüber hinaus auch feststellen, daß Programmplanung sich über unterschiedliche Zeiträume erstreckt und daß die Ergebnisse nicht voraussagbar sind. Vieles wird geplant, und es ist nicht sicher, was sich realisieren läßt, da alles von der freiwilligen Teilnahme der Adressaten abhängt. Unspezifische Kooperationsbeziehungen führen zu Ergebnissen in kurzen Schritten oder benötigen lange Umwege. Dies alles hängt von komplexen Kooperationen, von unterschiedlichen Kompetenzen, auch von Zuverlässigkeit ab. Mit jedem Vorhaben befinden sich die Planenden auf einer anderen Entscheidungsinsel, und es müssen jeweils unterschiedliche Wissensinseln aktiviert werden, um ein Optimum an Abstimmung zu erreichen. Die Kooperationen und Abstimmungen sind also nicht in dem Sinne eindeutig zielorientiert, sie entwickeln ihre Ziele in Suchbewegungen, andererseits ist es wichtig, sehr genau über die Zielfindungssysteme und Zielformulierungsprozesse Bescheid zu wissen, um in den entscheidenden Momenten der Kommunikation darauf zurückgreifen zu können. Viele dieser schrittweisen Aktivitäten im Programmplanungsprozeß können aktuell nicht umgesetzt werden und bewähren sich möglicherweise erst in späteren, anderen Konstellationen. In diesem Sinne ist Programmplanung sukzessives Handeln in einem zeitlichem Ablauf.

Planungshandeln ist zu einer von den MitarbeiterInnen akzeptierten Tätigkeit geworden, organisatorisches Handeln wird nicht mehr als hinderlich für pädagogisches Handeln angesehen. Alle Arbeitsgänge im Planungshandeln werden auch als pädagogische Tätigkeiten akzeptiert. So gesehen gibt es eine selbstverständliche Identifikation mit den Tätigkeitsanforderungen. Als Spezifikum kommt bei den Erwachsenenbildungsinstitutionen unter kirchlicher Trägerschaft hinzu, daß ihr professionelles Selbstver-

ständnis nicht zu einer Abkoppelung von der Kirche führt, sondern es wird nachdrücklich eine Zielbindung zum kirchlichen Auftrag vertreten bei einem gleichzeitigem professionellen Selbstbewußtsein, das auch einschließt, eigene Wege gehen zu müssen.
Irritierend wirkt hier eher die häufig ablehnende Haltung kirchlicher Vertreter gegenüber den Erwachsenenbildnern, die sich ihrerseits unter dem Dach der Kirche zu Hause
fühlen, selbstverständlich aber auch an dem erwachsenenpädagogischen Diskurs parti-
zipieren wollen.

Die Anforderungen an Fortbildung wachsen. Nach unseren ersten Auswertungen von
Videomitschnitten zu diesem Thema benötigen die als Pädagogen tätigen MitarbeiterInnen, soweit sie keine erwachsenenpädagogische Ausbildung haben, Unterstützung
bei der systematischen Erschließung ihres Handelns und Kommunizierens aus erwachsenenpädagogischer Sicht. Das verlangt von dem Dozenten, daß er den Praxisweg der
Teilnehmer mitgeht und dabei jeweils situationsspezifisch sein Wissen einbringt. Lernen für die Praxis ergibt erst dann einen Sinn, wenn deutlich wird, daß mein Gegenüber und ich von der gleichen Sache sprechen. Wenn man sich unverstanden und mit
seinem Erfahrungswissen nicht ausreichend berücksichtigt fühlt, blockt man die Arbeitsanforderungen eher ab. Es wird ausgehandelt, ob das jeweilige Modell oder die
Erfahrung mehr zählt. In gewissem Sinne sind die Teilnehmer dem Dozenten dadurch
voraus, daß sie die Modelle an sich schnell begreifen, sie nur nicht als adäquat aufge-
arbeitet für ihr Handlungsfeld empfinden. Andererseits lassen sie sich nur ungern auf
Simulationsspiele ein, wenn sie nicht den Eindruck haben, daß die Dozenten auch
wirklich mit ihrem Feld vertraut sind. Aber unsere Interpretationen sind noch nicht
abgeschlossen. Wir sind hier erst bei dem vierten kontroversen, gemeinsamen Inter-
pretationsversuch.

Auf jeden Fall helfen vereinfachende Modelle nicht zur besseren Klärung, wenn sie
nicht als Bündelung erlebter Komplexität begreifbar sind. Die Ansprüche an die Erwachsenenpädagogik steigen. Die MitarbeiterInnen in den Erwachsenenbildungsinstitutionen wollen nicht aus anderen Disziplinen abgeleitete, „verkleinerte" Theorien ohne neue Erkenntnisse, denn sie kommen aus diesen anderen Disziplinen und kennen
sich dort aus. Sie wollen wissen, was Erwachsenenpädagogik ist und was für spezifische Theorien und welches empirische Wissen diese erziehungswissenschaftliche Teildisziplin zu bieten hat. Hier wären neue Forschungsvernetzungen besonders auch unter
Erwachsenenpädagogen von Interesse, um qualitätvolle Projekte zustande zu bringen.

Kompetenzen für das Planungshandeln

Will man die geforderten Kompetenzen mit einigen Begriffen dingfest machen, dann
kann man von Aufnehmen, Kommunizieren und Wissen sprechen. Ein Seismograph
sein zu können verlangt, Entwicklungen, Veränderungen aufnehmen zu können, sich
aktiv Umwelt anzueignen, hören, lesen und sehen zu können, auf Veränderungen reagieren zu können und diese Entwicklung auf ihre Transformierbarkeit für Bildung zu
befragen. Dies gilt unabhängig davon, ob es sich dabei um berufliche Bildung, um

kulturelle Bildung oder um allgemeine Weiterbildung handelt. Die Lehrpläne müssen immer wieder neu geschrieben werden. Das gilt um so mehr, als auch das Setting - wie sich Form, Inhalt, Zeit und Arbeitsweise zusammenfügen - ständig neu relationiert werden muß. So gilt eher noch verschärft der Hinweis von Tietgens, daß Relationsbewußtsein und Ambiguitätstoleranz notwendig sind (Tietgens 1992). Die zu beantwortenden Fragen zielen darauf, was man wie womit verbinden kann, um diese und jene Entwicklungen und Anforderungen besser zu unterstützen. Mit welchen Vorstellungen von Bildung wird dabei operiert? Sicher ist es nicht ein reiner Bildungsbegriff. Es geht um Wissen und Verhaltensmuster, die man im Alltag benötigt, es geht um Muße, um Kontemplation, es geht um Techniken, um einen Überblick zu erlangen. Sicher überwiegt das Interesse an der Verwertbarkeit und Nutzung. Häufig wird betont, daß Veranstaltungen der Erwachsenenbildung auch mit einem Interesse an Geselligkeit und Kommunikation besucht werden. Der hohe Frauenanteil einer ansonsten nicht im gleichen Maße für Frauen vorhandenen Öffentlichkeit wird damit erklärt. Wenn dem so wäre, müßte man vielleicht noch mehr am Konzept „öffentlicher Ort" in Erwachsenenbildungsinstitutionen arbeiten. Die Wahrnehmung einer Seismographenfunktion setzt also einen breiten Bildungsbegriff voraus. Um diese Kombinationsleistungen für den Planungsprozeß zu vollziehen, muß man mit einem vielseitigen Setting didaktischen Relationsbewußtseins und bildungstheoretischer Grundlagen vertraut sein.

Wenn Planungshandeln als vernetztes Handeln und als Angleichungshandeln abläuft, sind kommunikative Abstimmungsfähigkeit und situationsdiagnostische Fähigkeiten entscheidend. Jeder Planungsabschnitt verlangt ein anderes Vorgehen, hat unterschiedliche Planungsstadien zu durchlaufen. Prozeßwissen dieser Art kann sich aber nur etablieren, wenn zum Planungsprozeß viele Wissensinseln gebildet werden, die, reichlich angefüllt mit Erfahrungen, jeweils in beliebigen Kombinationen abgerufen werden können. Man kann sie auf kürzeren oder längeren Wegen erreichen, und nicht jedesmal muß das gesamte Feld durchlaufen werden.

Nötig sind also nicht neue, komplexitätsreduzierende Handlungsmuster, die sich quasi von allein einstellen, wenn man weniger Wissen, aber mehr mögliche Handlungsmuster trainiert. In zukünftigen Ausbildungen wird es darum gehen, fundiertes Detailwissen mit spontanen Eindrücken von außen zu verbinden und Verschränkungen zwischen verschiedenen Perspektiven bei der Interpretation zu ermöglichen, damit eine Angleichung gelingt. Komplexität will verstanden und flexibel beantwortet werden. Kommunikatives Angleichungshandeln und das Handeln in Planungsetappen scheinen zur Zeit die Antworten auf diese Anforderungen zu sein.

Bildungsinstitutionen können nicht völlig isoliert handeln, gleichwohl haben sie bei allen Kooperationsbestrebungen ihr eigenes Profil zu wahren. Balancehalten ist also verlangt. Für die Nutzung extrafunktionaler Fähigkeiten wird mehr denn je ein fester Grund im Detailwissen zum jeweiligen Arbeitsinhalt benötigt. Man wird auf die folgenden Kenntnisse zurückgreifen und sie immer wieder vervollständigen müssen: Ist-Analyse, Zielfindung, Bedarf- und Bedürfnisanalyse, Zielgruppenkenntnis und -gewinnung, Evaluationsverfahren, Beratungstheorien, Beratungsarrangements, Controllingverfahren, Marketingansätze, Strategien zur Öffentlichkeitsarbeit, didaktisches Planen einzelner Kurse/Veranstaltungen/Meetings etc., empirisches Wissen über Weiterbildungsprogramme und ihre Entwicklung, Gesprächsführung bei der Einstellung von Dozenten und Kursleitern. Alle diese Punkte sind nicht neu, aber sie bekommen durch mehr Forschung ein anderes Gewicht in der Programmentwicklung. Die extrafunktionalen, sozialen, kommunikativen Fähigkeiten sind dabei die vermittelnden Instanzen, um zu paßgenauen spezifischen Lösungen zu kommen. Sie verhelfen im Angleichungshandeln eher zu einer aufnahmebereiten Umwelt, weil man sich selber hierfür geöffnet hat. Die Programme müssen mit einem hohen sozialinteraktiven Planungsaufwand genau positioniert werden. Es ist also ein Zusammenspiel von Qualifikationen auf verschiedenen Ebenen nötig, wenn der Text im Ankündigungsheft möglichst viele AdressatInnen zur Teilnahme motivieren soll.

Literatur

Arnold, R./ Wiegerling, H. J.: „Programmplanung in der Weiterbildung". Frankfurt/M. 1983

Borst, E./Maul, B./Meueler, E.: „Frauenbildung in Rheinland- Pfalz. Ein Forschungsbericht". Mainz 1995

Gerhard, R.: „Bedarfsermittlung in der Weiterbildung". Hannover 1992

Gieseke, W.: „Habitus von Erwachsenenbildnern". Oldenburg 1989

Henze, C.: „Ökologische Weiterbildung in Nordrhein- Westfalen: eine empirische Studie zur Programmplanung und Bildungsrealisation an Volkshochschulen". Münster, New York, München, Berlin 1998

Kade, S.: „Arbeitsplananalyse: Altersbildung". PAS-DVV, Frankfurt/M. 1992

Körber, K./Kuhlenkamp, D./Peters, R./Schlutz, E./Schrader, J./Wilckhaus, F.: „Das Weiterbildungsangebot im Lande Bremen. Strukturen und Entwicklungen in einer städtischen Region". IfEB, Bremen 1995

Nolda, S./Pehl, K./Tietgens, H.: „Programmanalysen. Programme der Erwachsenenbildung als Forschungsobjekte". DIE, Frankfurt/M. 1998

Schäffter, O.: „Weiterbildung in der Transformationsgesellschaft". Berlin 1998

Schlutz, E.: „Erschließen von Bildungsbedarf". SESTMAT, PAS- DVV, Frankfurt/M. 1991

Siebert, H.: „Didaktische Planungsperspektiven", 7. revidierte Auflage. SESTMAT, PAS-DVV, Frankfurt/M. 1991

ders.: „Konstruktivismus. Konsequenzen für Bildungsmanagement und Seminargestaltung". DIE, Frankfurt/M. 1998

ders.: „Didaktisches Handeln in der Erwachsenenbildung". Berlin 1996

Tietgens, H.: „Angebotsplanung und -realisation". Fernuniversität Hagen 1978

ders.: „Angebotsplanung" In: Nuissl, E. (Hrsg.): „Taschenbuch der Erwachsenenbildung". Baltmannsweiler 1982

ders.: „Psychologisches im Angebot der Volkshochschulen". PAS DVV, Frankfurt/M. 1994

ders.: „Reflexionen zur Erwachsenendidaktik". Bad Heilbrunn 1992

Skizze zum vernetzten Planungshandeln

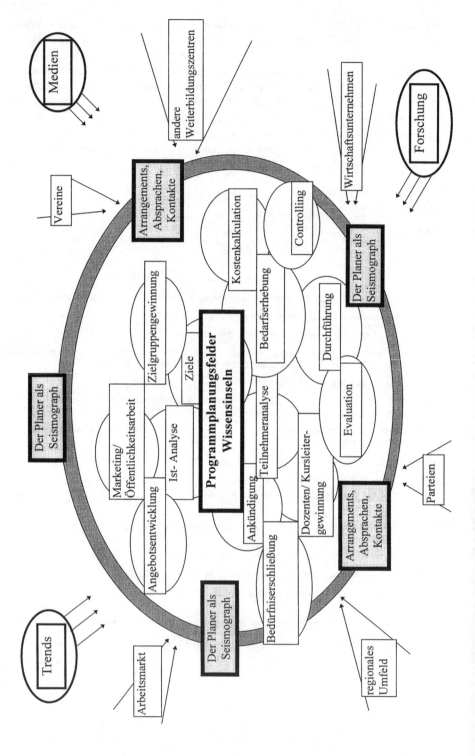

RAINER BRÖDEL

Lebensführung - Dimension der Erwachsenenbildung

Die Erwachsenenbildung wird zunehmend mit dem Vorgang konfrontiert, daß wir in „ein Zeitalter der Revisionen und der neuen Identitätsfindungen" (Lepenies 1997, S. 38) eintreten. Vor allem Globalisierung, Wissensgesellschaft, Neuformatierung der Erwerbsarbeit, aber auch das zunehmend aushandlungsbedürftige Verhältnis von familialer und Erwerbsarbeitsrolle im Geschlechterverhältnis benennen gewichtige Problemlagen. Diese beinhalten eine Komplexitätssteigerung hinsichtlich der Anforderungen an die individuelle Lebensgestaltung (vgl. Beck/Giddens/Lash 1996; Willke 1998). Insofern steht die Kunst gelingender Lebensführung hoch im Kurs. Gefragt zu sein scheint gerade ein Improvisationsvermögen, bei dem unterschiedliche biographische Ausgangslagen und die bereichsspezifische Ausdifferenzierung im alltäglichen Lebenszusammenhang miteinander in Einklang gebracht werden müssen. Derartige Vorgänge müssen immer mehr Menschen ohne Vorbilder bewältigen, weshalb von einer insgesamt schwieriger werdenden „Lebensführungsarbeit" (Bolte/Voß 1988, S. 84) auszugehen sein dürfte.

Fraglich ist allerdings, ob die Erwachsenenbildung derartiges Vermögen überhaupt „lehren" kann. Der radikale Konstruktivismus klärt uns über den Eigensinn der Subjekte als autopoietisches System auf. Horst Siebert (vgl. 1996) hat solche Einwände hinreichend zu bedenken gegeben. Doch als gesichert gilt auch, die Erwachsenenbildung kann hier soweit professionelle Bildungshilfe leisten, daß ein pädagogisch arrangierter Raum als Ermöglichungsrahmen für die Stärkung von „Kompetenzmotivation" und -entwicklung dargeboten wird (vgl. Arnold 1996; Loch 1998): „Zwar kann Lernen nicht generell auf Lehre im weitesten Sinne verzichten, aber Lehre instruiert nicht Lernen, sondern stellt 'Materialien' zur Verfügung, die der Lernende aktiv, selbständig, auch eigenwillig wahrnimmt und verarbeitet" (Siebert/Seidel 1998, S. 59). Insoweit scheint die Annahme berechtigt, daß sich die Erwachsenenbildung vor allem als Reflexionschance zur Begleitung einer durch vermehrte Eigenleistungen zu realisierenden Lebensführungsarbeit verstehen kann.

1. Epochal einschneidender Wandel der Arbeitsgesellschaft als Ausgangsproblem

Abgesehen von einzelnen neueren Fachbeiträgen, die eine Tendenz zur Pädagogisierung von Lebensführung konstatieren und die zum Diskurs herausfordern (vgl. Kade 1997; Kade/Seitter 1996; Nittel 1997), begründet sich die erziehungswissenschaftliche Relevanz dieses Thema aus dem Charakter des gegenwärtigen gesellschaftlichen Wandels selbst. Vor allem ist ein epochaler Umbruch der Berufsarbeit zu konstatieren, der am auffallendsten in einer expansiven Zunahme perforierter oder diskontinuierlicher Erwerbsarbeitsbiographien zutage tritt.

Als Kompensationsstrategie schlägt U. Beck (1997, S. 236) „Bürgerarbeit" vor, um den kompetenzmindernden Risiken im Falle von Arbeitslosigkeit begegnen zu können. Darüber hinaus haben eine Reihe politiknaher Zukunftskommissionen in der ihnen je eigenen Terminologie herausgestellt, daß so etwas wie „reflexive Lebensführungskompetenz" als die fortan ausschlaggebende Grundlagenqualifikation im Erwachsenenleben gilt. Beispielsweise spricht die Kommission für Zukunftsfragen der Freistaaten Bayern und Sachsen (1997) vom Ende der „arbeitnehmerzentrierten Industriegesellschaft", die durch die „unternehmerische Wissensgesellschaft" zu überwinden sei, wo „der Mensch als Unternehmer seiner Arbeitskraft und Daseinsvorsorge" sich selbst zu vermarkten habe. Das neue „Leitbild der Zukunft" erfordere „Eigenständigkeit und Selbständigkeit in zentralen Lebensbereichen" (ebd., S. 36). ähnlich argumentiert die Zukunftskommission der Friedrich-Ebert-Stiftung (1998), wenn sie in bezug auf die Gestaltung des Lebenslaufs neue Muster der Normalität zu erkennen glaubt, „die am Volumen einer Lebensarbeitszeit oder einer Mehrjahresarbeitszeit oder zumindest einer Jahresarbeitszeit orientiert sind, die Phasen der Erwerbsarbeitszeit, der Kindererziehung, der Aus- und Weiterbildung und des Urlaubs sowie sogenannte Sonntagsjahre mit gleitenden Übergängen enthalten". Und die Kommission der Europäischen Gemeinschaft (1995, S. 21) spricht angesichts der Befürchtung zunehmender Beschäftigungs- und Erwerbsarbeitsrisiken im Weißbuch „Lehren und Lernen" davon, daß sozialisatorische Richtschnur zukünftigen Erwachsenenlebens der selbstgesteuerte Erhalt von „Beschäftigungsfähigkeit" gemäß dem Prinzip eines „ständigen Erwerbs neuer Kompetenzen" sei (vgl. Arnold 1997). Durchaus verwandt - obgleich pädagogisch näher - argumentiert die Delors-Kommission der UNESCO (1997), wenn der Bildungsbegriff in ein „Konzept menschlicher Entwicklung" und des Wege-Suchens eingebunden wird, „um den Fluch technologischer Arbeitslosigkeit" zu brechen.

Die angeführten Expertisen zeigen einen grundlegenden Wandel der Arbeitsgesellschaft auf. Freilich manifestiert sich dieser nicht bloß in der Problematik, daß größer werdende Anteile des Lebenslaufs im Erwachsenenalter außerhalb der klassischen Erwerbsarbeit angesiedelt sind und daß unterschiedliche Bedingungen, Anforderungen und Gestaltungsalternativen in den verschiedenen Lebensbereichen in und zu einem Lebensfahrplan integriert werden müssen. Darüber hinaus hat reflexive Lebensführungskompetenz längst schon Eingang in die Kernsektoren des modernisierten Beschäftigungssystems gefunden. Sie stellt hier eine zunehmend gefragte Schlüsselqualifikation dar (vgl. Arnold 1997). Beleghalber sei auf den betriebswirtschaftlichen Diskurs zur Personalführung und -entwicklung verwiesen. Dort wird unter „Selbstmanagement" die Fähigkeit verstanden, einen „laufenden Prozeß der Selbstsozialisierung" (Schreyägg 1995, S. 45) zu initiieren. Sein Inhalt ist ein selbstbezügliches „Organisieren, d.h. sich selbst in seiner Berufswelt zu vernetzen, seinen passenden Ort im sozialen Feld zu finden, ihn angemessen auszugestalten, variable Beziehungen in der beruflichen Welt zu entwickeln und sich im Geflecht aller formalen und informellen Rollen nicht zu verfangen, d.h. sich selbst treu zu bleiben" (ebd.). Dieserart Selbstsozialisierung setzt die Selbstevaluation der eigenen Arbeit, aber auch noch des außerberuflichen Lebenszusammenhangs voraus. Erforderlich ist darüber hinaus, daß gegenüber der eigenen Person Führungskompetenz entwickelt wird, „nämlich sich selbst mit Strenge und Geduld zu Leistungen zu veranlassen, Konflikte mit sich selbst und anderen zu regeln ..." (ebd.). Im Rahmen unseres erwachsenenpädagogischen Diskussionskontextes läßt sich „Selbstmanagement" insoweit als eine betriebswirtschaftlich inspirierte Variante von Lebensführungskompetenz und selbstgesteuertem Lernen charakterisieren.

2. Begriffliche Verständigung

Vor dem aufgezeigten Hintergrund eines biographisch und in bezug auf lebensbegleitendes Lernen bedeutsamen Gesellschaftswandels erscheint eine Verständigung über die hier zentralen Ausdrücke Lebensführung und Lebensführungskompetenz dringlich. Als erwachsenenpädagogischer Untersuchungsgegenstand müssen diese zumindest insoweit eingegrenzt werden, daß auf Phänomene hingewiesen werden kann, die sich gegenüber der bisherigen Begrifflichkeit abheben.

Bei „Lebensführung" interessiert der Einzelne unter dem Aspekt einer aktiven und handlungsbezogenen, vor allem aber bewußt wahrgenommen Bezugnahme gegenüber seiner Umwelt. Für diesen Begriff ist in Anlehnung an Müller/Weihrich (1991) ein In-Beziehung-Setzen von objektiven Lebensbedingungen und individuellen Verhaltensweisen leitend. Lebensführung gewinnt gerade als eine vermittelnde Kategorie Profil, indem auf die individuelle Auseinandersetzung mit gesellschaftlichen Angeboten und Zwängen abgehoben wird. Hinzu kommt aber noch eine ethische Dimension, auf die insbesondere Max Weber (1980) angespielt hat: Es müssen persönliche Ideen, Werthaltungen und individuell-biographische Zukunftsperspektiven mit strukturellen gesellschaftlichen Bedingungen aufeinander abgestimmt und „in die Formen einer mehr oder weniger gelungenen Lebensform gegossen" (Müller/Weihrich 1991, S. 124) werden.

Wesentlich für den hier zentralen Tatbestand einer von den Individuen selbst zu bestimmenden und selbst zu verantwortenden Lebensführung ist, daß diese nicht allein auf einer Komplexitätssteigerung oder Zuspitzung der „äußeren Lebensumstände" beruht. Zugleich findet eine Verkomplizierung des Innenlebens der Subjekte statt, insofern der Einzelne immer weniger über eindeutige Maßstäbe der Alltagsbewältigung und handlungsleitende Identitätskonzepte verfügt.

„Lebensführung" und „Lebensstil" sind wenig trennscharfe, aber keineswegs identische Begriffe. So ist in der hier einschlägigen soziologischen Debatte fraglich, inwieweit letzterer das Problem der individuellen Auseinandersetzung mit den gesellschaftlichen Rahmenbedingungen des Lebens noch explizit aufnimmt oder ob dieser lediglich auf der sozialen Mikroebene angesiedelt ist - etwa im Sinne unterschiedlicher Optionen von Lebensstilen, zwischen denen das Individuum auszuwählen habe (vgl. Tippelt 1997). In diesem Falle rückt der Lebensstil leicht in die Nähe von Konsummoden, wobei zunehmend das individuelle Bemühen ausgeblendet wird, dem eigenen Tun subjektiven Sinn zu verleihen. So erklärt sich auch, wenn in der Literatur bisweilen ein jüngerer Trend des Zurückdrängens moralisch verantworteter Lebensführung zugunsten eines modeabhängigen Lebensstils kritisiert wird. Müller/Weihrich (1991, S. 91) etwa machen die Gefahr aus, daß „Ethik durch Ästhetik, das 'Gute' durch das 'Schöne', das 'Wahrhaftige' durch das 'Spielerische', letztlich Moral durch Konsum ersetzt wird".

Das Problem der Lebensführung schält sich in Vorgängen gesellschaftlich-kultureller Modernisierung mit Bezug auf die Zunahme der dispositiven Elemente im Alltag heraus (vgl. Vetter 1991). Im historischen Prozeß erfolgt eine Spielraumerweiterung, so daß allmählich die Frage nach der eigenen Lebensführung akut wird. In dem Maße wie diese nun vom Einzelnen gewählt werden kann und sich die „Zunahme der Optionen" (Schulze 1992, S. 76) für größer werdende Bevölkerungsteile erfüllt, ist Lebensführungskompetenz gefragt. Sie läßt sich hier vorläufig als subjektives Vermögen umschreiben, Kontinuität und Veränderungen in bezug auf den je gegebenen Lebenszusammenhang und -lauf situationsgerecht zu realisieren (vgl. Loch 1998).

3. Erwachsenenpädagogischer Hypothesenrahmen

Die evolutionäre Genese von Lebensführungsprozessen in Richtung eines wachsenden Dispositionspielraums für das Individuum schlägt sich auch im Verhältnis zur Erwachsenenbildung nieder. Drei idealtypisch vereinfachte Aspekte, die eine gewisse evolutionäre Stufenfolge zu erkennen geben, sollen herausgestellt werden.

Erstens wird die Erwachsenenbildung als Möglichkeit zur Initiierung oder Bekräftigung einer sittlich verantwortlichen Lebensführung angesehen. Diese Ambition tritt wohl am auffälligsten im Kontext der Weimarer Volksbildung hervor. Dabei muß hier offen bleiben, wieweit sich die damalige „Qualifizierung" für eine verantwortungsethische Lebensführung noch auf die Einfügung in eine weitgehend vorgegebene, aber als instabil erfahrene Lebensform bezieht, oder aber ob das emergente Potential der Erwachsenenbildung im Hinblick auf die Ausbildung alternativer - gesellschaftliche Zukunft pionierhaft vorwegnehmender - Lebensführungsmuster veranschlagt wird. Ein interessantes Beispiel für die zuletzt angeführte Variante stellt die „Neuwerkbewegung" dar, die die heutige Politikerin A. Vollmer (1973) in ihrer Dissertation rekonstruiert hat.

Zweitens: Mit der Etablierung wohlfahrtsstaatlicher Versorgungssysteme, der "öffentlich abgesicherten Installierung eines Dienstleistungsangebots im Bereich quartärer Bildung ab den 70er Jahren wie auch infolge der generellen Verbesserung der kulturellen Infrastruktur eröffnen sich für größere Bevölkerungsgruppen Chancen hinsichtlich der Modernisierung von Lebensführungskompetenz im Kontext von Bildungsarbeit. G. Pollak (1989) charakterisiert diesen Typus auch als „Pädagogisierung der Lebensführung", der kernhaft mit folgender Frage beschreibbar ist: „Wie wird 'Lernen' herangezogen zur subjektiv-deutenden Erklärung und Verarbeitung je individuell-biographischer Ereignisse/Lebenslagen und deren Verortung in damit gleichzeitig mitgedeuteten 'objektiven' gesellschaftlichen Tatbeständen?" (Pollak 1989, S. 218).

Aus unserem Blickwinkel ist dieses Zitat so zu verstehen, daß die Bildungssubjekte die Erwachsenenbildung in erster Linie als ein Mittel bei der Suche nach neuen Orientierungen interessiert. So wird hier die institutionalisierte Erwachsenenbildung im Sinne des lebensbegleitenden Lernens als eine zukunftsbezogene Deutungshilfe und als eine diskursive Möglichkeit für die Lebensplanung beansprucht (vgl. Kade/Seitter 1998). Demgegenüber ist eine dezidiert gegenwartsbezogene Pädagogisierungsvariante zu unterscheiden, wo die zeitweilige und wiederkehrende Teilhabe an Bildungsangeboten, das Involviertsein in die soziale Welt eines Kursus, zu einem Teil der „Lebensführung des Alltags" (Weber 1980, S. 239) wird. Vor dem Hintergrund der Ergebnisse qualitativer Teilnehmer- und Kursforschung spricht J. Kade (1997, S. 311) in diesem Zusammenhang davon, daß die Erwachsenenbildung „zunehmend selber zu einer Lebensform (wird, R.B.), in der individuelles Leben (zeitweise) verläuft".

Schließlich läßt sich im historischen Maßstab noch eine dritte Konstellation abheben, wo das methodische Moment von Lebensführungsprozessen, welches bei Max Weber noch für den engen Bereich der Erwerbsarbeit gilt, nicht bloß - wie zuvor gesehen - auf den Handlungsbereich des Lernens bezogen, sondern darüber hinaus bildungsrationalistisch gewendet und zu einer Systemreformstrategie funktionalisiert wird. Dabei wird die aktuelle Beobachtung aufgenommen, daß größere Bevölkerungsgruppen über eine steigende Bildungs- und Selbstlernkompetenz verfügen, welche wiederum für die Entwicklung einer auf „Selbststeuerung und Eigenverantwortung" (Sachverständigenrat Bildung 1998, S. 12) basierenden Lernkultur respektive Modernisierung des Bildungswesen genutzt werden sollen. Dieser dritte Typus erscheint aber in vieler Hinsicht noch als ungeklärt, da er abgesehen von der Berücksichtigung eines autonomeren Bildungsverhaltens noch zu erheblichen Anteilen visionäre Züge trägt (vgl. Weinberg 1998). Ein wesentliches Motiv für die Verfolgung dieser Entwurfsperspektive stellen bildungsökonomische Erwägungen dar, die aus der Kritik an zu langen Verweilzeiten im Bildungswesen resultieren und die auf eine Neuverteilung von Bildungszeit zugunsten des lebensbegleitenden Lernens und der Erwachsenenbildung hinauslaufen (vgl. Klemm 1996).

4. Historische Untersuchungsaspekte

Im Grunde genommen stellt Lebensführung ein altes und genuines Thema der Erwachsenenbildung dar. Es beinhaltet ein Anliegen und eine Grunddimension der Volks-, Arbeiter- und modernen Erwachsenenbildung, wenngleich das, was gemeint sein kann, häufig zeitgenössisch oder weltanschaulich überformt ist und von daher viele Namen haben kann. Blickt man also in die Geschichte der Erwachsenenbildung, lassen sich in vielfältigen Schattierungen bildnerische Bemühungen hinsichtlich Aufbau und Entwicklung von Lebensführungskompetenz ausmachen. Wichtige Ahnherren sind der Volkspädagoge Pestalozzi und der dänische Reformator Grundtvig.

Aufgrund des Umbruchs von der traditionalen zur industriellen Gesellschaft wie aufgrund der Auflösung ländlich-ständischer Lebensformen wird die Lebensführungsproblematik vor allem in der ersten Hälfte dieses Jahrhunderts als nachschulisches Lern- und Bildungsproblem sichtbar. Angeführt sei hier zuvorderst das klassisch volksbildnerisch-wohlfahrtspflegerische Handlungsmotiv eines Abbaus von Unwissenheit als Quelle von Armut und Not auslösender Lebensführung. Als ein treffendes - indes ambivalentes - Beispiel in bezug auf die Landbevölkerung mag hier der sozialkonservative Ansatz einer ländlichen Wohlfahrtspflege bei Heinrich Sohnrey und Hans von Lüpke gelten (vgl. Brödel 1986). Diese halten im beginnenden 20. Jahrhundert die Fundierung ernährungskundlicher, hauswirtschaftlicher oder gesundheitsbezogener Handlungskompetenzen für vordringlich, um bei der Landbevölkerung sowohl die basale Lebensweise als auch die soziale Integration zu verbessern. Allerdings hat der angeführte Ansatz enge ideologische Grenzen: Erwachsenenbildung wird primär als ein Mittel zur Einpassung in die Konventionen tradierter Lebensführung angesehen. Die Verbreitung neuzeitlichen Lebensführungswissens reicht hier nur so weit, wie es für die Restituierung eines ständisch-feudalen Lebenskosmos als opportun erscheint. Diese restaurative Engführung rief schon im zeitgenössischen Volksbildungsdiskurs berechtigte Kritik hervor (vgl. v.Pestalozza 1919, S. 34 ff).

In der Weimarer Epoche existieren mit Klasse, Stand oder sozialem „Lebenskreis" noch mehr oder weniger vorgegebene Lebensformen. Daraufhin kann sich Lebensführung zum Teil beziehen und einfügen. Freilich sind schon damals erhebliche Erosionsprozesse auch unter dem deutungsmustertheoretischen Aspekt eines Orientierung stiftenden Weltbilds zu konstatieren (vgl. Heller 1924). Dieses Sinngebungsdefizit wird gerade im zivilisationskritischen Duktus „gestaltender" Volksbildung moniert. Einschränkend sind daneben aber noch politische und wirtschaftliche Krisen zu berücksichtigen, indem Existenzsicherung, Sozialisation und Modernisierungserfahrung als problematisch erlebt werden mußten. Vor diesem Hintergrund hebt sich mit „Lebenskunde" ein auf Lebensführungskompetenz abzielender didaktischer Ansatz ab. Er wird in der freien Volksbildung, aber auch noch in der Arbeiter- und Jugendbildung der (frühen) Bundesrepublik verfolgt.

Generell dominiert bei „Lebenskunde" eine ganzheitliche Problembetrachtung, wobei auf alltagsrelevantes Verstehen wie auf Anwendung bezogenes Wissen abgestellt wird.

Zwischen einer affirmativen und einer auf Urteilskompetenz abzielenden Variante ist zu unterscheiden. Bei letzterer steht die kritische Auseinandersetzung mit Wissen im Vordergrund, wobei dieses nicht ausschließlich wissenschaftlicher Art sein muß (vgl. Friedenthal-Haase 1998a). Indem in der Weimarer freien Volksbildung Adoleszenten eine gewichtige Klientel ausmachen, bietet Lebenskunde als Fach und spezifische Sichtweise eine Reflexionshilfe auf dem Weg in die Kultur des Erwachsenenlebens. Und daß in der Auseinandersetzung mit den vorherrschenden Werten und der vorgegebenen Wirklichkeit eine impulsgebende Stärke des Fachs Lebenskunde in der Heimvolkshochschularbeit der frühen Bundesrepublik noch lag, darüber berichten im bildungsbiographischen Rückblick eindrucksvoll heutige Arbeiterbildner (vgl. Achten 1998).

Vor allem in Weimar wird mit dem Fach Lebenskunde ein auf „sittliche" Erneuerung abzielender Anspruch verbunden. Wie problematisch allerdings der didaktische Typus der Kunde in Verbindung mit dem Lebensbegriff sein kann, läßt sich andeutungsweise etwa bei H. Nohl aufzeigen. Dieser charakterisiert Kunde als eine „Vorform der Wissenschaft", „die die gesunde Grundlage für alle weitere Denkarbeit darstellt" (Nohl 1933, S. 320). Hintergrund ist die lebensphilosophische bzw. wissenschaftsskeptische These, „daß das analytische Denken der Wissenschaft sich zu sehr von dem konkreten Lebensdenken entfernt hatte, um unmittelbar zugänglich und bildend zu sein" (ebd.). Hier scheint die Gefahr einer ideologischen Überdehnung durch Überhöhung der Lebenskategorie auf, was vereinzelt bereits in der zeitgenössischen Volksbildungsreflexion heftige Kritik hervorrief (vgl. Dietrich 1930, S. 51).

Die Konstruktion des erwachsenenbildnerischen Blicks auf das gesellschaftliche Leben und die pädagogische Konkretisierung einer sinnerfüllten Lebensführung hängt vom zeitgeistigen und milieuspezifischen Thematisierungskontext ab (vgl. Arnold/Siebert 1995, S. 67). Die konstruktivistische Einsicht in die Bedingtheit didaktischer oder erwachsenenpädagogischer Theoreme äußert sich nicht zuletzt bei der Frage nach der „Lebensaufgabe". Sie gibt für den geisteswissenschaftlichen Pädagogen W. Flitner ein zentrales Thema ab - etwa im Rahmen des „Laienbildungs"-Konzepts einer „zweiten Arbeitswelt". Suche und Aneignung einer Lebensaufgabe ist aber auch für bestimmte Theorievarianten der Arbeiterbildung in Weimar wesentlich (vgl. Brödel 1998a). Dort wird Aufgabenorientierung in bezug auf die Unterstützung der Arbeiterbewegung herausgestellt und als Dienen für eine höhere Sache verstanden. Wer sein Leben in den Dienst der Arbeiterbewegung stellt, hat eine (ehrenamtliche) Lebensaufgabe gefunden, die im Rahmen der Volks- und Arbeiterbildung ihre Begleitung findet (vgl. z.B. Leipart/Erdmann 1928).

Die volksbildnerische Zielproblematik gelingender Lebensführung mündet in ein Programm ethischer Sozialpolitik ein. Dafür steht paradigmatisch E. Rosenstock-Huessy. Dieser hat mit der „Werkstattaussiedlung" einen unrealisiert gebliebenen Entwurf hinsichtlich der Emanzipation von entfremdender Fabrikarbeit vorgelegt: Der einzelne Arbeiter soll seinem Lebenslauf eine Wende geben, eine „sinnerfüllte Lebenskurve" anstreben, indem ab einem bestimmten Lebensalter in eine handwerkliche Arbeits- und Lebensweise übergewechselt wird (vgl. Jung 1970, S. 21).

5. Modernisierung von Lebensführungskompetenz durch reflexives Lernen und Identitätsbildung

Nimmt man den Erwachsenenbildungsdiskurs seit der sozialanthropologischen Wende Anfang der 80er Jahre, so zeigt sich, daß als Thema von Lernen und Bildung immer wieder Phänomene von Lebensführung aufgegriffen werden. Allerdings fällt dieser Ausdruck selbst noch kaum. Insofern erweist sich Lebensführung als ein Rekonstruktionsbegriff, welcher vom heutigen Standort an die Reflexionsgeschichte der Erwachsenenbildung herangetragen werden kann.

Horst Siebert (1982) stellt frühzeitig die Frage, wie die Erwachsenenbildung das Spannungsverhältnis zwischen objektiven Sachstrukturen und subjektspezifischen Konstitutionsbedingungen, im Sinne eines „reflexiven Lernens" in ihren Ansatz integrieren kann. Diese Dialektik bestimmt auch die Lebensführungskategorie. So geraten bei Horst Siebert gesellschaftlich bedingte Modernisierungsfolgen als Lernprobleme in das Blickfeld: Traditionsschwund, Individualisierungsdruck, ökologische Gefährdungen und biographische Verunsicherungen aufgrund erodierender Erwerbsarbeitskrisen (vgl. Siebert 1994; Siebert 1998). Derartige Problemlagen werden bei ihm unter den pädagogischen Fragestellungen „Lernen im Lebenslauf" (Siebert 1985a) und „Identitätslernen" (Siebert 1985b) thematisiert. Grundgelegt wird dabei: Die Ich-Identität des Erwachsenen bewährt sich in der Fähigkeit, neue Identitäten aufzubauen und zugleich mit den überwundenen zu integrieren, um sich und seine Interaktionen in einer unverwechselbaren Lebensgeschichte zu organisieren (vgl. Döbert u.a. 1980); insofern muß „Identitätsbildung ... als Lern- und Bildungsprozeß ... als bewußte Auseinandersetzung mit sich und seiner Umwelt und nicht nur als Sozialisations- und Interaktionsprozeß verstanden werden „ (Siebert 1984, S. 246). Nach Horst Siebert wird Identitätsbildung durch ein reflexives Lernen gefördert, indem dieses „unser Verhältnis zur Welt zum Gegenstand hat" (ebd.). Lebensführungskompetenz im Sinne eines „Könnens" oder „Beherrschens" des Lebens setzt hieran anschließend sowohl ein gesellschaftliches Orientierungs- und Handlungswissen als aber auch ein „innenorientiertes Lernen" voraus (Schulze 1992, S. 66). In der Bearbeitung des aufgezeigten Spannungsverhältnisses findet reflexives Lernen seine Erfüllung.

Die Aktualisierung oder auch Wiedererlangung von Lebensführungskompetenz nach persönlichen Krisenerfahrungen stellt ein zentrales Teilnahmemotiv an Weiterbildung dar. Aufgedeckt wird dieser Zusammenhang schon von der empirischen Erwachsenenbildungsforschung der 70er Jahre durch die Beobachtung einer lebenslagenspezifischen Nutzung von Bildungsangeboten (vgl. Brödel 1995). Vor allem die erwachsenenpädagogische Biographieforschung konnte im letzten Jahrzehnt anhand detaillierter Rekonstruktionen von Bildungsverläufen herausarbeiten, welche gewichtige Rolle Bildung als biographisches Projekt, als „diffuse Zielgerichtetheit" im Referenzrahmen einer bildungsoptimistischen Lebensführung einzunehmen vermag (vgl. Kade 1985). So wird am Beispiel der qualitativen Analyse der Lebenswelt von Teilnehmenden am „Funkkolleg" zu der Einschätzung gelangt, „daß Erwachsene die soziale Realität des lebenslangen Lernens in hohem Maße zum selbstverständlichen Moment des Lebensführung machen, auf das sie sich reflexiv beziehen" (Kade/Seitter 1996, S. 251). Aber auch aus der empirischen Analyse traditioneller Veranstaltungsformen resultiert, daß die Erwachsenenbildung einen Beitrag zur Identitätsbildung leistet und diese insofern für die Lebensführung eine hohe Valenz besitzt: Die Teilnehmenden sind nicht lediglich Appendix von Lehre und Vermittlung; vielmehr eignen sich diese das pädagogische Wirkungsfeld als „soziale Welt" ihrerseits an, woraufhin sie ihren Alltag strukturieren und Impulse für die weitere Lebensplanung erfahren können (vgl. Kade 1992).

Neben der empirischen Bildungsforschung unterstreichen auch neuere Programmanalysen zur Entwicklung des Volkshochschulangebots, daß beim Besuch von Bildungsveranstaltungen Problemstellungen mit Bezug auf Lebensführung an Interesse gewonnen haben. Darin erblickt H. Tietgens geradezu einen grundlegenden Wandel der Allgemeinbildung seit den 70er Jahren. Während früher philosophische Themen das Programmprofil der Allgemeinbildung in der Erwachsenenbildung bestimmten, ist an ihre Stelle psychologisches Wissen getreten. Gegenwärtig sind Kenntnisse nachgefragt, die in hohem Maße ein Bedürfnis nach Selbstthematisierung entsprechen und aus denen sich Einsichten im Hinblick auf noch ungelöste Probleme von Lebensführung gewinnen lassen. Dabei will Tietgens die Aufgeschlossenheit gegenüber psychologischen Inhalten und Anwendungsbezügen nicht nur auf einen Unterstützungsbedarf in biographischen Entscheidungslagen oder bei akuten Verunsicherungen bezogen wissen. Ihm geht es gerade um „produktive Formen(en) des Umgangs mit der eigenen Lebensgeschichte und damit auch der Zeitgeschichte" (Tietgens 1997, S. 476). Insofern beinhaltet eine lebensführungsrelevante Erwachsenenbildung auch die politische Bildung als Orientierungshilfe - ein epochal übergreifender Sachverhalt, den M. Friedenthal-Haase (1998b) angesichts biographischer Umbrüche im Zuge des ostdeutschen Transformationsprozesses nachhaltig bestätigt sieht.

Aufschlußreiche Einschätzungen für unser Thema vermittelt nicht zuletzt das nordrhein-westfälische Gutachten zur Evaluation der Weiterbildung. So konstatieren Gieseke u.a. (1997) „eine lebensgestaltende Funktion" der Weiterbildung in dem Sinne, daß Erwachsene „lebensbegleitend" zu einem selbständigen Umgang mit veränderten Rollenanforderungen und Situationen wie mit dem gesellschaftlichen Wandel insgesamt befähigt werden. Im einzelnen heißt es hier: „...es wird weniger Bildungswissen gesucht als vielmehr die Bewältigung des Alltags ...Alltagskompetenzen müssen durch Weiterbildung bestärkt und erweitert werden, weil sie einerseits weniger selbstverständlich und beiläufig erworben werden und weil sie andererseits komplexere Fähigkeiten enthalten müssen. ... zugleich müssen sie ausgearbeitet und gesichert werden durch die Verständigung mit anderen in ähnlicher Lage, die im Zeitalter der Individualisierung nicht einfach zur Verfügung stehen" (Gieseke u.a. 1997, S. 55).

6. Bildungsbezogene Lebensführung als Modernisierungsressource von Lernkultur und Bildungswesen

Im Anschluß an das von Max Weber idealtypisch herausgearbeitete Prinzip methodischer Lebensführung diagnostiziert auch die neuere Wertewandel- und Lebensstilforschung eine Tendenz zur Rationalisierung der Lebensführung. Im Unterschied zu Weber bleibt hier die säkular gewendete Methodik der Lebensführung schon längst nicht mehr auf den Sektor von Erwerbsarbeit und Beruf beschränkt. Sie weist auch nicht bloß über den Berufsbereich hinaus, sondern wird im Sinne der Verwirklichung selbstgesetzter Ziele systematisch organisiert. Nunmehr beherrscht die gesamte Lebensführung „eine zunehmend bewußt gestaltete Aufteilung des Lebens in Bereiche unterschiedlicher Logik, die jeder für sich spezifisch und optimierend betrieben und dann in einer optimalen neuen Form koordiniert werden" (Bolte/Voß 1988, S. 83).

Bezieht man diesen weiterentwickelten Ansatz hinsichtlich einer akteurszentrierten Ausdifferenzierung unterschiedlicher Lebens- und Handlungssphären auf unsere erwachsenenpädagogische Fragestellung, so begründet sich die These, daß das Prinzip methodischer Lebensführung auch für den Bereich Bildung/Lernen gilt. Dann gerät Lernen, wie auch Pollak (1989, S. 216) und Kade annehmen, als ein biographisch und lebenspraktisch bedeutsames Handlungsmuster in den Blick. Mit dieser lernbezogenen Wendung ist der lebensführungstheoretische Diskurs an einen Punkt angelangt, wo er für die zukunftsorientierte Debatte zur Erwachsenenbildung höchst aufschlußreich sein kann. Dies trifft gerade für den Aspekt des „selbstgesteuerten Lernens" (vgl. Brödel 1998b, S. 21) zu, läßt sich dieses doch - wie unten noch aufgezeigt werden soll - als Inbegriff methodischer Lebensführung im Sinne einer bildungsrationalistischen Modernisierung des lebenslangen Lernens auslegen.

Freilich sind hier strukturelle Unterschiede gegenüber Beobachtungen bei W. Strzelewicz u.a. (1973, S. 5) zu berücksichtigen, der für den sozialhistorischen Modernisierungsprozeß Bildung und Erziehung „als Elemente der Vergesellschaftung und als modellartige Entwürfe der Lebensführung" veranschlagt. Dieser bleibt allerdings noch auf die soziale Selektivität des bildungsbürgerlichen Habitus beschränkt, während es sich beim selbstgesteuerten Lernen zumindest vom bildungspolitischen Anspruch her um eine universalisierte Lern- und Lebensführungsperspektive handelt.

Systematisch betrachtet stellt selbstgesteuertes Lernen eine ambivalente Kategorie dar, da diese nicht nur einen Wandel von Lerneinstellungen im Leben heutiger Erwachsener aufnimmt, was sich vor allem in einem autonomeren Bildungsverhalten infolge der Bildungsreform zeigt. Darüber hinaus reflektieren Selbstorganisation und eben „Selbststeuerung" auch veränderte Bedingungen im Bildungs- und Lernsystem unserer Gesellschaft, die in erheblichem Maße - aber sicher nicht allein - bildungsökonomischer Natur sind (vgl. Klemm 1996). Diese Ambivalenz wird jüngst vom „Sachverständigenrat Bildung" der Hans Böckler-Stiftung, aber auch in diversen bildungspolitischen Konzepten auf Bundes- und Länderebene konstruktivistisch gewendet: Ein zukünftiges Bildungssystem soll auf den Prinzipien von „Selbststeuerung und Eigenverantwortung" (Sachverständigenrat Bildung 1998, S. 12) basieren und in eine offene, flexible Lernkultur von Kompetenzentwicklung einmünden (vgl. Arnold/Schüßler 1998). Zugespitzt formuliert: Die methodische Lebensführung, die sich im Fortgang gesellschaftlicher Modernisierung auf den Bereich des Lernens ausdehnt, sich in früheren Reformprozessen sozial entgrenzt hat und so von immer mehr Menschen habituell integriert wurde, avanciert zu einem Steuerungselement des wissensgesellschaftlich modernisierten Bildungs- und Weiterbildungssystems.

Letztlich bleibt es indes eine empirische (Forschungs-)Frage darüber zu entscheiden, ob Lebensführungskompetenz im entwickelten Sinne selbsttätiger Lern- und Bildungskompetenz evolutionär schon hinreichend gediehen ist, um als basales Steuerungselement eine tragfähige Modernisierungsperspektive des Bildungswesens in der vernetzten Lern- und Wissensgesellschaft abgeben zu können. In jedem Falle ist zukünftig eine in reflexive Lebensführungskompetenz eingelagerte Lern- und Bildungskompetenz gefragt, wozu gerade auch die Fähigkeit „zur Selbststeuerung der Lernbiographie und zum Umgang mit (berufs)biographischen Veränderungen und Brüchen" (Sachverständigenrat Bildung 1998, S. 29) zählt. Denn die wissensgesellschaftliche Entwicklung, die unumkehrbar erscheint, beinhaltet eine Zuspitzung des vom Arbeitsmarktforscher D. Mertens (1984) einst ausgemachten „Qualifikationsparadoxons": Die Anforderungen an individuelles Qualifikationshandeln und berufliche Kompetenzentwicklung steigen, aber gleichzeitig erhöht sich für die Bildungssubjekte auch das erwerbsarbeitsbezogene Verwertungsrisiko von Lernanstrengungen. Insofern bleibt reflexive Lebensführungskompetenz angesagt. Sie schützt das moderne Bildungs-Subjekt vor der Enttäuschungsanfälligkeit risikoreicher Erwerbsarbeitsentwicklungen, indem Brüche oder Ungleichgewichte zwischen den verschiedenen Komponenten des beruflichen und außerberuflichen Lebenszusammenhangs „gemanagt" werden müssen.

7. Erwachsenenpädagogische Perspektiven

Weiteren Untersuchungen wird es vorbehalten bleiben müssen, Lebensführung als erwachsenenpädagogische Kategorie auszuleuchten und zu fragen, wieweit diese dem disziplinären Diskurs Impulse zu stiften vermag. Gegenüber dem prominenten Individualisierungstheorem, welches die erziehungswissenschaftlichen Zeitdiagnosen des letzten Jahrzehnts beinahe beherrschte, scheint mir Lebensführung die komplexere, analytisch ergiebigere und letztlich auch pädagogischere Reflexionsperspektive eröffnen zu können. Vor allem bleibt diese nicht bei der Problematisierung von Freisetzungsrisiken stehen, sondern bezieht die Entwurfs-, Handlungs- und Sinngebungsarbeit des modernen Subjekts ein. Insoweit müßte zukünftig u.a. die normativ-ethische Dimension der Erwachsenenbildungswissenschaft interessieren. Das bisher vorliegende Werk von Horst Siebert würde für die insgesamt noch anstehende Grundlagenarbeit nicht bloß Anregungen, sondern auch eine Reihe theoretisch ergiebiger Anschlüsse vermitteln können.

Literatur

Achten, U.: Lebenskunde. In: Heimvolkshochschule Jägerei Hustedt (Hrsg.): Politische Bildung im Wandel. Recklinghausen 1998, S. 57-61

Arnold, R.: Von der Weiterbildung zur Kompetenzentwicklung. Neue Denkmodelle und Gestaltungsansätze in einem sich verändernden Handlungsfeld. In: Albrecht, G. u.a.: Kompetenzentwicklung '97. Berufliche Weiterbildung in der Transformation - Fakten und Visionen. Münster 1997, S. 253-292

Arnold, R.: Weiterbildung. Ermöglichungsdidaktische Grundlagen. München 1996

Arnold, R./Schüßler, I.: Wandel der Lernkulturen. Ideen und Bausteine für ein lebendiges Lernen. Darmstadt 1998

Arnold, R./Siebert, H.: Konstruktivistische Erwachsenenbildung. Baltmannsweiler 1995

Beck, U.: Was ist Globalisierung? Frankfurt/M. 1997

Beck, U./Giddens, A./Lash, S.: Reflexive Modernisierung. Frankfurt/M. 1996

Bolte, K. M./Voß, G. G.: Veränderungen im Verhältnis von Arbeit und Leben. In: Reyher, L./Kühl, J. (Hrsg.): Resonanzen. Festschrift für Dieter Mertens. Beiträge zur Arbeitsmarkt- und Berufsforschung 111. Nürnberg 1988, S. 72-93

Brödel, R.: Konstellationen früher Erwachsenenbildungsforschung in Deutschland - Paul Hermberg als Modernisierer und Impulsgeber. In: Friedenthal-Haase, M. (Ed.): Personality and Biography. Proceedings of the Sixth International Conference on the History of Adult Education. Vol. 1: General, Comparitive, and Synthetic Studies. Frankfurt/M. 1998a, S. 99-119

Brödel, R. (Hrsg.): Lebenslanges Lernen - lebensbegleitende Bildung. Neuwied 1998b

Brödel, R.: Teilnehmerforschung im Überblick - Deutschland als Fallbeispiel. In: Teilnehmerforschung im Überblick. Jahrbuch 1995. Akademie der Politischen Bildung. Friedrich-Ebert-Stiftung. Bonn 1995, S. 7-19

Brödel, R.: Heinrich Sohnrey. In: Wolgast, G./Knoll, J. H. (Hrsg.): Biographisches Handwörterbuch der Erwachsenenbildung. Stuttgart 1986, S. 370-371

Delors, J. u.a.: Lernfähigkeit: Unser verborgener Reichtum. UNESCO-Bericht zur Bildung für das 21. Jahrhundert. Neuwied 1997

Dietrich, E.: Volkshochschule und geistige Entscheidung. Potsdam 1930

Döbert, R./Habermas, J./Nunner-Winkler, G.: Zur Einführung. In: dieselben (Hrsg.): Entwicklung des Ichs, 2. Aufl. Hanstein 1980, S. 9-30

Friedenthal- Haase, M.: 'Urteilsfähigkeit' - eine Leitkategorie der Erwachsenenbildung? In: Laube, K. J./Raapke, H.-D. (Hrsg.): Bildung und Gemeinwesen. Symposium zum 50jährigen Bestehen der Evangelischen Heimvolkshochschule Rastede. Oldenburg 1998a, S. 27-36

Friedenthal-Haase, M.: Orientierung und Reorientierung: Kategorien und Aufgaben lebensbegleitender Bildung. In: Brödel, R. (Hrsg.): Lebenslanges Lernen - lebensbegleitende Bildung. Neuwied 1998b, S. 60-72

Gieseke, W./Lenz, W./Meyer-Dohm, P./Schlutz, E./Timmermann, D.: Landesinstitut für Schule und Weiterbildung: Evaluation der Weiterbildung. Gutachten. Soest 1997

Heller, H.: Freie Volksbildungsarbeit. Leipzig 1924

Jung, U.: Eugen Rosenstocks Beitrag zur deutschen Erwachsenenbildung der Weimarer Zeit. Frankfurt/M. 1970

Kade, J.: Von einer Bildungsinstitution zur Infrastruktur subjektiver Lebensführung - teilnehmer- und aneignungstheoretische Sichten der Erwachsenenbildung. In: Brödel, R. (Hrsg.): Erwachsenenbildung in der Moderne. Studien zur Erziehungswissenschaft und Bildungsforschung 9. Opladen 1997, S. 300-316

Kade, J.: Erwachsenenbildung und Identität, zuerst 1989, 2. Aufl. Weinheim 1992

Kade, J.: Diffuse Zielgerichtetheit. Rekonstruktion einer unabgeschlossenen Bildungsbiographie. In: Baacke, D./Schulze, T. (Hrsg.): Pädagogische Biographieforschung. Weinheim 1985, S. 124-140

Kade, J./Seitter, W.: Bildung - Risiko - Genuß. Dimensionen und Ambivalenzen lebenslangen Lernens in der Moderne. In: Brödel, R. (Hrsg.): Lebenslanges Lernen - lebensbegleitende Bildung. Neuwied 1998, S. 51-59

Kade, J./Seitter, W.: Lebenslanges Lernen. Mögliche Bildungswelten. Opladen 1996

Klemm, K.: Aus der Sicht konstruktiv orientierter Bildungsforschung: Erziehung und Bildung nach der Expansionsphase. In: Gruschka, A. (Hrsg.): Wozu Pädagogik? Darmstadt 1996, S. 55-66

Kommission der Europäischen Gemeinschaft: Lehren und Lernen. Auf dem Weg zur kognitiven Gesellschaft. Weißbuch zur allgemeinen und beruflichen Bildung. Brüssel 1995

Kommission für Zukunftsfragen der Freistaaten Bayern und Sachsen: Erwerbstätigkeit und Arbeitslosigkeit in Deutschland. Entwicklung, Ursachen und Maßnahmen, Teil III: Maßnahmen zur Verbesserung der Beschäftigungslage. Bonn 1997

Leipart, T./Erdmann, L.: Arbeiterbildung und Volksbildung. Berlin 1928

Lepenies, R.: Benimm und Erkenntnis. Frankfurt/M. 1997

Loch, W.: Entwicklungsstufen der Lernfähigkeit im Lebenslauf. In: Brödel, R. (Hrsg.): Lebenslanges Lernen - lebensbegleitende Bildung. Neuwied 1998, S. 91-109

Mertens, D.: Das Qualifikationsparadox. In: Zeitschrift für Pädagogik 1984, Jg. XXX, Heft IV/1984, S. 439-455

Nittel, D.: Biographie - Beruf - Professionalität. Beiträge zu einer Pädagogik des Erwachsenen. Habilitationsschrift. Frankfurt/M. 1997

Nohl, H.: Die pädagogische Bewegung in Deutschland. In: Nohl, H./Pallat, L. (Hrsg.): Handbuch der Pädagogik, Bd. 1. Langensalza. 1933, S. 302-376

Müller, H.-P./Weihrich, M.: Lebensweise und Lebensstil. Zur Soziologie moderner Lebensführung. In: Vetter, H.-R. (Hrsg.): Muster der Lebensführung. Weinheim 1991, S. 89-129

Pestalozza, v., A.: Die Kulturaufgaben der Volkshochschule. Reihe „Die Deutsche Volkshochschule", hgg. v. W. Rein, Heft XIII bzw. Friedrich Mann's Pädagogisches Magazin, Heft 735. Langensalza 1919

Pollak, G.: Pädagogische Wissensformen in der Lebensführung - „Pädagogisierung der Lebensführung"? Zu Konzept und ersten Ergebnissen des DFG-Projekts „Industrialisierung und Lebensführung". In: König, E./ Zedler, P. (Hrsg.): Rezeption und Verwendung erziehungswissenschaftlichen Wissens in pädagogischen Handlungs- und Entscheidungsfeldern. Weinheim 1989, S. 205-229

Sachverständigenrat Bildung der Hans-Böckler-Stiftung: Ein neues Leitbild für das Bildungssystem - Elemente einer künftigen Berufsbildung. Gewerkschaft Erziehung und Wissenschaft, Dok 115/98, 25. November 1998. Frankfurt/M.

Schreyögg, A.: Coaching. Frankfurt/M. 1995

Schulze, G.: Die Erlebnisgesellschaft. Kultursoziologie der Gegenwart. 2. Aufl. Frankfurt/M. 1992

Siebert, H.: Das Menschenbild der Umweltbildung. In: Beyersdorf, M./Michelsen, G./Siebert, H. (Hrsg.): Umweltbildung. Theoretische Konzepte, empirische Erkenntnisse, praktische Erfahrungen. Neuwied 1998, S. 66-74

Siebert, H.: Über die Nutzlosigkeit von Belehrungen und Bekehrungen. Soest 1996

Siebert, H.: Erwachsenenbildung als soziale Entsorgung der (Risiko-)Gesellschaft. In: Pluskwa, M./Matzen, J. (Hrsg.): Lernen in und an der Risikogesellschaft. Bederkesa 1994, S. 41-47

Siebert, H.: Lernen im Lebenslauf. Bonn 1985a

Siebert, H.: Identitätslernen in der Diskussion. Bonn 1985b

Siebert, H.: Lernen zwischen sozialer Interaktion und dem Bemühen um Sachgerechtigkeit. In: Gruppendynamik 1984, Jg. XV/Heft 3/1984, S. 235-248

Siebert, H.: Aspekte einer reflexiven Didaktik. In: Schlutz, E. (Hrsg.): Die Hinwendung zum Teilnehmer - Signal einer „reflexiven Wende" der Erwachsenenbildung. Bremen 1982, S. 74-89

Siebert, H./Seidel, E.: Seniorenstudium als Konstruktion von Wirklichkeit. In: Mallwitz-Schütte, M. (Hrsg.): Lernen im Alter. Wissenschaftliche Weiterbildung für ältere Erwachsene. Münster 1998, S. 57-76

Strzelewicz, W./Raapke, H.-D./Schulenberg, W.: Bildung und gesellschaftliches Bewußtsein. (Gekürzte Taschenbuchausgabe) Stuttgart 1973

Tietgens, H.: Allgemeine Bildungsangebote. In: Weinert, F. E./Mandl, H. (Hrsg.): Psychologie der Erwachsenenbildung. Enzyklopädie der Psychologie, Serie 1: Pädagogische Psychologie, Bd. 4. Göttingen 1997, S. 469-505

Tippelt, R.: Sozialstruktur und Erwachsenenbildung: Lebenslagen, Lebensstile und soziale Milieus. In: Brödel, R. (Hrsg.): Erwachsenenbildung in der Moderne. Studien zur Erziehungswissenschaft und Bildungsforschung 9. Opladen 1997, S. 53-69

Vetter, H.-R.: Lebensführung - Allerweltsbegriff mit Tiefgang. Eine Einführung. In: derselbe (Hrsg.): Muster moderner Lebensführung. Weinheim 1991, S. 9-88

Vollmer, A.: Die Neuwerkbewegung 1919-1935. Ein Beitrag zur Geschichte der Jugendbewegung, des Religiösen Sozialismus und der Arbeiterbewegung. Diss. phil., Freie Universität Berlin 1973

Weber, M.: Wirtschaft und Gesellschaft, zuerst 1922, 5. Aufl. Tübingen 1980

Weinberg, J.: Die Souveränität der Lernerinnen und Lerner nimmt zu. In: Berufliche und politische Bildung - Keine Synthese, aber Kompetenzentwicklung. Dokumentation des 17. Neuland-Colloquiums am 30. Oktober/1. November 1997. Haus Neuland, Werkstattbericht 16. Bielefeld 1998, S. 53-60

Willke, H.: Systemisches Wissensmanagement. Stuttgart 1998

Zukunftskommission der Friedrich-Ebert-Stiftung: Wirtschaftliche Leistungsfähigkeit, sozialer Zusammenhalt, ökologische Nachhaltigkeit. Drei Ziele - ein Weg. Bonn 1998

GERD DOERRY, ELKE BOVIER

Kritische Situationen in Veranstaltungen der Erwachsenenbildung als neuer Untersuchungsgegenstand der Lehr-Lernforschung

In diesem Beitrag wird der Versuch gemacht, kritische Situationen in Veranstaltungen als einen neuen Untersuchungsgegenstand der Lehr-Lernforschung in der Erwachsenenbildung zu begründen. Kritische Situationen sind Situationen, in denen sich die normalen Schwierigkeiten der Bildungsarbeit mit Erwachsenen „verdichten", so daß Kursleitende meist nicht auf bewährte Handlungsmuster zurückgreifen können. Im ersten Teil des Beitrags wird zunächst der Stand der Forschung über Schwierigkeiten in Veranstaltungen der Erwachsenenbildung skizziert (1.1), der Begriff der „kritischen Situation" geklärt (1.2) und ein Ablaufschema der Reaktionsdynamik von Kursleitenden vorgeschlagen (1.3). Im zweiten Teil werden die Ergebnisse einer Befragung von Kursleitenden an Berliner Volkshochschulen dargestellt.

Einleitung

Obwohl in der praxisbegleitenden Kommunikation von Mitarbeitern in der Erwachsenenbildung tägliche Schwierigkeiten eine beherrschende Rolle spielen dürften (vgl. Dieckmann 1992, S. 235 ff.; Landesinstitut für Schule und Weiterbildung 1991, S. 265 ff.), hat sich die Erwachsenenpädagogik damit bisher nur sporadisch beschäftigt. Dies dürfte vor allem mit dem Konstitutionsprozeß der Erwachsenenpädagogik seit den 20er Jahren zusammenhängen (vgl. 1.1).

Eine stärkere Beschäftigung mit dem Komplex der Schwierigkeiten im Berufsalltag von Erwachsenenbildnern ist vor allem im Interesse des Wissenstransfers erforderlich, den die Erwachsenenpädagogik als Berufsfeldwissenschaft für die Praxis zu leisten hat. Dabei ist besonders an die nebenberuflichen Mitarbeiter zu denken, die - eine Struktureigentümlichkeit, die die Erwachsenenbildung mit wenigen anderen Feldern (außerschulische Jugendbildung, Sozialarbeit) teilt - den größten Teil der Bildungsarbeit in den Einrichtungen bestreiten[1].

---

[1] Wir verwenden den Begriff des nebenberuflichen Mitarbeiters hier aus pragmatischen Gründen als Oberbegriff für die nebenberuflichen Mitarbeiter im engeren Sinne, also für diejenigen, die neben einer hauptberuflichen Tätigkeit, z.B. als Lehrer/innen, in der Erwachsenenbildung tätig sind, und die freiberuflichen Mitarbeiter, von denen ein Teil von seiner Honorartätigkeit in der Erwachsenenbildung lebt.

Schwierigkeiten sind sicherlich einerseits das „Salz in der Suppe" auch des nebenberuflichen Alltags. Andererseits können sie das „Ausbrennen" beschleunigen, das bei Angehörigen pädagogischer, sozialer und therapeutischer Berufe besonders häufig anzutreffen ist (vgl. Maslach 1982, S.3). So kann der Intra-Rollen-Konflikt, dem nebenberufliche Mitarbeiter ohne pädagogischen Hochschulabschluß ausgesetzt sein können, weil sie sich - entgegen den Rollenerwartungen der Einrichtungen wie denjenigen ihrer Teilnehmenden - meist nicht als Erwachsenenpädagogen, sondern als Fachexperten ansehen (vgl. Bechberger 1990, S. 72 ff.), durch ineffektive Bewältigung von Schwierigkeiten verschärft werden.

Ein Grund für unsere Orientierung an dem Konzept der „kritischen Situation" besteht darin, daß derartige Situationen generell „Testfälle für die Rationalität der handelnden Personen, in Bereichen beruflichen Handelns insbesondere für ihre Professionalität" (Doerry 1990, S. 147), d.h. aber auch für ihre emotionale Belastbarkeit, Flexibilität und Reflexivität sind. Deshalb spielen Situationen dieses Typs als Übungsfälle eine große Rolle in berufsvorbereitenden Simulationen für künftige Angehörige von Berufen, die eine besondere Verantwortung für Leben und Gesundheit von anderen Menschen haben (Piloten, Polizisten u.a.). Simulierte kritische Situationen als Übungsfälle könnten auch in den Fortbildungsveranstaltungen für nebenberufliche Mitarbeiter eingesetzt werden.

Die Konstruktion von kritischen Situationen als Übungsfälle setzt aber entsprechende Erhebungen in der Praxis voraus. Zu diesem Zweck wurde im Arbeitsbereich Didaktik der Erwachsenenbildung des Instituts für Wirtschafts- und Erwachsenenpädagogik der Freien Universität 1996 - 1997 eine Befragung von Kursleitenden an Berliner Volkshochschulen über Arten, Entstehungsbedingungen und Verlauf von kritischen Situationen in Veranstaltungen durchgeführt.

1   Theoretischer Rahmen

1.1   Zum Stand der einschlägigen Forschung

Durchmustert man die einschlägige Literatur zur Erwachsenenbildung seit Ende des Zweiten Weltkrieges, könnte man den Eindruck gewinnen, daß es in den Veranstaltungen bis Ende der 60er Jahre keine Schwierigkeiten gegeben hat, die etwa mit denen im Schulunterricht vergleichbar gewesen wären. Dieser - vermutlich falsche - Eindruck kommt so zustande, daß in diesem Zeitraum die Aufmerksamkeit der hauptberuflichen Mitarbeiter - vor dem Hintergrund geringer öffentlicher Anerkennung und eines dementsprechend hohen Legitimationsbedarfs der Erwachsenenbildung (vgl. Olbrich 1980, S. 7 f.) - primär darauf gerichtet war, den Bestand und die Arbeitsfähigkeit ihrer jeweiligen Einrichtungen gegenüber vielen Widerständen zu sichern und zu festigen. Diese vorherrschende Orientierung des beruflichen Handelns fand ihren deutlichen Niederschlag sowohl in der praxisbegleitenden als auch in der noch relativ spärlichen wissenschaftlichen Literatur, die sich vorwiegend mit Begründungen, Zielsetzungen,

Konzeptionen und Rahmenbedingungen der Erwachsenenbildung beschäftigte. Durchaus im Einklang damit war das Erkenntnisinteresse vieler empirischer Untersuchungen in diesen Jahren darauf gerichtet, durch die Ermittlung der Bildungsvorstellungen und der Bildungsinteressen der Erwachsenen Ansatzpunkte für die Gewinnung auch derjenigen, die die Angebote der Erwachsenenbildung bisher nicht wahrgenommen hatten, zu finden (vgl. Strzelewicz 1968, S. 30 ff.).

Wenn also in der einschlägigen Literatur dieser Jahrzehnte von Schwierigkeiten die Rede war, dann vornehmlich von denjenigen, die sich den hauptberuflichen Mitarbeitern bei der Finanzierung und Organisation der Bildungsarbeit ihrer Einrichtung oder bei der Gewinnung bestimmter Adressatengruppen entgegenstellten (vgl. z.B. Becker, 1962, S. 7ff.). Die Schwierigkeiten in der täglichen Bildungsarbeit scheinen in dieser Wiederaufbauphase der Erwachsenenbildung in Deutschland unter der Wahrnehmungsschwelle der Mitarbeiter gelegen zu haben oder wurden als nicht berichtenswert angesehen.

Ein weiterer Grund dafür, daß Schwierigkeiten in der täglichen Bildungsarbeit kaum thematisiert wurden, kann darin gesehen werden, daß man - wie Tietgens bereits 1967 kritisch anmerkte - aus einer idealanthropologischen Sicht heraus die Mündigkeit der Erwachsenen überbetonte und die Bildungsarbeit daher als Interaktion gleichberechtigter Partner, in der dem Kursleitenden lediglich die Rolle des „Primus inter pares" zufiel (Tietgens 1967a, S. 28), nicht aber als Unterricht verstand. Unterricht stand für „Belehrung, rigide Instruktion, Diskrepanz zwischen reifer, überlegener Lehrperson und zu erziehender Schulklasse, durchzunehmendes Pensum" (Schlutz 1979, S. 482), also für Merkmale der traditionellen Schule, gegen die sich Erwachsenenbildung nicht zuletzt in legitimatorischer Absicht abzugrenzen versuchte (vgl. Tietgens 1967b, S. 7 ff.). Bei einer „Schulstunde alten Stils" (Schlutz 1979, S. 482) waren Schwierigkeiten gewissermaßen vorprogrammiert, bei der Interaktion mündiger Erwachsener - so mögen viele Erwachsenenbildner geglaubt haben - hingegen nicht.

Ende der 60er Jahre wurde - abgesehen von der durch die studentische Protestbewegung ausgelösten Politisierungswelle in der Bundesrepublik - durch eine Reihe von Entwicklungen in der Erwachsenenbildung und in der Erwachsenenpädagogik der Blick auf die Schwierigkeiten in der täglichen Bildungsarbeit geöffnet:

- Durch das Gutachten des von der Bundesregierung eingesetzten Deutschen Ausschusses für das Erziehungs- und Bildungswesen „Zur Situation und Aufgabe der deutschen Erwachsenenbildung" (1960) war die Arbeit der öffentlichen und freien Träger der Erwachsenenbildung öffentlich gewürdigt und ihre Aufwertung zum quartären Bereich vorbereitet worden, die Anfang der 70er Jahre im „Strukturplan für das Bildungswesen" des Deutschen Bildungsrats (1970) und im „Bildungsgesamtplan" der Bund-Länder-Kommission für Bildungsplanung (1973) offiziell bekräftigt wurde. Damit verminderte sich der Legitimationsdruck, unter dem Einrichtungen und Personal der Erwachsenenbildung in der Nachkriegszeit - wie in den 20er Jahren und zu Beginn der 30er Jahre - gestanden hatten.

- In der von der Pädagogischen Arbeitsstelle des Deutschen Volkshochschulverbandes 1967 begründeten Buchreihe „Theorie und Praxis der Erwachsenenbildung" erschienen bereits im ersten Jahr zwei Bücher, deren Fokus auf der täglichen Bildungsarbeit und damit auch auf den Schwierigkeiten lag, mit denen sich Lehrkräfte in der Erwachsenenbildung häufig konfrontiert sahen. Es handelte sich um das Buch von Hans Tietgens „Lernen mit Erwachsenen" und das Buch von Tobias Brocher „Gruppendynamik und Erwachsenenbildung". Der Einfluß dieser beiden Bücher auf die berufsfeldspezifische Diskussion in der Erwachsenenbildung war beträchtlich. Insbesondere das Buch von Brocher führte - obwohl oder gerade weil seine Orientierung an dem psychoanalytischen „Grundmodell der Entstehung sozialen Verhaltens" (Brocher 1967, S. 21) bei vielen Lesern Abwehrreaktionen hervorrief (vgl. Siebert 1979, S. 94)[2] - binnen kurzem zu einer deutlichen Sensibilisierung von Praktikern wie Wissenschaftlern für die sozio-emotionale Dimension der Bildungsarbeit mit Erwachsenen. Bei den Praktikern wurde die Beachtung der Gruppenprozesse und die Anwendung gruppendynamischer Methoden auch in themenzentrierten Veranstaltungen (z.B. Kennenlernspiele, Cohnsche Regeln usw.) zunehmend zum selbstverständlichen Bestandteil ihrer täglichen Routine. Bei Wissenschaftlern ist - bis etwa Anfang der 80er Jahre - ein deutlicher Anstieg von Forschungs- und Publikationsvorhaben zu verzeichnen, in denen das „Interaktionsgeschehen" in Veranstaltungen Teilgegenstand war (vgl. Tietgens/ Weinberg 1971, S. 135 ff.) oder gar im Mittelpunkt stand (vgl. Ernsperger 1973; s. im einzelnen Doerry 1981, S. 21 ff.).

Die sich im Zuge dieser und weiterer einschlägiger Arbeiten etablierende Interaktionsforschung im Rahmen der Erwachsenenpädagogik umfaßt alle Untersuchungen, die „das Lernen Erwachsener, soweit es sich in einem sozialen Kontext abspielt, also Interaktionsprozesse" zum Gegenstand machen (Gerl 1979, S. 516; im Original kursiv). Sie wird heute als Teilgebiet der Unterrichtsforschung bzw. der Lehr-Lernforschung - eine einheitliche Bezeichnung hat sich noch nicht durchgesetzt (vgl. Fricke 1986, S. 557 ff.; Siebert 1986, S. 154) - angesehen. Damit ist ein Fokus gegeben, durch den - gewissermaßen zwangsläufig - Schwierigkeiten zwischen Lehrenden und Lernenden, der Lernenden untereinander, der Lernenden mit dem Lerngegenstand usw. in den Blick kommen. Der Grund dafür liegt nicht nur darin, daß soziale Interaktion, insbesondere in Gruppen, aufgrund ihrer spezifischen Dynamik eine Quelle derartiger Schwierigkeiten ist, sondern auch darin, daß die aus anderen Quellen stammenden Schwierigkeiten (z.B. aus dem Lerngegenstand bzw. seiner Didaktisierung) sich in der Regel in der Interaktion manifestieren.

So wurden in der sogenannten Hannover-Studie zum Lehr- und Lernverhalten von Erwachsenen unter Leitung von Horst Siebert (1971-1976), in der schwerpunktmäßig die Bedingungen didaktisch-methodischer Teilnehmerpartizipation untersucht wurden, als Nebenertrag Zusammenhänge ermittelt, die an der Entstehung von Interaktionsschwierigkeiten beteiligt sein dürften, z.B. der Zusammenhang zwischen der Enttäuschung von Teilnehmenden über den Kursverlauf, ihrer geringeren Beteiligung am Kurs und ihrer kritischen Einschätzung des Klimas der Lerngruppe (vgl. Gerl 1977, S. 99 f.).

---

[2] Zur Wirkungsgeschichte dieses Buches vgl. Doerry 1981, S.15 ff.

Der starke Auftrieb, den die Interaktionsforschung durch die Rezeption der angewandten Gruppendynamik in der Bundesrepublik seit Mitte der 60er Jahre (vgl. Spangenberg 1969) erhalten hatte, flaute in den 80er Jahren ab. Das lag wohl einmal daran, daß in theoretischer und progammatischer Hinsicht vor allem in Brochers Buch und in dem von Tietgens und Weinberg über „Erwachsene im Feld des Lehrens und Lernens" (1971) schon alles Wesentliche gesagt zu sein schien. Der Wissenstransfer in die Praxis der Erwachsenenbildung schien durch die drei einschlägigen Studieneinheiten im Rahmen des „Selbststudienmaterials" der Pädagogischen Arbeitsstelle des Deutschen Volkshochschulverbandes (Gerl 1975; Doerry 1975; Tietgens/Hoefert 1976) gewährleistet zu sein. Zum anderen mag es an der Stagnation der Lehr-Lernforschung insgesamt gelegen haben. Horst Siebert macht dafür die sich verschlechternden Arbeitsbedingungen an den Hochschulen, die zunehmende Schwierigkeit, Drittmittel für theoriegeleitete Grundlagenforschung einzuwerben, die abnehmende Bereitschaft der potentiellen Kooperationspartner im Praxisfeld, sich an größeren Forschungsprojekten zu beteiligen, und die wachsende Diskrepanz zwischen dem „Anspruchsniveau der theoretischen Diskussion zur Lehr-Lernforschung" und „den realen Möglichkeiten der Forschungspraxis" verantwortlich (Siebert 1986, S. 155).

Mitte der 80er Jahre erschienen zwei Veröffentlichungen, deren Fokus direkt auf Schwierigkeiten in Veranstaltungen der Erwachsenenbildung gerichtet war: Kurt Müller legte einen Sammelband mit dem Titel „Kurs- und Seminargestaltung" (1983) vor, in dem von verschiedenen Autoren und Autorinnen typische „didaktische Handlungsprobleme", mit denen sie als Dozenten, Kursleitende oder Referenten selbst konfrontiert waren, und die Lösungsmöglichkeiten, die sie mit unterschiedlichem Erfolg ausprobiert hatten, beschrieben und eingeschätzt werden (vgl. Müller 1983, S. 8 ff.). Das Buch sollte nicht den Anspruch auf wissenschaftlich-systematische Bestandsaufnahme von erwachsenenpädagogischen Handlungsproblemen erfüllen, sondern Praktikern Hilfen für die Identifizierung, Erklärung und ggf. Lösung ihrer eigenen Probleme an die Hand geben (vgl. Müller 1983, S. 9). So stellt die Gliederung eine unsystematische Folge von Stichworten dar, „die einen hohen Signalwert für vielfältige Problemlagen haben" (Müller 1983, S. 11), und die von den zeitlichen Rahmenbedingungen von Handlungsproblemen (Anfangssituationen, Schlußsituationen) über schwierige Vorgänge (Autoritätskonflikte, Kursabbrecher, Lernverweigerungen, schwierige Teilnehmende) bis zur persönlichen Situation von Dozenten (Dozentenängste, Selbstverständnis des Dozenten) reichen (vgl. Müller 1983, S. 13 ff.). Für eine systematische Bestandsaufnahme von Arten, Bedingungen und Lösungsmöglichkeiten von Handlungsproblemen von Kursleitenden bietet das Buch nichtsdestotrotz reichliches Material.

Obwohl zumindest einige der in dem Buch von Müller vorgestellten Handlungsprobleme durch Verhaltensweisen von Teilnehmenden, Dozenten oder von Mitarbeitern der Einrichtung ausgelöst worden sind, also als Wirkungen von Störungen des Lehr-Lerngeschehens verstanden werden können, wurde der Störungsbegriff, der in der schulbezogenen Unterrichtsforschung seit Jahrzehnten eine dominierende Rolle spielte (vgl. Winkel 1988), nicht explizit verwendet. Ob das vermieden wurde, weil dieser Begriff zu sehr an schulspezifische Reglementierungen erinnert und daher mit dem dezidiert partizipatorischen Verständnis des Lernens mit Erwachsenen, das Herausgeber wie Autoren vertreten (vgl. Müller 1983, S. 9 f.), nicht vereinbar erschien, soll hier dahingestellt bleiben.

Jochen Kade greift in seinem Buch „Gestörte Bildungsprozesse" (1985) den Störungsbegriff bewußt auf und macht ihn für das Lehr- Lerngeschehen in der Erwachsenenbildung fruchtbar. Das gelingt ihm deshalb, weil er die Störungen theoretisch auf einen Strukturkonflikt zwischen Erwachsenenbildung und Alltag zurückführt, der sich aus der „Verselbständigung der Bildung Erwachsener" in einem eigenen gesellschaftlichen Teilbereich (Kade 1985, S. 23) entwickelt hat. Während Kursleitende ihrem Auftrag entsprechend den Kurs prinzipiell als eine Lehr- Lernsituation definieren, sind die Teilnehmenden - auch aus der Sicht der Einrichtungen - frei, diese Situationsdefinition zu übernehmen oder den Kurs auch „als einen anderen Typ von sozialer Situation", vergleichbar der in einem Kino oder einem Café, zu definieren (ebd.). In diesem Falle schlagen Handlungsmotive aus dem Alltag, z.B. Kontakt- und Freizeitbedürfnisse, stärker auf den Kurs durch als normalerweise. Aber auch wenn Teilnehmende die Situationsdefinition der Kursleitenden weitgehend übernehmen, wirken die dem Alltag immanenten Behinderungen des Lernens, z.B. durch berufliche oder familiäre Beanspruchungen, in Form von Unpünktlichkeit, Unkonzentriertheit oder dergleichen in den Kurs hinein. Beide Arten alltäglicher Einflüsse können von Kursleitenden wie von denjenigen Teilnehmenden, die deren Situationsdefinition teilen und aktuell umsetzen können, als Störungen erlebt werden (vgl. Kade 1985, S. 25 f.).

Kade betont, daß auch Kursleitende den Kurs als Teil ihres Alltags ansehen können, z.B. wenn sie damit „soziale Isolierung, Vereinsamung etc. zu überwinden versuchen" (Kade 1985, S. 26). Bei den vom Autor mit Hilfe sequenzanalytischer Interpretationen von 85 offenen Interviews von Kursleitenden und Teilnehmenden an Volkshochschulen herausgearbeiteten Störungen handelt es sich um zwei unterschiedliche Typen. Beim ersten Typ geht die Störung vom abweichenden Verhalten einer oder mehrerer Teilnehmender aus, auf das der oder die Kursleitende reagiert. Dazu gehören die Ausgrenzung leistungsschwächerer Teilnehmender durch die anderen Teilnehmenden, strickende Teilnehmende - ein inzwischen wohl historisches Phänomen - und schweigende Teilnehmende (vgl. Kade 1985, S. 35 ff.). Beim zweiten Typ ergibt sich die Störung daraus, daß Teilnehmende den Kurs im Sinne ihrer lebensgeschichtlichen Interessen instrumentalisieren, so daß sie die in ihm liegenden Bildungschancen nicht ausschöpfen können. Zu diesem Typ gehören die sogenannte Gemeindebildung, d.h. die Fixierung von Teilnehmenden auf eine/n bestimmte/n Kursleitende/n, und informelle Kommunikation als primärer Zweck des Kursbesuches (vgl. Kade 1985, S. 114ff.).

Die in den bisher dargestellten Veröffentlichungen über Schwierigkeiten in Veranstaltungen der Erwachsenenbildung verwendeten Konzepte „Handlungsprobleme" (Müller 1983) und „Störungen" (Kade 1985) weisen eine gewisse Unbestimmtheit auf. So läßt der Begriff des Handlungsproblems das Ausmaß der Beeinträchtigung des didaktischen Handelns von Kursleitenden offen. So kann der Begriff der Störung so weit ausgelegt werden, daß damit auch noch Vorgänge großer zeitlicher Erstreckung wie Gemeindebildung usw. bezeichnet werden können.

Nicht so sehr in kritischer Abgrenzung gegen diese Konzepte, als vielmehr im Interesse ihrer heuristischen Ergänzung wollen wir den Begriff der „kritischen Situation" einführen, der im folgenden Abschnitt unter Berücksichtigung seiner Vorläufer näher expliziert wird.

1.2   Zum Begriff der kritischen Situation

Der Begriff der kritischen Situation wird im Alltag schon seit langem in etwa der Bedeutung verwendet, die wir ihm auch im Kontext der Erwachsenenpädagogik zuschreiben. Im Alltag spricht man von kritischen Situationen, „wenn Ehepartner nach einer Auseinandersetzung in eisiges Schweigen verfallen, wenn politische Gespräche an einem toten Punkt angelangt sind, wenn nach einer Umweltkatastrophe in den Straßen der davon betroffenen Stadt Plünderungen stattfinden" (Doerry 1990, S. 147). Das Gemeinsame all dieser Situationen ist, daß Beziehungen zwischen einzelnen, Gruppen und größeren sozialen Einheiten, soziale Ordnungen oder natürliche Gegebenheiten plötzlich gefährdet erscheinen. Im Falle ernster gesundheitlicher Gefährdung eines Menschen wird bekanntlich von einem „kritischen Zustand" gesprochen.

In der Psychologie wurde relativ früh der Begriff des „kritischen Ereignisses" (critical incident) verwendet, der eine vom eben erwähnten umgangssprachlichen Begriff der „kritischen Situation" abweichende, dennoch begriffsgeschichtlich - auch in unserem Zusammenhang - interessante Bedeutung hat. Der Begriff wurde Mitte der 40er Jahre bei der Entwicklung eines neuen Verfahrens für psychologische Eignungsuntersuchungen in der amerikanischen Luftwaffe verwendet (vgl. Flanagan 1954, S. 327 ff.). Das Verfahren bestand in der Sammlung relevanter, d.h. für die Lösung der jeweiligen beruflichen Aufgabe funktionaler und dysfunktionaler Verhaltensweisen mit Hilfe von Expertenbefragungen und der Kategorisierung derselben in Form von Verhaltensdimensionen, mit denen die Qualifikationsvoraussetzungen (critical requirements) der betreffenden Tätigkeit umschrieben wurden. Die relevanten Verhaltensweisen wurden als „critical incidents", das Verfahren als „critical incident technique" bezeichnet (Flanagan 1954, S. 329).

Unter „critical incidents" verstand man also die Reaktionen von Angehörigen bestimmter Berufe auf die Aufgabe, die beobachtungstechnisch als Ereignisse in einer Verhaltens- bzw. Handlungssequenz definiert wurden. Die Einbeziehung dysfunktionaler Verhaltensweisen in derartige Inventare war zweckmäßig, weil ihre Vermeidung bzw. Kontrolle selbst eine Qualifikationsvoraussetzung darstellt.

Interessant in unserem Zusammenhang ist, daß der Begriff sich auf Kriterien erfolgreichen beruflichen Handelns bezieht. Damit überlappt er teilweise mit dem hier zugrunde gelegten Begriff der kritischen Situation (s.u.)[3].

---

[3]Das Verfahren wurde nach dem Ende des Zweiten Weltkrieges auch auf nichtmilitärische Arbeitsplätze angewandt, z.B. bei der Entwicklung von Schätzskalen zur Erfassung von Lehrerverhalten. Vgl. Flanagan 1954, S.

Arthur M. Cohen und R. Douglas Smith, zwei klinische Psychologen und gruppendynamische Trainer, machten den Begriff des „kritischen Ereignisses" zum zentralen Konzept eines Modells zur Identifikation von Indikatoren für Interventionen von Gruppenleitenden in Selbsterfahrungsgruppen (growth groups). Zu diesem Zweck gaben sie ihm einen etwas anderen Akzent. Sie definierten das „kritische Ereignis" als einen Vorgang in der Gruppe, der Gruppenleitende veranlaßt, in geeigneter Weise zu intervenieren. Dabei kann es sich um eine Auseinandersetzung zwischen einer/einem oder mehreren Teilnehmenden und der/ dem Gruppenleitenden, um eine Auseinandersetzung unter Teilnehmenden oder um eine Phase anhaltenden Schweigens handeln (vgl. Cohen/Smith 1976a, S. 114).

Ob ein Vorgang als kritisches Ereignis angesehen werden kann, läßt sich nicht an bestimmten „objektiven" Merkmalen, etwa an der in einer Auseinandersetzung zum Ausdruck kommenden Feindseligkeit gegen den Gruppenleiter, ablesen. Es liegt auch nicht im Ermessen des Gruppenleiters auf der Grundlage seiner einschlägigen Erfahrung; es bemißt sich vielmehr an der Eignung des Vorganges als Anlaß für eine den Gruppenprozeß fördernde Intervention. Damit Gruppenleiter die diesbezügliche Eignung von Vorgängen erkennen können, haben die Autoren ihr „Critical-Incident-Model" entwickelt, das insbesondere Anfängern einen Leitfaden für die Analyse der Entstehungsbedingungen und Funktion kritischer Ereignisse sowie für die Entscheidung über angemessene Interventionen und für deren Auswertung an die Hand geben soll. Es soll ihnen damit die Einschätzung des jeweiligen Stands der Gruppenentwicklung erleichtern und als „counter-balance to either rigid or unplanned approaches to leadership interventions" fungieren (Cohen/Smith, 1976a, S. 124).

Der in seiner Differenziertheit beeindruckende Katalog typischer kritischer Ereignisse, den die Autoren auf der Basis strukturierter Beobachtung vieler Selbsterfahrungsgruppen und von Interviews von Gruppenleitern erarbeitet haben und im zweiten Band ihres Buches - gegliedert nach Anfangs-, Mittel- und Abschlußphase derartiger Gruppen - vorstellen, zeigt als gemeinsames Merkmal praktisch aller dieser Ereignisse, daß durch sie die Lernmöglichkeiten einiger oder aller Teilnehmenden an einer Selbsterfahrungsgruppe behindert oder nicht voll ausgeschöpft werden (vgl. Cohen/Smith 1976b).

Der Begriff des kritischen Ereignisses von Cohen und Smith erscheint uns wegen seiner Orientierung an den Zielen und der Verlaufsdynamik von Selbsterfahrungsgruppen nicht als heuristisches Konzept für die Erforschung von Schwierigkeiten in themenzentrierten Veranstaltungen der Erwachsenenbildung geeignet. Zudem legt er das Mißverständnis nahe, daß er sich nur auf *punktuelle* Vorgänge wie z.B. eine aggressive Äußerung bezieht. Wir gehen aber davon aus, daß nicht nur Ereignisse per se, sondern die dadurch ausgelösten Situationen „kritisch", d.h. „schwierig, bedenklich, gefährlich" für eine Veranstaltung sind (vgl. Duden 1990, S. 438). Unter Situationen verstehen wir in Übereinstimmung mit der sich sowohl in der Psychologie als auch in der

---

332 f.; Tent 1970, S. 970 f. Die von Flanagan erhoffte breitere Anwendung des Verfahrens in der Psychologie blieb allerdings aus. Vgl. Flanagan 1954, S. 335; Cohen, Smith 1976a, S. 120.

Soziologie durchsetzenden „interaktionistischen" Sicht Zusammenhänge von äußeren Vorgängen, ihrer Wahrnehmung, kognitiven und emotionalen Verarbeitung durch die handelnden Personen und dem sich daraus ergebenden Verhalten derselben (vgl. Hoff 1992, S. 40 f.). Deshalb plädieren wir für den Begriff der kritischen Situation als Schlüsselbegriff für einen neuen Untersuchungsgegenstand der Lehr-Lernforschung. Zur Definition desselben wird an die theoretische Vorarbeit eines der beiden Autoren angeknüpft (vgl. Doerry 1989, S. 120 ff.): *Von einer kritischen Situation kann dann gesprochen werden, wenn das Verhalten der Teilnehmenden oder der/des Leitenden von Zielen und/oder Normen der Veranstaltung wesentlich abweicht oder abzuweichen droht. Eine kritische Situation erfordert deshalb eine Intervention von seiten des Leitenden oder von Teilnehmenden, die darauf abzielt, die „Ziel- oder Normorientierung der betreffenden Personen wiederherzustellen oder im Extremfall andere Ziele oder Normen zu verabreden"* (Doerry 1989, S. 124). Einige Erläuterungen dieser Definition sind erforderlich:

- Damit das Konzept die gesamte Variabilität kritischer Situationen zumindest prinzipiell berücksichtigen kann, muß es relativ formale Kriterien enthalten. Diese scheinen uns in „Abweichungsgraden von immanenten Standards der Veranstaltung" (ebd.; im Original kursiv) gegeben zu sein.

- Als Ziele der Veranstaltung sind die Richt- und Grobziele zu verstehen, die zwischen dem Kursleitenden und den Teilnehmenden zu Beginn mehr oder weniger explizit verabredet werden. Als Normen sind alle Verhaltensregeln zu verstehen, die das zielangemessene Verhalten der Teilnehmenden wie der Leitenden regulieren. Dazu gehören zum einen die Verhaltensregeln, die sich aus der Organisationsform (z.B. Sitzungszeiten) und den Arbeitsweisen (z.B. Form der Mitarbeit der Teilnehmenden) ergeben und die in der Regel nur vereinbart werden, wenn sie nicht üblich sind, zum anderen diejenigen Verhaltensregeln, die sich im Zuge der Veranstaltung herausgebildet haben und die Kooperation der Teilnehmende untereinander und mit dem Leiter betreffen (z.B. Kritikphasen, Rauchverbot).

- Die Bestimmung dessen, was unter wesentlicher Abweichung von Zielen und Normen einer Veranstaltung zu verstehen ist, ist theoretisch schwierig und bedarf daher - wie die Frage einer Typologie kritischer Situationen und ihrer Bedingungen - empirischer Untersuchungen. Besonders krasse Varianten kritischer Situationen liegen vor, „wenn (1) eine Einigung über Ziele und/oder Normen der Veranstaltung nicht erreicht werden kann, wenn (2) die Einigung unterlaufen und/oder (3) wenn sie nachträglich in Frage gestellt wird" (Doerry 1989, S. 125).

1.3   Zur Reaktiondynamik von Kursleitenden

Die Reaktionsdynamik der Kursleitenden in kritischen Situationen wird vor allem durch zwei Faktoren bestimmt:

- durch die Notwendigkeit, so zu reagieren, daß die unterbrochene Arbeit zielgerichtet fortgesetzt werden kann,

- durch die Schwierigkeit, unter den Bedingungen knapper Zeit und psychischer Anspannung ein angemessenes Handlungsmuster zu finden und umzusetzen.

Die Reaktion auf eine kritische Situation kann als eine Variante des „Handelns unter Druck" (Wahl 1991, S. 5 f.) angesehen werden. Wahl hat dieses Konzept primär im Hinblick auf Unterricht in Schule, Hochschule und Erwachsenenbildung entwickelt. Das Unterrichtsgeschehen zeichnet sich ihm zufolge durch seine Komplexität, Vernetztheit, teilweise Intransparenz, die Vielfältigkeit der vom Lernenden verfolgten Ziele, die teilweise im Widerspruch zueinander stehen können, sowie durch seine Eigendynamik aus (vgl. Wahl 1991, S. 9 f.). Zu Handeln unter Druck kommt es, wenn durch die Eigendynamik des Unterrichtsgeschehens „unvorhergesehen Situationen" (S. 10) entstehen, die die angestrebten Ziele entweder begünstigen oder bedrohen. Lehrende müssen in jedem Falle auf derartige Situationen reagieren, entweder um die darin liegenden positiven Tendenzen auszunutzen oder um die negativen Tendenzen zu blockieren. Im übrigen wird von den Lernenden eine Reaktion als Bekräftigung der Autorität des/der Lehrenden erwartet (vgl. Wahl 1991, S. 10 f.). Wegen der Kürze der ihnen dafür zur Verfügung stehenden Zeit müssen Lehrende sich „ohne Ausnützen aller verfügbaren externen und internen Informationen, sowie ohne Ausschöpfen der eigenen Problemlösetendenzen" orientieren und sich für eine Reaktion entscheiden (Wahl 1991, S. 11).

Wie schon aus der Wiedergabe der entsprechenden Ausführungen von Wahl deutlich geworden sein dürfte, sind nicht alle im Laufe des Unterrichtsgeschehens entstehenden unvorhergesehenen Situationen kritische Situationen im Sinne unserer Definition. Diejenigen, die diese Merkmale erfüllen - bei Wahl also diejenigen, die „für die angestrebten Ziele ... bedrohlich" sind (ebd.) - führen tendenziell zu höherer psychischer Anspannung durch Angst, Ärger oder andere Emotionen als nicht-kritische Situationen. Das hängt zum einen damit zusammen, daß erwartungswidriges Verhalten anderer in einer Interaktionssituation in der Regel negative Gefühle hervorruft, wie auch schon aus der Primärerfahrung bekannt ist. Zum anderen hängt es damit zusammen, daß Handlungsziele - wie wir aus der Handlungspsychologie wissen - einen bestimmten Stellenwert in der Zielhierarchie der betreffenden Person haben, der von den sogenannten „Oberzielen" (Heckhausen) bestimmt wird (vgl. Lantermann 1980, S. 132 ff.). Daß stärkere soziale Angst mobilisiert werden kann, wenn durch die Gefährdung von Handlungszielen Oberziele mit einem höheren Anreizwert tangiert werden, haben empirische Untersuchungen auf der Basis eines handlungspsychologischen Modells bestätigt (vgl. Lantermann 1980, S. 144 ff.).

Es ist daher denkbar, daß bei freiberuflichen Kursleitenden, die von ihrer Lehrtätigkeit in der Erwachsenenbildung leben, durch kritische Situationen mehr Angst ausgelöst wird als bei nebenberuflichen, da für jene von der erfolgreichen Durchführung ihrer Kurse sowohl ihre Berufszufriedenheit als auch ihre Subsistenzsicherung abhängt.

Durch Angst wird die Suche nach einer angemessenen Reaktion auf die kritische Situation zusätzlich zu der äußerst knappen Zeit erschwert und die Wahrscheinlichkeit von genetisch vorgegebenen, unspezifischen „Notfallreaktionen" wie z.B. Angriff, Flucht oder Vermeidung (Dörner u.a. 1983, S. 426) erhöht, zumindest bei Kursleitenden, die (noch) nicht über spezifische, relativ routinisierte Handlungsmuster verfügen. Schematisch läßt sich die Reaktionsdynamik in kritischen Situationen folgendermaßen darstellen:

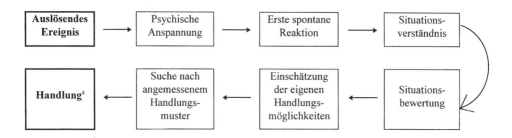

Abb. 1: Reaktionsdynamik von Kursleitenden in kritischen Situationen

2   Empirische Befunde

Im folgenden stellen wir die wesentlichen Ergebnisse der bereits erwähnten Untersuchung, die der Arbeitsbereich Didaktik der Erwachsenenbildung des Instituts für Wirtschafts- und Erwachsenenpädagogik der Freien Universität Berlin im Sommer 1996 an sechs Berliner Volkshochschulen (zwei aus dem ehemaligen Westteil der Stadt und vier aus ehemaligen Ostberliner Bezirken) durchführte. Die empirische Datenbasis für die im folgenden berichteten Ergebnisse bilden 74 schriftliche Schilderungen von kritischen Situationen, die Kursleitende an Berliner Volkshochschulen erlebt haben. Wir werden daraus eine erste Unterscheidung von Bedingungsebenen ableiten, die bereits bestehende Ordnungsversuche integriert.

Die Untersuchungsergebnisse legen eine Unterscheidung von kritischen Situationen nach zwei Hauptebenen nahe: eine gruppen*interne* Ebene, die von Konflikten innerhalb der Gruppe bestimmt wird, und eine gruppen*externe* Ebene, die sich durch Probleme auszeichnet, die von außen in die Gruppe hereingetragen werden. Diese Unterscheidung entspricht in etwa den von Kade angenommenen Quellen von Störungen (vgl. 1.1).

Die gruppen*interne* Ebene ist gekennzeichnet durch Konflikte zwischen Teilnehmenden und Kursleitenden auf der einen Seite und durch Konflikte zwischen Teilnehmen-

---

[4] Zu möglichen komplexitätsreduzierenden kognitiven Strategien, die die Suche nach angemessenen Reaktionen auf unvorhergesehene Situationen erleichtern (können), vgl. Wahl 1991, S. 26 ff.

den auf der anderen Seite. Die gruppen*externe* Ebene läßt sich unterteilen in Probleme von Teilnehmenden und Probleme von Kursleitenden. Somit haben wir vier verschiedenen Kategorien für kritische Situationen, die - so unsere These - von Kursleitenden unterschiedlich bewertet werden, da das Ausmaß der eigenen Betroffenheit sowie die Nähe zu den Inhalten, die sie zu vermitteln versuchen, erwartungsgemäß variieren.

Ein markantes und nicht überraschendes Ergebnis der Untersuchung ist, daß mit Abstand die meisten kritischen Situationen auf der gruppen*internen* Ebene anzusiedeln sind und zwar in der Kategorie „Konflikte zwischen Kursleitung und Teilnehmenden" (30). An zweiter Stelle wurden auf der gruppen*externen* Ebene Probleme von Kursleitenden genannt (20), die jedoch nicht direkt in kritische Situationen münden, sondern offensichtlich eher langfristig Auswirkungen auf die Zufriedenheit der Kursleitenden und damit auf das Kursgeschehen haben. Hier wurden jedoch keine in sich abgeschlossenen Situationen berichtet, sondern erschwerende Rahmenbedingungen. Daher konnten nur vier Situationen in diese Kategorie aufgenommen werden. Trotzdem soll die Tatsache erwähnt werden, daß Kursleitende häufig die Rahmenbedingungen ihrer Kurse problematisierten. Auch wenn dies nicht immer im Zusammenhang mit konkreten Situationen geschah, findet sich hier möglicherweise ein Nährboden für Konflikte zwischen Teilnehmenden (Heterogenität der Teilnehmenden) aber auch zwischen Teilnehmenden und Kursleitenden (ungenaue Ankündigungen, Zuspätkommen). Es zeigt sich bei den Schilderungen der kritischen Situationen auf der gruppen*internen* Ebene, daß häufig die Heterogenität der Teilnehmenden als Ursache für die beschriebenen Situationen benannt wurde.

Am dritthäufigsten werden Situationen der Kategorie „Konflikte zwischen Teilnehmenden" berichtet (14). Für die Einordnung der Situationen ist manchmal eine Abgrenzung der Kategorie „Konflikte zwischen Teilnehmenden und Leitung" gegen „Konflikte zwischen Teilnehmenden" schwer vorzunehmen, da sich in einigen Fällen einzelne Teilnehmende so dominant in den Vordergrund spielten, daß es dabei zu Konflikten auf beiden Ebenen kam. Solche Fälle wurden bewußt in die Kategorie „Konflikte zwischen Teilnehmenden" eingeordnet, um sie von den üblichen, eher auf Kritik an der Leitung bezogenen Konflikten abzuheben. In der letzten Kategorie finden sich acht Situationen, in denen Probleme von einzelnen Teilnehmenden mittelbar oder unmittelbar in das Kursgeschehen einflossen.

2.1   Konflikte zwischen Kursleitung und Teilnehmenden

Als ein zentrales Ergebnis der Analyse der Situationsbeschreibungen hat sich gezeigt, daß Konflikte zwischen Kursleitenden und Teilnehmenden in den meisten Fällen entstehen, wenn Teilnehmende sich der/ dem Kursleitenden gegenüber überlegen fühlen oder wenn sie dem Kursniveau nicht genügen. Solche Teilnehmende reißen dann das Unterrichtsgeschehen durch dominantes, aggressives Verhalten oder durch Kritik an Methode und Unterrichtstempo zeitweise an sich. Auch eine Verweigerung der Teilnahme an Übungen kann als eher passiver Ausdruck von Kritik gewertet werden.

In dieser Kategorie finden sich in mehreren Fällen Hinweise auf eine emotionale Verwicklung der Kursleitenden. Besonders in den Situationen, in denen die Teilnehmenden die Mitarbeit verweigern, werden Kursleitende emotional involviert; möglicherweise weil diese Situation sehr schwer einzuschätzen ist und dies zu Verunsicherung führt. Die meisten Fälle, in denen die Kursleitenden emotional involviert waren, endeten aus deren Sicht nicht zufriedenstellend. Dies bestätigen handlungspsychologische Befunde, denen zufolge durch Selbstzweifel eine gelassene Suche nach einer angemessenen Bewältigung verhindert bzw. erschwert wird.

Ein typisches Beispiel für diese Kategorie ist eine Situation, in der ein Teilnehmender in einem Russischkurs im 2. Semester nicht mehr mitkam.

> „Es kam zu einer etwas schwierigen Situation in einem Russischkurs. Ein Teilnehmer, der mit großem Interesse das 1. Semester eines Russischkurses besucht hatte, fühlte sich im 2. Semester überfordert. Er kritisierte das zu schnelle Unterrichtstempo und die für ihn zu hohen Anforderungen. Es kam zu einer Diskussion in der Gruppe, aus der hervorging, daß die anderen seine Meinung nicht teilten. Ich versuchte in den folgenden Stunden einen Kompromiß zu finden und auf ihn besonders einzugehen. Leider ohne Erfolg - der Teilnehmer gab auf und kam nicht mehr. Ursache für diese Situation: sehr unterschiedliche Vorkenntnisse der Teilnehmer; meine Angst, die Leistungsstarken zu unterfordern."

Als Ursache für die Situation sah die Kursleitende selbstkritisch ihre Angst, die Leistungsstarken zu unterfordern. Darin findet sich implizit ein Hinweis darauf, daß sie ihre eigene Kompetenz unter Beweis stellen wollte. Sie nahm eher in Kauf, daß langsamere Teilnehmende unzufrieden waren, als daß die Besseren das Niveau zu niedrig fanden. In dieser Situation ist die Reaktion des Teilnehmenden, das Fernbleiben, aufgrund des Verhaltens der Kursleitenden einsichtig. Sein Interesse war es nicht, besonders in den Mittelpunkt gerückt zu werden, sondern daß das Unterrichtstempo verlangsamt wurde. So geriet er auch in den Augen der Gruppe in die Rolle des Nachzüglers.

2.2 Konflikte zwischen Teilnehmenden

Auch auf dieser Ebene war das dominante Verhalten von einzelnen Teilnehmenden der häufigste Auslöser kritischer Situationen. Es ist jedoch nicht von Kritik oder Überlegenheitsgefühlen gegenüber die Kursleitung, sondern gegenüber den anderen Teilnehmenden bestimmt. In diesen Fällen kam es nicht zu einem Konflikt mit der Leitung, sondern mit der Gruppe. Der Ausgang dieser Situationen war stark abhängig davon, wie professionell damit umgegangen wurde. In den Situationen, in denen mit gruppendynamischen Methoden an die Klärung herangegangen wurde, kam es zu einer positiven Änderung der Situation. Dort, wo die Leitung sich auf die Seite der Gruppe gegen dominante Teilnehmende stellte, kam es zu keiner Klärung der Situation. Die Teilnehmenden verließen in diesen Fällen die Kurse.

Da die Kursleitenden in der Regel bei Spannungen innerhalb der Gruppe emotional weniger involviert waren, konnte besonnenes Verhalten hier eher stattfinden als in Situationen, in denen die Kursleitung Angriffspunkt für die Teilnehmenden war.

„Eine TN spielte sich penetrant in den Vordergrund und dies führte bei den übrigen TN zu unterschwelligen Aggressionen. Die Situation wurde angesprochen. Die beteiligten TN aus der gleichen Arbeitsgruppe mit mir sehen sich in einem inneren Kreis, die 2. Dozentin moderierte das Gespräch. Alle Konfliktpartnerinnen schilderten die Gefühle und wodurch diese ausgelöst wurden. Die Frau, die den 'Unmut' ausgelöst hatte, wurde gefragt, ob sie solche Situationen aus ihrem Berufsalltag kennt. Sie verstand das erste Mal, wie sie bei ihrer Chefin scheinbar unmotivierte Aggressionen auslöste"

Hier gab die kritische Situation Anlaß zu einer supervisionsähnlichen Intervention der Beteiligten.

2.3   Probleme von einzelnen Teilnehmenden

Diese Situationen finden zwar auch auf der Ebene Kursleitung/ Teilnehmende statt, beinhalten aber keine Konflikte, sondern es sind Situationen, in denen die Kursleitenden über ihre Kompetenzen hinaus herausgefordert waren.

In diese Kategorie fallen Probleme, die Teilnehmende mit in den Kurs bringen und an die Kursleitung - in welcher Form auch immer - herantragen. In einem Fall wurde der Kursleitenden während eines Kurses ein Zettel zugeschoben, in dem eine Teilnehmende bekundete, Selbstmord begehen zu wollen. Auch der Umgang mit einer Teilnehmenden, die kurz vor dem Kurs erfuhr, daß sie an einer unheilbaren Krankheit erkrankt war, sowie ein Fall von sexueller Belästigung gehört in diesen Bereich.

„Eine Teilnehmerin aus der Türkei, die sehr hübsch ist, kam ca. eine halbe Stunde vor Kursbeginn morgens in das Lehrgebäude (Bürohochhaus 26. Etage). Es waren kaum Leute anwesend. Ein Deutscher hat sie belästigt, sie fühlte sich bedroht. Auf dem Gang lag das Zimmer der Frauenbeauftragten von XX. Die Teilnehmerin war so geistesgegenwärtig hineinzugehen. Diese hat die Polizei alarmiert. Es wurde Anzeige erstattet. Die Teilnehmerin war sehr erregt, wir haben im Kurs darüber gesprochen - vielleicht war dies nicht ausreichend. Die Teilnehmerin hatte schon mehrere Einbrüche in ihre Wohnung erlebt, sie war sehr verängstigt und da hat sie den Kurs nicht weiter besucht."

Die Probleme hatten nichts mit den Kursinhalten zu tun, weswegen die Kursleitende darauf nicht vorbereitet war. Dies waren in den hier geschilderten Fällen psychische oder physische Probleme, deren Ursachen außerhalb des Kurses lagen. Die Gruppe war in diesen Fällen völlig unbeteiligt bzw. nur am Rande beteiligt. Im Falle der sexuellen Belästigung fand das kritische Ereignis sogar vor dem eigentlichen Kursbeginn statt. Trotzdem, so scheint es, hatten die Kursleitenden den Anspruch, diesen Situationen gerecht zu werden.

Offensichtlich konnten in allen diesen Fällen die Kursleitenden sehr professionell mit den Situationen umgehen. Wir vermuten, daß dies deswegen möglich war, weil die

Situation völlig unabhängig von dem eigentlichen Kursgeschehen war, und damit ihre Kompetenz als Kursleitende nicht in Frage gestellt wurde. Sie wurden von den Teilnehmenden angesprochen und um Hilfe gebeten. Sie berieten bzw. verwiesen die Teilnehmenden an Dritte und waren mit ihrer Situationsbewältigung bis auf eine Ausnahme zufrieden. In dem Fall der sexuellen Belästigung wurde ein Gespräch in der Gruppe geführt. Die Teilnehmende kam jedoch danach nicht wieder. Möglicherweise war ihr die „Veröffentlichung" des Vorfalls peinlich.

2.4 Probleme von Kursleitenden

In diesen Fällen schilderten die Kursleitende eigene Probleme. In erster Linie wurde dabei die Schwierigkeit des Umgangs mit der Heterogenität des Leistungsstandes genannt. Andere Probleme ergaben sich aus der Situation der Kursleitenden als freiberufliche Mitarbeiter der Volkshochschule. Daß Probleme der Abhängigkeit von der Volkshochschule und des beruflichen Selbstverständnisses eine Rolle spielten, besonders im Umgang mit kritischen Situationen, kann hier nicht nachgewiesen, sondern lediglich vermutet werden. Kennzeichen dieser Kategorie war, daß die Probleme der Kursleitenden nicht explizit in die Interaktion im Kurs einflossen, sondern latent vorhanden waren und die Kursleitenden in ihrer Arbeit blockierten. Ein reibungsloser organisatorischer Ablauf der Kurse stellt eine Rahmenbedingung für das Erreichen der Lernziele von Kursen dar. Das Erreichen der Lernziele ist für Kursleitende besonders deshalb wichtig, da sie ausschließlich daran das Gelingen ihrer Arbeit messen können. In einem Fall, in dem sich der Kursleitende über die Verwaltung der VHS aufgeregt hatte, gab er keine Kurse mehr an der entsprechenden VHS, in den anderen Fällen konnten Kompromisse gefunden werden.

2.5 Diskussion

Die Analyse der Situationsbeschreibungen hat gezeigt, daß kritische Situationen in allen Fällen durch Ereignisse entstehen, mit denen die Kursleitenden nicht gerechnet haben und die das Erreichen der Ziele oder - seltener die Einhaltung der Normen - in den Kursen gefährden könnten. Deutlich wird dies in der Kategorie „Probleme von Teilnehmenden". Hier wurden Kursleitende mit Problemen konfrontiert, die außerhalb ihrer Kompetenzbereiche lagen und zu deren Lösung sie in der Regel kein entsprechendes Handlungsrepertoire hatten, dennoch aber - wie gezeigt - professionell reagieren konnten. Auch die Probleme der Kursleitenden gefährdeten einen reibungslosen Ablauf des Kurses, führten aber nicht zu kritischen Situationen wohl aber zu einem erschwerten Kursalltag..

In den meisten Fällen wurde der Ablauf der Kurse jedoch von störenden Teilnehmenden gefährdet. Als am stärksten störend wurde dabei die Dominanz einzelner Teilnehmender empfunden. Bemerkenswert ist, daß dominantes Verhalten von Teilnehmenden in unterschiedlichen Fachbereichen von Kursleitenden anders bewertet wurde: In Fächern, die eine Vermittlung von Wissen nahelegen, erlebten Kursleitende das dominante, aber auch gelegentlich aggressive Verhalten einzelner Teilnehmender als gegen die eigenen Person gerichtet. Besonders Kritik an fachlich/ didaktischer Kompetenz kränkte Kursleitende. In Fächern, die stärker auf die Persönlichkeitsentwicklung der Teilnehmenden abzielen, bewerteten Kursleitende dominantes Verhalten eher als Verhaltensproblem der Teilnehmenden und weniger als Abwertung der eigenen Kompetenz. Sie konnten daher ohne persönliche Betroffenheit in den Prozeß eingreifen und damit professioneller reagieren.

Die in ihren wesentlichen Ergebnissen referierte Untersuchung ermöglichte eine erste Unterscheidung von Bedingungsebenen sowie die Annahme von Zusammenhängen zwischen bestimmten Bedingungsfaktoren und Merkmalen kritischer Situationen, nämlich zwischen der Struktur des unterrichteten Faches und dem Maß der Betroffenheit der Kursleitenden durch Kritik von Teilnehmenden und psychologischer bzw. pädagogischer Fachkompetenz und Zufriedenheit mit der Bewältigung der Situation.

Zur Ermittlung aller wesentlichen Bedingungsfaktoren und der Varianten der Ablaufdynamik kritischer Situationen sind weitere empirische Untersuchungen erforderlich.

Auf der Grundlage unserer Erkenntnisse wäre es in der Kursleiterfortbildung möglich, verschiedene Typen von kritischen Situationen in fachspezifisch unterschiedlichen Settings zu simulieren und die angemessenen Bewältigungsformen bzw. Interventionen einüben zu lassen. Dadurch könnten Kursleitende auch die kognitiven Voraussetzungen dafür erwerben, sich ankündigende bzw. abzeichnende kritische Situationen zu erkennen und so zu intervenieren, daß die destruktiven Folgen kritischer Situationen (z.B. Wegbleiben von Teilnehmenden, Angst der Kursleitenden vor Reputationverlust) vermieden werden könnten und ihr Potential zur Weiterentwicklung der Lerngruppe im Sinne von Cohen und Smith (1976) ausgeschöpft werden könnte.

Literatur

Bechberger, H: Zur Rollenproblematik der Freien Mitarbeiter. In: Report. Literatur- und Forschungsreport Weiterbildung 1990, Nr. 25, S. 67-74

Becker, H. Die verbindende Aufgabe der Erwachsenenbildung in Deutschland und der Welt. In: Berliner Arbeitsblätter für die deutschen Volkshochschule. H. XVII, Berlin, 1962, S. 7-19

Brandt, S./ Bruhn, Ch./ Thie, R.: Zur Lage der Volkshochschuldozenten. In: Volkshochschulen in Berlin. Zeitschrift der Gesellschaft zur Förderung der Volkshochschulen in Berlin e.V. 1/1998, S. 37-40

Brocher, T.: Gruppendynamik und Erwachsenenbildung. Braunschweig 1967

Cohen, A.M./Smith, R.D.: The Critical Incident in Growth Groups. Theorie and Technique. La Jolla, California 1976a

Cohen, A.M./Smith, R.D: The Critical Incident in Growth Groups. A Manual for Group Leaders. La Jolla, California 1976b

Dieckmann, B.: Kursleiter an Volkshochschulen in Berlin (West). Soziale Lage, Qualifikation und Motivation 1979 und 1990. Berlin 1992

Doerry, G.: Metakommunikation in Lerngruppen. Bonn 1975

Doerry, G.: Sozialemotionale Bedingungsfaktoren des Lernverhaltens von Erwachsenen. In: G. Doerry u.a.: Bewegliche Arbeitsformen in der Erwachsenenbildung. Braunschweig 1981, S. 9-62

Doerry, G.: Überlegungen zu einem Konzept „kritischer Ereignisse" in Veranstaltungen der Erwachsenenbildung. In: E. M. Hoerning/H. Tietgens (Hrsg.): Erwachsenenbildung: Interaktion mit der Wirklichkeit. In memoriam Enno Schmitz. Bad Heilbrunn/ Obb. 1989, S. 120-128

Doerry, G.: Kritische Situationen in Lerngruppen (Editorial). In: Gruppendynamik, 21 (1990), 2, S. 147-150

Dörner, D. u.a.: Lohhausen. Bern 1983

Duden: Das Fremdwörterbuch, 5. Aufl., Mannheim 1990

Ernsperger, B.: Gruppendynamik und Didaktik der Erwachsenenbildung. Stuttgart 1973

Flanagan, J.C.: The Critical Incident Technique. In: Psychological Bulletin 51 (1954), 4, S. 327-358

Fricke, R.: Unterrichtsforschung. In: W. Sarges/R. Fricke (Hrsg.): Psychologie für die Erwachsenenbildung - Weiterbildung. Göttingen 1986, S. 557-567

Gerl, H.: Interaktionsstrukturen im Erwachsenenunterricht. Bonn 1975

Gerl, H.: Kurskritik von Teilnehmern in der soziokulturellen Erwachsenenbildung. In: H. Siebert (Hrsg.): Praxis und Forschung in der Erwachsenenbildung. Opladen 1977, S. 98-128

Gerl, H.: Interaktionsforschung: Soziale Interaktion in Lerngruppen Erwachsener. In: H. Siebert (Hrsg.): Taschenbuch der Weiterbildungsforschung. Baltmannsweiler 1979, S. 515-536

Hoefert, H.-W./ Tietgens, H.: Kognitive und affektive Ebenen von Gruppenprozessen. Bonn 1976

Hoff, E. H.: Arbeit, Freizeit und Persönlichkeit. 2. Aufl., Heidelberg 1992

Kade, J.: Gestörte Bildungsprozesse. Empirische Untersuchungen zum pädagogischen Handeln und zur Selbstorganisation in der Erwachsenenbildung. Bad Heilbrunn/ Obb. 1985

Landesinstitut für Schule und Weiterbildung (Hrsg.): Im Netz der Organisation. Soest 1991

Lantermann, E.D.: Interaktionen. Person, Situation und Handlung. München 1980

Maslach, S.: Burnout - The Cost of Caring. Englewood Cliffs, N.J. 1982

Müller, K.R.: Ein Handbuch der Erfahrungen und Reflexionen. In: K.R. Müller (Hrsg.): Kurs- und Seminargestaltung. München 1983, S. 8-11

Olbrich, J.: Einleitung. In: J. Olbrich (Hrsg.): Legitimationsprobleme in der Erwachsenenbildung. Stuttgart - Berlin - Köln - Mainz 1980, S. 7-17

Schlutz, E.: Unterrichtsforschung: Unterricht - ein für die Weiterbildungsforschung relevantes Feld? In: H. Siebert (Hrsg.): Taschenbuch der Weiterbildungsforschung. Baltmannsweiler 1979, S. 482-514

Siebert, H.: Wissenschaft und Erfahrungswissen der Erwachsenenbildung. Paderborn 1979

Siebert, H.: Lehr-Lernforschung in der Erwachsenenbildung. In: E. Schlutz/ H. Siebert (Hrsg.): Stand und Aufgaben der empirischen Forschung in der Erwachsenenbildung. Jahrestagung 1985 der Kommission Erwachsenenbildung der Deutschen Gesellschaft für Erziehungswissenschaft. Bremen 1986, S. 154-159

Spangenberg, K.: Chancen der Gruppenpädagogik. Weinheim 1969

Strzelewicz, W.: Erwachsenenbildung. Soziologische Materialien. Heidelberg 1968

Tent, L.: Schätzverfahren in der Unterrichtsforschung. In: K. Ingenkamp (Hrsg.): Handbuch der Unterrichtsforschung. Teil 1: Theoretische und methodologische Grundlegung. Weinheim 1970, S. 853-999

Tietgens, H.: Lernen mit Erwachsenen. Unt. Mitarb. v. H. L. Matzat, H. Müller u. J. Weinberg. Braunschweig 1967a

Tietgens, H.: Vorwort. In: Erwachsenenbildung und Schule. Zusammengest. v. H. Tietgens. Braunschweig 1967b, S. 7-14

Tietgens, H./ Weinberg, J.: Erwachsene im Feld des Lehrens und Lernens. Braunschweig 1971

Wahl, D.: Handeln unter Druck. Weinheim 1991

Winkel, H.: Der gestörte Unterricht. Bochum 1988

RUDOLF TIPPELT

Kontinuität oder Diskontinuität von Bildungsbiographien?
Schulische Lernerfahrungen und Weiterbildungsinteressen aus
der Perspektive sozialer Milieuforschung

1. Soziale Differenzierung und Adressatenforschung

Soziale Milieuforschung ist im Kontext der Erwachsenenbildung eine Form der Adressat/-innenforschung (vgl. Mader/Weymann 1979). Vorwiegendes Interesse einer milieuorientierten Adressatenforschung ist es, soziale Unterschiede wie auch Differenzen zwischen den Lebensaltern deutlich zu beschreiben. Milieuforschung sucht daher Anschluß beispielsweise an die Göttinger Studie zur Erwachsenenbildung, die damals Schelsky mit seiner These von der „sozialen Nivellierung in der Mittelstandsgesellschaft" widersprochen hat. Strzelewicz u.a. (1966) fanden damals, daß gerade bei den unteren sozialen Schichten der Bildungsbegriff einen stark sozialstratifikatorischen Aspekt hat. Sie interpretierten diesen Befund als Hinweis darauf, daß eine im Bewußtsein großer Bevölkerungskreise vorhandene Rangstufung in unserer Gesellschaft besteht, „die daher alles andere als nivelliert genannt zu werden verdient" (Strzelewicz 1968, S. 60). Im Hinblick auf Bildung konnten von den Verfassern der Göttinger Leitstudie soziale Strukturen gut rekonstruiert und Hinweise auf lebensgeschichtliche Bildungsprozesse gegeben werden, wenngleich die biographischen Entwicklungs- und Bildungsprozesse nicht im Vordergrund des Forschungsprojektes standen (Strzelewicz/ Raapke/ Schulenberg 1966, S. 577).

Auch die aktuelle soziale Milieuforschung ist nicht als Biographieforschung angelegt (vgl. Barz/Tippelt 1994). Allerdings können immerhin die formulierten Weiterbildungsinteressen in sozialen Milieus systematisch mit den Schulerfahrungen und den frühen Bildungserlebnissen in der Familie verglichen werden. Die frühen Bildungserfahrungen in Familie und Schule prägen den im Erwachsenenalter formulierten Bildungsbegriff in den verschiedenen Milieus und wirken sich auf Weiterbildungsinteressen und -karrieren aus.

Zielgruppen- und Adressatenforschung hat eine lange Tradition und die Leitstudien in diesem Bereich verbinden sich meist mit Städtenamen: die Hildesheim-Studie (1954 erhoben, vgl. Schulenberg 1957), die Göttinger Studie (1958 - 60 erhoben, vgl. Strzelewicz/ Raapke/ Schulenberg 1966), die Hannover-Studie (1971 - 73 erhoben, vgl. Siebert/Gerl 1975), die Oldenburg-Studie (1973 erhoben, vgl. Schulenberg u. a. 1978), die BUVEP-Studie (1975 - 1976 erhoben, vgl. Kejcz u. a. 1979f) und - als komplexe Angebotsanalyse mit Möglichkeiten der Interpretation von Teilnehmerverhalten konzipiert - die Bremer Studie (1992 erhoben, vgl. Körber u. a. 1995) haben jeweils unter spezifischen Fragestellungen versucht, Meinungen, Erwartungen und Verhalten gegenüber den Angeboten der Erwachsenenbildung zu erhellen.

Als besonders anspruchsvolle und in ihrem wissenschaftlichen Ertrag sehr interessante Studie ist die Göttinger Studie anzusehen, denn sie hat in innovativer Weise soziale Lage und Bildungseinstellungen aufeinander beziehen können. Zentrales Anliegen der Göttinger Studie war es, einen Überblick zu den Bildungsvorstellungen in der Deutschen Gesellschaft zu erhalten und Differenzierungen dieser Bildungsvorstellungen nach sozialen Schichtlagen herauszuarbeiten. Bereits in der ideen- und sozialhistorischen Einleitung dieser Studie hat Strzelewicz ausgeführt, daß der Bildungsbegriff mehrdeutig zwischen den Polen romantischer Ideale und den externen Aspekten der Rollenzuweisung mittels Bildungszertifikate anzusiedeln ist.

„Auf der einen Seite ist Bildung zum Merkmal einer Statushierarchie oder eines Rollensystems geworden. Auf der anderen Seite erschien Bildung als persönliche Ausformung, die von Charakter zeugte oder von geistigen Voraussetzungen oder der Gunst anderer Bedingungen anzuhängen schien und nichts mit gesellschaftlichen Unterschieden zu tun hatte. In dieser Antinomie zwischen einer sozial-differenzierenden und einer nur personal- oder charakterlich-differenzierenden Deutung des Bildungsbegriffs ... versteckt sich aber gleichzeitig auch die Spannung zwischen einer der Demokratisierung verbundenen und einer von ihr abgewandten Haltung" (Strzelewicz/ Raapke/ Schulenberg 1966, S. 31).

2. Soziale Milieuforschung: Bildung, Schulerfahrungen und Weiterbildungsinteressen

Unter bewußter Anknüpfung an die Zielsetzungen und die Anregungen der Göttinger Studie, beispielsweise bei der Thematisierung des „gebildeten Menschen" oder der Frage nach den realen Schulerfahrungen und den allgemeinen Weiterbildungsinteressen, legten wir in Freiburg eine eigene empirische Studie an. Im Sommer 1995 bis Frühjahr 1996 führten wir nach einem milieubezogenen Stichprobenplan mit einhundertdrei Frauen aus neun verschiedenen Milieus Tiefeninterviews durch (vgl. ausführlich Tippelt/ Eckert/ Barz 1996). Auf Frauen konzentrierten wir uns, weil wir die allgemeine Weiterbildung betrachteten und weil Frauen, insbesondere bei Volkshochschulen, den weitaus größten Anteil stellen. Auch die unterschiedlichen Familiensituationen von Frauen konnten wir systematisch berücksichtigen. In modifizierter Form nahmen wir die in der Göttinger Studie entwickelten Sorting-Versuche zu den Funktionen und Aufgaben der Schule und der Volkshochschule auf und wir führten kontrolliert Assoziationsversuche, beispielsweise zu den Bereichen „Volkshochschule" oder „Bildung" durch. Die biographischen Bildungserfahrungen konnten wir in dieser Studie nur durch den Rückblick der Interviewpartnerinnen auf ihre familialen und schulischen Lern- und Bildungserfahrungen erfassen. Im folgenden wird versucht, diese subjektiven Konstruktionen zur eigenen Bildungsgeschichte knapp und charakterisierend mit den aktuellen Weiterbildungsinteressen milieuspezifisch zu verbinden.

Zunächst ist aber hervorzuheben, daß es bei den Schulerinnerungen auch milieuübergreifende Befunde gibt (vgl. Barz 1998): So erinnern Frauen aus den gehobenen Milieus den Schulbesuch eher als eine glückliche Zeit, während die Arbeitermilieus und auch das hedonistische Milieu den Schulbesuch häufig als „Alptraum" beschreiben. Die Unterschichtmilieus fühlten sich in der Schule stark gehänselt und Erfahrungen von Angst werden häufiger formuliert. In allen Milieus erinnern sich die Interviewpartnerinnen an einzelne Lehrer, die sich als interessante Vorbilder einprägen konnten. Gleichzeitig finden wir wiederum in allen Milieus Lehrer, die eine Quelle ständiger „Bedrohung" bedeuteten. In allen Milieus werden Gemeinschaftserfahrungen der Schule, wie Schullandheimaufenthalte, Klassenfahrten, Ausflüge als etwas sehr Angenehmes beschrieben, während wiederum Vertreterinnen aller Milieus eine fehlende Lebens- oder Praxisnähe des schulischen Lehrstoffs beklagten.

Im folgenden wird versucht, einen milieuspezifischen Bildungsbegriff zu beschreiben und Schulerinnerungen und -beurteilungen mit aktuellen Bildungs- und Weiterbildungsinteressen im Erwachsenenalter in Verbindung zu bringen.

Im *konservativ gehobenen Milieu* dominiert eine hohe Formalbildung, die meisten haben Abitur, Fachhochschulreife oder darüber hinaus auch ein Hochschulstudium absolviert. Der Bildungsbegriff wird in diesem Milieu nicht in Frage gestellt, aber man versucht, ihn von reinem Fach- und Spezialwissen abzugrenzen. Die Gefahr des Verfalls der Bildungsidee wird eindeutig analysiert und von reinen hochqualifizierten „Fachidioten" will man sich abgrenzen. Zur Bildung gehört ein Wissensvorrat, gehören selbstverständlich Bildungszertifikate, gehört Lebenserfahrung, aber auch gute Umgangsformen, ein nie aufhörendes Lernen und eine sich immer stärker vertiefende Selbstverwirklichung prägen das Bildungsverständnis.

Die eigenen Erinnerungen an die Schulzeit sind geprägt von einer großen Wertschätzung der humanistischen Mitgift, wobei man allerdings weiß, daß Bildung mehr ist als „Latein" und „Griechisch". Die Lehrerpersönlichkeit wird in diesem Milieu persönlich hervorgehoben und man glaubt, an Vorbildern gewachsen zu sein. Die Schule hat, wie das Elternhaus auch, die Einflüsse und die Aufnahmebereitschaft gegenüber der Hochkultur vorbereitet. Der Besitz hochkulturellen Wissens und das Bewußtsein über den eigenen „Habitus" (im Sinne von P. Bourdieu) sind die Gründe dafür, daß Frauen aus diesem Milieu eine Zugehörigkeit zu einer bestimmten Bildungselite empfinden und - ohne elitär zu sein - die dadurch erreichbaren Distinktionsgewinne souverän ausdrükken. Theater, Kunst, Kunstgeschichte, Kulturgeschichte, Sport, Musik sind Bereiche des schulischen Lernens, die spätere Weiterbildungsinteressen stark beeinflußten. Wie bereits in der Schule ist auch später in der Weiterbildung der Besuch von Kursen mit hohen Qualitätsansprüchen verbunden. Die Interessen im hochkulturellen Bereich setzen sich in der Weiterbildung fort. Dabei wird sehr deutlich hervorgehoben, daß verschultes Lernen oder anonymes Lernen in Großgruppen uninteressant sind. Schule wie auch die Weiterbildung werden im Zusammenhang von Selbstverwirklichung gesehen, aber auch in einem Dienstleistungszusammenhang zur gesellschaftlichen Entwicklung gedacht. Bildungseinrichtungen haben doch das Gemeinschaftsgefühl und die Verantwortungsbereitschaft des einzelnen für das Ganze zu stärken. Dieser Gedanke ist in diesem Milieu besonders stark ausgeprägt. Es werden sowohl der Schule als auch der Weiterbildung gegenüber - auf der Basis dieses kulturellen und sozialen Verantwortungsbewußtseins - Verbesserungs- und Reformvorschläge vorgebracht, die ausgesprochen konstruktiv gemeint sind. Der Kern der Reformvorstellungen liegt darin, in den Bildungseinrichtungen das Wichtige vom Unwichtigen unterscheiden zu lernen und die Ganzheitlichkeit von Bildung durchzusetzen.

Im *kleinbürgerlichen Milieu* sind mittlere Bildungsabschlüsse, oft auch Hauptschule mit abgeschlossener Berufsausbildung typisch. In unserer Freiburger Stichprobe allerdings hatten die Interviewpartnerinnen auch Abitur und Fachhochschulstudium, in einigen Fällen auch Fachschulerfahrung. In diesem Milieu wird Bildung stark mit Fachwissen, mit Zertifikaten etc. in Zusammenhang gebracht. Gute Schulabschlüsse und spätere Berufsbildungs- und Weiterbildungszertifikate gelten per se als persönlichkeitsfördernd. Der gebildete Mensch hat eine hohe Autorität in diesem Milieu, wobei Herzensbildung, Toleranz, Gelassenheit und Rücksichtnahme, Anstand und gute Umgangsformen mit Bildung im Zusammenhang gesehen werden. Stärker als in anderen Milieus wird die Lebenserfahrung hervorgehoben, denn „das Leben bildet selbst".

Der Blick auf die eigene Schulzeit erscheint häufig romantisch verklärt. Viel Freude an der Schule und der Stolz auf den eigenen Wissensdurst werden hervorgehoben. Man sieht Schule auch als eine Rückzugsmöglichkeit vor den elterlichen Arbeitsansprüchen (häufig geprägt durch Gewerbetreibende). Hoher Respekt und ein aufschauendes Verhältnis prägen die Erinnerung an einzelne Lehrer, denen man Gehorsam und eine große Anpassungsbereitschaft entgegenbringt. Wenn Schule rückblickend kritisiert wird, so sind es der Verfall der Disziplin und eine noch mangelnde Modernisierung zum Beispiel im Medienbereich, die Anlaß zur Klage sind. Grundsätzlich überwiegt allerdings die positive Wertschätzung der Schulerfahrung und der erinnerten Harmonie in der Klassengemeinschaft, in die man sich einordnen wollte.

Auch die Weiterbildungsinteressen sind von einem tief verwurzelten Harmoniebedürfnis geprägt, denn man will bei etablierten, vertrauenserweckenden Trägern in harmonischen Lerngruppen seine Persönlichkeit fortentwickeln. Weiterbildung, die diszipliniert, vor allem als fachliche Fortbildung betrieben wird, dient deutlich der sozialen und beruflichen Etablierung. In diesem Milieu will man durch Weiterbildung seinen Horizont erweitern und seinen Status sichern.

Im *traditionellen Arbeitermilieu* dominiert als reale Bildungserfahrung die Hauptschule aber auch die Realschule und meist hat man nach der Schule eine berufliche Ausbildung abgeschlossen. Das Bildungsverständnis ist ambivalent, denn einerseits wird Bildung als eine Sphäre geortet, der man selbst nicht angehört. Vor allem die an der Hochkultur Partizipierenden hat man immer wieder als arrogant erlebt. Andererseits grenzt man sich von diesem Wissens- und hochkulturellen Bildungsverständnis selbstbewußt ab und begreift Bildung auch als praktische Lebensklugheit und Mitmenschlichkeit. Um gebildet zu sein, müsse man nicht unbedingt hohe Schulabschlüsse haben, denn, so eine verbreitete Haltung in diesem Milieu, „wahre Bildung ist nicht unbedingt lehrbar." Bildung wird also stark durch Lebenserfahrung geprägt angesehen, soll durchaus einen Wissensvorrat bereitstellen, ist aber durch Bildungszertifikate nur bedingt erreichbar.

Die Schule wird rückblickend häufig als lästige Pflicht und als notwendiges Übel betrachtet. Dennoch bedauern viele, daß ihnen Chancen im Bildungsbereich vorenthalten wurden, die sie ebenso durch Weiterbildung kaum kompensieren können. Auch in diesem Milieu wird die Solidarität und der Zusammenhalt in der Klasse als wichtig beschrieben. Es werden viele Streiche oder Erlebnisse bei Landschulheimaufenthalten erinnert, die diesen Zusammenhalt unterstreichen. Das Lehrerbild ist häufiger negativ geprägt und - im Gegensatz zu allen anderen Milieus - erinnert man sich auch an „Tatzen" und an Schläge. Die eigenen Bildungsabschlüsse werden stolz bewertet und man äußert, daß ein guter Hauptschulabschluß mehr bedeuten kann als ein schlechtes Abitur.

Die Weiterbildungsinteressen sind stark von Sicherheitsbedürfnissen geprägt. Arbeitsplatzsicherung und berufliche Verantwortung stehen im Vordergrund. Andererseits ist es kaum zu übersehen, daß Lernbarrieren, die auf die Schulzeit zurückzuführen sind, auch im Weiterbildungsbereich fortwirken. Volkshochschulen und andere Weiterbildungseinrichtungen werden als Institutionen gesehen, die besser von anderen genutzt werden können. In diesem Milieu gibt es Interviewteilnehmerinnen, die noch keinerlei Erfahrung in der Weiterbildung haben, auch nicht an den Volkshochschulen. Innere Hemmschwellen werden manchmal durch Zeitmangel erklärt, es werden aber auch die negativen Bildungserfahrungen im Schulsystem explizit als Ursache für die geringe Weiterbildungspartizipation angeführt. Obwohl der Rückblick auf die Schule meist sehr versöhnlich klingt, wird eine als ungenügend betrachtete eigene Bildung, beispielsweise im Bereich der Fremdsprachen, kritisch angemerkt.

Das *traditionslose Arbeitermilieu* ist durch abgebrochene Schul- und Berufskarrieren geprägt. Abgeschlossene Berufsausbildungen sind eher selten. Die Schule wird im Rückblick mit Streß und hohen Anforderungen assoziiert und häufig blickt man auf äußerst schwierige Schulerfahrungen zurück. Arrest und Strafarbeiten, Noten und schlechte Zeugnisse werden immer wieder erinnert. Die schwierigen Schulerfahrungen überschatten auch den subjektiv akzeptierten eigenen Bildungsbegriff. Wer gebildet ist, erscheint im praktischen Leben meist ungeschickt und umgekehrt ist der wenig gebildete Mensch unkompliziert und unbeschwert. Bildung ist dem Habitus anderer gesellschaftlicher Milieus und Schichten vorbehalten. Aber Bildung wird auch mit Lebenserfahrung in Zusammenhang gebracht und insbesondere Personen, die keine höhere Schule absolvierten, sondern es im Leben zu etwas bringen konnten, werden hoch angesehen. Die Straße und das Fernsehen sind ein Medium der Bildung. Die Lebensführung der diesem Milieu zuzuordnenden Interviewpartnerinnen ist stark am Hier und Jetzt orientiert, denn langfristige Lebensplanung spielt eine geringere Rolle. Sofern man Schule positiv erinnert, geschieht dies in bewußter Gegenüberstellung zur Familie. Schule gilt dann als Zufluchtsort und als das „kleinere Übel". Die Eltern konnten aufgrund hoher finanzieller und sozialer Anspannungen die Gesprächspartnerinnen in ihrer Kindheit und Jugend nicht hinreichend unterstützen. Es drohte manchmal eine Abschiebung ins Heim.

Diese schwierigen sozialen und familiären Verhältnisse setzten sich in der Schule aufgrund der problematischen Lernerfahrungen und Lernergebnisse fort. Lehrer werden entsprechend als unfähig, unqualifiziert oder überfordert gescholten. Eigene Diskriminierungserfahrungen, das häufige Bloßgestellt-Werden vor der Klasse aufgrund von schlechten Lernleistungen oder der stark vom Dialekt und Soziolekt gefärbten Sprache, werden so kritisch beantwortet. In der Schule lernte man sich durchzuboxen. Dieser heimliche Lehrplan ist vielen deutlich in Erinnerung. Ebenfalls ist es in diesem Milieu breit verankert, stark empfundene schulische Defizite auf die schlechten Rahmenbedingungen im Elternhaus, in der Nachbarschaft, der Kommune zurückzuführen. Die Schule habe es nicht geschafft, solche Defizite aufzufangen oder gar die Spirale des Mißerfolgs zu beenden. Auch wenn Schule als das kleinere Übel betrachtet wird, wird das Fehlen von Einfühlungsvermögen auf seiten der Lehrer und das Fehlen von didaktischem Geschick bemängelt.

Die Integration in die Weiterbildung ist in diesem Milieu am geringsten ausgeprägt. Eine manchmal totale Uninformiertheit über die Institutionen der Weiterbildung oder gar deren Programme sind eine Ursache für die äußerst geringe Weiterbildungsteilnahme. Aber auch die problematischen Schulerinnerungen führen zu Schwellenängsten und zu einer Einstellung, daß beispielsweise die VHS für andere da sei, man selbst Bildungserfahrungen aber in Kneipen, auf der Straße und über Medien erleben kann. Bildung bedeutet nicht Zertifikate erwerben, sich selbst zu verwirklichen oder die Umgangsformen zu verändern, sondern Bildung bedeutet „neugierig zu sein". Sofern formale Weiterbildungserfahrungen vorliegen, so sind diese meistens im Kontext von Gesundheitskuren erworben, eine freiwillige Partizipation in der beruflichen oder allgemeinen Weiterbildung war nicht festzustellen. Das geringe finanzielle Budget wird ebenfalls als eine Barriere genannt, sich an Weiterbildung zu beteiligen. Die mit den eigenen geringen Bildungserfahrungen verbundene Scham und das gebrochene Selbstwertgefühl sollen sich auf die eigenen Kinder nicht übertragen, wenngleich in mehreren Fällen auch die Kinder bereits - in Kontinuität der elterlichen Bildungswege - Ausbildungen mehrfach abgebrochen haben.

Im *neuen Arbeitnehmermilieu* sind Fachhochschulausbildungen, das Fachabitur, aber auch mittlere und andere gehobene Schulabschlüsse typisch. Der Bildungsbegriff wird pragmatisch definiert, z. B. dadurch, daß formale Bildung eben die individuellen Chancen erhöht oder daß ein erhöhter Wissensvorrat beruflich verwertbar sei. Bildung ist aber sehr viel stärker als in den anderen Arbeitermilieus auch ein Mittel der Selbstverwirklichung, eine Möglichkeit, das eigene Selbst zu finden. Nicht Stehenbleiben, immer das Neue kennenlernen, Informationen selbst suchen, die man braucht, Kommunikation perfektionieren, spielen eine Rolle. Der Aspekt von Solidarität und Gemeinsinn, der in anderen Milieus wichtig war, tritt dagegen in den Hintergrund.

Die Erinnerungen an die Schule sind positiv getönt, denn Schule war ein Ort, den man nicht allzu ernst nahm, und an dem man sich auch in peer groups austoben konnte. Schule war auch Jugendtreff. Man engagierte sich äußerst kalkuliert und zeigte vor allen Dingen dort Leistungsbereitschaft, wo man entweder die eigenen Interessen ansiedelte, oder aber den schulischen Abschluß forcieren konnte. Vor Prüfungen wurde häufig kurzfristig das eigene Engagement mobilisiert, wenn Mißerfolge auftraten, wurden äußere Umstände, insbesondere Lehrer als Ursachen genannt. Man sah sich rückblickend nicht als eine konforme Schülerin, sondern verweigerte sich gegenüber den Anforderungen der Lehrer und der Eltern, um „die Leichtigkeit des Schülerseins" genießen zu können. Die Mängel und Defizite der Schule, die auf die starke Leistungsorientierung zurückgeführt werden, liegen im zwischenmenschlichen Bereich.

Diese Defizite werden heute Anlaß für Weiterbildung. Der Ausgleich von empfundenen sozialen Defiziten und die zu starke Dominanz des Kognitiven in der Schule werden in der Weiterbildung kompensiert. Die schulische Vernachlässigung von Gruppenarbeit erscheint in der Weiterbildung als Wunsch nach Lerngruppen und Teamarbeit. Weiterbildung hat in diesem Milieu eine besonders hohe subjektive Bedeutung und die Wichtigkeit lebenslangen Lernens wird klar akzeptiert. Dies wird wiederum pragmatisch mit dem arbeitsorganisatorischen technischen Wandel erklärt, aber auch durch die eigenen Mobilitäts- und Flexibilitätsbedürfnisse motiviert. Heute besucht man vor allen Dingen berufsbildende Kurse, die praxisnah dem eigenen Aufstieg und der beruflichen Integration dienlich sind. Dabei sind private Anbieter durchaus von Bedeutung. Weiterbildung muß umsetzbar und anwendbar sein und in dieser Hinsicht muß sie sich von der als realitätsfern eingestuften Spezialbildung der Schule deutlich unterscheiden.

Im *aufstiegsorientierten Milieu* dominieren mittlere und gehobene Schulabschlüsse, gleichzeitig zeigen sich auch Self-made-Karrieren, die durch individuelle Leistung zu beruflichem Aufstieg führten. Bildung wird in diesem Milieu stark unter Verwertungsgesichtspunkten betrachtet. Formale Zertifikate und Fachwissen sollen gesellschaftlichen Aufstieg ermöglichen und die Vertrautheit mit Kultur und Kulturtechniken sollen einen gehobenen gesellschaftlichen Status demonstrieren. Bildung als formale Bildung ist Voraussetzung für berufliches und soziales Weiterkommen, also jenem Aspekt, der in diesem Milieu zentral ist. Die bewußte Gestaltung des Lebensstils, „sich in Szene setzen können", Fremdsprachen und generell eine Attitüde der Weltgewandtheit durch hohe soziale Kompetenz formen das Bildungsverständnis.

Die Schulzeit war bereits durch großen Ehrgeiz und eine hohe Leistungsbereitschaft geprägt. Schulischer Erfolg war - so wird erinnert - notwendig, um soziale Anerkennung auch im Elternhaus zu bekommen. Anstrengung und Fleiß sind immer mit Erhöhung des sozialen Images verbunden. Aber grundsätzlich ist schulischer Erfolg nicht unbedingt Voraussetzung für beruflichen Erfolg. Durchsetzungsfähigkeit kann nicht nur in der Schule, sondern auch außerschulisch erworben und demonstriert werden. Es gehört zu den kritischen Anregungen aus diesem Milieu, den Schulbetrieb und das Niveau des Unterrichts stärker Qualitätskontrollen auszusetzen. Der Förderung von Schlüsselqualifikationen und dem Lernen des Lernens werden hohe Bedeutung zugesprochen und vermißt werden in der Schule Realitätsbezug und soziale und interaktive Lernformen.

Auch die Weiterbildung dient im wesentlichen dem beruflichen und sozialen Aufstieg. Zahlreiche Angebote und manche Institutionen werden kritisch beurteilt und nicht als hinreichend niveauvoll eingestuft. Unbedingt muß Weiterbildung vorzeigbare Erfolge begünstigen. Weiterbildung ist zwar nicht primär durch bildungspolitische Ansprüche geprägt, aber die Funktionalität der Bildung für eine Gesellschaft werden erkannt. Insgesamt stehen aber Qualifizierungsinteressen und bei einigen auch deutlich Interessen an der Gesundheits- und Kreativitätsbildung im Vordergrund. Es sollen über Weiterbildung Mängel und Streß im eigenen Alltag kompensiert werden.

Das *technokratisch-liberale Milieu* gehört zu der intellektuellen Bildungselite und hat hohe und höchste Bildungsabschlüsse. Abitur und Studium sind daher stark überrepräsentiert. Selbstkritisch wird davon gesprochen, daß ein Hochschulstudium keine Garantie für echte Bildung sei. Bildung wird ganzheitlich definiert und als Gegensatz zur fachlichen Verengung gesehen. Selbstorganisiertes und lebensbegleitendes Lernen gelten als selbstverständlich in der heutigen Lerngesellschaft. „Offen-Sein" für Veränderungen sowie aktuelle politische und gesellschaftliche Themen aufnehmen und sie kommentieren, gehören zur Allgemeinbildung. Stärker als in anderen Milieus wird der Aktualitätsbezug des Wissens hervorgehoben und die Vernetzung des Denkens angemahnt. Humanistische Bildungsgüter haben in diesem Milieu ihre Dominanz verloren, aber dennoch werden ein vertieftes Verständnis in Sachgebieten, eine bewußte Gestaltung des Lebensstils, die persönliche Selbstverwirklichung als Attribute des beweglichen, gebildeten Menschen hervorgehoben.

Die Schule, die man meist mit Bravour gemeistert hat, wird mit Stärken und Schwächen in Verbindung gebracht. Kritisiert wird der starre Lehrplan, der zu wenig Freiheit für die individuellen Fähigkeiten läßt, kritisiert werden auch bürokratisch und trocken wirkende Lehrer, die der Schwerfälligkeit der Institution Schule zum Opfer fielen. Mit den Leistungsanforderungen allerdings konnte man von Anfang an souverän umgehen. Den Pädagogen im schulischen Bereich werden Professionalität und Flexibilität abgesprochen. In diesem Milieu herrscht die gröbste Kritik am Lehrerberuf. Selbständigkeit und Selbstbewußtsein würden zu wenig gefördert und autoritäre Strukturen hatten zumindest in der Schulzeit der Gesprächsteilnehmerinnen einen noch zu großen Stellenwert. Fehlende Lebensnähe und ein Defizit im kreativen Bereich werden ebenfalls kritisch erwähnt. Im Bereich der Sprachen, der Geschichte, der politischen Bildung und der Kunst wird ein hohes Anspruchsniveau angestrebt, ein Niveau, das allerdings nicht immer von den Schulen eingelöst werden konnte.

Auch die Weiterbildungsinteressen sind breit gefächert und beziehen sich auf Kreativität, Kunst, Sprachen und politische Bildung. Man will auch im späteren Leben nicht passiv „absacken" oder sich vollkommen den Informationen der Medien aussetzen. Die Weiterbildung wird bewußt in den Dienst der eigenen Karriere gestellt, getreu dem Motto, daß „Glück machbar" sei. Öffentliche und private Anbieter üben Anziehung aus, wenn dem eigenen hohen Anspruchsniveau und gewissen Attributen des Lebensstils entgegengekommen wird. Mehrere unserer Gesprächsteilnehmerinnen waren nicht nur Konsumenten, sondern auch Anbieter im Bereich der Weiterbildung, z. B. durch Lehraufträge in Weiterbildungseinrichtungen.

Im *hedonistischen Milieu* dominieren wiederum abgebrochene und unterbrochene Schul- und Berufskarrieren. Ein deutlicher Schwerpunkt hinsichtlich des Niveaus der Bildungsabschlüsse besteht nicht. Auch Studiengänge wurden häufiger abgebrochen. Bildung wird positiv bewertet, sofern damit nicht nur Wissen und Information, sondern auch Lebenserfahrung, Weisheit und Selbstverwirklichung verbunden sind. Kritik wird am klassisch-humanistischen Bildungsideal formuliert und Bildungszertifikate werden ambivalent bewertet. Einerseits dienen sie der funktionalen Verwertung auch im Bereich des eigenen „Jobs", andererseits werden der Prüfungsaufwand und die Anstrengung der Zertifizierung gescheut.

Die Schule wird im Rückblick hart kritisiert, denn sie habe Anpassungsdruck, Kopfschmerzen, Migräne und depressive Stimmungen ausgelöst. Im Rückblick hebt man hervor, daß man sich mit geringer Anstrengung „durchwursteln" konnte. Ausgesprochenes Feindbild sind jene Mitschüler, die als Streber bezeichnet wurden und sich den sozialen und kognitiven Anforderungen kritiklos aussetzten. Schule und schulische Abschlüsse wurden kaum mit Karrieren und Zukunftsplanung in Verbindung gebracht, und am Ende der Schulzeit war kein Berufs- oder Studienwunsch ersichtlich. Mißerfolge im schulischen Bereich wurden locker übergangen. Grundsätzlich hat man versucht, mit einem minimalen Aufwand zu maximalen Ergebnissen zu kommen. Insofern hat man sich auch Lehrern und deren Wünschen angepaßt und eigenes Interesse und erhöhte Partizipationsbereitschaft noch dort erkennen lassen, wo man eindeutig mit Spaß Themen bearbeiten konnte. Die Schulkritik erscheint gegenüber den anderen Milieus der Bildungseliten wenig differenziert. Schule gilt als lebensfern, Lehrer als schwach, das Soziale fehlte, der Sport war einseitig, Schule war eben „langweilig und uninteressant". Leistungsschwache Schülerinnen seien falsch behandelt oder auch benachteiligt worden, eine konkrete Vision einer besseren Schule wird aus den Antworten nicht erkennbar.

Die allgemeine Distanz zu Bildungsinstitutionen wird auch im Weiterbildungsbereich fortgesetzt. Insbesondere werden etablierte Träger abgelehnt und politische Bildung mit großer Distanz kommentiert. Lebenslanges Lernen wird als langweilig und dogmatisch eingeschätzt und mit einer hohen Verpflichtung gleichgesetzt. Sofern Weiterbildung auf Interesse stößt, so ist sie stark als jugendkulturelle und soziale Veranstaltung konzipiert.

Das *alternative Milieu* wiederum repräsentiert höchste Bildungsstufen und viele verfügen über ein abgeschlossenes Fachhochschul- oder Universitätsstudium. Aber auch Unterbrechungen der Bildungskarrieren wurden in den Interviews sichtbar. Sehr deutlich wird in diesem Milieu Bildung als Persönlichkeitsentwicklung und als eine selbstreflexive Veranstaltung, die der Selbstverwirklichung dient, hervorgehoben. Wiederum wird Bildung nicht mit Wissensanhäufung gleichgesetzt und vor dem spezialisierten „Fachidioten" wird gewarnt. Stärker als in anderen Milieus wird die soziale Verantwortung hervorgehoben und das gesellschaftliche Engagement, z.B. für Frieden, Umweltschutz, Naturschutz oder Gerechtigkeit gegenüber der Dritten Welt betont. Gesellschaftliches Engagement und Bildung werden mitunter gleichgesetzt. Der traditionelle Aspekt der Ganzheitlichkeit, der kognitives, soziales und emotionales Lernen anmahnt, wird in diesem Milieu besonders klar angesprochen. Zertifikaten wird Bedeutung zugesprochen, aber in erster Linie dient Bildung der Meisterung einer schwieriger zu bewältigenden gesellschaftlichen Zukunft, baut auf Lebenserfahrung und dient stark der Selbstverwirklichung im öffentlichen und privaten Bereich.

Wenn man an Schule denkt, denkt man an den guten Klassenverband, an gute Freunde und an viele außerunterrichtliche Aktivitäten. Auch Beziehungen zu Lehrern werden vergleichsweise stark hervorgehoben, wenngleich der Unterricht nie nur kognitiv ausgerichtet sein durfte und ein zu häufiger Frontalunterricht moniert wird. Der Schule wird mehr Kreativität und Methodeninnovation angeraten, Lehrer sollten die individuellen Entwicklungsmöglichkeiten von Schülern, ihre Eigeninitiative, ihre Selbständigkeit stärker fördern. Aus der Kritik ergeben sich auch die weiteren Anregungen, den Lebensbezug zu verstärken, ganzheitlichen Unterricht ernstzunehmen, auch unter Einbeziehung des Musischen und Kreativen und den sozialen Kompetenzerwerb sehr viel stärker zu gewichten.

Die für die Schule formulierten Interessen setzen sich in der Weiterbildung fort. Auch in diesem Milieu zeigt sich deutlich Kontinuität der Erwartungen an Bildungserfahrungen. Weiterbildung habe handlungsorientiert zu sein und solle sich auch stark auf politische und kreative Interessen beziehen. Die Gesundheitsbildung wird sehr viel stärker und häufiger erwähnt und in ihrer Bedeutung hochgeschätzt. Für methodische und gruppendynamische Innovationen ist man auch im Weiterbildungsbereich offen. Jede einseitige Dominanz oder Verstaatlichung der Weiterbildung, die die Pluralität von Weiterbildungsanbietern einengt, stößt auf Kritik und Zurückhaltung.

3. Zur Kontinuität von Schulerfahrungen und Weiterbildungsinteressen

Soziale Milieuforschung und die Analyse von Bildungsbiographien sind bislang nicht systematisch aufeinander bezogen. Die oben aufgezeigten Befunde sind daher als Hinweise darauf zu verstehen, daß einerseits die Milieuforschung auf biographische Prozesse stärker eingehen sollte, andererseits die Biographieforschung ohne soziale Differenzierung kaum zu verallgemeinerbaren Ergebnissen kommen kann.

Im Ergebnis weist der hier vorgenommene Vergleich von subjektiven Erinnerungen an die Schulzeit, Anregungen für die heutige Schule und aktuellen Weiterbildungsinteressen jedoch deutlich auf Kontinuität und nicht auf Diskontinuität von Bildungsinteressen hin. Wünsche, die man an die Schule hat, finden eine gewisse Entsprechung im Bereich der Weiterbildung. Defizite, die mit Schul- und Lehrererinnerungen assoziiert werden, prägen die Einstellung zur Weiterbildung, obwohl sie in der Weiterbildung nicht fortgesetzt, sondern teilweise kompensiert werden sollen. Insofern läßt sich sagen, daß die im Rückblick rekonstruierte Erinnerung von Schule mit den aktuellen Weiterbildungsinteressen in einem engen Zusammenhang zu sehen ist.

Bildungsbiographien und -erfahrungen sind wie die ontogenetische Entwicklung insgesamt (vgl. Lenzen/Luhmann 1997) ein lebenslanger Prozeß. In bezug auf die von uns betrachteten Schulerfahrungen und Weiterbildungsinteressen sind deutlich kontinuierliche und kumulative Prozesse anzutreffen. Der Bildungsbegriff ist in vielen Milieus ganzheitlich definiert und umfaßt kognitive, soziale und emotionale Erfahrungen. Nicht immer wird diese multidirektionale Entfaltung von Bildung aber einer Bildungsinstitution zugesprochen. Weiterbildung wie Bildung insgesamt werden häufig mit Wachstum und Gewinn assoziiert und sollen Abbau- und Verlustprozessen entgegenwirken. Die Interviewpartnerinnen aus den meisten sozialen Milieus sind sich bewußt, daß die Lebensbedingungen und die Lebenserfahrungen mit den Bildungserfahrungen in engem Zusammenhang stehen und die Entwicklung der eigenen Person beeinflußt haben. Von den Bildungseliten wird auch die Abhängigkeit der eigenen Bildungserfahrungen von historischen und kulturellen Rahmenbedingungen betont.

In der Biographie- und Lebenslaufforschung wurden in der Vergangenheit die altersbezogenen, die auf den kulturellen Wandel bezogenen und die nicht normativen Einflüsse auf die Entwicklung, den Lebenslauf und die Biographie hervorgehoben (vgl. Baltes 1990). Milieubezogene Betrachtungen legen es nahe, daß es darüber hinaus sehr wichtig ist, insbesondere Bildungsbiographien auch unter den Kriterien der Lebenslage und der Lebenswelt zu rekonstruieren.

Literatur

Baltes, P.B.: Entwicklungspsychologie der Lebensspanne: Theoretische Leitsätze. In: Psychologische Rundschau (1990), 41, S. 1 - 24

Barz, H.: Soziale Milieus und Erwachsenenbildung. Theorie und Empirie sozialer Differenzierung für die Weiterbildungspraxis. Freiburg 1998 (unv. Manuskript)

Barz, H./Tippelt, R.: Lebenswelt, Lebenslage und Lebensstil in der Erwachsenenbildung. In: Tippelt, R. (Hrsg.), Handbuch der Erwachsenenbildung/ Weiterbildung. Opladen 1994, S. 123 - 146

Kejcz, Y./Monshausen, K.-H./Nuissl, E./Paatsch, U./Schenk, P.: Bildungsurlaubs-Versuchs- und Entwicklungsprogramm der Bundesregierung. Endbericht, 8Bd., Heidelberg 1979f.

Körber, K./Kuhlenkamp, D./Peters. R./Schlutz, E./Schrader, J./Wilckhaus, F.: Das Weiterbildungsangebot in Lande Bremen. Strukturen und Entwicklungen in einer städtischen Region. Bremen 1995

Lenzen, D./Luhmann, N. (Hrsg.): Bildung und Weiterbildung im Erziehungssystem. Lebenslauf und Humanontogenese als Medium und Form. Frankfurt/M. 1997

Mader, W./Weymann, A.: Zielgruppenentwicklung, Teilnehmerorientierung, Adressatenforschung. In: Siebert, H. (Hrsg.): Taschenbuch der Weiterbildungsforschung. Baltmannsweiler 1979, S. 346 - 376

Schelsky, H.: Die skeptische Generation. Eine Soziologie der deutschen Jugend. Frankfurt/M. 1975

Schulenberg, W.: Ansatz und Wirksamkeit der Erwachsenenbildung. Eine Untersuchung im Grenzgebiet zwischen Pädagogik und Soziologie. Stuttgart 1957

Schulenberg, W./Loeber, H.-D./Loeber-Pautsch, U./Pühler, S.: Soziale Faktoren der Bildungsbereitschaft Erwachsener. Eine empirische Untersuchung. Stuttgart 1978

Siebert, H./Gerl, H.: Lehr- und Lernverhalten bei Erwachsenen. Braunschweig 1975

Strzelewicz, W.: Erwachsenenbildung. Soziologische Materialien. Heidelberg 1968

Strzelewicz, W./Raapke, H.-D./Schulenberg, W.: Bildung und gesellschaftliches Bewußtsein. Eine mehrstufige soziologische Untersuchung in Westdeutschland. Stuttgart 1966

Tippelt, R./Eckert, T./Barz, H.: Markt und integrative Weiterbildung. Zur Differenzierung von Weiterbildungsanbietern und Weiterbildungsinteressen. Bad Heilbrunn 1996

EKKEHARD NUISSL

Praxis und Theorie in der Erwachsenenbildung

Erwachsenenbildung hat sich in Deutschland und in manchen anderen Industriestaaten (oder heute besser: Informationsgesellschaften) zu einer Teildisziplin der Erziehungswissenschaft entwickelt. Die pädagogische Arbeit mit Erwachsenen erfordert teilweise aber andere theoretische Ansätze und empirische Verfahren als mit Kindern und Heranwachsenden. Von besonderer Bedeutung ist dabei das Verhältnis von Praxis und Theorie, welches die Eigenständigkeit von Erwachsenenpädagogik innerhalb der Erziehungswissenschaften ebenso konstituiert wie den Fortgang der Wissenschaft von der Erwachsenenbildung selbst. Dieser Prozeß ist in den letzten dreißig Jahren untrennbar mit dem Namen von Horst Siebert verbunden, dessen Arbeiten die junge Geschichte der Teildisziplin ebenso kritisch begleiten wie konstituieren.

1. Herausbildung von Erwachsenenbildung

Erziehung und Bildung waren, seit über sie gesprochen und wissenschaftlich reflektiert wird, eine pädagogische Aufgabe. Implizit ist mit dem Wort „Pädagogik" das Kindesalter definiert (ein Grund übrigens, warum gelegentlich statt „Erwachsenenpädagogik" der Begriff „Andragogik" verwendet wird). Der Blick auf Erwachsene als Adressaten von und Teilnehmende an Erziehung und Bildung ist noch jung. Er gewann an gesellschaftlicher Bedeutung Mitte des vergangenen Jahrhunderts, als in bürgerlichen Emanzipationsbewegungen und Kämpfen der Arbeiterklasse Bildung zu einem zentralen Instrument gesellschaftlicher Auseinandersetzungen wurde. Auf diesen Quellen basieren heute die kulturellen, politischen, allgemeinen und personenbezogenen Bildungsbereiche für Erwachsene. Schon damals aber zeigte sich eine dritte Quelle von Erwachsenenbildung, die der Qualifizierung in betrieblichen und organisatorischen Zusammenhängen. In Deutschland wurden die Bereiche der Volks- und Arbeiterbildung in der Weimarer Republik bereits verfassungsrechtlich verankert, während die berufliche Qualifizierung im privaten Bereich der Betriebe und Unternehmen verblieb.

Erst vor gut dreißig Jahren begann in Deutschland - ähnlich wie in Großbritannien, den Vereinigten Staaten und in skandinavischen Ländern - eine intensive öffentliche Diskussion über die Funktion von Erwachsenenbildung für die Weiterentwicklung der Gesellschaft. Erwachsenenbildung wurde - zusammen mit Fortbildung, Umschulung und Weiterqualifizierung - kurzerhand zum „vierten Bildungsbereich" erklärt und über Gesetze, Finanzierungsprogramme und den Ausbau von Einrichtungen zu gestalten begonnen. Der für diesen Bereich politisch gesetzte Begriff der „Weiterbildung" vermochte sich aber als Gesamtbegriff nur schwer durchzusetzen und wird seit den achtziger Jahren mehr und mehr für den beruflich qualifizierenden Teil von Erwachsenenbildung gebraucht.

Mit der Definition des quartären Bildungsbereichs, begründet und konzeptionell verankert durch den deutschen Bildungsrat und die Bund-Länder-Kommission für Bildungsplanung, bewegte sich zunächst vor allem im Bereich von Politik und Wissenschaft etwas: Fördergesetze wurden in vielen Bundesländern diskutiert, verabschiedet und umgesetzt, Lehrstühle für Erwachsenen- und Weiterbildung nach und nach an deutschen Universitäten geschaffen. Die institutionellen und strukturellen Voraussetzungen dafür, daß ein Kommunikations- und Austauschprozeß zwischen Praxis und Theorie der Erwachsenen- und Weiterbildung stattfinden konnte, waren damit - wenn auch im bescheidenen Rahmen - gelegt. Studiengänge, Forschungsarbeiten und Konzepte zum Ausbau einer öffentlich verantworteten Weiterbildung prägten die siebziger Jahre. Die Pädagogische Arbeitsstelle des Deutschen Volkshochschul-Verbandes (das heutige Deutsche Institut für Erwachsenenbildung) sowie die Arbeitsgruppe für empirische Bildungsforschung in Heidelberg (AfeB) spielten dabei eine wichtige Rolle - mit beiden kooperierte Horst Siebert eng.

Seit Beginn der achtziger Jahre ist die Erwachsenenbildung in Deutschland wie auch in anderen europäischen Ländern in einem tiefgreifenden Veränderungsprozeß. Die Teilnahme an Weiterbildung insbesondere der beruflichen Bildung nahm und nimmt zu, die Anteile beruflicher Angebote nehmen zu, der Anteil staatlicher Mittel an der Finanzierung des Bereiches nimmt absolut und relativ ab, die Zahl von Anbietern von Erwachsenenbildung nimmt ständig zu. Das Ganze entwickelt sich zu einem stärker marktorientierten Bildungssystem mit einer allenfalls mittleren Systematik, wie dies insbesondere Peter Faulstich diagnostizierte. Fragen und Probleme wie Information, Beratung, Mediennutzung und neuerdings Anteile des selbstorganisierten und selbstgesteuerten Lernens dominieren Diskussion und Politik und auch Wissenschaft der Erwachsenenbildung. Der praktische Bezug zu anderen Bildungsbereichen wie etwa Schule und Hochschule ist dabei gering. Daran änderte auch das 1996 ausgerufene europäische Jahr des lebenslangen Lernens nichts, das sich seitdem in der europäischen Politik fortsetzt und von der Idee her ein System von fremd- und selbstorganisiertem Lernen vorsieht, das über die gesamte Lebenszeit hinweg von den jeweiligen individuellen Möglichkeiten und Interessen her definiert gültig sein soll. Im gleichen Maße, in dem die Bedeutung von Erwachsenenbildung und Weiterbildung wächst, verschwimmen ihre Konturen weiter. Die vor zehn Jahren konstatierten „zentrifugalen und zentripetalen Tendenzen in der Erwachsenenbildung" sind von einer Balance weiter entfernt denn je.

2. Von der Praxis zur Theorie

Die vorangegangene kurze Skizze der jüngeren Entwicklung der deutschen Erwachsenenbildung zeigt, wenn auch historisch vereinfacht, was die Henne und was das Ei ist. Wenn es denn einen Unterschied zwischen sozialwissenschaftlichen und naturwissenschaftlichen Erkenntnisverfahren gibt, so liegt er meines Erachtens hauptsächlich darin, daß sozial- und gesellschaftswissenschaftliche Fortschritte ihrem sich praktisch entwickelnden Gegenstand folgen (wie hier in der Weiterbildung), während dies bei manchen naturwissenschaftlichen Prozessen - kleinteilig beobachtet - anders ist: dort folgen vielfach gesellschaftliche Entwicklungen den naturwissenschaftlichen Erkenntnissen (etwa beim Ausbau der Atomindustrie auf der Basis der Kernspaltung). Allerdings spiegelt dies eher die gesellschaftliche (auch finanzielle) Wertigkeit, denn in beiden Erkenntnisstrukturen von „science" und „humanities" ist letztlich die gesellschaftliche Entwicklung treibend für die Forschungsbemühungen.

Die Wissenschaft von der Erwachsenenbildung ist, dies ist unstrittig, aufs engste mit der Entwicklung des heterogenen Gegenstandes verknüpft. In dem Maße, in dem Erwachsenenbildung als eigenständiger Bereich definiert und erkannt wurde, entstand und verfestigte sich auch die Wissenschaft von der Erwachsenenbildung. Wie immer beim Aufbau einer eigenständigen Disziplin oder Teildisziplin wird diese von wissenschaftlichen Quereinsteigern (aus anderen Disziplinen, hier insbesondere aus Soziologie, Psychologie und Germanistik) sowie aus der Praxis (hier insbesondere Pädagoginnen und Pädagogen aus dem Volkshochschulbereich sowie der konfessionellen und gewerkschaftlichen Bildungsarbeit) geleistet. Sie dominierten in den vergangenen dreißig Jahren die wissenschaftliche Diskussion zur Erwachsenenbildung in Deutschland. Zu den Namen, welche diese „erste" Generation von Erwachsenenbildungswissenschaftlern und -wissenschaftlerinnen personifizieren, gehört an vorderster Stelle Horst Siebert.

Heute zeichnen sich hier Veränderungen ab. Vermehrt werden Wissenschaftlerinnen und Wissenschaftler berufen, welche die Stationen der eigenständig entwickelten Teildisziplin durchlaufen haben, sowie Expertinnen und Experten aus dem Bereich der beruflichen Bildung, auch aus betrieblichen Zusammenhängen. Die Zugangswege zur Wissenschaft von der Erwachsenenbildung verändern sich. Vielleicht verändert sich dabei auch der ideologische Grundkonsens der „Quereinsteiger", die zur Erwachsenenbildung nur deshalb gekommen sind, weil sie „ihrem Sinn nach nur als ein Vorgang, als ein Produkt der Interaktion verstanden werden" kann (Tietgens 1991, S. 46). Die humanitäre Ethik, auf die Erwachsenenbildung sich gründet, ist bislang ein zutiefst in der Bildungswirklichkeit und ihrer Praxis wurzelndes Postulat. Es bildet, wenn man so will, die verbindende Klammer zwischen einem ausufernden und in den Konturen schwer definierbaren Praxisbereich der Weiterbildung und seines wissenschaftlichen Gegenübers, bei dem davon auszugehen ist, „daß es weder konstitutionell noch historisch eine originäre Wissenschaft von Erwachsenenbildung gibt" (ebd., S. 47).

3. Theorieentwicklung zur Erwachsenenbildung

Diese aufs Humanitäre zielende Wissenschaft „aus der Praxis für die Praxis", schon von Erich Weniger begründet, gilt auch nach dem Ablösen der geisteswissenschaftlichen Pädagogik durch die empirieorientierte Erziehungswissenschaft Mitte der sechziger Jahre. In der Weiterbildung war diese „realistische Wende" (vgl. Koring 1997) markiert durch die Studie „Bildung und gesellschaftliches Bewußtsein" aus dem Jahre 1966, in der Interessen, Motive, Teilnahmeverhalten und Lernergebnisse von Erwachsenen untersucht wurden (Strelewicz/ Raapke/Schulenberg 1966). Die empirieorientierte Wissenschaft von der Erwachsenenbildung hat einen aufklärerischen Impetus, verfolgt diesen jedoch weniger über eine ideologische Ableitung und einen moralischen Appell als vielmehr über reale Abläufe.

Bei der empirischen Analyse der Lehr- und Lernprozesse auf dem Bildungsurlaub, veröffentlicht in den Jahren 1979 bis 1980 (vgl. Kejcz u.a. 1979f.) und von Erhard Schlutz (1992) als eine der „Leitstudien" der Erwachsenenbildung charakterisiert, konnten wir in Fragestellung, Untersuchungsverfahren und Erkenntnisinteresse aufbauen auf den Arbeiten am Hannoveraner Lehrstuhl für Erwachsenenbildung von Horst Siebert. Seine Untersuchungen zum Unterricht mit Erwachsenen sind nicht nur eine „Leitstudie" der Erwachsenenbildung, sondern auch der erste breit angelegte Versuch, sich dem Lehren und Lernen Erwachsener mit dem Ziel zu widmen, mehr darüber zu wissen, nicht aber mit dem Ziel, wie es denn ablaufen sollte. Anders als die ebenfalls empirische Untersuchung zu „Bildung und gesellschaftliches Bewußtsein", welche eher soziologische Fragen beantwortete, focussierte Horst Siebert die am Anfang stehende erziehungswissenschaftliche Teildisziplin Erwachsenenbildung auf den Lernprozeß.

Das mehrstufige Projekt „Lehr- und Lernverhalten in der Erwachsenenbildung" löste auf beispielhafte Weise ein, was Wissenschaft „aus der Praxis für die Praxis" bedeuten kann. In der Einleitung zu einem der publizierten Produkte des Projektes (Siebert 1976, S. 7) heißt es: „Unterrichtsforschung sollte stets auch als Innovationsforschung interpretiert werden ... Voraussetzung für eine solche innovatorische Wirkung von Forschungsprojekten ist allerdings eine Kooperation und Kommunikation von Forschungsteams und Pädagogen. Gewichtung, Erklärung und Kommentierung empirischer Ergebnisse erfordern die ´Milieukenntnis´ und Praxiserfahrung der Mitarbeiter in der Erwachsenenbildung." Und als Ziel: „Wir hoffen, daß diese Veröffentlichung dazu beiträgt, das Gespräch zwischen Erwachsenenpädagogen an den Hochschulen und in den Bildungseinrichtungen zu intensivieren, und daß aufgezeigt wird, wie empirische Forschungen für die Bildungspraxis nutzbar zu machen sind" (ebd., S. 9).

Forschungsarbeiten, die sich nicht nur in der Definition von Fragen, sondern auch in der angestrebten Verwertbarkeit auf die Praxis beziehen, sind als solche bereits ein bestimmter Typ empirischer Forschung. Wenn sie darüber hinaus in Interaktion mit der Praxis erfolgen, ergibt sich ein grundsätzlich neuer methodischer Zugang zum Feld.

Horst Siebert hat diese auf feldspezifische Erkenntnisse gründende empirische Forschung nicht nur weitergetrieben, sondern stets auch mit einer parallel erfolgenden und

an den praktischen Diskurs sowie den Zuwachs an Erkenntnissen orientierte Theoriebildung verknüpft. Von seinem Buch „Erwachsenenbildung - Aspekte einer Theorie"
(1972) über sein in Praxis und Studium breit rezipiertes Buch „Theorien für die Praxis"
(1994) bis hin zu dem in Wissenschaft wie Praxis gleichermaßen anerkannt aufge-
nommenen Buch „Didaktisches Handeln in der Erwachsenenbildung" (1997) hat er
insbesondere die praxisorientierte Theoriebildung der deutschen Erwachsenenbildung
geprägt. Es ist kein Zufall, daß seine Arbeiten gerade auch seitens der Lernpsychologie, welche der Wissenschaft von der Erwachsenenbildung eher skeptisch gegenüber-
steht, angenommen wird. So heißt es bei Weidenmann (1989, S. 112): „Bedenkenswert
ist die Stellungnahme von Siebert zum Rezeptionsproblem. Siebert regt an, die Erwachsenenbildung solle nicht passiv rezipieren, sondern eigene Fragen an die Nach-
bardisziplinen stellen und deren Forschungsergebnisse aus pädagogischer Sicht reinterpretieren. Er stellt dann die entscheidende Frage: `Aber was ist das Pädagogische
der Lehr-Lern-Forschung?´. Die Antwort: `Ich meine, die Finalität und Zielgerichte-
theit des Handelns´".

4. Empirie in der Erwachsenenbildung

Gegenüber anderen Teildisziplinen der Erziehungswissenschaft hat die empirisch orientierte Erwachsenenbildungswissenschaft ein Problem: ihr Praxisfeld ist ungeheuer
breit, vielfältig, heterogen und in seinen Grenzen kaum zu beschreiben. Von Anlern-
prozessen an (verschiedenartigsten) Arbeitsplätzen über Schulungsseminare bis hin zu
mehrjährigen Qualifizierungsverfahren, von einzelnen Vortragsveranstaltungen über
Abendkurse bis zu Bildungsurlauben, von Kulturreisen über Medienprogramme zur
Trainerqualifikation - dies alles ist Erwachsenenbildung. Zu ihr gehören lehren, dispo-
nieren, planen, beraten, informieren, Medien produzieren, teamen, coachen und vieles
andere mehr.

Der Gegenstand dieser Wissenschaft ist daher eher unscharf, unklar und immer in Bewegung. Erwachsenenbildung reagiert nachweislich am schnellsten von allen Bildungsbereichen auf technologische und gesellschaftliche Veränderungen und erzeugt
unentwegt neue Formen, Verfahren und Lernprozesse. Der Nachteil, der in der Un-
schärfe des Gegenstandes liegt, ist wissenschaftlich gesehen jedoch auch ein Vorteil: er
liegt sowohl in der Dynamik der Prozesse von Erwachsenenbildung sowie auch in ihren vielfältigen Verästelungen und Vernetzungen, welche diese erziehungswissenschaftliche Teildisziplin sehr eng an gesellschaftstheoretische und soziologische Erklä-
rungssysteme heranführt.

Es ist daher nur folgerichtig, daß gesellschaftstheoretische Gesamtkonzepte für Wissenschaft und Praxis der Weiterbildung ihre Konsequenzen haben. So ist in den letzten
Jahren der „Konstruktivismus" als angemessene Erklärung für gesellschaftliche Prozesse wie Individualisierung, Mobilität und Mediatisierung immer bedeutender geworden. Erkenntnisse, Wahrnehmungen, Verhaltensweisen als jeweils eigenständige Kon-

strukte zu definieren und zu begreifen, stellt eine große Herausforderung für die Erwachsenenbildung dar, in welcher „Lehre" ja einen kausalen Zusammenhang zwischen Gelehrtem und Gelerntem impliziert. In der erwachsenenpädagogischen Auseinandersetzung mit der Theorie des Konstruktivismus hat Horst Siebert von Beginn an eine zentrale Rolle übernommen. Er formulierte nicht nur - zusammen mit Rolf Arnold - ein Konzept der „konstruktivistischen Erwachsenenbildung", sondern brach es, seinem Verständnis vom Theorie-Praxis-Verhältnis folgend, auch auf die Anwendung in der Weiterbildungspraxis herunter (Siebert 1998). Und er charakterisiert den Zwischenstand: „Das Verhältnis von humanistischer Bildungstheorie und konstruktivistischer Erkenntnistheorie ist noch nicht ausdiskutiert, aber die pädagogische Diskussion ist in Gang gekommen" (ebd., S. 42).

Eine weitere Problematik der empirischen Wissenschaft in der Erwachsenenbildung liegt nicht nur in der Diffusität des zweckorientierten Feldes, sondern in Bezug zu anderen wissenschaftlichen Disziplinen. So ist beispielsweise die Beziehung zur allgemeinen Erziehungswissenschaft, die in Deutschland wie anderenorts durch Schulpädagogik dominiert ist, wenig ausgeprägt. Die Fragen, Probleme, Zugänge und Erkenntnisse, welche die pädagogische Arbeit mit Kindern in dem System der Schule betreffen, sind gänzlich anders gelagert als diejenigen im Umgang mit Erwachsenen außerhalb solcher fester institutioneller Strukturen. Dort sind insbesondere die Disziplinen Soziologie und die Psychologie wesentlich wichtiger, welche den Stellenwert zentraler Bezugswissenschaften für die Erwachsenenbildung gewonnen haben. Die Soziologie und ihre Verfahren sind wichtig für die Bestimmung von Adressaten, gesellschaftlichen Problemfeldern, Zugängen zu Bildungsprozessen und Verwertungsstrukturen, während die Psychologie (insbesondere die Lernpsychologie) wesentliche Erkenntnisse liefert zu Fragen der Motivation, des Lernverhaltens, der Erkenntnisprozesse, der Wahrnehmungsweisen und der Prozesse des sozialen Lernens.

Zu wenig Beachtung finden auch naturwissenschaftliche Teildisziplinen als Bezugswissenschaften. Horst Siebert weist im Kontext der Diskussion um den Konstruktivismus auf die vielfältigen Erkenntnisse etwa der Neurobiologie und der Hirnforschung hin. Diese wie auch entwicklungsorientierte biologische Forschungen sind in der Erwachsenenbildung zu wenig rezipiert - teilweise auch wegen ihrer Verfahren und ihrer nicht offenkundigen Humanität geächtet.

In jüngster Zeit, mit dem Bedeutungszuwachs des Marktes in der Weiterbildung, gewinnt die Betriebswirtschaft eine immer stärkere Rolle als Bezugsdisziplin. Sie liefert Erklärungsmodelle und Theoreme für pädagogische Organisationen der Erwachsenenbildung, für Diskussionen um Effizienz und Erfolg von Lernen, für die gesellschaftsökonomische Verortung von Erwachsenenbildung und die zunehmend notwendige integrative Sichtweise von pädagogischen und ökonomischen Zielen. Auch Sprach- und Kommunikationswissenschaften sind in ihren Ergebnissen und methodischen Verfahren an vielen Stellen für die Erwachsenenbildung konstitutives Moment.

Menge und Vielfalt der Bezugswissenschaften mit ihren je konstituierenden unterschiedlichen Methoden zerstreuen die Wissenschaft von Erwachsenenbildung insbesondere dann, wenn es um Empirie geht. Das mangelnde Selbstbewußtsein von Erwachsenenbildung in Rezeption und Modifikation von Erkenntnissen aus anderen Disziplinen resultiert auch daher. Vielleicht ist dies neben der objektiv geringen Menge einschlägiger Finanzen ein Grund für den Rückgang größerer empirisch-analytischer Forschungen in der Erwachsenenbildung.

Horst Siebert hat einige weitere Probleme benannt, die möglicherweise von Bedeutung sind (Siebert 1986). Er verweist auf eher heimliche Widerstände gegenüber empirischer Forschung in der Erwachsenenbildung; sie liegen zum einen in der Sorge von Bildungspraktikern, daß empirische Forschung Schwächen ihrer Arbeit aufdecken könnte - ein Reflex des in der Erwachsenenbildung vielfach anzutreffenden geradezu professionellen Minderwertigkeitskomplexes. Aber auch ein möglicher Reflex auf das Odium der Negativforschung, das empirische erziehungswissenschaftliche Arbeit vielfach hat. Es hat auch einen realen Kern: Erziehungswissenschaft hat sich nicht nur in bezug auf „Humanität", sondern auch in bezug auf „Bewertung/Benotung" nicht von Axiomen ihres Gegenstandes freimachen können. Horst Siebert verweist aber auch auf eine Scheu der Forscher: die theoretische Diskussion innerhalb der Erwachsenenbildung habe danach ein Anspruchsniveau erreicht, von dem aus „angesichts der unvermeidlichen methodologischen Unzulänglichkeiten und der vorhersehbaren Kritik der `scientific community´ überhaupt noch empirische Projekte zu beginnen" nicht sinnvoll sei (ebd., S. 155).

Die Schwierigkeiten der Empirie der Erwachsenenbildung verdeutlichen auch zugleich die Schwierigkeiten der Verbindung von Theorie und Praxis. Alle bisherigen gelungenen Beispiele empirischer Forschung in der Erwachsenenbildung zeigen, daß sie nur als Feldforschung betrieben werden kann, evaluierend und begleitend sein muß. Es ist der Wissenschaft von der Erwachsenenbildung noch nicht gelungen, eine eigene und eigenständige Methodik herauszubilden, welche eine wichtige Voraussetzung für die Konstitution einer eigenständigen erziehungswissenschaftlichen Disziplin wäre. Methodische Verfahren aus anderen erziehungswissenschaftlichen Bereichen, aus der Soziologie und aus der Psychologie wurden für Fragen und Probleme der Erwachsenenbildung zwar vielfach adaptiert und modifiziert, stellen sich beim derzeitigen Stand aber eher als sozialwissenschaftlicher Verfahrensmix dar, der allenfalls Vorläufer einer eigenständigen Methodik sein könnte.

5. Entwickeln und Beharren

Entsprechend der Dynamik ihres Gegenstandes beschäftigt sich die Erwachsenenbildung immer wieder mit neuen, modernen und aktuellen Fragen, die gerade „en vogue" sind. Auch hier folgt die Wissenschaft ihrem Gegenstand. Themen der Erwachsenenbildung sind zu einem hohen Anteil davon abhängig, welche Anschlußmöglichkeiten und Interessen die Adressaten jeweils damit verbinden. Dies gilt auch für die Formen von Erwachsenenbildung. So folgt die Wissenschaft vielfach den jeweiligen Trends der sozialen und thematischen Struktur des Feldes. Unterschiedliche Themen der Umweltbildung, der Gesundheitsbildung, der Frauen-, Alten- und Arbeitslosenbildung werden jeweils aufgegriffen, untersucht, behandelt und erforscht.

Einer solchen engen Beziehung zur Mode und zu den Zeitläufen des Bildungsmarktes können sich wissenschaftlich Tätige schwer entziehen. Vielfach tritt dabei das konstituierende Element des eigenen Erkenntnisinteresses in den Hintergrund, das Lehren und das Lernen. Erfrischend daher so klare Botschaften wie die von Horst Siebert: „Die wichtigste pädagogische Tätigkeit in der Erwachsenenbildung ist die Lehre" (Siebert 1998, S. 62). Das zentrale Problem vor allem aber ist, daß die wissenschaftliche Diskussion zur Erwachsenenbildung vielfach ihre eigenen Bezüge unterschlägt, gewissermaßen immer wieder beim Punkt Null beginnt. Horst Siebert verdeutlicht dies etwa an dem Bezug von konstruktivistischen Gedankengängen zum „Modus der Auslegung" von Hans Tietgens.

Andere Beispiele finden sich vielfach; so wird betont, Lehrende in der Erwachsenenbildung hätten sich angesichts der Möglichkeiten der neuen Medien zu Beratern und Moderatoren zu entwickeln, wegzukommen vom Konzept der Wissensvermittler. Horst Siebert schrieb bereits 1972 (S. 149): „Die Aufgabe des Dozenten wird sich in zunehmendem Maße von der Information zur Lernhilfe verlagern müssen... Auf den Dozenten als Informator kann der Teilnehmer bei geeigneten schriftlichen oder audiovisuellen Lehrmitteln am ehesten verzichten, nicht aber auf den Dozenten als Lernorganisator, der die Wissensverarbeitung steuert, Lernschwierigkeiten behebt und zum konstruktiven, problemlösenden Denken befähigt". Bezug wird darauf heute nicht mehr genommen. Solche mangelnden Anknüpfungen an erreichte Diskussions- und Forschungsstände, eine gewisse Ahistorizität und Minderachtung der eigenen Arbeit, signalisieren Strukturprobleme. Dies mag an der eigenen Selbsteinschätzung, aber auch an der Einbindung in ein dynamisches Geschehen der Alltagspolitik liegen.

Die meisten der aktuell diskutierten Fragen in der Erwachsenenbildung hätten aber Anschlüsse in der eigenen Forschungstradition und dem eigenen wissenschaftlichen Diskurs:

Selbstgesteuertes Lernen

In diesem Komplex geht es darum, daß - etwa mit Hilfe neuer Medien - immer mehr Menschen außerhalb organisierter Bildungsprozesse lernen. Untersucht werden soll dabei, wie Menschen diesen Lernprozeß gestalten, wie sie diese Selbststeuerung lernen können, wie selbstgesteuerte Lernprozesse mit fremdorganisierten Lernprozessen vernetzt werden können, die Lernleistungen anerkannt und geprüft werden können, wie Lernerfolge zu verzeichnen sind und welche Hilfestellungen gegeben werden können. Die Arbeiten in der Erwachsenenbildung haben zu diesen Fragen vielfältige Erkenntnisse erbracht, etwa am Beispiel des Fernunterrichts und des Fernstudiums, des Einsatzes von Medien im Sprachunterricht, der Motivationsforschung und der Mediendidaktik. Welche besondere neue Rolle die neuen Medien spielen, wäre erst dann überprüfbar, wenn die vorliegenden Erkenntnisse für die aktuelle Diskussion reinterpretiert werden.

Lebenslanges Lernen

Hier wird untersucht und analysiert, in welcher Weise selbstorganisierte Lernprozesse sowie die Institutionen der alltagsbezogenen aufbauenden Bildungskarrieren (Kindergarten, Schule, Berufsausbildung, Hochschule, Erwachsenenbildung) zielgerichtet miteinander verzahnt und kooperativ vernetzt werden können. Diese Diskussion hat eine eher internationale, in Deutschland wenig ausgeprägte Tradition, die allerdings bislang hauptsächlich im konzeptionellen Bereich gelaufen ist. Hier wäre interessant, welche konkreten Erkenntnisse über Umsetzungsverfahren zu Konzepten des lebenslangen Lernens (auch international) vorliegen, welche Fragen über den Zusammenhang und die Zusammenarbeit von Institutionen, zur Beziehung selbstorganisierten Lernens gegenüber Bildungsangeboten und zur Frage der Kompetenz von Lehrenden in diesem Zusammenhang bereits beantwortet sind.

Professionalität und Qualität

Letztlich benennen diese Stichworte die - marktwirtschaftlich motivierte - Auseinandersetzung um die Effizienz des Bildungsbereichs, die Professionalität der Lehrenden und die daraus folgenden Fragen der Qualität der Lehre. Forschung und Entwicklung konzentriert sich hier auf die Veränderungen der Rolle der Lehrenden hin zu Beratern und Facilitatoren oder Moderatoren (oder welche neuen Namen auch geschaffen werden) sowie die Frage, wie die Lehrenden die dafür notwendigen Qualifikationen in Zukunft erwerben, um professionell arbeiten zu können. Auch geht es um die Feststellung der Qualität von Lehre, um Kriterienlisten für das, was gute Lehre auszeichnet und wie sie überprüft werden kann. Das Neue an der Diskussion scheint mir hier der internationale Bezug zu sein sowie der verbandsübergreifende Diskurs, der erstmalig die Chance eröffnet, den Kern erwachsenenpädagogischer Kompetenz zu definieren. Die Diskussionen über professionelle Qualifikationen von pädagogisch Tätigen haben in Deutschland jedoch eine ausgewiesene Tradition, an die anzuknüpfen wäre.

Kompetenzentwicklung

Im Kontext dieses Konzeptes wird untersucht, in welcher Weise Menschen ihre Kompetenzen und Qualifikationen nicht in Bildungs- und Lernprozessen erwerben, sondern selbst im Rahmen alltäglicher Lebenssituation oder beruflicher Praxis. Untersucht werden dabei Lern- und Kommunikationsfelder des Alltags, an betrieblichen Arbeitsplätzen und im Umgang mit Bildungsinstitutionen. Entwickelt werden sollen Konzepte eines zielgerichteten, großteils selbstorganisierten Erwerbs von Kompetenzen und Qualifikationen sowie Konzepte zur Umgestaltung und einer verbesserten Lernrelevanz von Arbeitsplätzen. Vieles der Diskussion um diesen („gesetzten") Begriff knüpft unmittelbar an Diskussionen zur Lebensweltpädagogik, zum Teilnehmerbezug oder auch zur Humanisierung der Arbeitswelt an; es wäre systematisch zu überprüfen, welches die neuen und innovativen Aspekte eines Konzepts von Kompetenzentwicklung sind.

Lernnachweise

Die Diskussion um Lernnachweise ist noch relativ neu und unterscheidet sich von derjenigen um „Leistungsnachweise". Bei den „Lernnachweisen" geht es darum, kompatible und transferible Zertifikate zu entwickeln, welche Nutz- und Anwendungsgarantien im immer flexibler und mobiler werdenden System von Lernprozessen und Lernerfolgen bieten. Insbesondere bei diesem Aspekt besteht ein enger Zusammenhang zwischen wissenschaftlichem und praktischem Diskurs und eine zusätzliche neue innovative Situation durch einen intensiven internationalen Kontext.

Institutionelle Entwicklung

Hier werden die Prozesse beobachtet, begleitet und ausgewertet, welche durch die zunehmende Marktorientierung des Erwachsenenbildungsbereiches für die Institutionen und Organisationen entstehen. Beobachtbar sind Veränderungen in Richtung auf Bildungsunternehmen, Dienstleistung, Konkurrenz und Preispolitik. Beobachtbar sind auch Veränderungen im Verhältnis von Lehrenden und Lernenden (Dienstleistung statt Bildung), im Verhältnis von pädagogischen und ökonomischen Zielen und im Verhältnis von Institutionen der Erwachsenenbildung zum Staat. Hier ist in der Tat eine noch relativ neue wissenschaftliche Diskussion entstanden, da die erwachsenenpädagogische Institutionenforschung bis Ende der achtziger Jahre nur marginal von einzelnen betrieben wurde. Hier treten neue Probleme und Fragen ebenso in den Diskurs ein wie Methoden und Erkenntnisse einer „neuen" Bezugswissenschaft, der Betriebswirtschaft.

Betrachtet man die aktuellen Diskurse zur Erwachsenenbildung, so stellt man fest, daß nach wie vor die treibende Kraft wissenschaftlichen Arbeitens in der Dynamik der Praxis liegt. Und daß es schwerfällt, wissenschaftliche Fragen kontinuierlich weiter zu verfolgen, wenn alltägliche Probleme und dringende Interessen eine kleine „scientific community" drängen.

In einer solchen Situation sind es Personen wie Horst Siebert, die als Akteure und kritisch Reflektierende die Kontinuität unserer wissenschaftlichen Arbeit fördern. „Wenn allenthalben, und nicht nur bei Denkern der Postmoderne, vom Ende der Metaphysik und des ontologischen Wahrheitsbegriffes, vom Überzeugungsverlust geschlossener Weltbilder und Utopien, von der Krise der 'Metaerzählungen' die Rede ist, so kann davon auch die Theoriebildung der Erwachsenenbildung nicht unbeeinflußt bleiben. Umfassende, dauerhafte, allgemeinverbindliche Theorien über Begründung, Zielsetzung und Thematik der Bildungsarbeit werden nicht nur schwieriger, sondern auch fragwürdiger, vor allem dann, wenn Erwachsenenbildung aus einer einzigen Norm begründet und nach einem einzigen Kriterium bewertet wird. Möglicherweise sind erwachsenenpädagogische Theorien nur noch denkbar als 'Konstrukte auf Widerruf'" (Siebert 1993, S. 151).

Literatur

Arnold, R./Siebert, H., Konstruktivistische Erwachsenenbildung. Baltmannsweiler 1995

Gieseke, W./Meueler, E./Nuissl, E. (Hrsg.): Zentrifugale und zentripetale Tendenzen in der Erwachsenenbildung. Mainz 1989

Gieseke, W./ Meueler, E./ Nuissl, E. (Hrsg.): Empirische Forschung zur Bildung Erwachsener. Frankfurt/M. 1992

Kade, J., u.a.: Fortgänge der Wissenschaft von der Erwachsenenbildung. Bad Heilbrunn 1988

Kejcz, Y. u.a.: BUVEP- Endbericht. Bd.1-8. Hrsg. v. Vorstand d. Arbeitsstelle für Empir. Bildungsforschung e.V. Heidelberg 1979f.

Koring, B.: Das Theorie-Praxis-Verhältnis in Erziehungswissenschaft und Bildungstheorie. Donauwörth 1997

Nuissl, E. (Hrsg.): Person und Sache. Bad Heilbrunn 1992

Schlutz, E.: Leitstudien zur Erwachsenenbildung. In: Gieseke, W./ Meueler, E./ Nuissl, E. (Hrsg.): Empirische Forschung zur Bildung Erwachsener: Beiheft zum Report. Frankfurt/ M. 1992, S. 39-55

Siebert, H.: Erwachsenenbildung - Aspekte einer Theorie. Düsseldorf 1972

Siebert, H.: Lehr- und Lernverhalten in der Erwachsenenbildung. 1976

Siebert, H.: Lehr-Lern-Forschung in der Erwachsenenbildung. In: Schlutz, E./Siebert, H. (Hrsg.): Stand und Aufgaben der empirischen Forschung zur Erwachsenenbildung. Bremen 1986

Siebert, H.: Theorien für die Praxis. Bad Heilbrunn 1994

Siebert, H.: Didaktisches Handeln in der Erwachsenenbildung. Didaktik aus konstruktivistischer Sicht. Neuwied u.a. 1996

Siebert, H.: Konstruktivismus - Konsequenzen für Bildungsmanagement und Seminargestaltung. Frankfurt/M. 1998

Strelewicz, W./Raapke, H.-D./Schulenberg, W.: Bildung und gesellschaftliches Bewußtsein. Eine mehrstufige soziologische Untersuchung in Westdeutschland. Stuttgart 1966

Tietgens, H.: Ansätze zu einer Theoriebildung. In: Mader, W.: Zehn Jahre Erwachsenenbildungswissenschaft. Frankfurt/ Main 1991, S. 45-69

Weidenmann, B.: Ambivalenzen empirisch-analytischer Weiterbildungsforschung. In: Gieseke, W./ Meueler, E./ Nuissl, E. (Hrsg.): Zentrifugale und zentripetale Kräfte in der Erwachsenenbildung. Heidelberg 1989, S. 98-112

Autorinnen und Autoren

Rolf Arnold, Prof. Dr., geb. 1952. Studium der Pädagogik (Erwachsenenbildung, Berufspädagogik), Promotion 1983 an der Universität Heidelberg. 1984 - 1989 bei der Deutschen Stiftung für Internationale Entwicklung (DSE) im Bereich der internationalen Berufsbildungshilfe tätig. 1987 Habilitation an der Fernuniversität Hagen, seit 1990 Professor an der Universität Kaiserslautern, seit 1992 Leiter des Zentrums für Fernstudien und Universitäre Weiterbildung (ZFUW) der Universität Kaiserslautern. Arbeits- und Forschungsschwerpunkte: Bildungspolitik, Erwachsenenbildung, Betriebspädagogik, Berufsbildung, Entwicklungspolitik, Politische Bildung sowie Bildung in der Dritten Welt.

Aktuelle Veröffentlichungen:

- Wandel der Lernkulturen. Ideen und Bausteine für ein lebendiges Lernen. Darmstadt 1998 (zus. m. Ingeborg Schüßler)
- Weiterbildungsgesellschaft. Bd 1 und 2. Neuwied 1999 (hrsg. zus. m. Wiltrud Gieseke)
- Kompetenzförderung durch Schlüsselqualifikationsentwicklung. Baltmannsweiler 1999 (hrsg. zus. m. Hans-Joachim Müller)

Elke Bovier, Dr., geb. 1965. Studium der Erziehungswissenschaften an der Rheinischen Friedrich Wilhelm Universität Bonn und der FU Berlin. 1997 Promotion im Fach Soziologie an der Technischen Universität Chemnitz. 1993-96 wiss. Angestellte an der FU Berlin. 1995-97 wiss. Mitarbeiterin am Institut für Wirtschafts- und Erwachsenenpädagogik der FU Berlin. Arbeits- und Forschungsschwerpunkte: Gewalt an Schulen, Burnout, Werthaltungstransmission, Didaktik der Erwachsenenbildung, kritische Situationen in Veranstaltungen.

Aktuelle Veröffentlichung:

- Do Liberal Teachers Breed Violent and Xenephobic Students? An Empirical Study of German Ninth Graders and Their Teachers. Erscheint 1999 bei „Teaching and Teachers Education".

Rainer Brödel, Prof. Dr., geb. 1947, Studium der Erziehungswissenschaften und Promotion an der Universität Göttingen. Wissenschaftlicher Assistent an der Fernuniversität Hagen. Hochschulassistent und Privatdozent an der Freien Universität Berlin. Akademischer Rat an der Universität Hannover. Professor und Leiter des Instituts für Sozialpädagogik und Erwachsenenbildung der Universität Dortmund. Wissenschaftlicher Beirat des Landesinstituts Sozialforschungsstelle Dortmund. Professor für Erwachsenenbildung/Weiterbildung an der Universität Flensburg. Forschungsschwerpunkte: Theorie und Geschichte der Erwachsenenbildung/Erziehungswissenschaft, Forschungsfragen, Didaktik und Methodik, Bildungsmanagement, Erwachsenenbildung und Modernisierung, Internationale Erziehungswissenschaft.

Aktuelle Veröffentlichungen:

- Erwachsenenbildung in der Moderne. Opladen 1997
- Lebenslanges Lernen - lebensbegleitende Bildung. Neuwied 1998
- Grenzüberschreitende Erwachsenenbildung. Münster 1999 (zus. m. Wolfgang Jütte)

Gerd Doerry, Prof. Dr., geb. 1929. 1957 Promotion zum Dr. phil. an der Freien Universität Berlin. 1958-71 Wissenschaftlicher Assistent, Wissenschaftlicher Angestellter, Akademischer Rat am Erziehungswissenschaftlichen Institut der Freien Universität Berlin. 1971-76 Professor am Institut für Sozialpädagogik und Erwachsenenbildung der Freien Universität Berlin. 1976-80 Ordentlicher Professor an der Pädagogischen Hochschule Berlin. 1980-97 Universitätsprofessor an der Freien Universität Berlin. Forschungsschwerpunkte: Didaktik der Erwachsenenbildung, Lehr-Lernforschung, angewandte Gruppendynamik, Gruppenleitung.

Aktuelle Veröffentlichungen:

• Politische Erwachsenenbildung unter den Bedingungen der Nachkriegszeit - Fritz Borinskis Wirken 1942 - 1956. In: P. Drewek/K.-P. Horn/Ch. Kersting/H.-E. Tenorth (Hrsg.): Ambivalenzen der Pädagogik. Zur Bildungsgeschichte der Aufklärung und des 20. Jahrhunderts. Harald Scholtz zum 65. Geburtstag, Weinheim 1995, S. 237 - 258

• Jugendarbeit im Berlin der Nachkriegszeit. Das Beispiel des Karolinger Jugendhauses. In: Karolinger Journal, Nr. 8, September 1997, S. 10 - 21

Peter Faulstich, Prof. Dr., geb. 1946, Studium: Stadt- und Regionalplanung, Abschluß als Diplom-Ingenieur. Promotion zum Dr. phil. in Erziehungswissenschaften, Soziologie und Bildungsökonomie, Habilitation für Erziehungswissenschaften. Wiss. Assistent an TUB 1973-77. Professor für Berufspädagogik und Leiter des 'Arbeitsbereichs Wissenschaftstransfer' sowie der 'Kontaktstelle für Weiterbildung' an der Gesamthochschule Kassel/Universität bis 3/95. Tätigkeitsbereiche: Weiterbildende Studiengänge, u. a. „Personalwesen"; Gutachten Perspektiven der Weiterbildung für den Hessischen Landtag, für Schleswig-Holstein, Nordrhein-Westfalen sowie für die Hans-Böckler-Stiftung; Forschungsvorhaben zur Weiterbildungsentwicklung, zu „Unternehmenskultur und Personalentwicklung, zum Verhältnis betrieblicher und trägerbezogener Weiterbildung" und zu „Zeitpolitik und Lernchancen". Forschungsvorhaben: Selbstorganisiertes Lernen als Handlungsfeld in der beruflichen Weiterbildung (gefördert von der Max-Träger-Stiftung), Zeitpolitik und Lernchancen (gefördert von den Ministerien für Arbeit in Berlin und Nordrhein-Westfalen), Weiterbildungsverbände in Schleswig-Holstein (gefördert vom Wirtschaftsministerium SH), Zertifikate in der Weiterbildung (gefördert von der Senatsverwaltung für Arbeit, berufliche Bildung und Frauen in Berlin).

Aktuelle Veröffentlichungen:

• Faulstich, Peter/Teichler, Ulrich/Döring, Ottmar: Bestand und Entwicklungsrichtungen der Weiterbildung in Schleswig-Holstein. Weinheim 1996

• Faulstich, P./Bayer, M./Krohn, M.: Zukunftskonzepte der Weiterbildung. Weinheim 1998

• Strategien betrieblicher Weiterbildung. München 1998

Herbert Gerl, Prof. Dr., geb. 1939. 1962-70 Lehrer und Jugendbildungsreferent. 1970 Promotion zum Dr. phil. 1970-79 wissenschaftlicher Mitarbeiter am Lehrstuhl Erwachsenenbildung der Universität Hannover. Seit 1979 Professor am Studiengang Weiterbildung der Universität Bremen. Forschungsschwerpunkte: Lehren und Lernen in der Weiterbildung, Kommunikationspsychologie.

Aktuelle Veröffentlichungen:

• Personzentrierter Ansatz. In: Grundlagen der Weiterbildung, Praxishilfen, Abteilung 6: Didaktik. Neuwied 1995

- Neurolinguistisches Programmieren (NLP) als Bezugsrahmen für Theorie und Praxis selbstorganisierten Lernens. In: Dokumentation der Jahrestagung 1997 der Kommission Erwachsenenbildung der DGfE. Frankfurt/M. 1998

Wiltrud Gieseke, Prof. Dr., geb. 1947, Studium in Oldenburg, Berlin, Münster. 1. Lehrerprüfung 1970 Oldenburg, Diplom in Erziehungswissenschaften 1973 Berlin. Von 1973-80 wissenschaftliche Mitarbeiterin an der Pädagogischen Arbeitsstelle des DVV - jetzt Deutsches Institut für Erwachsenenbildung Frankfurt/Main. Promotion 1980 in Münster. Von 1980-89 akademische Rätin für Erwachsenenbildung an der Universität Oldenburg. Habilitation 1987 in Oldenburg. 1989 Vertretungsprofessur (C3) für Politische Weiterbildung/Frauenbildung in Bremen. Seit 1992 Professur für Erwachsenenpädagogik (C4) an der Humboldt-Universität zu Berlin. Forschungsschwerpunkte: Professionsforschung im Bereich Erwachsenenbildung, qualitative Lehr- und Lernforschung in der Erwachsenenbildung/Begleitforschungskonzepte, Frauenbildung, Programmplanungshandeln.

Aktuelle Veröffentlichungen:

- Frauenbildung; Hauptberufliche pädagogische MitarbeiterInnen; Zielgruppenarbeit. Stichwörter für „Lexikon der politischen Bildung" - Bd. 2 Manuskript 1998

- Programmplanungshandeln in der Kirchlichen Erwachsenenbildung - Eine Arbeitsplatzanalyse. Manuskript 1998 (zus. m. C. Gorecki)

- Folgerungen aus dem Konzept „community education" für eine neue Bildungsdiskussion in der Erwachsenenbildung. In: Bildung und Gemeinwesen. Gemeinwesen und Bildung. Symposion zum 50jährigen Bestehen der Evangelischen Heimvolkshochschule Rastede. Oldenburg: BIS, 1998, S. 67 - 74.

- Eingreifende Bildung - Formen der Frauenbildung. In: Zentrum für interdisziplinäre Frauenforschung (Hrsg.): Frauen- und Geschlechterforschung in den Erziehungswissenschaften. Berlin, 1998. S. 54 - 61 (Bulletin, Bd. 17)

Hartmut M. Griese, Prof. Dr., geb. 1944. Studium der Soziologie, Psychologie, Sozialpädagogik 1966-71 in Münster: Magister Artium. Assistent für Soziologie 1971-75 an der GHS Duisburg. Akademischer Rat für Soziologie an der PH Niedersachsen/Abtl. Hannover/ab 1975 (ab 1978 Universität). Promotion in Soziologie 1975 in Münster, Habilitation in Soziologie 1979 in Münster. Forschungsschwerpunkte: Jugendsoziologie/forschung; (Erwachsenen)Sozialisationstheorie/Erwachsenenbildung; Soziologische Theorie - Interaktionismus; Soziologie sozialer Randgruppen/Migrationsforschung.

Aktuelle Veröffentlichungen:

- Griese/Wojtasik (Hrsg.): Konstrukte oder Realität? Hannover 1996

- Dubas/Griese (Hrsg.): Europa Jako Temat Jakosciowych badan Pedagogicznych. Torun (Polen) 1998

- Bolz/Fischer/Griese (Hrsg.): Jugendweihen in Deutschland. Idee, Geschichte und Aktualität eines Übergangsrituals. Leipzig 1998

Detlef Horster, Prof. Dr., geb. 1942. 1972 juristisches Staatsexamen, 1976 Promotion, 1979 Habilitation. Lehre an den Universitäten Kassel (Gesamthochschule), Utrecht und Berlin (Humboldt-Universität). Derzeit Professor für Sozialphilosophie an der Universität Hannover.

Aktuelle Veröffentlichungen:

- Niklas Luhmann. München 1997

- Weibliche Moral - ein Mythos? Frankfurt/M. 1998

• Postchristliche Moral. Eine sozialphilosophische Begründung der Moral. Hamburg 1999

Joachim H. Knoll, Prof. Dr., geb. 1932. Studium der Geistesgeschichte, Geschichte, Germanistik, Volkswirtschaftslehre in Erlangen und München. Inländische Hochschultätigkeit in Erlangen, Hamburg, Bonn, Bochum. Arbeitsschwerpunkte: Internationale und vergleichende Erwachsenenbildung; Institutionen, Gesetzgebung und politische Bildung in der Erwachsenenbildung, Jugendmedienschutz, neue Unterhaltungs- und Bildungstechnologien. Herausgeber: Internationales Jahrbuch der Erwachsenenbildung (seit 1967, jetzt Folge 26) und Mitherausgeber u. a.: Bildung und Erziehung, Zeitschrift für Religions- und Geistesgeschichte. Persönliches Mitglied der Deutschen UNESCO-Kommission. Vorstandsmitglied der Gesellschaft für Geistesgeschichte, Vorstandsmitglied der Akademie des DRK, Mitglied der N. Y. Academy of Sciences, Inter. Congr. Univ. Adult Education. Festschriften zum 50. und 65. Geburtstag. Selbständige Publikationen seit 1996: Gewalt und Spiele; Erwachsenenbildung und berufliche Weiterbildung, Selbstbilder; Internationale Weiterbildung und Erwachsenenbildung; Jugend, Sexualität und Pornographie; Neue Medien - neue Gefahren; Sozialethische Desorientierung.

Detlef Kuhlenkamp, Prof. Dr., geb. 1942. Studium der Geistes- und Sozialwissenschaften in Tübingen, Zürich und Frankfurt/M. 1971 Promotion in Germanistik, Politik und Erziehungswissenschaft. 1971-74 wissenschaftlicher Mitarbeiter an der Pädagogischen Arbeitsstelle des Deutschen Volkshochschul-Verbands, Frankfurt/M. 1974-78 Leiter des Landesamts für Weiterbildung der Freien Hansestadt Bremen. Seit 1978 Professor für Weiterbildung an der Universität Bremen und seit 1992 Wissenschaftlicher Leiter des Zentrums für Weiterbildung der Universität Bremen. Von 1984-88 Vorsitzender des „Arbeitskreis(es) Universitäre Erwachsenenbildung" e.V (AUE).

Aktuelle Veröffentlichungen:

• Appelle und Interessen. Chancen und Probleme der Institutionalisierung wissenschaftlicher Weiterbildung. In: Dikau, J./Nerlich, B./Schäfer, E. (Hrsg.): Der AUE an der Schnittstelle zwischen tertiärem und quartärem Bildungsbereich - Bilanz und Perspektive. Bielefeld 1996, S. 330 - 351.

• Weiterbildungsgesetze als Garanten von Weiterbildungschancen? In: Nuissl, E./Schiersmann, Ch./Siebert, H. (Hrsg.): Pluralisierung des Lehrens und Lernens. Bad Heilbrunn 1997, S. 181 - 202.

• Regelungen und Realpolitik in der Weiterbildung. In: Derichs-Kunstmann, K. u. a. (Hrsg.): Weiterbildung zwischen Grundrecht und Markt. Opladen 1997, S. 31 - 48

Ekkehard Nuissl, Prof. Dr., geb. 1946. Volontariat zum Redakteur, Pressereferent der Universität Heidelberg, Leiter der „Arbeitsgruppe für empirische Bildungsforschung" in Heidelberg. Direktor der Hamburger Volkshochschule, Direktor des Deutschen Instituts für Erwachsenenbildung in Frankfurt/Main. Professor für Erwachsenenbildung an der Universität Marburg. 1987 Habilitation bei Horst Siebert an der Universität Hannover. Forschungsschwerpunkte: Lehr-Lern-Forschung, Bildungspolitik, Internationale Kooperation, Organisationen.

Aktuelle Veröffentlichungen:

• Leitung von Weiterbildungseinrichtungen. Frankfurt/M. 1998

• Adult Education and Learning in Europe. Brüssel 1999

• Einführung in die Weiterbildung. Neuwied 1999

- Wörterbuch Erwachsenenpädagogik. Bad Heilbrunn (erscheint 1999) (mit R. Arnold und S. Nolda)

Josef Olbrich, Prof. Dr., geb. 1935. Studium der Pädagogik, Philosophie, Geschichte und klassischen Philologie in Münster, Würzburg, Berlin. Promotion und Habilitation an der FU Berlin. 1974-76 Professur an der Universität der Bundeswehr in Hamburg. Seit 1976 Professur für Erziehungswissenschaft mit Schwerpunkt Erwachsenenbildung an der FU Berlin. Forschungsschwerpunkte: Theorie, Geschichte, institutionelle und ordnungspolitische Grundlagen der Erwachsenenbildung/Weiterbildung.

Aktuelle Veröffentlichungen:

- Systemtheorie und Erwachsenenbildung/Weiterbildung

- Vita und Werk Fritz Borinskis

- Handbuch zur Geschichte der Erwachsenenbildung/Weiterbildung (in Vorbereitung)

Roswitha Peters, geb. 1947. Kaufmännische Ausbildung und Berufstätigkeit, Funktionärin eines christlichen Jugendverbands. Zweiter Bildungsweg (Hochschule für Wirtschaft und Politik, Hamburg), Studium der Erziehungswissenschaft, Politik- und Erwachsenenbildungswissenschaft in Hannover. Wissenschaftliche Mitarbeiterin im Landesamt für Weiterbildung, Bremen. Seit 1979 wissenschaftliche Mitarbeiterin an der Universität Bremen. Forschungsschwerpunkte: Berufs- bzw. Professionsentwicklung in der EB/WB, Berufliche Ethik/Ethos von ErwachsenenbildnerInnen, Theorie-Praxis-Verhältnis in der EB/WB.

Aktuelle Veröffentlichungen:

- Erwachsenenbildnerisches Handlungsethos. In: Hessische Blätter für Volksbildung, 1/1999

- Kompetenzen und Professionalität von Diplom-PädagogInnen mit der Studienrichtung EB/WB. In: Literatur- und Forschungsreport Weiterbildung, 1/1999

Lothar Schäffner, Prof. Dr., geb. 1943. Sozial- und geisteswissenschaftliches Studium an den Universitäten Tübingen und Kiel. Promotion im Fach Wissenschaft von der Politik 1969. Staatsexamen für das höhere Lehramt 1969/70. 1970-76 Pädagogischer Mitarbeiter und Leiter in Einrichtungen der Erwachsenenbildung. Seit 1976 Hochschullehrer mit dem Schwerpunkt EB/aJB. 1983-86 Dekan des Fachbereichs Erziehungswissenschaften. 1986-91 im Rahmen einer Beurlaubung Leiter des Bildungswesens der Continental AG, Hannover. Seit 1992 Rückkehr an die Universität Hannover mit dem Schwerpunkt betriebliche Weiterbildung. Seit 1993 Senator der Universität Hannover. Forschungsschwerpunkte: Betriebliche Weiterbildung, Personalentwicklung und Organisationsentwicklung, insb. Einführung von Teamarbeit, Transfersicherung in der betrieblichen Bildungsarbeit.

Aktuelle Veröffentlichungen:

- Arbeit gestalten durch Qualifizierung. München 1991

- Unternehmensentwicklung durch Personalentwicklung. In: Schwuchow, K. u. a. (Hrsg.): Jahrbuch Weiterbildung. Düsseldorf 1994, S. 34 - 36

- Herausgeber der Schriftenreihe des Fachbereiches Erziehungswissenschaften „Theorie und Praxis" (zus. m. Manfred Bönsch)

Ortfried Schäffter, Prof. Dr., geb. 1943. Universitätsprofessor für Theorie der Weiterbildung an der Humboldt-Universität zu Berlin. Vorher langjährige Tätigkeit an einer Kontaktstelle für wissenschaftliche Weiterbildung. Praxis als gruppendynamischer Trainer, in erwachsenenpädagogischer Mitarbeiterfortbildung und in Organisationsberatung für Institutionen der Erwachsenenbildung. Forschungsschwerpunkte: Institutionstheorie der Weiterbildung und Konzepte pädagogischer Organisationsberatung; Interkulturalität als Lernanlaß; Bildungsarbeit mit Zeitzeugen; Ansätze zu einer konstruktivistischen Theorie lebenslangen Lernens.

Aktuelle Veröffentlichungen:

• Organisationsentwicklung von Weiterbildungseinrichtungen. Frankfurt/M. 1997 (zus. m. F. v. Küchler)

• Das Eigene und das Fremde. Aufsätze zu einer konstruktivistischen Theorie der Fremderfahrung. Berlin 1997

• Weiterbildung in der Transformationsgesellschaft. Berlin 1998

Christiane Schiersmann, Prof. Dr., geb. 1950. Studium der Germanistik, Anglistik, Soziologie und Erziehungswissenschaften in Kiel und Göttingen. Dissertation an der Universität Göttingen, wissenschaftliche Assistentin an der Universität Münster, Habilitation an der Universität Münster. 1985-90 stellvertretende Leiterin des Instituts „Frau und Gesellschaft". Seit 1990 Professur für Weiterbildung an der Universität Heidelberg. Forschungsschwerpunkte: Weiterbildungsforschung.

Aktuelle Veröffentlichungen:

• Prozeßorientierte Weiterbildung - Perspektive und Probleme eines neuen Paradigmas der Kompetenzentwicklung für die Arbeitswelt der Zukunft. In: QUEM (Hrsg.): Kompetenzentwicklung '98. Münster 1998, S. 15-87 (zus. m. Martin Baethge)

• Innovationen in Einrichtungen der Familienbildung. Eine bundesweite empirische Insitutionenanalyse. Opladen 1998 (zus. m. Heinz-Ulrich Thiel, Kirsten Fuchs, Eva Pfizenmaier)

• Frauen im (Sozial-)Management. In: AGEF-aktuell, Ausgabe II, Nov. 1998, S. 86-102

Erhard Schlutz, Prof. Dr., geb. 1942, Studium der Germanistik, Philosophie und Geschichte. Berufstätigkeiten als Schauspieler, Gymnasiallehrer, Erwachsenenbildner. Seit 1978 Professor für Erwachsenenbildung an der Universität Bremen, Institut für Erwachsenen-Bildungsforschung (IfEB). 1989-95 auch Direktor der Bremer Volkshochschule; Vorsitzender des Verwaltungsrats des Deutschen Instituts für Erwachsenenbildung, Frankfurt. Forschungsschwerpunkte: Kommunikationstheorie und Sprachdidaktik (zahlreiche Lehrbücher), Kulturtheorie, Theorie und Praxis der Erwachsenenbildung. Derzeitiger Arbeitsschwerpunkt: Systembeobachtung und -evaluation, Politikberatung.

Aktuelle Veröffentlichungen:

• Systembeobachtung in der Weiterbildung. In: Zeitschrift für Pädagogik 6/1997, S. 987 - 1008 (zus. m. Josef Schrader)

• Evaluation in der Weiterbildung. Gutachten (Nordrhein-Westfalen, Mitautor), hrsg. vom Landesamt für Schule und Weiterbildung. Soest 1997

• Verständigung für einen komplexer werdenden Alltag. In: Arnold, Rolf u. a. (Hrsg.): Lehren und Lernen im Modus der Auslegung. Baltmannsweiler 1998, S. 69 - 81

• Aufgaben der öffentlichen Hand bei der Förderung der Weiterbildung. Enquete des Salzburger Landtags. Im Erscheinen

Hans Tietgens, Dr. phil., geb. 1922. Studium der Literatur- und Gesellschaftswissenschaften in Münster, Bonn und Hamburg, Promotion 1949. Tätigkeit als Kursleiter an den Volkshochschulen Bonn und Hamburg. 1954 hauptberufliche Tätigkeit an der Heimvolkshochschule Hustedt. 1956 Leiter der Pädagogischen Arbeitsstelle des Landesverbandes der Volkshochschulen Niedersachsens. 1957 Tutor der Jugendreferenten für Politische Bildung des Deutschen Volkshochschul-Verbandes (DVV). 1961-1991 Leiter der Pädagogischen Arbeitsstelle des DVV. 1979 Honrarprofessor an der Universität Marburg. Herausgeber mehrerer Schriftenreihen. Forschungsschwerpunkte: Geschichte, Theorie und Didaktik der Erwachsenenbildung und ihre Voraussetzungen.

Aktuelle Veröffentlichungen:

- Zwischenpositionen in der Geschichte der Erwachsenenbildung seit der Jahrhundertwende. Bad Heilbrunn 1994

- Indirekte Kommunikation. Ausgewählte Beiträge 1968-1996. Bad Heilbrunn/ Obb. 1997

- Allgemeine Bildungsangebote. Weinert, E./ Mandl, H. (Hrsg.): Psychologie der Erwachsenenbildung. Enzyklopädie der Psychologie. Themenbereich D, Theorie und Forschung: Ser. I, Band 4. Göttingen u.a. 1997, S. 469-506

- Interpretationswerkstatt im Kontext der Forschung und als Medium der Fortbildung. In: R. Arnold u. a. (Hrsg.): Lehren und Lernen im Modus der Auslegung. Baltmannsweiler 1998, S. 8-21

Rudolf Tippelt, Prof. Dr., geb. 1951. Studium der Erziehungswissenschaft, Sozialpädagogik, Soziologie, Psychologie und Philosophie in München und Heidelberg, Promotion 1981, Habilitation 1989. 1978-87 wissenschaftlicher Mitarbeiter und Hochschulassistent am Seminar für Erziehungswissenschaft der Universität München. 1987-91 stellvertretender Direktor am LaW Mannheim. 1991-98 Professor für Erziehungswissenschaft an der Universität Freiburg. Seit 1998 Professor für Allgemeine Pädagogik und Bildungsforschung an der Ludwig-Maximilian-Universität in München. Forschungsschwerpunkte: Erwachsenen- und Weiterbildung (Adressatenforschung, Differenzierung der Weiterbildungsstruktur, Lebenslanges Lernen und Bildungsprozesse über die Lebensspanne), Bildung- und Jugendforschung.

Aktuelle Veröffentlichungen:

- Handbuch Erwachsenenbildung/Weiterbildung (Hrsg., Neuauflage). Opladen 1999 (i. Dr.)

- Erwachsenenbildung und Politik - Am Beispiel der „Agenda for the Future" (UNESCO). In: Der pädagogische Blick 3/1998, S. 136 - 147

- Zum Verhältnis von Allgemeiner Pädagogik und empirischer Bildungsforschung. In: Zeitschrift für Erziehungswissenschaft 2/1998, S. 239 - 260

- Interdisziplinäre Bezüge in der Weiterbildung und in der Bildungsforschung. In: Berelli, M./Ruhloff, H. (Hrsg.): Deutsche Gegenwartspädagogik, Bd. 3, Schneider: Baltmannsweiler 1998, S. 141 - 158

Bibliographie Prof. Dr. Horst Siebert

Zusammengestellt von Peter Liebl (DIE)
Stand: März 1999

Monographien

Bildungspraxis in Deutschland. Düsseldorf:Bertelsmann Univ.-Verl. 1970. 199 S.

Der andere Teil Deutschlands in Schulbüchern der DDR und der BRD. Hamburg:Verl.f.Buchmarkt-Forschung 1970. 123 S.

Erwachsenenbildung in der Erziehungsgesellschaft der DDR. Düsseldorf:Bertelsmann-Univ.-Verl. 1970. 335 S.

Erwachsenenbildung - Aspekte einer Theorie. Düsseldorf:Bertelsmann-Univ.-Verl. 1972. 166 S.

Curricula für die Erwachsenenbildung. Braunschweig:Westermann 1974. 244 S.

Stellenangebote in der Erwachsenenbildung. Hannover:AUE 1974. 36 S.

Didaktische Planung aus der Sicht der Curriculum-Theorie. (SESTMAT). Frankfurt a.M.:PAS-DVV 1975. 58 S.

Lehr- und Lernverhalten bei Erwachsenen. Braunschweig:Westermann 1975. 232 S. (mit H.Gerl)

Positionen zum Aufgabenverständnis der Erwachsenenbildung. Hannover:Landesverb.d.VHS Niedersachsens 1975. 20 S.

Aufgabenverständnis und Theorieansätze in der Erwachsenenbildung. (SESTMAT). Frankfurt a.M.:PAS-DVV 1976. 69 S.

Instrumente der didaktischen Planung. (SESTMAT). Frankfurt a.M.:PAS-DVV 1976.2.Aufl. 39 S.

Lernfähigkeit und Lernverhalten von Erwachsenen. (SESTMAT). Frankfurt a.M.:PAS-DVV 1979.3.Aufl. 83 S. (mit H.Tietgens)

Kurse zum nachträglichen Erwerb des Hauptschulabschlusses. Erste Ergebnisse einer empirischen Untersuchung im Grossraum Hannover. Hannover:Univ.1978. 143 S. (mit anderen Autoren)

Materialien für ein erfahrungsorientiertes Kontaktstudium Weiterbildung. Hannover:AUE 1978. 52 S.

Animation in der Weiterbildung. Bonn:BMBW 1979. 64 S.

Wissenschaft und Erfahrungswissen der Erwachsenenbildung. Paderborn:Schöningh 1979. 126 S.

Grundangebot Weiterbildung. Diskussionsstand und Entwicklungsmöglichkeiten. München:Gersbach u.a.1981. 88 S.

Lernen und Lernprobleme in der Erwachsenenbildung. Paderborn u.a.:Schoeningh 1982. 207 S. (mit W.Dahms u. C.Karl)

Lernmotivation. Weinheim u.a.:Beltz 1982. 57 S.

Erwachsenenbildung als Bildungshilfe. Bad Heilbrunn,Obb.:Klinkhardt 1983. 203 S.

Motivationsforschung zur Weiterbildung in der Bundesrepublik Deutschland. Hamburg:UIE 1983. 19 S.

Vorbemerkungen zu einer Theorie ökologischer Erwachsenenbildung. Hannover:Univ.1983. 161 S. (mit G.Michelsen)

Problembereiche der Weiterbildungsforschung. Hagen:Fernuniv.1984. 94 S.

Aufgaben der Erwachsenenbildung angesichts eines gesellschaftlichen Wertewandels. s.l.:ca.1985. 12 Bl.

Fernstudium für Mitarbeiter in der Erwachsenenbildung. Grundkurs. Studieneinheit: Lernen u. Lernfelder Erwachsener. Hannover:FK 1985. 239,2,7 Bl. (mit H.-J.Petsch u. I.Mauritz)

Identitätslernen in der Diskussion. Frankfurt a.M.:PAS-DVV 1985. 114 S.

Lernen im Lebenslauf. Zur biographischen Orientierung der Erwachsenenbildung. Bonn:DVV 1985. 120 S.

Ökologie lernen. Anleitungen zu e. veränd. Umgang mit Natur. Frankfurt a.M.:Fischer Taschenbuch Verl.1985. 175 S. (mit G.Michelsen)

Struktur und Perspektiven der niedersächsischen Erwachsenenbildung. Gutachten. 2. Politik und Wissenschaft der Erwachsenenbildung in Niedersachsen.Hannover:Niedersächsischer Bund für Freie Erwachsenenbildung 1989. 149 S. (mit anderen Autoren)

Das Nord-Süd-Thema in der Erwachsenenbildung. Hannover:Postskriptum Verl.1990. 112 S. (mit M.Jakob)

Die vergeudete Umwelt. Steht die Dritte Welt vor dem ökologischen Bankrott? Frankfurt a.M.:Fischer Taschenbuch Verl.1990. 198 S. (mit A.Datta)

Erwachsenenbildung in der Deutschen Demokratischen Republik. Hannover:Landesverb.d.Volkshochschulen Niedersachsens 1990. 52 S.

Perspektiven der niedersächsischen Erwachsenenbildung in freier Trägerschaft. Hannover:Univ.u.a.1990. 41 S.

SeniorInnen studieren. Eine Zwischenbilanz des Seniorenstudiums an der Universität Hannover. Hannover:ZEW 1990. 158 S. (mit E.Seidel, K.Griesbach u. M.Beyersdorf)

Qualifizierungsgutscheine: Eintrittskarten in den Arbeitsmarkt. Kiel:Institut für Weltwirtschaft 1991. 22 S. (mit H.Klodt)

Bildung im Schatten der Postmoderne. Von Prometheus zu Sisyphos. Frankfurt a.M.:VAS Verl.1992. 66 S.

Prometheus, Sisyphos und neue Werte. Zwei Beiträge zur Bildungsarbeit. Hannover:Landesverband der Volkshochschulen Niedersachsens 1992. 68 S. (mit D.Horster)

Struktur und Perspektiven der niedersächsischen Erwachsenenbildung. Gutachten. 4. Perspektiven der niedersächsischen Erwachsenenbildung in freier Trägerschaft. Hannover:nbeb ca.1992. 55 S. (mit J.Castendyk)

Erwachsenenbildung seit 1945. Hannover:Bildungswerk Niedersächsischer Volkshochschulen 1993. 64 S.

Theorien für die Bildungspraxis. Bad Heilbrunn:Klinkhardt 1993. 172 S.

Gestaltung von Erwachsenenbildung. Anregungen für Studium und Bildungsarbeit. Frankfurt a.M.:VAS Verl.1994. 119 S. (mit M.Schmidt)

Glossar der Erwachsenenbildung. Von der Adoleszenz-Maximum-Kurve zum Zweckverband. Hannover:Bildungswerk nvhs 1994. 40 S.

Lernen als Konstruktion von Lebenswelten. Entwurf einer konstruktivistischen Didaktik. Frankfurt a.M.:VAS Verl.1994. 90 S.

Konstruktivistische Erwachsenenbildung. Von der Deutung zur Konstruktion von Wirklichkeit. Baltmannsweiler:Schneider Verl.Hohengehren 1995. IV, 185 S. (mit R.Arnold)

Bildungsarbeit - konstruktivistisch betrachtet. Frankfurt a.M.:Verl.für Akad.Schr.1996. 63 S.

Didaktisches Handeln in der Erwachsenenbildung. Didaktik aus konstruktivistischer Sicht. Neuwied u.a.:Luchterhand 1996.IX, 325 S.

Konstruktion und Professionalität in der Erwachsenenbildung. Eine Thesendiskussion. s.l.:ca.1996.8 Bl.,hektogr. (mit R.Arnold)

Über die Nutzlosigkeit von Belehrungen und Bekehrungen. Beiträge zur konstruktivistischen Pädagogik. Boenen:Verl.f.Schule u.Weiterbildung Kettler 1996. 96 S.

Programmplanung und Bildungsmanagement. Rostock:Universität 1997. 63 S.

Konstruktivismus. Konsequenzen für Bildungsmanagement und Seminargestaltung. Frankfurt a.M.:DIE 1998. 118 S.

Professionelle Gestaltung von Umweltseminaren. Rostock:Universität 1998. 67 S.

Pädagogischer Konstruktivismus - Eine Bilanz der Konstruktivismusdiskussion für die Bildungspraxis. Neuwied u.a.:Luchterhand 1999. 209 S.

Editionen

Bildungsurlaub - eine Zwischenbilanz. Düsseldorf:Bertelsmann 1972. 194 S.

Begründungen gegenwärtiger Erwachsenenbildung. Braunschweig:Westermann 1977. 249 S.

Praxis und Forschung in der Erwachsenenbildung. Opladen:Westdt.Verl.1977. 232 S.

Taschenbuch der Weiterbildungsforschung. Baltmannsweiler:Burgbücherei Schneider 1979. 554 S.

Erwachsenenbildung zwischen Sozialpolitik und sozialen Bewegungen. Bericht der Jahrestagung 1982 der Kommission Erwachsenenbildung der Deutschen Gesellschaft für Erziehungswissenschaft in der Universität Hannover. Hannover:Univ.1983. 128 S. (mit E.Schlutz)

Zur Identität der Wissenschaft der Erwachsenenbildung. Jahrestagung 1983 der Kommission Erwachsenenbildung der Deutschen Gesellschaft für Erziehungswissenschaft. Bremen:Univ.1984. 177 S. (mit E.Schlutz)

Historische Zugänge zur Erwachsenenbildung. Jahrestagung 1984 der Kommission Erwachsenenbildung der Deutschen Gesellschaft für Erziehungswissenschaft. Bremen:Univ.1985. 271 S. (mit E.Schlutz)

Stand und Aufgaben der empirischen Forschung zur Erwachsenenbildung. Jahrestagung 1985 der Kommission Erwachsenenbildung der Deutschen Gesellschaft für Erziehungswissenschaft. Bremen:Univ.1986. 195 S. (mit E.Schlutz)

Zur Entwicklung der Erwachsenenbildung aus wissenschaftlicher Sicht. Allgemeinbildung, Weiterbildungspolitik, Qualifizierungsoffensive, politische Bildung. Aus der Arbeit der Kommission Erwachsenenbildung der Deutschen Gesellschaft für Erziehungswissenschaft 1986. Bremen:Univ.1987. 365 S. (mit E.Schlutz)

Ende der Professionalisierung? Die Arbeitssituation in der Erwachsenenbildung als Herausforderung für Studium, Fortbildung und Forschung. Jahrestagung 1987 der Kommission Erwachsenenbildung der Deutschen Gesellschaft für Erziehungswissenschaft.Bremen:Univ.1988. 308 S. (mit E.Schlutz)

Erwachsenenbildung im Spannungsfeld zwischen biographischen Interessen und globaler Herausforderung. Methodisch-inhaltliche Schwerpunkte der ersten polnisch-deutschen Erwachsenenbildungskonferenz. Ein Werkstattbericht. Bonn:Bundesverband Neue Erziehung 1991. 242 S. (mit H.M.Griese)

Lernprojekte Erwachsener. Empirische, theoretische und methodologische Beiträge zur internationalen und vergleichenden Biographie- und Erwachsenenbildungsforschung. Baltmannsweiler: Schneider Verlag Hohengehren 1993. 191 S. (mit H.M.Griese u. O.Czerniawska)

Pluralisierung des Lehrens und Lernens. Bad Heilbrunn:Klinkhardt 1997. 269 S. (mit E.Nuissl u. C.Schiersmann)

Umweltbildung zwischen Theorie und Praxis. Hannover:ZEW 1997. 102 S. (mit M.Beyersdorf u. G.Michelsen)

Umweltbildung. Theoretische Konzepte - empirische Erkenntnisse - praktische Erfahrungen. Neuwied u.a.:Luchterhand 1998. 384 S. (mit M.Beyersdorf u. G.Michelsen)

Beiträge in Sammelbänden

Erwachsenenbildung als Gegenstand der Lehrerbildung. In: Knoll, J.H. (Hrsg.): Internationales Jahrbuch der Erwachsenenbildung 1969, Heidelberg:1969, S.198-209.

Erwachsenenbildung im Rahmen der Erziehungsgesellschaft der DDR. In: Auerbach, L. u.a.: Die DDR - Bildung, Wissenschaft und Forschung, München:Kopernikus Verl.1970, S.33-47.

Studium der Erwachsenenpädagogik - Stand und Perspektiven. In: Schulenberg, W. u.a.: Zur Professionalisierung der Erwachsenenbildung, Braunschweig:Westermann 1972, S.98-135.

Die empirischen Methoden in der Erwachsenenbildung. In: Ruprecht, H. (Hrsg.) u.a.: Erwachsenenbildung als Wissensschaft.1, Weltenburger Akademie 1973, S.29-46.

'Offene Curricula' der Erwachsenenbildung. In: Ruprecht, H. (Hrsg.) u.a.: Erwachsenenbildung als Wissenschaft.2, Weltenburger Akademie 1974, S.23-43.

Probleme der Erwachsenenpädagogik. In: Knoll, J.H. (Hrsg.): Lebenslanges Lernen, Hamburg 1974, S.268-279.

Die Relevanz von Curriculumforschung für die Erwachsenenbildung. In: Knoll, J.H. (Hrsg.): Internationales Jahrbuch der Erwachsenenbildung 1975, Düsseldorf:Bertelsmann Universitätsverl.1975, S.49-61.

Gesellschaftinterpretation und Didaktik der Freizeitbildung. In: Ruprecht, H. (Hrsg.) u.a.: Erwachsenenbildung als Wissenschaft.3, Weltenburger Akademie 1975, S.37-47.

Kontaktstudium für hauptberufliche Erwachsenenbildner. In: AUE Informationen S 8, Hannover:AUE 1975, S.1-30.

Didaktische Aspekte beim Einsatz von Medien in der Erwachsenenbildung. In: Hüther, J. (Hrsg.) u.a.: Medienpädagogik, München:Nymphenburger Verlagshandl.1976, S.109-120.

Konzeptionen der Erwachsenenbildung. In: Informationspapier 3, Karlsruhe:Studienstelle der DEAE 1976, S.1-20.

Weiterbildung für Weiterbildner. In: aue Informationen S 18, Hannover:AUE 1976, S.10-31.

Zum Selbstverständnis der Erwachsenenbildung und ihrer Wissenschaft. In: Ruprecht, H. (Hrsg.) u.a.: Erwachsenenbildung als Wissenschaft.4, Weltenburger Akademie 1976, S.5-24.

Zur Theoriediskussion in der Erwachsenenbildung: Ideologischer Verschleiss und offene Aufgaben. In: Schulenberg, W. (Hrsg.): Reform in der Demokratie, Hamburg:Hoffmann u.Campe 1976, S.191-202.

Entstehung und Verlauf eines Forschungsprojekts. In: Siebert, H. (Hrsg.): Praxis und Forschung in der Erwachsenenbildung, Opladen:1977, S.29-58.

Hauptberufliche Erwachsenenbildner in der Volkshochschule. In: Landesverb.d.VHS Nieders.(Hrsg.): Zur Fachbereichsgliederung und Qualifikation, Hannover 1977, S.1-9.

Stand der Unterrichts- und Evaluationsforschung in der Erwachsenenbildung. In: Ruprecht, H. (Hrsg.) u.a.: Erwachsenenbildung als Wissenschaft.5, Weltenburger Akademie 1977, S.39-64.

Theorieansätze der Erwachsenenbildung. In: Siebert, H. (Hrsg.): Begründungen gegenwärtiger Erwachsenenbildung, Braunschweig:Westermann 1977, S.11-36.

Thesen und Materialien zur Didaktik und Methodik. In: Siebert, H. (Hrsg.): Praxis und Forschung in der Erwachsenenbildung, Opladen 1977, S.129-158.

Untersuchungsergebnisse zum Lehr- und Lernverhalten. In: Siebert, H. (Hrsg.). Praxis und Forschung in der Erwachsenenbildung, Opladen 1977, S.59-88.

Erwachsenenbildung. In: Taschenbuch der Pädagogik. 1, Baltmannsweiler: Burgbücherei Schneider 1978, S.215-227.

Probleme und Ergebnisse der Unterrichtsforschung in der Erwachsenenbildung. In: Schulenberg, W. (Hrsg.): Erwachsenenbildung, Darmstadt 1978, S.430-451.

Animation in der Weiterbildung. In: Opaschowski,H.W. u.a.: Qualifizierung der Animateure Düsseldorf 1979, S.77-79.

Stand und Perspektive der Weiterbildungsforschung. In: Siebert, H. (Hrsg.): Taschenbuch der Weiterbildungsforschung, Baltmannsweiler 1979, S.1-26.

Vergleichende Erziehungswissenschaft: Erwachsenenbildung in internationaler Sicht. In: Siebert, H. (Hrsg.): Taschenbuch der Weiterbildungsforschung, Baltmannsweiler 1979, S.56-77.

Lernchancen in der Heimvolkshochschule. In: Reden ist Leben, Lüneburg:Neubauer 1981, S.62-72.

Versuch einer erziehungswissenschaftlichen Bestimmung teilnehmerorientierter Erwachsenenbildung. In: Theorien zur Erwachsenenbildung, Bremen:Univ.1981, S.94-108.

Aspekte einer reflexiven Didaktik. In: Die Hinwendung zum Teilnehmer - Signal einer 'reflexiven Wende' der Erwachsenenbildung, Bremen:Univ.ca.1982, S.74-89.

Erwachsenenbildung in der DDR. Zwischen Produktion und Integration? In: Tendenzen und Projekte Internationaler Erwachsenenbildung, Hannover:Univ.1982, S.46-64.

Geänderte Weiterbildungsbedürfnisse - neue Angebote für Ausländer, Familien, Alte, Arbeitslose ...? In: Weiterbildung in den achtziger Jahren - Gegensätze und Übereinstimmungen, Hannover:Institut für Entwicklungsplanung und Strukturforschung 1982, S.75-77.

Grundsätzliche Bemerkungen zu den Tagungsschwerpunkten 'Lernen mit Erwachsenen'. Thesenpapiere.

In: Lernen mit Erwachsenen, Innsbruck:Univ.1982, S.115-124. (mit C.Karl)

Innovationsprojekte in den Niederlanden. In: Tendenzen und Projekte Internationaler Erwachsenenbildung, Hannover:Univ.1982, S.65-75.

Lernen Erwachsener - Empirische Materialien und pädagogische Perspektiven. In: Lernen und Lernprobleme in der Erwachsenenbildung, Paderborn:Schoeningh 1982, S.13-115.

Lernen und Lernanforderungen in der Erwachsenenbildung. In: Realismus und Reflexion, München:Hueber-Holzmann 1982, S.109-121.

Lernen mit Erwachsenen - Zur Zusammenarbeit zwischen Wissenschaft und Praxis in der Erwachsenenbildung.

In: Lernen mit Erwachsenen, Innsbruck:Univ.1982, S.11-52. (mit C.Karl)

Programmplanung als didaktisches Handeln. In: Taschenbuch der Erwachsenenbildung, Baltmannsweiler:Burgbücherei Schneider 1982, S.100-121.

Quantitative und interpretative Forschungsansätze in der Erwachsenenbildung. In: Wissenschaftliche Perspektiven zur Erwachsenenbildung, Braunschweig:Westermann 1982, S.73-87.

Wissenschaft als Bildungsinhalt? In: Hochschuldidaktik und universitäre Weiterbildung, Hamburg:AHD 1982, S.38-54.

Adaption oder Antizipation. Die Zukunft als Lernaufgabe? In: Erwachsenenbildung zwischen Schule und sozialer Arbeit, Bad Heilbrunn:Klinkhardt 1983, S.216-230.

Curriculumtheoretische Ansätze in der Erwachsenenbildung. In: Handbuch der Curriculumforschung, Weinheim,Bergstr. u.a.:Beltz 1983, S.193-201.

Das Problem der Motivation. In: Kurs- und Seminargestaltung, München:Hueber 1983, S.176-188.

Didaktische Grundbegriffe der Erwachsenenbildung. Funktionswandel der Erwachsenenbildung. In: Weiterbildung durch Medien, Stuttgart u.a.:Burg Verl.1983, S.44-50.

Umrisse einer reflexiven Didaktik der Erwachsenenbildung - unter besonderer Berücksichtigung der Ökologieseminare. In: Umwelt - Mensch - Gesellschaft, Hannover:Univ.1983, S.9-34.

Bildungsurlaub als erwachsenenpädagogische Innovationschance. In: Bildungsurlaub auf dem Prüfstand, Hannover:Univ.1984, S.55-61.

Erwachsenenpädagogische Didaktik. In: Enzyklopädie Erziehungswissenschaft. 11, Stuttgart:Klett-Cotta 1984, S.171-184.

Lernen und Lebenswelt. In: Zur Identität der Wissenschaft der Erwachsenenbildung, Bremen:Univ.1984, S.92-97.

Allgemeinbildung zwischen Identität und Beruf. In: Krise der Arbeitsgesellschaft - Zukunft der Weiterbildung, Frankfurt a.M. u.a.:Diesterweg 1985, S.195-211.

Aspekte einer Didaktikgeschichte der Erwachsenenbildung. In: Zugänge zur Geschichte der Erwachsenenbildung, Bad Heilbrunn:Klinkhardt 1985, S.103-116.

Curriculumplanung und Teilnehmerorientierung. In: Didaktik der Erwachsenenbildung, Stuttgart u.a.:Kohlhammer 1985, S.62-74.

W. Schulenbergs bildungssoziologische Forschungen zur Erwachsenenbildung. In: Internationales Jahrbuch der Erwachsenenbildung. 12-13, Köln u.a.:Boehlau 1985, S.185-198.

Zur Genese der politischen Bildung in der Bundesrepublik Deutschland. In: Politische Partizipation, Bonn:Bundeszentrale für politische Bildung 1985, S.73-95.

Zur pädagogischen Begründung der Erwachsenenbildung. In: Konzeptionen der Erwachsenenbildung angesichts technologischer und gesellschaftlicher Veränderungen, Hannover:Univ.1985, S.105-114.

Erwachsenenbildung. In: Taschenbuch der Pädagogik. 1, Baltmannsweiler:Schneider 1986, S.155-165.

Motivationen zur Teilnahme am Seniorenstudium. In: Seniorenstudium an der Universität Hannover, Hannover:ZEW 1986, S.37-49.

Seniorenstudenten im Wintersemester 1985 - 1986 und Sommersemester 1986. In: Seniorenstudium an der Universität Hannover, Hannover:ZEW 1986, S.23-36. (mit E.Seidel)

Seniorenstudium und Identität. Eine Fallstudie. In: Seniorenstudium an der Universität Hannover, Hannover:ZEW 1986, S.69-76.

Zukunftsaufgaben der Erwachsenenbildung angesichts der Ökologiekrise. Erwachsenenbildung u. soziale Bewegungen. In: Erwachsenenbildung - Bilanz und Zukunftsperspektiven, Paderborn u.a.:Schoeningh 1986, S.225-238.

Das Interesse der Erwachsenenbildung an der Psychologie. In: Psychologische Perspektiven der Erwachsenenbildung, Bad Heilbrunn:Klinkhardt 1987, S.150-168.

Lehr-Lernforschung in der Weiterbildung. In: Zwanzig Jahre Bildungsforschung, zwanzig Jahre Bildungsreform, Bad Heilbrunn:Klinkhardt 1987, S.155-165.

Wie lernen Erwachsene? In: Wie lernen Erwachsene Fremdsprachen, Mainz:Univ.1987, S.15-26.

Bildungssoziologische Perspektiven der Weiterbildung. In: Zukunft der Weiterbildung, Bonn:Bundeszentrale für Politische Bildung 1988, S.242-255.

Geht die Erwachsenenbildung an der Lebenswelt vorbei? In: Gehen Bildung, Ausbildung und Wissenschaft an der Lebenswelt vorbei?, München:Profil Verl.1988, S.147-155.

Ist die öffentliche Erwachsenenbildung in Gefahr? In: Öffentliche Erwachsenenbildung - Studium und Beruf, Hannover:Univ.1988, S.16-23.

Nachkriegsgeschichte der Erwachsenenbildung in Niedersachsen. Überblick, Forschungsergebnisse, Forschungsfragen. In: Geschichte der Erwachsenenbildung in Niedersachsen, Oldenburg,Oldb.:Univ.1988,.34-44.

Planungsdaten für die Erwachsenenbildung. In: Engagement für die Erwachsenenbildung, Bamberg:Univ.1988, S.118-130.

Trends im Studium der Erwachsenenbildung. Ergebnisse einer bundesweiten Erhebung an Universitäten. In: Ende der Professionalisierung, Bremen:Univ.1988, S.279-308. (mit R.Brödel)

Weiterbildungsforschung als Beitrag der Hochschulen zur Praxis der Volkshochschulen. In: Weiterbildungsforschung: Anforderungen der Theorie - Praxis der Volkshochschulen, Frankfurt a.M.:HVV 1988, S.7-16.

Der Einfluss gesetzlicher Regelungen auf die Entwicklung der niedersächsischen Erwachsenenbildung. In: Siebert, H. u.a.: Gutachten Struktur und Perspektiven der niedersächsischen Erwachsenenbildung.2, Hannover:Nieders.Bund für Freie Erwachsenenbildung 1989, S.9-61.

Entwicklungen und Paradigmen der Erwachsenenbildungsforschung. In: Grundlagen der Weiterbildung: Praxishilfen, Neuwied:Luchterhand 1989,8.10, S.1-14.

Hat die Arbeiterbildung eine Zukunft? In: Vierzig Jahre Arbeit und Leben Niedersachsen, Hannover:AuL 1989, S.58-66.

Der konziliare Prozess als Aufgabe der Evangelischen Erwachsenenbildung. In: Strunk, G. (Hrsg.) u.a.: Mündigkeit der Christen - Zukunft der Kirche, Darmstadt:Bogen Verl.1990, S.225-233.

Didaktik der Gesundheitsbildung. In: Sperling, H. (Bearb.): Gesundheit. 2, Oldenburg,Oldb.:Bibliotheks- u.Informationssystem d.Univ.1990, S.55-76.

Die Volkshochschule der DDR vor der Wende. In: Strunk, G. u.a.: Wiederbegegnung. Herausforderungen an die Politische Bildung, Frankfurt a.M.:PAS-DVV 1990, S.85-101.

Die Habermas-Rezeption in der Erwachsenenbildung. In: Negt, O. (Mitarb.) u.a.: Theorie und Praxis heute, Frankfurt a.M.:Materialis-Verl.1990, S.55-63.

Erforschung von Gruppenprozessen in der Erwachsenenbildung. In: Grundlagen der Weiterbildung: Praxishilfen, Neuwied:Luchterhand 1990,8.60, S.1-16.

Lerninteressen und Lernprozesse in der politischen Erwachsenenbildung. In: Cremer, W. (Hrsg.) u.a.:Umbrüche in der Industriegesellschaft, Opladen:Leske u.Budrich 1990, S.431-447.

Pädagogische Interpretation sozialwissenschaftlicher Erkenntnisse. In: Kade, J. u.a.: Fortgänge der Erwachsenenbildungswissenschaft, Frankfurt a.M.:PAS-DVV 1990, S.64-70.

Welches Wissen gehört zur Bildung? In: Boensch, M. (Hrsg.) u.a.: Humanität und Bildung, Hannover:Expressum-Verl.1990, S.92-105.

Zur Professionalität der Erwachsenenbildung. Pädagogische Aufgaben von Mitarbeitern-innen in der Gesundheitsbildung. In: Sperling, H. (Bearb.): Gesundheit. 2, Oldenburg,Oldb.:Bibliotheks-u.Informationssystem d.Univ.1990, S.163-177.

Biographische Orientierung. In: Grundlagen der Weiterbildung: Praxishilfen, Neuwied u.a.:Luchterhand 1991,5.90, S.1-17.

Das vereinigte Deutschland als Bewusstseinsunion. In: Friedenthal-Haase, M. (Hrsg.) u.a.: Erwachsenenbildung im Kontext, Bad Heilbrunn:Klinkhardt 1991, S.324-334.

Erwachsenenbildung und Weiterbildung. In: Roth, L. (Hrsg.): Pädagogik, München:Ehrenwirth 1991, S.629-639.

Erwachsenenbildung im Spannungsfeld zwischen biographischen Interessen und globaler Herausforderung. In: Griese, H.M. (Hrsg.) u.a.: Erwachsenenbildung im Spannungsfeld zwischen biographischen Interessen und globaler Herausforderung, Bonn:Bundesverband Neue Erziehung 1991, S.86-96.

Erwachsenenbildung als soziale Entsorgung der (Risiko-)Gesellschaft? In: Griese, H.M. (Hrsg.) u.a.: Erwachsenenbildung im Spannungsfeld zwischen biographischen Interessen und globaler Herausforderung, Bonn:Bundesverband Neue Erziehung 1991, S.137-144.

Erwachsenenbildung in der VR Polen und der Bundesrepublik Deutschland. In: Griese, H.M. (Hrsg.) u.a.: Erwachsenenbildung im Spannungsfeld zwischen biographischen Interessen und globaler Herausforderung, Bonn:Bundesverband Neue Erziehung 1991, S.216-225.

Interkulturelle Bildungsarbeit als Sisyphusarbeit? In: Bringmann,H. (Hrsg.) u.a.: Den Menschen lebensstark machen, Hannover:Katholische Erwachsenenbildung im Lande Niedersachsen 1991, S.61-69.

Gegensteuerung - ein didaktischer Schlüsselbegriff. In: Nuissl, E. (Hrsg.): Person und Sache, Bad Heilbrunn:Klinkhardt 1992, S.123-129.

Kommt Bewegung in die lernpsychologische Erwachsenenbildungsforschung? In: Gieseke, W. (Hrsg.) u.a.: Empirische Forschung zur Bildung Erwachsener, Frankfurt a.M.:PAS-DVV 1992, S.56-69.

Umerziehung und Umschulung statt Dialog und Emanzipation? Aus der Sicht eines Westdeutschen. In: Küchler, F.v. (Hrsg.) u.a.: Erwachsenenbildung im Übergang, Frankfurt a.M.:PAS-DVV 1992, S.120-133.

Erwachsenenbildung in Ostdeutschland - was bleibt? In: Brödel, R. (Hrsg.): Erwachsenenbildung am Beginn der Transformation, Hannover:Univ.1993. S.36-49.

Erwachsenenbildung angesichts von Modernitätskrisen und globalen Herausforderungen. Joachim H. Knoll zum 60. Geburtstag. In: Knoll, J.H. (Hrsg.): Internationales Jahrbuch der Erwachsenenbildung.21, Köln u.a.:Boehlau 1993, S.43-57.

Interkulturelles Lernen in der Erwachsenenbildung. In: Scheunpflug, A.(Hrsg.) u.a.: Entwicklungspolitische Bildung, Tübingen u.a.:Schoeppe u.Schwarzenbart 1993, S.335-347.

Psychologische Aspekte der Umweltbildung. In: Apel, H.(Mitarb.) u.a.: Orientierungen zur Umweltbildung, Bad Heilbrunn:Klinkhardt 1993, S.79-118.

Erwachsenenbildung als soziale Entsorgung der (Risiko-)Gesellschaft? In: Pluskwa, M. u.a.: Lernen in und an der Risikogesellschaft, Bederkesa:Evangel.Heimvolkshochschule 1994, S.41-47.

Erwachsenenbildung in der Bundesrepublik Deutschland. Alte Bundesländer und neue Bundesländer. In: Tippelt, R.(Hrsg.): Handbuch Erwachsenenbildung-Weiterbildung, Opladen:Leske u.Budrich 1994, S.52-79.

Konvergenzen und Divergenzen in den Erwachsenenbildungssystemen der Europäischen Union. In: Knoll, J.H. (Hrsg.): Internationales Jahrbuch der Erwachsenenbildung.22, Köln u.a.:Boehlau 1994, S.40-53.

Ostdeutsche Erwachsenenbildung - aus westdeutscher Sicht oder: Von der Bildungspflicht zur Qualifizierungsnotwendigkeit. In: Derichs-Kunstmann, K. (Hrsg.) u.a.: Perspektiven und Probleme der Erwachsenenbildung in den Neuen Bundesländern, Frankfurt a.M.:PAS-DVV 1994, S.35-51.

Seminarplanung und -organisation. In: Tippelt, R. (Hrsg.): Handbuch Erwachsenenbildung-Weiterbildung, Opladen:Leske u.Budrich 1994, S.640-653.

Bildungsurlaub - Organisationsformen, Themen, Nutzung. In: Untersuchungen zur bremischen Weiterbildung - Expertisen, Bremen:Universitätsbuchh.1995, S.1-31.

Erwachsenenbildung im deutsch-österreichischen Vergleich. In: Schratz, M. (Hrsg.) u.a.: Erwachsenenbildung in Österreich, Baltmannsweiler:Schneider Verl.Hohengehren 1995, S.11-15.

Konstruktivistische Aspekte der Erwachsenenbildung. In: Derichs-Kunstmann, K. (Hrsg.) u.a.: Theorien und forschungsleitende Konzepte der Erwachsenenbildung, Frankfurt a.M.:DIE 1995, S.50-54.

Politische Bildung - eine Sisyphosarbeit? In: Zimmermann, H. (Hrsg.): Kulturen des Lernens, Moessingen-Talheim:Talheimer 1995, S.99-102.

Politische und ökologische Bildung. In: Untersuchungen zur bremischen Weiterbildung - Expertisen, Bremen:Universitätsbuchh.1995, S.33-78. (mit R.Peters)

Professionalisierung, Professionalität und Berufsethik. In: Jagenlauf, M. (Hrsg.) u.a.: Weiterbildung als quartärer Bereich, Neuwied u.a.:Luchterhand 1995, S.329-342.

Professionalität und Professionalisierung. In: Gnahs, D. (Bearb.) u.a.: Dokumentation der Anhörung zur Novellierung des Gesetzes zur Förderung der Erwachsenenbildung in Niedersachsen am 28. und 29. März 1995, Hannover:SPD-Landtagsfraktion u.a. 1995, S.78-88.

Qualitätssicherung in der Erwachsenenbildung. In: Knoll, J.H. (Hrsg.): Internationales Jahrbuch der Erwachsenenbildung.23, Köln u.a.:Boehlau 1995, S.258-263.

Strukturwandel und Weiterbildung in den neuen Bundesländern. In: Diepold, P. (Hrsg.): Lernen im Aufbruch, Frankfurt a.M.:GAFB 1995, S.93-114.

Volkshochschule Hannover. In: Oppermann, D. (Hrsg.) u.a.: 75 Jahre Volkshochschule, Bad Heilbrunn:Klinkhardt 1995, S.64-81.

Der Konstruktivismus als Realanthropologie. Die Antiquiertheit des modernen Menschen. In: Ahlheim, K. (Hrsg.) u.a.: Lernziel Konkurrenz?, Opladen:Leske u.Budrich 1996, S.197-209.

Didaktisches Glossar der Erwachsenenbildung,Weiterbildung.In: Grundlagen der Weiterbildung: Praxishilfen, Neuwied u.a.: Luchterhand 1996,6.90.200, S.1-31.

Qualitätssicherung - Viel Lärm um Nichts? In: Jahresbericht. 15, 1995-96, Hannover:Evangelische Erwachsenenbildung Niedersachsen 1996, S.10.

Zur Integration und Vernetzung von Umweltbildung. In: Knoll, J.H. (Hrsg.) u.a.: Internationales Jahrbuch der Erwachsenenbildung.24, Köln u.a.: Boehlau 1996, S.71-84.

Bildung in ungewisser Zukunft. Leitvorstellungen für eine entwicklungsoffene Gestaltung des Bildungswesens. In: Matzen, J. (Hrsg.): Perspektiven der Erwachsenenbildung, Bad Bederkesa: Evang. Heimvolkshochschule 1997, S.11-27.

Interkulturelle Bildung: Learning to Live Together. In: Frieling, G. (Hrsg.) u.a.: Erwachsenenbildung und ethnische Minderheiten, Münster,Westf.:agenda Verl.1997, S.273-281.

Konstruktivistische (Theorie-)Ansichten der Erwachsenenbildung. In: Brödel, R. (Hrsg.): Erwachsenenbildung in der Moderne, Opladen: Leske u.Budrich 1997, S.285-299.

Werkbiographisches Gespräch. In: Nuissl, E. (Hrsg.) u.a.: Pluralisierung des Lehrens und Lernens, Bad Heilbrunn: Klinkhardt 1997, S.10-28. (mit J.Weinberg)

Die Karriere des selbstgesteuerten Lernens. In: Derichs-Kunstmann, K. (Hrsg.) u.a.: Selbstorganisiertes Lernen als Problem der Erwachsenenbildung, Frankfurt a.M.: Dt.Inst.f.Erwachsenenbildung 1998, S.17-19.

Drei Jahrzehnte Erwachsenenbildung in Studium und Lehre. In: Knoll, J. (Hrsg.):Hochschuldidaktik der Erwachsenenbildung, Bad Heilbronn: Klinkhardt 1998, S.48-59.

Erwachsenenbildung konstruktivistisch betrachtet: Lernen als Perturbation? Kernaussagen der konstruktivistischen Erkenntnistheorie. In: Vogel, N. (Hrsg.): Organisation und Entwicklung in der
Weiterbildung, Bad Heilbrunn: Klinkhardt 1998, S.111-123.

Un-Sicherheitstraining. Beobachtungen eines Aussenstehenden. In: Arnold, R. (Hrsg.) u.a.: Lehren
und Lernen im Modus der Auslegung, Baltmannsweiler: Schneider Verl. Hohengehren 1998, S.81-
87.

Zur Diskussion des Lehrens und Lernens in der Erwachsenenbildung. In: Knoll, J.H. (Hrsg.): Internationales Jahrbuch der Erwachsenenbildung.26, Köln u.a.: Böhlau 1998, S.173-182.

Zeitschriftenbeiträge

Gedanken zur Didaktik der Erwachsenenbildung. In: Volkshochschule im Westen, 18(1966), 5,
S.212-214.

Stand der Diskussion um das Grundstudienprogramm. In: Volkshochschule im Westen, 18(1966), 5,
S.191-194.

Das berufsbildende Angebot der Volkshochschulen. In: Volkshochschule im Westen, 19 (1967), 2,
S.90-93 u.19 (1967), 3, S.141-143.

Die Volksbildung der Weimarer Zeit in ihrer Bedeutung für die heutige Erwachsenenbildung. In:
Pädagogische Rundschau, 21 (1967), 6, S.395-406.

Prinzipien der Erwachsenenbildung in der DDR. In: Volkshochschule im Westen, 19 (1967), 4,
S.188-190 u. 19 (1967), 5, S.235-237.

Erwachsenenbildung und Kulturpolitik in der DDR. In: Volkshochschule im Westen, 20 (1968), 2,
S.78-79.

Kulturpolitik und 'kulturelle Massenarbeit' in der DDR. In: Zeitschrift für Pädagogik, 14 (1968), 1,
S.39-57.

Reform der Berufsbildung. In: Volkshochschule im Westen, 20 (1968), 3, S.118-119.

Universität und Erwachsenenbildung in der DDR. In: Hessische Blätter für Volksbildung, 18 (1968),
1, S.89-93.

'Leistungsfinanzierung' der Volkshochschulen. In: Volkshochschule im Westen, 21 (1969), 2, S.90.

Bildungs- und Gesellschaftsprognosen in der DDR. In: Volkshochschule im Westen, 21 (1969), 4,
S.152-154.

DDR: Pädagogische Schulung der Ausbilder in den Betrieben. In: Volkshochschule im Westen, 21
(1969), 3, S.107-109.

Die Wissenschaft von der Erwachsenenbildung als Teildisziplin der Erziehungswissenschaft. In: Pädagogische Rundschau, 23 (1969), 4, S.268-277.

Perspektiven einer Lehrplanforschung zur Erwachsenenbildung. In: Volkshochschule im Westen, 21
(1969), 2, S.80-84.

Bildungsplanung und Bildungsforschung aus der Sicht der Wissenschaft. In: Arbeit und Leben,
(1970) Sonderheft 11, S.13-20.

Bildungsziele, Inhalte, Curricula. In: Arbeit und Leben, (1970) Sonderheft 11, S.24-26.

Das Bild der Bundesrepublik in den DDR-Lehrbüchern zur Staatsbürgerkunde. In: Gesellschaft, Staat,
Erziehung, 15 (1970), 5, S.313-322.

Das Studium der Diplompädagogen mit dem Schwerpunkt Erwachsenenbildung. In: didactica, 4 (1970), 3, S.166-179.

Der Zusammenhang von Technik, Ökonomie und Politik in der beruflichen Erwachsenenbildung. In: Hessische Blätter für Volksbildung, 20 (1970), 3, S.175-184.

Die Reform der beruflichen Aus- und Weiterbildung in der Deutschen Demokratischen Republik. In: Die Deutsche Berufs- und Fachschule, 66(1970), 10, S.753-763.

Erwachsenenbildung in der DDR - Versuch einer Standortbestimmung. In: Zeitschrift für Pädagogik, 16 (1970), 5, S.629-643.

Politische Bildung durch Medienerziehung. In: Gewerkschaftliche Monatshefte, 21 (1970), 9, S.549-559.

Von der Hochschule in die Volkshochschule. In: Volkshochschule im Westen, (1970), 6, S.253-255.

Didaktische Aspekte beim Einsatz von Medien in der Erwachsenenbildung. In: AVpraxis, 21 (1971), 9, S.5-11.

Entwurf eines Studienplans für Erwachsenenpädagogik an der Pädagogischen Hochschule Niedersachsen - Abteilung Hannover. In: Hessische Blätter für Volksbildung, 21 (1971), 4, S.243-245.

Erwachsenenbildung wissenschaftlich. In: Volkshochschule im Westen, 23 (1971), 2, S.85-87.

Neue Entwicklungen in der Erwachsenenqualifizierung der Deutschen Demokratischen Republik. In: Die Deutsche Berufs- und Fachschule, 67(1971), 8, S.583-592.

Bildungspolitik und Pädagogik der DDR. In: Politische Bildung, 5 (1972), 2, S.56-69.

Lehr- und Lernverhalten in der Weiterbildung. Ein Zwischenbericht. In: Volkshochschule im Westen, 24 (1972), 3, S.122-125.

Lernziele der Erwachsenenbildung. In: Hessische Blätter für Volksbildung, 22 (1972), 2, S.139-150.

Neue empirische Forschungen zur Erwachsenenbildung. In: Volkshochschule im Westen, 24 (1972), 5, S.220-223.

Curriculumforschung. In: Hessische Blätter für Volksbildung, 23 (1973), 4, S.382-387.

Erwachsenenbildung in Skandinavien aus westdeutscher Sicht. In: VHS-Korrespondenz EB in Schleswig-Holstein, 8 (1973), 1, S.5-6.

Lerninhalte der Erwachsenenbildung. In: Theorie und Praxis der Erwachsenenbildung, 6 (1973), 1, S.149-169.

Probleme der Curriculumforschung in der Erwachsenenbildung. In: Hessische Blätter für Volksbildung, 23 (1973), 4, S.315-327.

Professionalisierung der Erwachsenenbildung und Qualifizierung der Mitarbeiter. In: Hessische Blätter für Volksbildung, 23 (1973), 3, S.201-209.

Weiterbildung als Aufgabe der Hochschule. In: DUZ, (1973), 19, S.810-811.

Didaktische Bedingungen und Möglichkeiten des Bildungsurlaubs. In: eb - Berichte und Informationen d. EB in Niedersachsen, 8 (1974), 3, S.2-6.

Microteaching im Studium der Erwachsenenbildung. In: AVpraxis, 24 (1974), 4, S.5-15 (mit H.Gerl u. M.Jagenlauf)

Theorien und Ziele der Erwachsenenbildung in der Bundesrepublik. In: eb - Berichte und Informationen der Erwachsenenbildung in Niedersachsen, 8 (1974, 3, S.39-41.

Lehr- und Lernverhalten in der Erwachsenenbildung. In: Volkshochschule im Westen, 27 (1975), 3, S.117-119.

Probleme und Ergebnisse der Unterrichtsforschung in der Erwachsenenbildung. In: Die Deutsche Berufs- und Fachschule, 71 (1975), 6, S.422-436.

Ansätze und Ergebnisse der Unterrichtsforschung in der Erwachsenenbildung. In: Zeitschrift für Pädagogik, 23 (1977), 5, S.663-679.

Kontaktstudium für Weiterbildner. Ein Erfahrungsbericht. In: Volkshochschule im Westen, 29 (1977), 3, S.107-109.

Pluralistisch und ideologiefrei. Volkshochschulen als Partner in der Erwachsenenbildung. In: Lutherische Monatshefte, 16 (1977), 10, S.574-577.

Allgemeine Didaktik der Erwachsenenbildung. In: Literatur- und Forschungsreport Weiterbildung, (1978), 1, S.5-21.

Didaktische Aspekte abschlussbezogener Weiterbildung. In: Hessische Blätter für Volksbildung, 28 (1978), 2, S.101-106.

Kontaktmotive in der Erwachsenenbildung.In: Volkshochschule im Westen, 30 (1978), 6, S.256-258.

Bildungssoziologische Forschungen zur Weiterbildungsbeteiligung. In: Literatur- und Forschungsreport Weiterbildung., (1979), 3, S.32-51.

Bildungsurlaub bringt neue Aufgaben und Chancen. In: Erwachsenenbildung in Rheinland-Pfalz, (1979), 1, S.4-5.

Der Beitrag der Hochschulen zur Weiterbildung. In: Volkshochschule im Westen, 31 (1979), 1, S.6-8.

Hospitation und Unterrichtsforschung. In: Literatur- und Forschungsreport Weiterbildung, (1979), 3, S.15-26.

Pädagogische Theorien von Mitarbeitern der Erwachsenenbildung und erziehungswissenschaftliche Forschung. In: Theorie und Praxis der Erwachsenenbildung, 12 (1979), 1-2, S.155-159 (mit J.Olbrich u. H.Tietgens)

Professionalisierung in der Erwachsenenbildung - pro und contra. In: eb - Berichte und Informationen der EB in Niedersachsen, 11 (1979), 26, S.16-17.

Weiterbildendes Studium im Programm der VHS. In: Volkshochschule im Westen, 31 (1979), 3, S.131-132.

Wissenschaft für die ausserschulische Bildung. In: Ausserschulische Bildung, (1979), 3, B S.62-65.

Bildungsurlaub als Partizipationsgeschehen. Ein Bericht über e. Versuchsprogramm z. Bildungsurlaub mit gesellschaftl. Problemgruppen. In: Deutsche Evangelische Arbeitsgemeinschaft für Erwachsenenbildung. Nachrichtendienst, (1980), 2, S.27-28 (mit F.Mueller u. A.Rohloff)

Mutmassungen über die Zielgruppenarbeit der 80er Jahre. In: eb - berichte und informationen der erwachsenenbildung in niedersachsen, 12 (1980), 28, S.10-11.

Prof. W. Strzelewicz wurde 75 Jahre alt. In: AUE-Informationen, (1980), 221, S.1-2.

Soziologie der Weiterbildung. Sammelbesprechung. In: Soziologische Revue, 3,(1980), 4, S.389-401.

Weiterbildungsforschung international. In: Volkshochschule im Westen, 32 (1980), 2, S.61-63.

Der Beitrag der Wissenschaft zur Erwachsenenbildung. In: Hessische Blätter für Volksbildung, 31 (1981), 4,S.297-301.

Theoriebildung und empirische Forschung der Erwachsenenbildung seit 1965. In: Bildung und Erziehung, 34 (1981), 3, S.309-321.

Theoriebildung in der Erwachsenenbildung. 1. In: Literatur- und Forschungsreport Weiterbildung, (1981), 8, S.6-21 (mit C.Karl)

Überlegungen und Untersuchungsergebnisse zum Lernen Erwachsener. In: eb - berichte und informationen der erwachsenenbildung in niedersachsen, 13,(1981), 2(30), S.12-13.

Arbeit und Freizeit im Wandel: Chance für eine neue Allgemeinbildung. In: Freizeitpädagogik, (1982), 1-2, S.36-42.

Curriculum - Entstehung und Bedeutung eines pädagogischen Schlüsselbegriffs. In: Erwachsenenbildung in Österreich, 33 (1982), 2, S.5-7.

Erwachsenenbildung zwischen sozialen Bewegungen und Sozialpolitik. In: Volkshochschule im Westen, 34 (1982), 6, S.345-346 (mit E. Schlutz).

Theoriebildung in der Erwachsenenbildung. 3. Theorie d. Didaktik. In: Literatur- und Forschungsreport Weiterbildung, (1982), 10, S.11-24.

Aktuelles über Grundtvig. In: Literatur- und Forschungsreport Weiterbildung, (1983), 12, S.3-7.

Allgemeinbildung: Eine neue Chance? Arbeit bietet immer weniger Möglichkeiten zur Selbstverwirklichung. In: Animation, 4(1983), 4, S.116-118.

Erwachsenenbildung zwischen individueller Lebensplanung, sozialen Bewegungen und Sozialpolitik. Ein Blick in die Vergangenheit. In: Hessische Blätter für Volksbildung, 33 (1983), 3, S.199-206.

Erwachsenenbildung zwischen sozialen Bewegungen und Sozialpolitik.In: eb - Berichte und Informationen der Erwachsenenbildung in Niedersachsen, 15 (1983), 1(33), S.30-31 (mit E.Schlutz)

Schule und 'lebenslanges Lernen'. In: Hessische Blätter für Volksbildung, 33 (1983), 4, S.288-294.

Verunsicherungen zum Thema: Wissenschaft und Praxis der Erwachsenenbildung. In: eb - berichte und informationen der erwachsenenbildung in niedersachsen, 15 (1983), 1(33), S.8-10.

Aktualität und Kontinuität in der Weiterbildungsforschung. In: Volkshochschule im Westen, 36 (1984), 3,S.137-139.

Bilanz der Ausbildung von Diplompädagogen (Erwachsenenbildung) nach 14 Jahren. In: Bildung und Erziehung, 37(1984), 4, S.431-444.

Die internationale Grundtvig-Konferenz in Kopenhagen. In: AUE Informationsdienst Hochschule und Weiterbildung, (1984), 2, S.11-12.

Erwachsenenbildung in der Krise der Arbeitsgesellschaft. In: Literatur- und Forschungsreport Weiterbildung, (1984), 13, S.31-39.

Lernen zwischen sozialer Interaktion und dem Bemühen um Sachgerechtigkeit. In: Gruppendynamik, 15 (1984), 3, S.235-248.

Notizen zur Geschichte der Erwachsenenbildung. In: eb - Berichte und Informationen der Erwachsenenbildung in Niedersachsen, 16 (1984), 2(36), S.2-3.

Zur Entwicklung der westdeutschen EB nach 1945. In: Die österreichische Volkshochschule, 35 (1984), 132, S.14-16.

Aufklärung - Didaktik - Lernökologie. Anmerkungen zu Heinrich Daubers ökopädag. Thesen. In: öko paed, (1985). 3, S.37-42.

Erwachsenenbildung in der DDR. In: Die österreichische Volkshochschule, 36 (1985), 138, S.3-7.

Jahrestagung 1985 der Kommission Erwachsenenbildung der DGfE. In: Literatur- und Forschungsreport Weiterbildung, (1985), 16, S.95-101 (mit H.Tietgens u. J.Weinberg).

Lehr-Lernforschung in der Erwachsenenbildung - am Ende oder am Anfang? In: Literatur- und Forschungsreport Weiterbildung, (1985), 16, S.55-63.

Lernen im Lebenslauf. In: Volkshochschule im Westen, 37 (1985), 6, S.336-339.

Paradigmen der Erwachsenenbildung. In: Zeitschrift für Pädagogik, 31 (1985), 5, S.577-596.

Stand der theoretischen Diskussion in der Erwachsenenbildung. In: Pädagogische Rundschau, 39 (1985), 2, S.129-141.

Ganzheitlichkeit - Leerformel oder Lehrformel? In: eb. Berichte und Informationen der Erwachsenenbildung in Niedersachsen, 18 (1986), 1(39), S.2-4.

Neunzehnhundertneunundvierzig: Volkshochschulen in Ost und West. In: Volkshochschule im Westen, 38 (1986) 2, S.104-107.

Seniorenstudium. Empirische Befunde u. offene Fragen. In: Literatur- und Forschungsreport Weiterbildung, (1986), 18, S.54-68.

Vierzig Jahre Volkshochschulen - 40 Jahre Erwachsenenbildung. In: Das Forum, (1986), 2, S.11-22.

Allgemeinbildung in der Erwachsenenbildung. In: Allgemeinbildung, Weinheim,Bergstr. u.a.:Beltz 1987, S.137-140.

Den Wissensdurst neu wecken! Die Bildungsoffensive der Erwachsenenbildung. In: Gesichtspunkte, (1987). 3, S.3-4.

Veränderungen der Politik, der politischen Interessen und der politischen Didaktik. In: Literatur- und Forschungsreport Weiterbildung, (1987), 20, S.5-17.

Zur pädagogischen Identität der Erwachsenenbildung. In: Erwachsenenbildung, 33 (1987), 2, S.78-81.

Die Dritte Welt als Thema der Erwachsenenbildung. In: Zeitschrift für Entwicklungspädagogik, 11 (1988), 3, S.16-21.

Modellversuche der Erwachsenenbildung zur Arbeitslosigkeit. Sammelrezension. In: Literatur- und Forschungsreport Weiterbildung, (1988), 21, S.103-108.

Rückkehr zum Begriff 'Erwachsenenbildung'? In: Bildung und Erziehung, 41 (1988), 1, S.13-17.

Studiengänge für Erwachsenenbildung als öffentliche Aufgabe. In: Literatur- und Forschungsreport Weiterbildung, (1988), 21, S.81-84.

Erwachsenenbildung als soziale Entsorgung der (Risiko-)Gesellschaft? In: EB: Berichte und Informationen der Erwachsenenbildung in Niedersachsen, 21 (1989), 2(46), S.12-14.

Gedanken zur Profiltreue der Evangelischen Erwachsenenbildung in der künftigen Bildungspolitik. In: Gesichtspunkte, (1989), 1, S.18-19.

Neues zur Altenbildung. In: Report, (1989), 24, S.164-175.

Zur Theorie des interkulturellen Lernens. Politische Aspekte des interkulturellen Lernens. In: Report, (1989), 23, S.20-36.

'Eine Welt für alle' - nein danke? In: Zeitschrift für Entwicklungspädagogik, 13 (1990), 3, S.29 (mit M.Beyersdorf).

Die Erwachsenenbildung der DDR - Blick zurück im Zorn? In: EB: Berichte und Informationen der Erwachsenenbildung in Niedersachsen, 22(1990), 1(47), S.2-4.

Ökologische Bildung - nein danke? In: Grundlagen der Weiterbildung, 1 (1990), 5, S.232-236.

Von der Professionalisierung zur Professionalität? In: Hessische Blätter für Volksbildung, 40 (1990) 4, S.283-288.

Bildungsarbeit im Schatten des Nahost-Konflikts. Bildung - eine zeitgemässe Idee? In: Zeitschrift für Entwicklungspädagogik, 14 (1991), 2, S.26-29.

Die PAS als Schaltstelle zwischen Wissenschaft und Bildungspraxis. In: Volkshochschule, 43 (1991), 4, S.23-24.

Lernökologie. In: Report, (1991), 27, S.64-69.

Lernwiderstände lerntheoretisch gesehen. Die kognitionswissenschaftliche Wende. In: Report, (1991), 28, S.75-81.

Politische Bildung zwischen Nutzen und Spass. In: EB: Berichte und Informationen der Erwachsenenbildung in Niedersachsen, 23 (1991), 1(49), S.2-4.

125-jähriger Arbeiterbildungsverein - Eldagsen bei Hannover. In: Mitteilungsblatt. Verein zur Geschichte der Volkshochschulen, 3 (1992), 2, S.7-10.

Keine Zeit für Theorie? In: Report, (1992), 30, S.77-82.

Die Theorie der Erwachsenenbildung und die Praxis der Programmgestaltung. In: Hessische Blätter für Volksbildung, 43 (1993), 4, S.315-323.

Die Volkshochschule Schwerin - vom Plan zum Markt. In: Report, (1993), 32, S.93-102 (mit H.Backhaus u. M. Schwabe).

Geschichtsschreibung angesichts von Postmoderne und Konstruktivismus. Erwachsenenbildung seit 1945. In: Report, (1993). 31, S.58-64.

Technopol: wichtige Fragen, fragwürdige Antworten. In: Volkshochschule, 45 (1993), 5, S.28-29.

Zukunftsaufgabe Erwachsenenbildung. In: Bildungswerk Aktuell, 1 (1993), 4, S.28-35.

'Bildung' - ein unzeitgemässer Begriff? In: Erleben und Lernen, 2 (1994), 5, S.26-28.

Bildungsarbeit im Nord-Süd-Konflikt - Ernüchterungen und Ent-Täuschungen. Überarbeitete Fassung eines Vortrages bei der Fachtagung 'Bildung und Aktion ist Veränderung? Der Nord-Südkonflikt in der Arbeitnehmerinnenbildung 29. - 31. 10. 93 in Barnstorf. In: fbi - Forum der bildungsinitiativen in Niedersachsen, (1994), 1, S.20-29.

Braucht die Erwachsenenbildung einen Bildungsbegriff und ein Menschenbild? Plädoyer für eine realanthropologische Besinnung. In: BAKEB-Informationen, (1994), 4, S.15-22.

Erwachsenenbildung in Niedersachsen - ein Perspektivenwechsel. In: Report, (1994), 33, S.104-106.

'Noch nie war die Volkshochschule so wichtig'... In: DVV-Magazin Volkshochschule, 2 (1995), 1, S.4-7.

Abschied von der normativen Pädagogik. In: Erwachsenenbildung, 41 (1995), 4, S.189-192 (mit R. Hohmann)

Lehren und Lernen in neuer Sicht? In: Erwachsenenbildung in Österreich, 46 (1995), 3, S.43-45.

Lernökologie - am Schnittpunkt von Organisation und Didaktik. In: Grundlagen der Weiterbildung (GdWZ), 6 (1995), 6, S.339-341.

Milieuorientierung in der Öffentlichkeitsarbeit? In: Hessische Blätter für Volksbildung, 45 (1995), 2, S.119-126.

Ökopädagogik aus konstruktivistischer Sicht. In: Pädagogik und Schulalltag, 50 (1995), 4, S.445-457.

Qualitätssicherung - pädagogisch gesehen. In: DVV-Magazin Volkshochschule, (1995), 2, S.10-15.

Weisser Mann - was nun? Kann Bildungsarbeit eurozentrisches Denken verändern? In: Erwachsenenbildung, (1995), 2, S.79-82.

Bildungsurlaub als didaktisches Modell? In: Hessische Blätter für Volksbildung, 46 (1996), 1, S.59-63.

Impulse hessischer Volkshochschularbeit. In: Hessische Blätter für Volksbildung, 46 (1996) 2, S.150-153.

Interkulturelle Erwachsenenbildung. Stand und Perspektiven. In: Zeitschrift für Internationale Bildungsforschung und Entwicklungspädagogik, 19(1996), 3, S.5-7.

Qualitätssicherung in der Erwachsenenbildung. Historischer Rückblick und Bewertung aus pädagogischer Sicht. In: PAED Forum, 24 (1996), 3, S.283-286.

Ständige Weiterbildung - Last oder Lust? Europäisches Jahr des lebensbegleitenden Lernens. In: UNI-Magazin. Universität Hannover, (1996), 1-2, S.28-30.

Vom Ende der Belehrungen... In: BAKEB-Informationen, (1996), 3, S.17-19.

Wir sind noch einmal davongekommen...!? Professionalität und wissenschaftliche Begleitung. In: EB: Berichte und Informationen der Erwachsenenbildung in Niedersachsen, 28 (1996), 2(60), S.9-11.

Dialog als 'Wärmemetapher'? Oder: Die Normalität des Missverstehens. In: DIE - Zeitschrift für Erwachsenenbildung, (1997), 3, S.20-22.

Wissenschaft und Praxis der Erwachsenenbildung. In: NBEB-Magazin, (1997), 2, S.3-4.

Wissenserwerb aus konstruktivistischer Sicht. In: Grundlagen der Weiterbildung (GdWZ), 8 (1997), 6, S.255-257.

Adult Education at the End of an Epoch. In: Lifelong Learning in Europe, 3 (1998), 1, S.30-34.

Umweltbildung und Konstruktivismus. In: Erwachsenenbildung, 44 (1998), 4, S.154-156.